Una
IGLESIA
CON
PROPÓSITO

Este libro es un tesoro excepcional de sabiduría divina, absolutamente escritural, inspirado por el Espíritu y nacido de la experiencia práctica. Estos principios revolucionarán y brindarán nueva energía a cualquier iglesia para alcanzar todo su potencial. ¡Todos los pastores *deben* leer este libro! Está destinado a ser un clásico.

Bill Bright, Fundador de Cruzada Internacional para Cristo.

Tengo cientos de libros y de artículos acerca de la iglesia. Si tuviera que elegir solamente uno de ellos, elegiría el libro de Rick Warren. Si pudiera, ¡haría que fuera una lectura obligatoria para cada estudiante de los seminarios!

Jim Henry, Presidente de la Convención Bautista del Sur.

Este no es simplemente otro libro de recetas escrito por el pastor exitoso de una megaiglesia. Nos muestra simplemente cuán lejos de la marca se encuentran muchos críticos de "crecimiento de la iglesia" y de enfoques "sensacionalistas". ¡Estudie este libro cuidadosamente! Rick Warren sabe cómo *el Señor* edifica a la iglesia.

George Brushaber, Presidente del Seminario y la Universidad Bethel.

La iglesia ha estado esperando este libro por mucho tiempo, y cada minuto que hemos esperado ha valido la pena. Está destinado a convertirse en un clásico de la literatura del nuevo paradigma de la salud de la iglesia.

Leonard Sweet, Decano del Seminario Teológico Drew.

¡EQUILIBRADO!... ¡PRÁCTICO!... ¡PODEROSO! Usted querrá leer y usar este libro.

Ken Hemphill, Presidente del Seminario Teológico Bautista del Sur.

Rick Warren es el arquitecto de la iglesia del siglo veintiuno, ¡y este libro es su anteproyecto!

Bruce Larson, Ministro itinerante.

Este es el mejor libro que jamás haya leído sobre cómo construir la iglesia en el mundo actual.

Lyle E. Schaller, Consultora parroquial.

Warren se enfrenta a la pregunta crucial para las iglesias: Cómo ser a la vez fieles y efectivas.

Marshall Shelley, Editor ejecutivo de *Leadership*

¡Este es sin lugar a dudas el mejor libro que he leído acerca del crecimiento de la iglesia! Hombres y mujeres laicos necesitan leerlo, no solo los pastores. Puede salvar a su iglesia de la decadencia, de la división y de la muerte. Deseo que el cuerpo de liderazgo de cada nueva congregación Bautista del Sur estudie este libro.

Charles Chaney, Vicepresidente de New Churches, Home Mission Board, SB.

En cada era, Dios levanta a líderes que sean pioneros de las nuevas posibilidades para el pueblo de Dios. Dios le ha dado a Rick Warren el don de la visión y del discernimiento, y los resultados pueden verse en la Iglesia de Saddleback y en miles de otras congregaciones que han aplicado su enseñanza. ¡Ah, si nosotros los metodistas (y otras líneas principales) pudiéramos darnos cuenta de cuánto necesitamos aprender de Rick Warren!

Ezra Earl Jones, Secretario General de la Junta de Discipulado de la Iglesia Metodista Unida.

Una iglesia con propósito es el libro más bíblico y con más equilibrio práctico que he leído acerca del crecimiento saludable de la iglesia. Es irresistible y convincente.

Henry J. Schmidt, Presidente del Seminario Bíblico de los Hermanos Menonitas.

Este libro es el anteproyecto de la auténtica iglesia del siglo veintiuno. Probablemente es la mejor aplicación práctica de los genuinos principios de crecimiento de la iglesia en América. Será lectura obligatoria para todos los pastores nazarenos del proyecto Iglesia K.

Bill Sullivan, Director de Crecimiento de la Iglesia, Iglesia Internacional del Nazareno.

Este libro contiene más sabiduría práctica acerca del crecimiento de la iglesia que todos los libros escritos a partir de la experiencia local de la iglesia.

George G. Hunter III, Decano de la Escuela de Misiones Mundiales del Seminario Teológico de Asbury.

El pensamiento del Dr. Warren de que el punto crítico al que se enfrenta la iglesia no es el crecimiento sino la *salud* de la misma ¡es revolucionario! Este libro, de principio a fin, se encuentra lleno de ideas que son tan prácticas y tan terrenales que cualquier pastor que no corrija su perspectiva con respecto a la iglesia probablemente debiera dejar el pastorado.

Archibald Hart, Decano de la Escuela de Sicología del Seminario Fuller.

Este es el mejor libro acerca de crecimiento de la iglesia que jamás haya visto. Es bíblico, práctico y visionario; tiene a Cristo como centro; está centrado en la salud de la iglesia; disipa los mitos acerca de cómo crecen las iglesias; proporciona una ayuda práctica y un modelo verdaderamente escritural para el ministerio. Todos los pastores y líderes de iglesias debieran leerlo, y digo esto de pocos libros.

Lewis Drummond, Profesor de Evangelismo de la Escuela de Divinidades Beeson de la Universidad de Samford.

Puedo predecir que *Una iglesia con propósito* será *el* libro para las iglesias que desean crecer y prosperar en el siglo veintiuno. Es lectura obligatoria para todas mis clases. Póngalo en el primer lugar de su lista de lecturas obligatorias.

Gary McIntosh, Profesor del Colegio de Teología de Talbot.

He esperado este libro por mucho tiempo. Es lo mejor de Rick Warren, su visión, su claridad, su energía y su efectiva articulación de conceptos.

Joe Ellis, Profesor Distinguido de Crecimiento de la iglesia, Seminario Bíblico de Cincinnati.

Hace cien años, seguramente los jóvenes estudiantes del seminario hubieran querido tener este libro en sus estantes junto a la Biblia y a *Discursos a mis estudiantes* de Spurgeon. Se extenderá de generación en generación porque sus principios son atemporales.

Bob Roberts, Pastor de la Iglesia Northwood de North Richland Hills, Texas.

Destinado a ser un clásico, la clave de la grandeza de este libro es su pasión y equilibrio. Todo estudiante en el Colegio de Misiones y Evangelismo Billy Graham debiera leerlo en forma obligatoria.

Thom S. Rainer, Decano del Colegio Billy Graham, Seminario Teológico Bautista del Sur.

¡Este libro se le debiera entregar, junto con el diploma, a cada estudiante que se gradúa de un seminario! Me ocuparé de que cada graduado de Golden Gate obtenga una copia. Al aplicar estos principios tendremos iglesias más sanas, más felices y más fructíferas. Hubiera deseado que Rick lo escribiera hace cuarenta años atrás cuando comencé mi ministerio.

William Crews, Presidente del Seminario Teológico Bautista Golden Gate.

Rick Warren está edificando una de las iglesias más grandes de los Estados Unidos volviendo a las bases bíblicas, no a los *viejos métodos* sino a los *propósitos eternos* que encontramos en la Biblia. Cada pastor necesita leer este libro cuidadosamente para ver cómo se hace.

Elmer L. Towns, Decano de la Escuela de Religión de la Universidad Liberty.

Este es el libro más claro, más comprensible y valiente que jamás haya leído acerca de cómo edificar a una iglesia grande.

Walt Kallestad, Pastor de la Iglesia Comunidad de Gozo (ELCA), Glendale, Arizona.

Corriendo el riesgo de sonar extravagante, diría, sin dudarlo, que daría todos mis libros acerca de crecimiento de la iglesia a cambio de este. Nadie aplica mejor el crecimiento saludable de la iglesia que Rick Warren. Él es su primer maestro y quien primero lo puso en práctica.

Jim Reeves, Iglesia Faith Community, West Covina, California.

Una iglesia con propósito es probablemente la piedra preciosa de la corona de la literatura de crecimiento de la iglesia. Cada pastor y laico que ama a la iglesia se haría un favor a sí mismo si leyera esta obra de arte.

Randy Pope, Pastor de la Perimeter Church, Duluth, Georgia.

Si desea tener grandes sueños, levantar una iglesia saludable y lograr que los propósitos de Dios se cumplan en su generación, este libro es para usted. La asombrosa historia de la iglesia de Saddleback aparece como una versión fresca del libro de los Hechos.

Jack Graham, Pastor de la Iglesia Bautista de Prestonwood, Dallas, Texas.

El crecimiento de la iglesia de Saddleback es la historia milagrosa de este siglo. En gran manera recomiendo *Una iglesia con propósito* a cada pastor que desee edificar una gran iglesia neotestamentaria.

Jerry Falwell, Canciller de la Universidad Liberty.

Estoy orando para que cada pastor que lea este libro lo crea, esté preparado para que el mismo lo corrija y cambie para estar acorde a su sabiduría profunda y escritural. Rick Warren es la persona a la cual todos debiéramos escuchar y de quien debiéramos aprender.

Robert H. Schuller, Pastor de la Catedral de Cristal, Garden Grove, California.

Rick Warren ha sido utilizado para desafiar mi manera de pensar en el área de crecimiento de la iglesia de una manera increíble. Este libro se encuentra en la lista de lecturas obligatorias de todo pastor.

Adrian Rogers, Pastor de la Iglesia Bautista Bellevue, Memphis, Tennessee.

Dios ha utilizado a Rick Warren como un instrumento efectivo y este libro revela el porqué. Él se ha mantenido plantado en los valores eternos y ha echado sus raíces en la Vid verdadera, Cristo Jesús.

Jack Hayford, Pastor de la Iglesia en el Camino, Van Nuys, California.

Los pensamientos de Rick Warren hacen que desee volver a comenzar mi ministerio desde el principio. Este libro es tan bíblico, tan bien organizado, y tan bien articulado que me hizo exclamar: ¡Ojalá todos los cristianos comprendieran esto! Espero que todos los Metodistas Unidos lean este libro.

Richard B. Wilke, Obispo de la Iglesia Metodista Unida.

Este libro podría tener un impacto tan significativo en el futuro de la cristiandad como ningún otro libro publicado en los últimos años. Todos los líderes de la iglesia en América necesitan leer este libro.

Ronnie W. Floyd, Pastor de la Primera Iglesia Bautista, Springdale, AR

Ningún otro pastor en los Estados Unidos es más efectivo en cultivar tanto las conversiones como la madurez espiritual que Rick Warren. Este libro debiera venir con la garantía "le devolvemos su dinero triplicado", ¡es así de bueno! Lo estoy haciendo lectura obligatoria para cada líder de nuestra iglesia.

David W. Miller, Pastor de la Iglesia en la Roca, Chatsworth, California.

Por fin... impreso... el verdadero secreto de Saddleback. Y lo mejor de todo es que está lleno de principios prácticos y aplicables para ayudarnos a ser más contemporáneos sin comprometer nuestra fe.

O.S. Hawkins, Pastor de la Primera Iglesia Bautista de Dallas, Texas.

Este libro es uno de los mejores que se hayan escrito acerca del ministerio. Es un libro *jugoso*, no es teoría. No existe una iglesia en toda América que no pueda sacar provecho de su sabiduría. No veo la hora de lanzarme con mi tabla de surf por entre sus páginas.

Larry Osborne, Pastor de la Iglesia de North Coast (Evangelical Free), Vista, California

Una iglesia con propósito nos da un cuadro comprensible. Nos demuestra la reflexión bíblica, la integridad teológica, la percepción espiritual, la pasión evangelística, la preocupación pastoral, y el refrescante sentido común.

Eddie Gibbs, Rector Asociado de la Parroquia de Todos los Santos, Beverly Hills, California.

Después de todo el aspaviento acerca del crecimiento de la iglesia, proveniente de personas que nunca lo experimentaron, este libro es una corriente de aire fresco. Es difícil discutirle a los principios bíblicos y a la voz de la experiencia. ¡Consiga este libro y haga lo que él dice!

Jerry Sutton, Pastor de la Iglesia Bautista Two Rivers, Nashville, Tennessee.

Solamente el capítulo "Cómo planear un culto para los inconversos" vale el precio de este libro. ¡Si tan solo me hubieran enseñado estos principios cuando estaba en el seminario!

James Merritt, Presidente 1995, Conferencia de Pastores SBC.

Si usted desea examinar las diferencias entre iglesias saludables y no saludables desde una perspectiva madura y experimentada, este es el libro que debe leer.

Paul. D. Robbins, Vicepresidente ejecutivo de Christianity Today, Inc.

Considero a Rick Warren como a uno de los pensadores más grandes de la iglesia en el día de hoy. En este libro, él nos muestra cómo la pasión, la habilidad y la guía de Dios pueden crear una congregación capaz de cambiar al mundo. ¡Este libro se convertirá en un clásico!

Dwight "Ike" Reighard, Pastor de la Iglesia Bautista New Hope, Fayetteville, Georgia.

La filosofía de *Una iglesia con propósito* cambió mi vida y la vida de nuestra iglesia. Rick

Warren es un genio con la capacidad de convertir verdades complejas en conceptos comprensibles.

Ed Young Jr., Pastor de Fellowship of Las Colinas, Irving, Texas.

Este es un libro que todos necesitamos *releer* una vez al año. Sus puntos de vista se podrán aplicar en las generaciones por venir. Cada capítulo lo obliga a hacer una pausa para orar.

Doug Murren, Pastor de la Iglesia Eastside Foursquare, Kirkland, Washington.

Rick Warren

Una IGLESIA CON PROPÓSITO

MÁS DE 1 MILLÓN DE COPIAS VENDIDAS MUNDIALMENTE

 Vida®

**Toda iglesia es grande
ante los ojos de Dios**

La misión de Editorial Vida es ser la compañía líder en satisfacer las necesidades de las personas con recursos cuyo contenido glorifique al Señor Jesucristo y promueva principios bíblicos.

UNA IGLESIA CON PROPÓSITO
Edición en español publicada por
Editorial Vida – 1998
Miami, Florida

©1998 por Rick Warren

Traducción: *Cecilia de De Francesco*
Diseño interior: *artservices*

ISBN: 978-0-8297-1683-2

CATEGORÍA: Iglesia cristiana / Crecimiento

IMPRESO EN ESTADOS UNIDOS DE AMÉRICA
PRINTED IN THE UNITED STATES OF AMERICA

15 16 17 18 ❖ 56 55 54 53 52 51 50 49 48

*Dedico este libro a
los pastores bivocacionales
alrededor del mundo,
pastores que sirven
con fidelidad y amor en iglesias
que no son lo suficientemente grandes
como para dar un salario completo.
Desde mi punto de vista,
ustedes son los héroes de la fe.
Espero que este libro pueda animarlos.*

*También dedico este libro a
los profesores de los seminarios y
de las universidades cristianas,
educadores llamados a preparar
a la próxima generación de pastores.
¡Qué tarea tan solemne y santa la de ustedes!
Que Dios bendiga y honre su ministerio.*

*Finalmente, dedico este libro
a los pastores y al personal
que ha servido junto conmigo
en la Iglesia de Saddleback.
Ha sido una gran aventura
la que hemos vivido juntos.
Los amo profundamente.*

Contenido

Prólogo a cargo del Dr. W.A. Criswell   15
Hagamos surf sobre las olas espirituales   17

Primera parte: Mire el gran cuadro
1. La historia de Saddleback   29
2. Mitos acerca del crecimiento de las iglesias   53

Segunda parte: Conviértase en una iglesia con propósito
3. ¿Qué mueve a la iglesia?   81
4. El fundamento para una iglesia saludable   91
5. Defina sus propósitos   101
6. Comunique los propósitos   117
7. Organícese de acuerdo a los propósitos   127
8. Aplique los propósitos   143

Tercera parte: Alcance a su comunidad
9. ¿Quién es su objetivo?   163
10. Sepa a quién podemos alcanzar mejor   181
11. Desarrolle una estrategia   193

Cuarta parte: Traiga una multitud
12. Cómo atraía Jesús a las multitudes   215
13. La adoración puede ser un testigo   247
14. Cómo planear un culto para inconversos   259
15. Seleccione la música   287
16. Predique a los que no se congregan   301

Quinta Parte: Edifique la iglesia

17. Convierta a los asistentes en miembros *(congregación)*   319
18. Forme miembros maduros *(grupo de comprometidos)*   341
19. Convierta a los miembros en ministros *(núcleo)*   375
20. El propósito de Dios para la iglesia   405

Prólogo

Dios no hubiera podido darme un "hijo en el ministerio" más amado y eficiente que Rick Warren. Me encontré con Rick por primera vez en 1974 cuando era tan solo un muchacho, un alocado estudiante universitario que condujo 150 kilómetros para asistir a la Convención Bautista de California en San Francisco. A través del mensaje en aquella convención, Dios llamó a Rick Warren a dedicar su vida como pastor y maestro. Me siento honrado sobremanera en ser llamado su "padre en el ministerio".

En 1980, Rick se graduó del Seminario Teológico Bautista del Sur en Fort Worth, Texas, y se trasladó con su esposa al sur de California para comenzar la Iglesia de Saddleback en la sala de su hogar. Comenzó con solo una familia. Ahora, quince años después, la Iglesia Comunidad del Valle de Saddleback está reconocida como la iglesia bautista de crecimiento más rápido en la *historia* de América. Semanalmente asisten a la adoración un promedio de 10.000 personas en un hermoso y espacioso predio de 300 metros cuadrados. Es evidencia suficiente de que Rick Warren sabe de qué está hablando. En 1995, la Junta de Misión para el Hogar de la Convención Bautista del Sur seleccionó a Saddleback como la Iglesia Clave del Año.

Una iglesia con propósito es la apasionante historia de Saddleback. Este libro explica las convicciones, los principios y las prácticas que Dios ha usado poderosamente al edificar una de las iglesias más efectivas del continente Americano.

El ministerio de Rick Warren tiene sus cimientos y ha echado raíces en la infalible y precisa Palabra de Dios, en el liderazgo de servicio ungido por el Espíritu Santo y en un genuino corazón de amor por su gente. Algunos llamarían a Saddleback una "megaiglesia", pero esta iglesia ha crecido *sin comprometer la misión o la doctrina* de la iglesia del Nuevo Testamento. Lo que Dios ha hecho en Saddleback es asombroso.

Durante las dos o tres décadas pasadas, muchas iglesias han confiado primariamente en el crecimiento biológico o transferido, pero no así Saddleback. Ella está entregada a la idea de que las iglesias vibrantes del siglo veintiuno deben estar comprometidas de todo corazón con el crecimiento producido por conversiones. Rick Warren comprende la forma de pensar de aquellos que no se congregan en este mundo. Para que las iglesias tengan éxito al evangelizar a nuestra sociedad, que cada día se vuelve más y más pagana, debemos aprender a pensar como los incrédulos.

Dicho sea en su honor, Rick no alienta a las otras iglesias a tratar de convertirse en "fotocopias" de Saddleback. En cambio, anima a las iglesias locales a penetrar nuestra sociedad materialista y humanista con el mensaje transformador de Cristo utilizando métodos contemporáneos y oportunos sin comprometer la verdad del evangelio. De esto se trata este libro.

Una iglesia con propósito ayudará a todas las iglesias locales, sea cual sea su tamaño, a volver a capturar la misión de la iglesia del Nuevo Testamento. Mi oración a Dios es que miles de pastores, de miembros del personal, de maestros de escuela dominical y de líderes espirituales lean este libro. Una vez escuché a un compañero decir: "Las mentes son como los paracaídas: trabajan mejor cuando están abiertos". ¡Esta es la manera de leer este libro!

Que Dios lo bendiga en cualquiera que sea el ministerio que le ha sido asignado. Sea fiel a Cristo y a su iglesia hasta que él vuelva.

W. A. Criswell, Pastor Emérito,
Primera Iglesia Bautista,
Dallas, Texas

Hagamos surf sobre las olas espirituales

Porque yo Jehová, que agito el mar y hago rugir sus ondas...

Isaías 51:15

El sur de California es bien conocido por sus playas. Es la parte del país que hizo popular la música de los Beach Boys, de las fiestas en las playas que se ven en las películas y, por supuesto, del surf. Aunque la novedad del surf ha sido reemplazada por la monopatineta en el caso de la mayoría de los muchachos norteamericanos (que no tienen una tabla de surf), el *verdadero* deporte aún es popular en el sur de California. Muchas de nuestras escuelas ofrecen cursos de educación física para practicar surf.

Si usted asiste a una clase para aprender a hacer surf, se le enseñará todo lo que necesita saber acerca de este deporte: cómo elegir el equipo adecuado, cómo utilizarlo adecuadamente, cómo reconocer una ola "surfeable", cómo capturar una ola y montarla durante la mayor cantidad de tiempo posible, y lo que es más importante de todo, cómo salir de la ola sin caerse; pero nunca podrá encontrar un curso que enseñe "Cómo crear una ola".

El surf es el arte de montarse sobre las olas que Dios crea. Dios es quien hace las olas; los surfistas simplemente las montan. Ningún surfista trata de crear olas. Si las olas no están allí, ¡sencillamente no practicas surf ese día! Por el otro lado, cuando los surfistas ven una buena ola, la aprovechan al máximo, aunque esto signifique hacer surf en medio de una tormenta.

Muchos libros y conferencias acerca del crecimiento de la iglesia caen en la categoría de "cómo crear una ola". Tratan de fabricar la ola del Espíritu de Dios, utilizando trucos, programas o técnicas de mercadeo para crear el crecimiento. *¡Pero el hombre no puede producir el crecimiento!* solo Dios puede hacer que la iglesia crezca. solo Dios puede soplar nueva vida en un valle de huesos secos. solo Dios puede

17

crear olas, olas de avivamiento, olas de crecimiento y olas de receptividad espiritual.

Como Pablo señaló acerca de la iglesia en Corinto: "Yo planté, Apolos regó; *pero el crecimiento lo ha dado Dios*" (1 Corintios 3:6, cursiva añadida). Tome en cuenta el compañerismo: Pablo y Apolos hicieron su parte, pero Dios provocó el crecimiento. La soberanía de Dios es un factor que se pasa por alto en casi toda la literatura corriente acerca del crecimiento de la iglesia.

Nuestra tarea como líderes de la iglesia, al igual que los surfistas experimentados, es reconocer una ola del Espíritu de Dios y montarnos sobre ella. No es nuestra responsabilidad *crear* olas sino reconocer de qué manera Dios está obrando en el mundo y unirnos a él en el esfuerzo.

Cuando uno observa a los surfistas desde la playa parece que montarse sobre las olas es algo bastante fácil. En realidad, es algo bien difícil que requiere una gran habilidad y equilibrio. Capturar una ola espiritual de crecimiento tampoco es fácil. Requiere más que deseo e inclusive más que dedicación; requiere visión, paciencia, fe, habilidad y por sobre todas las cosas, *equilibrio*. Pastorear a una iglesia que está creciendo, al igual que el surf, puede parecerle sencillo a un principiante, pero no lo es. Requiere el dominio de ciertas habilidades.

Hoy en día, Dios está creando ola tras ola de personas receptivas al evangelio. Debido a una plétora de problemas en nuestro mundo, parecería que hay más personas abiertas a las Buenas Nuevas de Cristo que en cualquier otro momento en este siglo. Lamentablemente, como a nuestras iglesias no se les han enseñado las habilidades necesarias, nos estamos perdiendo las olas espirituales que pudieran traer avivamiento, salud y un crecimiento explosivo a nuestras iglesias.

En la Iglesia de Saddleback nunca hemos tratado de crear una ola. Eso es tarea de Dios. Pero *hemos* tratado de reconocer las olas que Dios nos está enviando a nuestro camino, y hemos aprendido a capturarlas. Hemos aprendido a utilizar el equipo adecuado para montar esas olas y hemos aprendido la importancia del equilibrio. También hemos aprendido a bajarnos de las olas que están muriendo cada vez que sentíamos que Dios deseaba hacer algo nuevo. Lo asombroso es lo

siguiente: *¡Cuánto más diestros nos volvemos en montar las olas de creci-*
miento, más olas nos manda Dios!

En mi opinión, vivimos en el momento más apasionante de la historia de la iglesia. Nuestras congregaciones tienen a su alcance oportunidades y tecnologías poderosas sin igual. Y lo que es más importante aún, en estos días estamos experimentando un movimiento del
Espíritu de Dios sin precedentes en muchas partes del mundo. Hay
más gente que viene a Cristo ahora que lo que ha habido en cualquier
otro momento de la historia.

Creo que Dios está enviando olas de crecimiento a la iglesia en
cualquier lugar que su pueblo esté preparado para montarse sobre
ellas. Las iglesias más grandes en la historia del cristianismo existen en
este preciso momento. La mayoría de ellas no se encuentran en los
Estados Unidos. Aunque es apasionante escuchar las historias de estas
iglesias, creo que las iglesias más grandes aún están por ser edificadas.
Usted puede ser justo la persona que Dios elija para llevar a cabo este
propósito.

El Espíritu de Dios se está moviendo poderosamente en oleadas alrededor del mundo. Mi oración al comenzar cada día es la siguiente:
"Padre, yo sé que tú harás cosas increíbles en tu mundo en este día.
Por favor, dame el privilegio de involucrarme en algo de lo que estás
haciendo". En otras palabras, los líderes de las iglesias deben dejar de
orar diciendo: "Señor, bendice lo que estoy haciendo" y deben comenzar a orar: "Señor, ayúdame a hacer lo que tú estás bendiciendo".

En este libro, identificaré algunos de los principios y procesos que
Dios está usando para alcanzar a esta generación para Cristo. No pretendo enseñarle a crear una ola del Espíritu; eso no se puede hacer;
pero *puedo* enseñarle cómo reconocer lo que Dios está haciendo,
cómo cooperar con lo que Dios está haciendo, y cómo llegar a ser más
habilidoso al montar una ola de bendición de Dios.

El problema con muchas iglesias es que comienzan haciéndose la
pregunta equivocada. Se preguntan: "¿Qué *hará* crecer a nuestra iglesia?" Esto demuestra que no han comprendido cuál es el punto. Es
como decir: "¿Cómo podemos crear una ola?" En cambio, la pregunta
que necesitamos hacernos es: "¿Qué *impide* el crecimiento de nuestra

iglesia?" "¿Cuáles son las barreras que están bloqueando las olas que Dios desea enviar en nuestro camino?" ¿Cuáles son los obstáculos e impedimentos que están estorbando el crecimiento?

Todas las cosas que tienen vida crecen, usted no tiene que *hacerlas* crecer. Es lo natural que suceda con un organismo viviente si se encuentra sano. Por ejemplo, yo no tengo que *ordenarles* a mis tres hijos que crezcan. Ellos crecen naturalmente. En tanto yo quite los impedimentos tales como una nutrición pobre o un entorno insalubre, el crecimiento de ellos será automático. Si mis hijos no crecen, algo anda terriblemente mal. La falta de crecimiento generalmente indica una situación de falta de salud, posiblemente una enfermedad.

> La pregunta incorrecta: ¿Qué *hará* crecer a nuestra iglesia?"
> La pregunta correcta: ¿Qué *impide* el crecimiento de nuestra iglesia?

De la misma manera, como la iglesia es un organismo vivo, es natural que crezca si se encuentra sana. La iglesia es un cuerpo, no un negocio. Es un organismo, no una organización. Se encuentra viva. Si una iglesia no está creciendo, se está muriendo.

Cuando un cuerpo humano se encuentra desequilibrado, decimos que tiene una enfermedad, lo cual indica una falta de bienestar en el cuerpo. De la misma manera, cuando el cuerpo de Cristo se desequilibra, la enfermedad tiene lugar. Muchas de estas enfermedades están ilustradas e identificadas en las siete iglesias del Apocalipsis. La salud solo tendrá lugar cuando todo vuelva a su equilibrio.

La tarea del liderazgo de la iglesia es descubrir y quitar las enfermedades y barreras que restringen el crecimiento para que el crecimiento normal y natural pueda tener lugar. Hace setenta años atrás, Roland Allen, en su clásico texto sobre misiones, llamó a esta clase de crecimiento "la expansión *espontánea* de la iglesia". Es la clase de crecimiento que se menciona en el libro de los Hechos. ¿Su iglesia está creciendo espontáneamente? Si esta clase de crecimiento no tiene lugar en una iglesia debiéramos preguntarnos: "¿Por qué no?"

Estoy convencido de que el punto clave para las iglesias del siglo veintiuno será su *salud*, no su crecimiento. De eso trata en realidad este libro. Si solo nos concentramos en el crecimiento, perdemos el punto clave. Cuando las congregaciones son sanas, crecen en la forma en que Dios espera. Las iglesias sanas no necesitan trucos para crecer, crecen naturalmente.

Pablo lo explicó de la siguiente manera: "...asiéndose de la Cabeza, en virtud de quien todo el cuerpo, nutriéndose y uniéndose por las coyunturas y ligamentos, crece con el crecimiento que da Dios" (Colosenses 2:19). Fíjese que Dios *desea* que su iglesia crezca. Si su iglesia es genuinamente saludable, usted no tendrá que preocuparse por su crecimiento.

Veinte años de observación

Durante los últimos veinte años, he sido un estudioso de las iglesias que crecen, sin importar su tamaño. En mis viajes como maestro de la Biblia, evangelista y más tarde como capacitador de pastores, he visitado cientos de iglesias alrededor del mundo. En cada caso tomé nota sobre por qué algunas eran saludables y tenían crecimiento y por qué otras estaban enfermas, detenidas o estaban muriendo. He hablado con miles de pastores y he entrevistado a cientos de líderes de iglesias, profesores y líderes denominacionales acerca de lo que ellos han observado en las iglesias. Años atrás le escribí a las cien iglesias más grandes en América y dediqué un año a la investigación de sus ministerios. He leído casi todos los libros que se hallan impresos acerca del crecimiento de la iglesia.

> El punto clave para las iglesias del siglo veintiuno será su *salud*, no su crecimiento.

He pasado aún más tiempo explorando el Nuevo Testamento. Lo he leído una y otra vez, estudiándolo con los ojos puestos en el crecimiento de la iglesia, buscando principios, modelos y procedimientos.

El Nuevo Testamento es el libro más grande que jamás se haya escrito acerca del crecimiento de la iglesia. En aquellas cosas que *realmente* importan, no se puede mejorar; es el manual del dueño de la iglesia.

También me encanta leer historia de la iglesia. Me resulta divertido el hecho de que muchos de los conceptos que corrientemente se titulan como "innovadores" o "contemporáneos" no son ideas nuevas en absoluto. Todo parece nuevo si uno ignora la historia. Muchos de los métodos que marchan bajo el estandarte del "cambio" han sido utilizados en el pasado ligeramente modificados. Algunos de ellos han dado resultado y otros no. Una verdad bien conocida es que si ignoramos las lecciones del pasado, generalmente terminaremos cometiendo los mismos errores que otros cometieron antes que nosotros.

Sin embargo, la fuente más grande de aprendizaje para mí ha sido observar lo que Dios ha hecho en la iglesia que pastoreo. Esto me dio una educación que ningún libro, ni seminario, ni profesor pudo darme jamás. Comencé la Iglesia de la Comunidad del Valle de Saddleback en el Condado de Orange, California, en 1980, y pasé los siguientes quince años probando, aplicando y refinando los principios, procesos y prácticas que se encuentran en este libro. Como centro de investigación y desarrollo, hemos experimentado con todas las clases de enfoques para alcanzar, enseñar, preparar y enviar al pueblo de Dios. Saddleback ha servido como un laboratorio para todo lo que está escrito en este libro. Los resultados han sido muy gratificantes, y creo que han traído gloria a Dios. Continuamente me siento humillado por el poder de Dios para utilizar a gente ordinaria de maneras extraordinarias.

He esperado veinte años para escribir este libro porque no quería escribirlo prematuramente. En cambio, he dejado que los conceptos se filtren, se desarrollen y maduren. Nada de lo que se encuentra en este libro es teoría. Lo último que necesitamos es otra teoría sobre crecimiento de la iglesia. Lo que se necesitan son respuestas a problemas reales que han probado ser efectivos en ambientes de iglesias reales.

Los principios que se encuentran en este libro han sido puestos a prueba una y otra vez, no solo en la Iglesia de Saddleback, sino en muchas otras iglesias con propósito, iglesias de todos los tamaños, formas, ubicaciones y denominaciones. La única razón por la cual todas las ilustraciones pertenecen a Saddleback, es porque estoy más familiarizado con nuestra iglesia. Casi todos los días recibo una carta de otra iglesia que ha adoptado el paradigma de la iglesia con propósito y que ha podido montarse sobre las olas de crecimiento que Dios les ha enviado en su camino.

A los pastores, con amor

Este libro está escrito para cualquier persona que esté interesada en ayudar a que su iglesia crezca, pero como yo soy un pastor, el estilo que utilizo al escribir, naturalmente se inclina hacia la perspectiva de un pastor que se dirige a otros pastores. Provengo de una larga línea de pastores. Mi bisabuelo se convirtió a través del histórico ministerio de Charles Spurgeon en Londres y vino a los Estados Unidos como un pionero de los pastores ambulantes.

Tanto mi padre como mi suegro han sido pastores. Ambos, recientemente, celebraron su cincuenta aniversario en el ministerio. Mi hermana está casada con un pastor, y yo pasé parte de mi niñez creciendo en el predio de un seminario adonde mi padre trabajaba como parte del plantel. Por lo tanto, siento un profundo amor por los pastores. Me encanta andar cerca de ellos. Me duelo con ellos cuando se lastiman. Creo que son los líderes menos reconocidos en nuestra sociedad.

Mi admiración más grande es para los miles de pastores *bivocacionales* que se sostienen a sí mismos con un segundo empleo para poder pastorear iglesias que son demasiado pequeñas como para proveerles un salario de tiempo completo. Desde mi punto de vista, ellos son los héroes de la fe. Recibirán grandes honores en el cielo. Como yo he tenido la fortuna de poder costearme la preparación y he podido tener las

> Los pastores son los agentes de cambio más estratégicos para tratar los problemas que enfrenta la sociedad.

experiencias que no están al alcance de ellos, me siento en la obligación de compartirles a través de este libro lo que he aprendido.

También creo que los pastores son los agentes de cambio más estratégicos para tratar los problemas que enfrenta la sociedad. Inclusive muchos políticos están llegando a la conclusión de que el avivamiento espiritual es la única solución que existe. Recientemente leí la siguiente afirmación del antiguo miembro del Gabinete, William Bennett, en la revista *American Enterprise*: "Los problemas más serios que afligen a nuestra sociedad en la actualidad son manifiestamente morales, de conducta y espirituales, y por lo tanto son notablemente resistentes a las curas que ofrece el gobierno". ¿No le parece irónico que en un momento en que los políticos están diciendo que necesitamos una solución *espiritual* muchos cristianos estén actuando como si la política fuera la solución? A pesar de que no existe ninguna duda de que la decadencia moral en nuestra sociedad ha producido un campo de batalla, ¡también nos ha dado un increíble campo misionero! Debemos recordar que Cristo también murió por aquellos que se encuentran al otro lado de la guerra cultural.

Ser pastor de una iglesia local es un gran privilegio y una solemne responsabilidad. Si no creyera que los pastores tienen la mejor oportunidad de marcar una diferencia en nuestro mundo, me dedicaría a otra cosa; no tengo intención de malgastar mi vida. Hoy en día el ministerio pastoral es cien veces más complejo que hace una generación. Inclusive en las mejores circunstancias, el ministerio es increíblemente difícil. Pero también existen muchos más recursos que pueden ayudarlo si usted se vale de ellos. La clave es nunca dejar de aprender.

Si usted es un pastor, mi oración es que este libro pueda animarlo. Espero que sea tanto instructivo como inspiracional. Los libros que más me han ayudado han mezclado los hechos con el fuego. Mi deseo es que usted pueda captar no solo los principios que comparto, sino también la pasión que siento en cuanto a los propósitos de Dios para su iglesia.

Amo a la iglesia de Jesucristo con todo mi corazón. A pesar de sus faltas (debidas a *nuestra* pecaminosidad) sigue siendo el concepto más magnífico que jamás se haya creado. Ha sido el instrumento elegido por Dios para bendecir durante dos mil años. Ha sobrevivido al abuso persistente, a horrendas persecuciones y al descuido generalizado. Las organizaciones paraeclesiásticas y otros grupos cristianos vienen y van, pero la iglesia durará por toda la eternidad. Vale la pena dar nuestras vidas por ella, teniendo en mente que merece lo mejor de nosotros.

"¡He escuchado esto antes!"

A medida que lea este libro, estoy seguro de que se encontrará con ciertos conceptos que lo harán pensar: *He escuchado esto antes*. ¡Espero que así sea! Este libro contiene muchos de los principios que se han enseñado en el Seminario de Una Iglesia con Propósito, el cual ha preparado a más de 22.000 pastores en los últimos quince años. Además, líderes de iglesias de cuarenta y dos países diferentes y de sesenta denominaciones distintas han pedido los casetes del seminario, por lo tanto, algunos de los conceptos ahora son bien conocidos.

En los estantes de mi biblioteca tengo más de una docena de libros escritos por personas a quienes yo he preparado y que han vertido mis ideas al papel impreso antes que yo. Esto no me importa. Todos estamos en el mismo equipo. Mientras que los pastores reciban ayuda, yo me siento satisfecho. Honestamente, una de las razones por las cuales esperé veinte años para escribir este libro es porque me encontraba ¡demasiado ocupado *haciéndolo*!

Se han escrito más de cien tesis doctorales acerca del crecimiento de la Iglesia de Saddleback. Hemos sido disecados, escudriñados, analizados y resumidos por mentes mucho más dotadas que la mía. Entonces usted se podrá preguntar: "¿No se ha escrito lo suficiente ya?" "¿Por qué *otro* libro?" Lo que espero poder ofrecer en este libro es la perspectiva de alguien que está adentro. Lo que las personas de afuera pueden ver acerca de una iglesia en crecimiento, muy pocas veces explica las causas reales del crecimiento.

Usted ha escuchado la frase que dice que "es sabio aprender de la experiencia", pero es aún más sabio aprender de las experiencias de otros. ¡Y también es menos doloroso! La vida es demasiado corta como para aprender todo a través de la experiencia personal. Usted se puede ahorrar mucho tiempo y energía recogiendo información de las lecciones que otros han aprendido de la manera más difícil. Ése es el propósito de libros como el mío. Si yo puedo librarlo a usted del dolor que nosotros experimentamos mientras aprendíamos estos principios mediante prueba y error, me sentiré satisfecho.

Cuando un surfista se cae porque no se montó correctamente sobre la ola, no abandona el surf. Vuelve a internarse en el océano nadando sobre su tabla para esperar la próxima gran ola que Dios le enviará. Una de las cosas que he observado acerca de los surfistas exitosos es la siguiente: *son persistentes*.

Es probable que usted haya experimentado algunas pocas "caídas" en su ministerio. A mí me ha sucedido. Es probable que haya perdido algunas pocas olas, pero eso no significa que deba darse por vencido. El océano no se ha secado. Por el contrario, en este mismo momento Dios está creando en el mundo las mejores olas que jamás hayamos visto. Es mi deseo, como su compañero de surf, compartirle algunos consejos acerca de cómo montarse sobre lo que Dios está haciendo en su mundo. Vamos, venga conmigo a capturar una ola.

Primera parte

Miremos el gran cuadro

1

La historia de Saddleback

Generación a generación celebrará tus obras,
y anunciará tus poderosos hechos.

Salmo 145:4

... Sea exaltado Jehová, que ama la paz de su siervo.

Salmo 35:27

En noviembre de 1973, junto con un compañero, nos escabullimos de la universidad y conducimos 150 kilómetros para escuchar al Dr. W.A. Criswell que hablaría en el Hotel Jack Tar en San Francisco. Criswell era el renombrado pastor de la iglesia bautista más grande del mundo, la Primera Iglesia Bautista de Dallas, Texas. Para mí, que era un joven muchacho Bautista del Sur, la oportunidad de escuchar a Criswell en persona era el equivalente de lo que sería para un católico llegar a escuchar al papa. Estaba decidido a escuchar a está leyenda viviente.

Tres años atrás yo había sentido el llamado de Dios al ministerio y había comenzado a hablar como un joven evangelista mientras todavía me encontraba en la escuela secundaria. Aunque no tenía más que diecinueve años, ya había predicado en reuniones de avivamiento en cerca de cincuenta iglesias. No tenía ninguna duda de que Dios me había llamado al ministerio, pero no estaba seguro de si Dios deseaba que me convirtiera en un pastor.

Creo que W.A. Criswell es el pastor norteamericano más grande del siglo veinte. Pastoreó la Primera Iglesia Bautista durante cincuenta años, escribió cincuenta y tres libros y desarrolló el modelo de iglesia más copiado de este siglo. No solo era un poderoso predicador y líder, sino que también era un genio en cuanto a lo organizativo. La mayoría de la gente piensa en la tradición cuando piensa en Criswell, pero en realidad su ministerio fue increíblemente innovador. ¡solo se hizo conocido como tradicional cuando todos se lo habían copiado!

Hoy en día escuchamos a menudo acerca de pastores celebridades cuyas estrellas brillan con fulgor durante algunos años y luego se apagan. Es fácil tener un comienzo que cause impresión, pero el ministerio de Criswell duró medio siglo ¡en *una* iglesia! No fue un resplandor en el metal; soportó la prueba del tiempo. Para mí, el éxito genuino es: *amar y liderar consistentemente y terminar bien*. El ministerio es un maratón. Lo importante no es cómo usted comienza, sino cómo termina. Entonces, ¿cómo se puede llegar bien al final? La Biblia dice: "El amor nunca deja de ser" (1 Corintios 13:8). Si usted ministra como fruto del amor, nunca podrá ser considerado un fracaso.

> El ministerio es un maratón. Lo importante no es cómo usted comienza, sino cómo termina.

Al escuchar a este gran hombre de Dios mientras predicaba, Dios me habló personalmente y me dejó bien en claro que me estaba llamando a ser pastor. Allí y entonces, le prometí a Dios que entregaría toda mi vida para pastorear una sola iglesia si esa era su voluntad.

Luego del servicio, mi compañero y yo nos pusimos en la fila para darle la mano al Dr. Criswell. Cuando finalmente me llegó el turno, algo inesperado sucedió. Criswell me miró con una mirada amorosa y amable y me dijo, bastante enfáticamente: "Joven, me siento motivado a imponerte las manos y orar por ti". Sin más demora, puso sus manos sobre mi cabeza y oró con las siguientes palabras que jamás olvidaré: "Padre, te pido que le des a este joven predicador una doble porción de tu Espíritu. Haz que la iglesia que pastorea crezca el doble de lo que ha crecido la iglesia de Dallas. Bendícelo grandemente, oh, Señor."

Mientras me alejaba con lágrimas en los ojos, le dije a mi amigo Danny: "¿Él oró lo que yo pienso que oró?", "Claro que sí", respondió Danny que también tenía los ojos húmedos. No encontraba forma de imaginarme que Dios pudiera usarme en la manera en que el Dr. Criswell había dicho en oración, pero aquella experiencia santa confirmó en mi corazón que Dios me había llamado a ser pastor en una iglesia local.

La historia que se encuentra detrás de los métodos

Cada teología tiene un contexto. No se puede comprender la teología de Lutero si no se comprende su vida y la manera soberana en la que Dios estaba obrando en el mundo en aquel momento. De manera similar, no se puede apreciar cabalmente la teología de Calvino sin comprender las circunstancias en las cuales él forjó sus creencias.

De la misma manera, cada *metodología* tiene una historia detrás de sí. Muchas personas miran a las llamadas "megaiglesias" y suponen que siempre han sido grandes. Se olvidan de que toda iglesia grande comenzó siendo pequeña. Y ninguna iglesia se hace grande sin luchar a través de años de problemas, retrocesos y fracasos. Por ejemplo, Saddleback se reunió durante quince años antes de poder construir nuestro primer edificio. Este solo factor nos ayudó a darle forma a nuestra estrategia de alcanzar, retener y hacer crecer a los creyentes en Cristo. Mantuvo nuestra atención en la gente y creó una cultura en la iglesia muy abierta al cambio.

Para comprender muchos de los métodos de este libro, usted necesitará entender el contexto en el cual se desarrollaron. De otra manera, podría verse tentado a copiar cosas que hicimos sin considerar el contexto. *¡Por favor, no lo haga!* En cambio, fíjese en lo que está detrás de los métodos para ver los principios transferibles sobre los cuales están basados. Identificaré los principios, pero primeramente deberá conocer un poco acerca de la historia de Saddleback.

Muy poco del ministerio de Saddleback se planeó de antemano. Yo no tenía ninguna estrategia a largo plazo cuando comencé la iglesia. Simplemente sabía que Dios me había llamado a plantar una nueva iglesia edificada sobre los cinco propósitos del Nuevo Testamento, y tenía un paquete de ideas que deseaba poner a prueba. Cada innovación que desarrollamos fue simplemente una *respuesta* a las circunstancias en las cuales nos encontrábamos. Yo no las planeé de antemano. La mayoría de las personas piensa en la "visión" como la habilidad de ver el futuro, pero en el mundo actual que cambia tan rápidamente, la visión también es la habilidad de evaluar adecuadamente los cambios corrientes y sacar ventaja de ellos. Tener visión es estar alertas a las oportunidades.

> **Visión es la habilidad de ver las oportunidades en las circunstancias presentes.**

Como Saddleback es una iglesia joven y yo soy el pastor que la fundó, hemos tenido la posibilidad de experimentar con muchas más ideas que la iglesia promedio, principalmente debido al hecho que no teníamos décadas de tradición con las cuales luchar. (¡Sin embargo tuvimos muchos otros problemas que las iglesias más antiguas no tienen!) En los primeros años no teníamos nada que perder, por lo tanto probamos toda clase de ideas. Algunas de ellas fueron fracasos espectaculares, y me gustaría decir que todos nuestros éxitos tuvieron lugar exactamente en la forma en que los habíamos planeado, pero esto no sería verdad. No soy tan listo. La mayoría de nuestros éxitos han sido el resultado del método de prueba y error y algunos de nuestros descubrimientos fueron puramente accidentales.

Una de mis películas preferidas es *Los Cazadores del Arca Perdida.*

En un momento decisivo y de mucha tensión en la historia alguien le pregunta a Indiana Jones: "¿Qué haremos ahora?", a lo cual Jones responde: "¿Cómo habría de saberlo? ¡Estoy armando el plan a medida que avanzamos!" Yo me he sentido de esa manera muchas, muchas veces siendo pastor en Saddleback. Probábamos algo y si daba resultado ¡presumíamos que lo habíamos planeado con anticipación!

Una vez, Mark Twain dijo secamente: "Conocí a un hombre que asió a un gato por la cola y aprendió un cuarenta por ciento más acerca de los gatos que el hombre que no lo hizo." Nosotros hemos estado asiendo al gato por la cola desde el comienzo de la Iglesia de Saddleback, y tenemos los cortes y las cicatrices para probarlo.

Lo cierto es que hemos intentado más cosas que *no* dieron resultado en Saddleback que las que lo hicieron. Nunca hemos tenido temor al fracaso; simplemente llamamos a todas las cosas un "experimento". Podría llenar otro libro con las historias de nuestros fracasos y lo llamaría *¡1000 maneras para que una iglesia NO crezca!*"

Mi búsqueda de principios

En 1974 estuve sirviendo como misionero estudiante en Japón. Vivía con un matrimonio misionero Bautistas del Sur, en su hogar en Nagasaki. Un día, mientras me encontraba hurgando en la biblioteca del misionero, tomé una vieja copia de *HIS*, una revista cristiana para estudiantes publicada por *InterVarsity Christian Fellowship*.

Mientras la hojeaba, el cuadro de un fascinante anciano con una barba de chivo y ojos centelleantes atrajo mi atención. El subtítulo del artículo decía algo así: "¿Por qué este hombre es peligroso?" Mientras me encontraba sentado leyendo el artículo acerca de Donald McGavran, no tenía idea de que causaría un dramático impacto en la dirección de mi ministerio, tanto como lo había hecho mi encuentro con Criswell.

El artículo describía cómo McGavran, un misionero nacido en la India, había dedicado su ministerio a estudiar qué hace crecer a las iglesias. Sus años de investigación finalmente lo llevaron a escribir

The Bridges of God en 1955 y una docena de libros más acerca de iglesias en crecimiento que hoy en día se consideran como clásicos.

Así como Dios utilizó a W.A. Criswell para aclararme que la misión de mi vida era el pastorado en lugar del ministerio en general, Dios utilizó los escritos de McGavran para aguzar la visión que yo tenía de pastorear una iglesia ya establecida a plantar la iglesia que pastorearía. Como declara Pablo en Romanos 15:20, siempre había sido mi ambición predicar el evangelio, "no donde Cristo ya hubiese sido nombrado, para no edificar sobre fundamento ajeno".

McGavran desafió brillantemente la sabiduría convencional de sus días con respecto a qué hace crecer a una iglesia. Con una base bíblica y una lógica simple pero apasionada, McGavran señaló que Dios desea que su iglesia crezca; ¡él desea que sus ovejas perdidas sean halladas!

Los puntos planteados por McGavran me parecieron especialmente pertinentes al observar el crecimiento dolorosamente lento de las iglesias en Japón. Hice un lista de ocho preguntas para las cuales deseaba encontrar una respuesta:

- ¿Cuántas de las cosas que hacen las iglesias son realmente bíblicas?
- ¿Cuántas de las cosas que hacemos son simplemente cosas con un origen cultural?
- ¿Por qué algunas iglesias crecen y otros mueren en la vid?
- ¿Qué hace que una iglesia en crecimiento deje de crecer, se estanque y luego decaiga?
- ¿Existen factores comunes que se encuentran en todas las iglesias que crecen?
- ¿Existen principios que puedan dar resultado en todas las culturas?
- ¿Cuáles son las barreras para el crecimiento?
- ¿Cuáles son los mitos convencionales acerca del crecimiento de las iglesias que ya no son ciertos (o que nunca lo fueron)?

El día en que leí el artículo de McGavran, sentí que Dios me estaba dirigiendo a invertir el resto de mi vida en descubrir los principios bíblicos, culturales y de liderazgo que producen iglesias saludables que crecen. Fue el comienzo de un estudio que durará toda la vida.

En 1979, mientras terminaba mi último año en el Seminario Bautista del Sudoeste en Fort Worth, Texas, decidí hacer un estudio independiente de las cien iglesias más grandes de los Estados Unidos en aquel momento. En primer lugar, tuve que identificar esas iglesias, lo cual no fue tarea fácil. Yo estaba trabajando como ayudante del

> Para establecer la estrategia correcta usted debe hacerse las preguntas correctas.

Dr. Roy Fish, profesor de evangelismo en el Seminario. Roy, que también era mi mentor y mi amigo, me ayudó a identificar muchas de estas iglesias. Otras las encontré buscando en los anuarios denominacionales y en revistas cristianas.

Luego escribí a cada una de estas iglesias y les hice una serie de preguntas que había preparado. Aunque descubrí que las iglesias grandes y en crecimiento difieren grandemente en cuanto a estrategias, estructura y estilo, existían algunos comunes denominadores. Mi estudio confirmó lo que yo ya sabía a través del ministerio de Criswell: Las iglesias grandes y saludables están dirigidas por pastores que han estado allí durante un largo tiempo. Encontré docenas de ejemplos. Un pastorado largo no *garantiza* que una iglesia crecerá, pero el cambio frecuente de pastores garantiza que una iglesia *no* crecerá.

¿Se puede imaginar lo que serían los hijos en una familia en la cual tuvieran un nuevo padre cada dos o tres años? Lo más probable es que tendrían serios problemas emocionales. De la misma manera, la longevidad del liderazgo es un factor crítico para la salud y el crecimiento de la familia de la iglesia. Los pastorados largos hacen que sean posibles las relaciones profundas, de confianza y de cuidado de los unos hacia los otros. Sin esta clase de relaciones, un pastor no podrá lograr cosas de valor duradero.

Las iglesias que cambian de pastor cada pocos años nunca experimentarán un crecimiento consistente. Creo que esta es la razón del deterioro de algunas denominaciones. Al limitar intencionalmente la permanencia de los pastores en las congregaciones locales, crean ministerios sin solvencia. Pocas personas desearán seguir a un líder que no estará en el mismo lugar dentro de un año. Es probable que el pastor desee comenzar toda clase de nuevos proyectos, pero los miembros se mostrarán reticentes porque ellos serán quienes tengan que cargar con las consecuencias mucho después de que el pastor haya sido trasladado a otra iglesia.

> La mayoría de las iglesias grandes y saludables están dirigidas por pastores que han estado allí durante un largo tiempo.

Conociendo la importancia de la longevidad al hacer crecer a una iglesia saludable, oré diciendo: "Padre, estoy dispuesto a ir a cualquier lugar del mundo al cual me envíes, pero te pido que me des el privilegio de invertir toda mi vida solamente en una localidad. No me importa dónde me pongas, pero me gustaría quedarme donde sea por el resto de vida".

¿En qué parte del mundo?

Luego de aquella oración, pegué un mapa del mundo en la pared de la sala de nuestro hogar y junto con mi esposa, Kay, comenzamos a orar pidiendo guía con respecto a dónde nos ubicaríamos al salir del seminario. Este es el primer paso que cualquier persona debiera tomar al plantar una nueva iglesia: orar pidiendo guía. Proverbios 28:26 dice: "El que confía en su propio corazón es necio; mas el que camina en sabiduría será librado." Antes que cualquier otra cosa, usted debe encontrar la perspectiva de Dios con respecto a su situación.

Mi esposa y yo originalmente pensamos que Dios nos estaba llamando a ser misioneros fuera de nuestro país. Como ya había estado sirviendo como misionero estudiante en Japón, nos concentramos especialmente en países de Asia, pero mientras orábamos pidiendo dirección durante seis meses, Dios puso en nosotros la impresión de que no seríamos misioneros afuera de nuestro país. En cambio, plantaríamos una nueva iglesia en una gran área metropolitana de los Estados Unidos.

En lugar de convertirnos en misioneros, Kay y yo sentíamos que Dios nos estaba guiando a establecer una iglesia que *envia-ra* misioneros. Dios nos usaría para nombrar y preparar a otros en América para que se convirtieran en misioneros fuera del país. Esto fue una desilusión para mí, pero mirando hacia atrás, ahora puedo ver la sabidu-

> Creo que la salud o la fuerza de una iglesia se mide por la cantidad de personas que *envía* y no por la cantidad de personas que *acomoda*.

ría del plan de Dios. La Iglesia de Saddleback ha hecho un impacto mayor a través de los muchos misioneros que hemos enviado que si yo me hubiera ido.

Creo que la salud o la fuerza de una iglesia se mide por la cantidad de personas que *envía* y no por la cantidad de personas que *acomoda*. Las iglesias se encuentran en la tarea de enviar. Una de las preguntas que debemos hacernos al evaluar la salud de una iglesia es la siguiente: "¿Cuánta gente se está movilizando para cumplir con la Gran Comisión?"

Esta convicción, la cual he sostenido desde el comienzo de Saddleback, me ha llevado a diseñar el proceso descrito en este libro para convertir a los miembros en ministros y misioneros.

Concentrándonos en Norteamérica

Una vez que nos dimos cuenta de que no serviríamos a Dios afuera de nuestro país, Kay y yo comenzamos a orar preguntando dónde debiéramos comenzar una nueva iglesia en los Estados Unidos. Como yo no tenía ningún patrocinador, podía ubicarme donde quisiera. Entonces, una vez más pegué un mapa en la pared de nuestra sala (esta vez, el mapa de los Estados Unidos) y encerré en un círculo todas las grandes áreas metropolitanas fuera del sur.

Durante cuatro generaciones, mi origen había sido Bautista del Sur, y tenía familiares esparcidos por todas partes en el sur. Pero yo pensaba que iría a algún lugar adonde la mayoría de mis compañeros de seminario no querrían ir. Oré para comenzar una iglesia en Detroit, en Nueva York, Filadelfia, Chicago, Albuquerque, Phoenix o Denver. Luego descubrí que los tres estados con más carencia de iglesias en los Estados Unidos eran Washington, Oregon y California. Entonces me concentré más en cuatro áreas sobre la costa oeste: Seattle, San Francisco, San Diego y el Condado de Orange. Estas cuatro áreas metropolitanas estaban todas en crecimiento al final de los años setenta, y esto captó mi atención.

Durante el verano de 1979, prácticamente vivía en las bibliotecas de las universidades investigando en los datos de los censos de los Estados Unidos y en otros estudios demográficos realizados sobre estas cuatro áreas. Proverbios 13:16 dice: "Todo hombre prudente procede con sabiduría." Para mí, esto quería decir que debía descubrir todo lo que pudiera acerca de un área, antes de comprometerme a invertir el resto de mi vida allí. Antes de tomar cualquier decisión trascendente es importante preguntarse: "¿Qué debo saber primero?"

Proverbios 18:13 dice: "Al que responde palabra antes de oír, le es fatuidad y oprobio". La razón por la cual muchas iglesias nuevas fracasan es porque comienzan con un entusiasmo sin conocimiento. Se requiere más que entusiasmo para comenzar una iglesia; se requiere sabiduría. Tener fe no significa ignorar los hechos acerca de la comunidad que usted ha escogido.

Yo tenía veinticinco años y me faltaban cinco meses para graduarme del seminario, y Kay estaba embarazada de nueve meses esperando a nuestro primer hijo. La llamaba por teléfono varias veces al día desde la biblioteca para ver si había comenzado el proceso del parto.

Una tarde descubrí que el Valle de Saddleback, en el Condado de Orange, al sur de California, era el área de crecimiento más rápido en el condado de crecimiento más rápido de los Estados Unidos durante la década de los setenta. Este hecho me asió de la garganta e hizo que mi corazón comenzara a latir rápidamente. Yo sabía que dondequiera que las comunidades estuvieran creciendo con tanta rapidez, también existiría la necesidad de nuevas iglesias.

Mientras me encontraba sentado en aquel sótano polvoriento y mal iluminado de la biblioteca de la universidad, escuché la voz de Dios que me decía con claridad: "¡Es allí donde quiero que plantes una iglesia!" Todo mi cuerpo comenzó a estremecerse con entusiasmo y las lágrimas inundaron mis ojos. Dios me lo había dicho. No importaba que no tuviera dinero, ni miembros y que nunca hubiera ni siquiera visto aquel lugar. Desde aquel momento en adelante, nuestro destino era una cuestión resuelta. Dios me había mostrado dónde haría algunas olas, y yo estaba a punto de entrar en lo que sería la aventura de montar esas olas por el resto de mi vida.

El siguiente paso fue averiguar el nombre del Director de las Misiones Bautistas del Sur (el Superintendente del Distrito) en el Condado de Orange, California. Su nombre era Herman Wooten. Le escribí la siguiente carta: "Mi nombre es Rick Warren. Soy estudiante de un seminario de Texas. Estoy planeando mudarme al Condado de Orange para comenzar una iglesia. No le estoy pidiendo que me den dinero ni que me sostengan; solo quiero saber qué piensa usted acerca de esta área. ¿Necesita nuevas iglesias?"

En la providencia de Dios, sucedió algo asombroso. Aunque nunca nos habíamos encontrado personalmente, Herman Wooten había escuchado de alguna manera acerca de mí y de mi deseo de plantar una nueva iglesia una vez que me graduara. Al mismo tiempo que yo le escribía mi carta, él me escribía a mí la siguiente: "Estimado señor Warren, he escuchado que usted pudiera estar interesado en comenzar una nueva iglesia en California al finalizar el seminario. ¿Alguna vez ha considerado la posibilidad de venir al Valle de Saddleback al sur del Condado de Orange?" ¡Nuestras cartas se cruzaron en el correo! Cuando abrí la correspondencia dos días después y vi una carta enviada por el mismo hombre a quien yo le había escrito, comencé a llorar. Kay y yo sabíamos que Dios estaba por hacer algo.

Dos meses más tarde, en octubre, volé al Condado de Orange y me quedé diez días mirando el lugar por primera vez. Durante el día hablaba con todas las personas que podía. Consulté a corredores de bienes raíces, a la gente de la cámara de comercio, a los banqueros, a los oficiales planificadores del condado, a los residentes y a otros pastores en el área. Tomé copiosas notas de todo lo que aprendí. Estaba reclamando la promesa de Proverbios 20:18 que dice: "Los pensamientos con el consejo se ordenan; y con dirección sabia se hace la guerra".

Por las noches me enfrascaba en la observación y lectura de mapas y folletos, desparramándolos en el piso de la sala del Dr. Fred Fisher, un profesor jubilado del Seminario Golden Gate que me había invitado a quedarme en su casa en la parte norte del Condado de Orange. Mientras estudiaba los materiales que había recolectado, memoricé los nombres de todas las calles importantes en el Valle de Saddleback.

Luego de una semana le pedí a Kay que viniera para ver el área por primera vez. Siempre he confiado en el discernimiento espiritual de mi esposa para confirmar aquello a lo que Dios me está guiando en mi vida. Si Kay hubiera sentido cualquier clase de reticencia con respecto a mudarnos, yo lo hubiera tomado como una luz de advertencia de parte de Dios. Felizmente la respuesta de Kay fue la siguiente: "Estoy muerta de miedo, pero creo que esta es la voluntad de Dios, y creo en ti. Pongamos manos a la obra." Como Pablo dijo en Romanos 8:31: "Si Dios es por nosotros, ¿quién contra nosotros?" Subimos a la colina más alta que pudimos encontrar y mirando hacia el Valle de Saddleback lleno de miles de hogares, nos comprometimos a invertir nuestras vidas en la construcción de la Iglesia de la Comunidad del Valle de Saddleback.

California, allá vamos

Aquel diciembre me gradué en el seminario. En los últimos días de 1979, Kay y yo empacamos las pocas cosas que teníamos, las pusimos en un camión U-Haul y nos mudamos de Texas al sur de California. Nuestros muebles habían pasado de una pareja de recién casados a otra. Nosotros éramos la quinta pareja que los poseía. Era una conjunto de cosas bastante patéticas a la vista, pero era todo lo que teníamos. Cuando empacábamos, parecía inverosímil que esta pobre y joven pareja se estuviera trasladando a una de las comunidades más ricas de Norteamérica.

Llegamos a California llenos de esperanza. Teníamos una nueva década ante nosotros, un nuevo ministerio, un bebé de cuatro meses y la promesa de Dios que iba a bendecirnos. Pero al mismo tiempo llegamos sin dinero, sin ninguna iglesia edificada, sin miembros y sin hogar. No conocíamos a una sola persona de los habitantes del Valle de Saddleback. Fue el paso de fe más grande que jamás habíamos dado hasta ese momento.

Llegamos al Condado de Orange una tarde de viernes, justo a tiempo para encontrarnos atrapados en un infame embotellamiento de tránsito del sur de California. Nunca había entendido por qué dicen en California que ¡a la hora de más apuro, el tránsito es más lento! Avanzamos por la carretera al paso de una tortuga, hambrientos y cansados, y con un bebé que lloraba.

Como yo había nacido en una localidad rural de menos de quinientos habitantes, no estaba preparado en absoluto para un tránsito como este. Mientras miraba fijamente a los kilómetros y kilómetros de automóviles completamente detenidos en aquella carretera, pensé: *¿En qué lío me he metido? ¡Dios, elegiste al muchacho equivocado para esta tarea! Creo que he cometido un gran error.*

Finalmente, a las cinco de la tarde llegamos al Valle de Saddleback. Salí de la carretera y me detuve ante el primer negocio de bienes raíces que pude encontrar. Entré y me presenté al primer vendedor que encontré. Su nombre era Don Dale. Le dije con una gran sonrisa: "Mi nombre es Rick Warren. He venido aquí para comenzar una iglesia. Necesito un lugar para vivir, pero no tengo nada de dinero". Don se sonrió y luego se rió en voz alta. Yo me reí también. No tenía idea de lo que sucedería a continuación. Don me dijo: "Bueno, veamos qué podemos hacer." En dos horas Don nos había encontrado un departamento para alquilar, había logrado que viviéramos allí sin pagar la renta durante el primer mes y estuvo de acuerdo en convertirse en el primer miembro de la Iglesia de Saddleback. Dios sí que provee.

Mientras conducíamos hacia el condominio, le pregunté a Don si asistía a alguna iglesia. Me respondió que no, a lo que yo contesté: "¡Grandioso, eres mi primer miembro!" Y eso fue exactamente lo que sucedió. Comencé la Iglesia de Saddleback con la familia de aquel vendedor de bienes raíces y la mía. Dos semanas más tarde, celebramos nuestro primer estudio bíblico en nuestro departamento contando con la presencia de siete personas.

Una vez que nos movimos en fe fue maravilloso ver cómo comenzaba a materializarse el apoyo financiero que necesitábamos. El pastor John Jackson guió a la Iglesia Bautista Crescent de Anaheim, California, para que se convirtiera en nuestra iglesia patrocinadora oficial y proveyera seiscientos dólares mensuales de apoyo financiero. Luego, la Primera Iglesia Bautista de Lufkin, Texas, y la Primera Iglesia Bautista de Norwalk, California, se comprometieron a aportar doscientos dólares mensuales para nuestra congregación en ciernes.

> Dios siempre usa personas imperfectas en situaciones imperfectas para hacer que se cumpla su voluntad.

Una mañana, recibí un llamado telefónico de un hombre que jamás había conocido, pero se ofreció a pagar nuestra renta durante dos meses. Dijo que había oído acerca de la nueva iglesia y quería ayudar. En otra oportunidad, con una cuenta bancaria casi vacía, Kay y yo salimos a recorrer ventas de garajes para comprar equipo para la Escuela Dominical que utilizaríamos en nuestro primer culto. Encontramos lo que necesitábamos e hicimos nuestro cheque, sabiendo que estábamos gastando el último dinero que teníamos para comida. Cuando llegamos a casa, abrí el buzón del correo y encontré un cheque proveniente de una mujer de Texas que me había escuchado hablar una vez y que de alguna manera nos había seguido el rastro hasta California. El monto del cheque era exactamente lo que habíamos gastado en equipo de enfermería: treinta y siete dólares con cincuenta centavos.

Yo hubiera preferido tener el apoyo financiero para la iglesia *antes* de trasladarnos a California, pero no funcionó de esa manera. En cambio, nos movimos en fe. Sentía el llamado con tanta fuerza que estaba dispuesto a comenzar. Amo la paráfrasis de la Biblia al Día cuando dice en Eclesiastés 11:4: "Si esperas condiciones perfectas, nunca realizarás nada". Si usted insiste en resolver todos los problemas antes de tomar una decisión, nunca conocerá la emoción de vivir por fe. Dios siempre usa personas imperfectas en situaciones imperfectas para hacer que se cumpla su voluntad.

Mientras veíamos cómo Dios confirmaba de muchas, muchas maneras nuestra decisión de comenzar una iglesia en aquellos primeros días, aprendimos una importante lección: *A dondequiera que Dios nos guía, él provee.* Si usted desea plantar una iglesia, subraye esa oración. Será una gran fuente de aliento y de fortaleza en los días difíciles. Para cualquier cosa a la cual él nos llame, nos capacitará y nos equipará para que podamos hacer lo que nos ha encomendado. ¡Dios es fiel! Él cumple sus promesas.

¿Qué clase de iglesia íbamos a ser?

No había estado mucho tiempo en el sur de California cuando supe que el lugar en el que estábamos ya tenía muchas iglesias fuertes, con sólidos fundamentos bíblicos. Algunos de los pastores más conocidos de los Estados Unidos ministraban a corta distancia de nuestra nueva iglesia. Cualquier domingo se podía ir a escuchar a Chuck Swindoll, Chuck Smith, Robert Schuller, John MacArthur, E.V. Hill, John Wimber, Jack Hayford, Lloyd Ogilvie, Charles Blake, Greg Laurie, Ray Ortlund, o John Huffman. Si uno se organizaba bien, podía escuchar a dos o tres de estos muchachos en la misma mañana del día domingo. Además, podía escuchar a la mayoría de ellos por la radio o la televisión en todo el sur de California.

Por si fuera poco, había por lo menos dos docenas de iglesias sólidas que enseñaban la Biblia en el Valle de Saddleback cuando yo llegué. Rápidamente llegué a la conclusión de que todos los cristianos en el área ya estaban felizmente involucrados en una buena iglesia o, al menos, tenían suficientes opciones.

Decidí que no haríamos ninguna clase de esfuerzos para atraer a cristianos de otras iglesias. Ni siquiera pediríamos prestados obreros de otras iglesias cercanas para comenzar Saddleback. Como yo me sentía llamado a alcanzar a los no creyentes, me decidí a *comenzar* con ellos, en lugar de hacerlo con un grupo de cristianos comprometidos. Esto no es lo que recomiendan los libros acerca de cómo comenzar una iglesia, pero yo sentía la seguridad de que era lo que Dios me estaba llamando a hacer. Nuestra atención se limitaría a alcanzar para Cristo a las personas que por una u otra razón no asistían a ninguna iglesia existente.

Nunca animamos a otros creyentes para que transfirieran su membresía a nuestra iglesia; en realidad, los desanimamos abiertamente. No deseamos crecimiento transferido. En todas las clases para quienes desean hacerse miembros de la iglesia decimos: "Si usted viene a Saddleback de otra iglesia, debe entender claramente que esta no es la iglesia diseñada para usted. Nuestra orientación es alcanzar a las personas que no asisten a ninguna iglesia. Si usted viene de otra iglesia, será bienvenido solamente si está dispuesto a servir y a ministrar. Si todo lo que pretende hacer es asistir a las reuniones, preferimos guardar su asiento para algún no creyente. Hay muchas buenas iglesias que enseñan la Biblia en este área que podemos recomendarle."

Esta posición puede sonar dura, pero creo que estamos siguiendo el ejemplo de Jesús. Él definió el blanco de su ministerio al decir: "Los sanos no tienen necesidad de médico, sino los enfermos. No he venido a llamar a justos, sino a pecadores" (Marcos 2:17). En Saddleback continuamente nos recordamos esta afirmación. Nos ha ayudado a permanecer fieles al propósito original de nuestra iglesia: traer a Cristo a las personas sin iglesia y sin religión de nuestra comunidad.

Para comprender la mentalidad de las personas que no se congregan en el sur de California, pasé las primeras doce semanas, luego de mi traslado al Valle de Saddleback, yendo de puerta en puerta y hablando con la gente. Aunque sabía que lo que realmente más necesitaba esta gente era una relación con Cristo, quise escuchar primero lo que *ellos* pensaban que eran sus necesidades más apremiantes. Eso no es mercadeo, simplemente es ser educado.

He aprendido que la mayoría de la gente no puede escuchar hasta haber sido escuchados primeramente. A las personas no les importa cuánto sabemos hasta que saben cuánto nos importan. La conversación inteligente y que demuestra preocupación por los demás abre las puertas para el evangelismo más rápidamente que cualquier otro método que yo haya usado. *No* es la tarea de la iglesia darle a la gente cualquier cosa que deseen o ni siquiera que necesiten, pero la manera más rápida de construir un puente hacia los incrédulos es expresar nuestro interés por ellos y demostrar que uno comprende los problemas que están encarando. Las necesidades que las personas sienten, ya sean reales o imaginarias, son un punto de partida para expresarles nuestro amor.

Yo no sabía lo suficiente como para llamar a mi sondeo en la comunidad un "estudio de mercado". Para mí, era simplemente una manera de conocer a la gente que pretendía alcanzar. Aquellos que habían estado asistiendo a nuestro pequeño estudio bíblico me ayudaron a hacer este sondeo en la comunidad. Lo irónico es lo siguiente: muchos de los que venían a nuestro estudio bíblico hogareño y me ayudaban a encuestar a los no creyentes de nuestra comunidad, tampoco eran creyentes.

Establecimos la fecha: ¡el día P!

Luego decidimos comenzar las reuniones dominicales el domingo de resurrección, escasamente doce semanas después que Kay y yo nos trasladamos al Condado de Orange. No tenía intenciones de quedarme en la fase del estudio bíblico hogareño durante más de tres meses; deseaba comenzar las reuniones públicas de adoración lo antes posible. Tampoco quería perder la oportunidad de comenzar la iglesia en el domingo de resurrección.

Mi razonamiento era el siguiente: si una familia incrédula decidía asistir solamente a un culto al año, lo más probable era que ese culto fuera el domingo de resurrección. Era el día ideal para comenzar una reunión planeada para atraer a los no creyentes. Me daba cuenta de que tal vez no volverían a la semana siguiente, pero al menos tendría una multitud en el primer servicio, y obtendría algunos nombres para realizar una lista de correspondencia.

Durante las semanas previas a la Semana Santa, nuestro estudio bíblico hogareño de los viernes por la noche creció hasta llegar a unas quince personas. Cada semana daba un estudio bíblico y luego trabajábamos en los preparativos para nuestro primer culto. También discutíamos acerca de los descubrimientos que habíamos hecho en las encuestas semanales a la comunidad. Luego de unas ocho semanas, en una declaración de la filosofía del ministerio, hice un resumen de lo que habíamos averiguado acerca de los no creyentes y de sus problemas con la iglesia. Esto se convirtió en el anteproyecto de nuestra estrategia de evangelismo.

A continuación, escribí una carta abierta a todas las personas de la comunidad que no asistían a una iglesia, basada en lo que había averiguado. Yo no sabía nada acerca de correspondencia directa, mercadeo o publicidad. Sencillamente me imaginé que una carta abierta a la comunidad podría ser la manera más rápida de hacer correr la voz acerca de nuestra nueva iglesia. También sabía que un gran porcentaje de los habitantes del Valle de Saddleback vivían en comunidades cercadas y que no habría manera de visitar personalmente esos hogares.

Escribí y volví a escribir aquella carta una docena de veces. Pensaba una y otra vez: *¿Qué diría si tuviera solo una oportunidad de hablarle a todos los incrédulos de esta comunidad? ¿De qué manera puedo decirlo de modo que desarme sus prejuicios y objeciones para asistir a una iglesia?*

La primera frase de aquella carta decía claramente cuál era nuestra intención y nuestra posición. Decía: "¡Al fin! Una nueva iglesia para aquellos que han renunciado a las reuniones tradicionales de las iglesias". Seguía explicando la clase de iglesia que estábamos comenzando. Estampillamos y le pusimos la dirección a mano a 15.000 cartas y las enviamos diez días antes de Semana Santa. Pensaba que si podíamos captar al uno por ciento de esa cantidad de personas, tendríamos 150 concurrentes en el servicio de Resurrección.

La visión de Saddleback.

Extraído del primer sermón del pastor Rick, el 30 de marzo de 1980.

Es el sueño de un lugar en donde los heridos, los deprimidos, los frustrados y los confundidos puedan encontrar amor, aceptación, ayuda, esperanza, perdón, guía y aliento.

Es el sueño de comunicar las Buenas Nuevas de Jesucristo a los cientos de miles de residentes del sur del Condado de Orange.

Es el sueño de darle la bienvenida a 20.000 miembros integrándolos a la comunión de la familia de nuestra iglesia, amando, aprendiendo, riendo y viviendo unidos en armonía.

Es el sueño de guiar a las personas a la madurez espiritual a través de estudios bíblicos, de grupos pequeños, de seminarios, de retiros y de una escuela bíblica para nuestros miembros.

Es el sueño de preparar cada creyente para un ministerio significativo ayudándole a descubrir los dones y talentos que Dios le ha dado.

Es el sueño de enviar cientos de misioneros y obreros por todo el mundo, dotando a cada miembro con la autoridad para tener una misión personal en este mundo. Es el sueño de enviar a nuestros miembros a los miles de proyectos a corto plazo en todos los continentes. Es el sueño de comenzar, por lo menos, una nueva iglesia hija cada año.

Es el sueño de tener, por lo menos, veinte hectáreas de tierra para construir una iglesia regional para el sur del Condado de Orange, con dependencias hermosas pero sencillas, que incluyan un centro de culto para miles de personas, un centro de consejería y oración, salones de clase para estudios bíblicos y para la preparación de los ministros laicos y un área de recreación. Todo esto se creará para ministrar a la persona en su totalidad, espiritual, emocional, física y socialmente, en medio de un paisaje tranquilo, con árboles y flores, que resulte inspirador.

Nuestro primer servicio

Sabía que si nuestra iglesia quería atraer y ganar a los inconversos, debía tener una clase de culto diferente al que yo había conocido hasta ese momento. ¿Qué *estilo* de adoración sería el mejor testimonio para los no creyentes? Pasamos mucho tiempo pensando en cada elemento del servicio. Inclusive, planeamos un "ensayo general" para nuestro servicio de Resurrección.

Les dije a las quince personas que asistían a nuestro grupo de estudio bíblico: "El próximo domingo nos encontraremos todos en el colegio secundario y ensayaremos nuestro servicio. Practicaremos las canciones que vamos a cantar, predicaré como si hubiera una multitud de 150 personas, y resolveremos todos los posibles problemas que puedan surgir. Esto nos asegurará que cuando todos los visitantes vengan la semana siguiente *parecerá* que al menos sabemos lo que estamos haciendo.

Cuando llegó el Domingo de Ramos, esperábamos que aparecieran solamente los quince asistentes a los estudios bíblicos al "bautismo de fuego" de nuestro servicio. Pero Dios tenía otros planes. La carta que habíamos enviado a 15.000 hogares llegó antes de lo esperado a algunos de ellos. No esperábamos que llegaran hasta unos pocos días antes del Domingo de Resurrección. Gracias a una eficiente oficina de correos aparecieron ¡sesenta personas en nuestro ensayo general y cinco de ellos entregaron sus vidas a Cristo aquel día!

En aquel bautismo de fuego delineé la visión que creía que Dios me había dado para la Iglesia de Saddleback. La primera tarea del liderazgo es definir la misión, por lo tanto, traté de pintar el cuadro con términos atractivos, tan claramente como yo lo veía. A lo largo de los años hemos vuelto una y otra vez a la enunciación de aquella visión para realizarle correcciones sobre la marcha. Realmente nuestra visión nunca se concentró en hacernos grandes o en levantar edificios; más bien, nuestra visión ha sido producir discípulos para Cristo Jesús.

Recuerdo lo asustado que estaba luego de explicar la visión en el servicio de ensayo general. Me abrumaba el temor al fracaso. *¿Qué pasaría si no sucedía? ¿Esta visión realmente provenía de Dios, o simplemente era el alocado sueño de un joven idealista de veintiséis años?* Una cosa era soñar en privado con lo que yo esperaba que Dios hiciera; otra cuestión era declarar públicamente lo que soñaba. En mi mente, ya había pasado el punto sin retorno. A pesar de mis temores, ahora tenía que moverme a toda marcha hacia adelante. Convencido de que mi sueño traería gloria para Dios decidí no mirar hacia atrás nunca más.

La Iglesia de Saddleback ofició su primer culto el siguiente domingo, domingo de Resurrección, el 6 de abril de 1980. Asistieron doscientas cinco personas. *Habíamos montado una ola.* Nunca olvidaré lo que sentí al mirar a toda esa gente que jamás había visto caminando hacia la entrada del Teatro del Colegio Secundario Laguna Hills. Con una mezcla de entusiasmo, temor y asombro le dije a Kay: "¡Esto va a funcionar!"

Sentía el mismo gozo que siente una madre al sostener por primera vez en sus brazos a su bebé recién nacido. Una iglesia estaba naciendo. Pero a la vez me sentía humillado porque sentía que aquel día Dios me estaba asignando una muy solemne responsabilidad.

Fue una asamblea fuera de lo común para comenzar una nueva iglesia. En el primer culto no había más de una docena de creyentes. En cambio, el lugar estaba lleno de californianos del sur inconversos. Nuestro tiro había dado justo en el blanco.

En realidad, tener tantos inconversos en esta reunión hizo que sucedieran cosas bastante cómicas. Cuando les pedí a las personas que abrieran sus Biblias, nadie tenía una. Cuando intentamos cantar algunas canciones, nadie cantaba porque no conocían las melodías. Cuando dije: "Oremos", algunas personas simplemente miraron a su alrededor. ¡Me sentía como si estuviera al frente de una reunión de Kiwanis o de Rotarios!

Pero, ante mi asombro, las personas siguieron viniendo semana tras semana. En cada oportunidad, algunos más de ellos entregaban sus vidas a Cristo. Al llegar la décima semana después de haber comenzado los cultos, ochenta y dos personas de las que habían asistido el domingo de Resurrección habían entregado sus vidas a Cristo. Estábamos montando la ola del Espíritu de Dios de la mejor manera que podíamos. Nuestra preparación había rendido sus frutos. Se estaba comenzando a formar una congregación.

Nuestra primera clase para miembros atrajo a veinte personas. Dieciocho de ellos no eran creyentes, así que tuve que comenzar enseñando las verdades más elementales de la vida cristiana. Al finalizar la clase de la sexta semana, los dieciocho inconversos habían aceptado a Cristo, se habían bautizado y habían recibido la bienvenida como miembros de la iglesia.

Los bautismos siempre han sido únicos en Saddleback. Hemos utilizado piletas, el océano Pacífico y los bautisterios de otras iglesias, pero lo que hemos utilizado con mayor frecuencia han sido los baños termales que forman parte del equipo normal en muchas casas del Condado de Orange. Miles han sido bautizados en los lugares a los cuales nos referimos con orgullo como los "Jacuzzis para Jesús".

> Usamos setenta y nueve lugares diferentes para reunirnos durante los primeros quince años de la historia de Saddleback.

Aquellos que se bautizan se sienten animados a invitar a la mayor cantidad posible de amigos inconversos para presenciar su bautismo. Algunos, inclusive, han enviado invitaciones con papel en realce. Nuestros bautismos mensuales siempre son grandes acontecimientos. Una vez bautizamos a 367 personas en una sola mañana. Yo tenía la piel arrugada cuando junto con los otros pastores salí de la pileta de natación llena de cloro de la escuela secundaria. Recuerdo haber dicho en broma, que si no fuéramos bautistas, ¡sencillamente hubiera podido rociarlos a todos con una manguera para incendios!

Dolores del crecimiento

Saddleback ha experimentado continuos dolores de crecimiento a lo largo de su breve historia. Como teníamos que acomodarnos a nuestro continuo crecimiento, no reunimos en setenta y nueve lugares diferentes durante los primeros quince años de la historia de

Saddleback. Cada vez que colmábamos un edificio, trasladábamos ese programa a otro lugar. Siempre decíamos que Saddleback era la iglesia a la cual usted podía asistir... si podía encontrarnos. Hacíamos bromas diciendo que esta era la única manera de atraer solo a las personas listas.

Usamos cuatro escuelas secundarias diferentes, numerosas escuelas primarias, edificios de bancos, centros recreativos, teatros, centros comunitarios, restaurantes, casas amplias de familia, edificios de oficinas para profesionales y estadios, hasta que finalmente levantamos una carpa de alta tecnología con 2.300 asientos. Antes de construir nuestro primer edificio, llenábamos la carpa cuatro veces a la semana. Me parece que la mayoría de las iglesias construyen sus edificios demasiado pronto y los hacen demasiado pequeños. El zapato nunca debe decirle al pie hasta dónde puede crecer.

Muchas veces me preguntan: "¿Cuánto puede crecer una iglesia que no posee un edificio?" La respuesta es: "No lo sé". Durante quince años, sin tener edificio, Saddleback se reunió y creció hasta llegar a tener 10.000 asistentes, así que sé que ¡es posible crecer hasta llegar a 10.000! Nunca se debe permitir que un edificio o la falta del mismo se convierta en una barrera de impedimento ante una ola de crecimiento. Las personas son mucho más importantes que las propiedades.

Durante los primeros quince años de Saddleback, más de 7.000 personas entregaron sus vidas a Cristo a través de esfuerzos evangelísticos. Si se encuentra rodeado hasta el cuello de bebés cristianos, ¿qué haría usted? Nuestra salud y supervivencia dependían de que desarrolláramos un proceso dinámico para convertir a los buscadores en santos, a los consumidores en contribuyentes, a los miembros en ministros y a la audiencia en un ejército. Créame, guiar a las personas para que pasen de ser consumistas egoístas a cristianos con corazón de siervos es una tarea increíblemente difícil. No es tarea para ministros que desfallecen con facilidad o para quienes nos les gusta que les arruguen sus túnicas religiosas. Pero de *eso* se trata la Gran Comisión y esta ha sido la fuerza propulsora que ha estado detrás de todo lo que ha sucedido en Saddleback hasta el momento.

2

Mitos acerca del crecimiento de las iglesias

Compra la verdad, y no la vendas; la sabiduría, la enseñanza y la inteligencia.

Proverbios 23:23

Los niños que crecen en Norteamérica aprenden muchos mitos: Santa Claus trae regalos transportado por sus renos; el hada de los dientes cambia dientes por dinero; el Conejo de Pascua esconde dulces y huevos; cuando la marmota ve su propia sombra, tenemos que quedarnos adentro porque seguirá el mal tiempo; la luna está hecha de queso suizo. Algunos de estos mitos son inofensivos, pero otros pueden causar grandes daños.

Siempre me han encantado los pasajes en los evangelios en los cuales Jesús desafía los mitos populares o la "sabiduría convencional" de sus tiempos. El Nuevo Testamento registra veinte veces la frase que utiliza Jesús: "Oísteis que fue dicho... pero yo les digo..." Una vez prediqué una serie de mensajes basados en estas instancias a los que llamé "Mitos que nos hacen miserables". Únicamente cuando basemos nuestras vidas en el fundamento de la Palabra de Dios, podremos conocer la "verdad que nos hará libres".

> La iglesia debe ofrecer a la gente algo que no puedan encontrar en ninguna otra parte.

Muchos mitos acerca de las iglesias grandes o en crecimiento han circulado entre los pastores y líderes de las iglesias. Aunque muchas personas han oído hablar de las llamadas *megaiglesias* (nombre que particularmente no me gusta), son pocos los que estando fuera de estas iglesias realmente saben lo que sucede adentro. Se hacen suposiciones imprecisas, algunas veces como fruto de la envidia, otras veces como fruto del temor y otras debido a la ignorancia.

Si realmente quiere ver crecer su iglesia, debe estar dispuesto a desafiar gran parte de la sabiduría convencional que se escucha hoy en día acerca de las iglesias grandes y en crecimiento.

Mito Nº 1: Lo único que les importa a las iglesias grandes es el número de asistentes

La verdad es que *no* se crece si esto es lo único que importa. En toda la historia del crecimiento de Saddleback, solamente nos pusimos dos metas de asistencia, y esto sucedió durante nuestro primer año. Nuestra atención no está puesta en la concurrencia, nuestra atención está puesta en asimilar a toda la gente que Dios nos trae.

Las campañas y los avisos publicitarios pueden traer a las personas a su iglesia una vez, pero no volverán a menos que la iglesia les dé lo que están buscando. Para mantener un crecimiento consistente se le debe ofrecer a la gente algo que no podrán encontrar en ninguna otra parte.

Si usted predica las positivas Buenas Nuevas de Cristo que pueden transformar las vidas, si sus miembros están entusiasmados por lo que Dios está haciendo en su iglesia, si planea una reunión a la cual pueden traer a sus amigos inconversos sin sentirse avergonzados, y si tiene un plan para edificar, entrenar y enviar a aquellos que ha ganado para Cristo, la asistencia será el menor de todos sus problemas. La gente se adhiere a esa clase de iglesia. Está sucediendo en todo el mundo.

El crecimiento saludable y duradero de la iglesia es multidimensional. Mi definición de lo que es el genuino crecimiento de la iglesia tiene cinco facetas. Cada iglesia necesita crecer en *amor* a través del compañerismo, en *profundidad* a través del discipulado, en *fuerza* a través de la adoración, en *amplitud* a través del ministerio, y en *tamaño* a través del evangelismo.

En Hechos 2:42–47 se describen estas cinco facetas de crecimiento en la primera iglesia de Jerusalén. Los primeros cristianos tenían comunión, se edificaban los unos a los otros, adoraban, ministraban y evangelizaban. Como resultado, el versículo 47 dice: "Y el Señor añadía cada día a la iglesia los que habían de ser salvos". Preste atención a un par de cosas acerca de este versículo. En primer lugar, Dios añadía el crecimiento (su parte) cuando la iglesia hacía su parte (cumplir con los cinco propósitos). En segundo lugar, el crecimiento era diario, lo cual significa que, por lo menos, esta iglesia saludable ¡tenía 365 conversiones al año! ¿Qué pasaría si esta fuera la norma evangelística que tuviera que alcanzar cada iglesia para poder llamarse una iglesia saludable o "neotestamentaria"? ¿Qué le parece? ¿Cuántas iglesias estarían en condiciones de entrar en esta clasificación?

Las cinco facetas del crecimiento de la iglesia

Las iglesias necesitan crecer en *amor* a través del compañerismo.

Las iglesias necesitan crecer en *profundidad* a través del discipulado.

Las iglesias necesitan crecer en *fuerza* a través de la adoración.

Las iglesias necesitan crecer en *amplitud* a través del ministerio.

Las iglesias necesitan crecer en *tamaño* a través del evangelismo.

El crecimiento de la iglesia es el resultado natural de la salud de la iglesia. La salud de la iglesia puede tener lugar solo cuando nuestro mensaje es *bíblico* y nuestra misión es *equilibrada*. Cada uno de los cinco propósitos del Nuevo Testamento para la iglesia debe encontrarse en equilibrio con los demás para que pueda existir salud. El equilibrio en una iglesia no llega naturalmente; más bien, continuamente debemos estar corrigiendo el desequilibrio. Es parte de la naturaleza humana destacar exageradamente el aspecto de la iglesia que más nos apasiona. Cuando intencionalmente establecemos una estrategia y una estructura que nos obliga a prestar igual atención a cada propósito, entonces somos una iglesia movida por un propósito.

Mito Nº 2: Todas las iglesias grandes crecen a expensas de las iglesias pequeñas

Algunas iglesias grandes han crecido a expensas de iglesias pequeñas, pero ciertamente este no es el caso de Saddleback. El dato estadístico de Saddleback que más conforme me hace sentir es el que demuestra que el 80% de nuestros miembros han encontrado a Cristo y han sido bautizados en Saddleback. No hemos crecido a expensas de otras iglesias. Al momento en que se escribe este libro tenemos 5.000 miembros adultos, 4.000 de los cuales se convirtieron y se bautizaron en Saddleback. Nuestro crecimiento ha sido por conversiones, no por transferir cristianos de otras iglesias.

Transferir cristianos de una iglesia a otra no era lo que Jesús tenía en mente cuando nos dio la Gran Comisión. Dios nos llamó a ser pescadores de hombres, no a pescar peces de las peceras. Una iglesia que se crece solamente transfiriendo personas de otras iglesias no está experimentando un genuino crecimiento, solo está volviendo a barajar el mazo de cartas.

Mito Nº 3: Se debe elegir entre *calidad* y *cantidad* en la iglesia

Lamentablemente, este es un mito ampliamente promocionado

que sencillamente no es verdad. En parte, el problema es que nadie nunca define qué se quiere decir con los términos *calidad* y *cantidad*. Permítame darle mi definición.

La *calidad* se refiere a la *clase* de discípulos que produce la iglesia. ¿Las personas se están genuinamente transformando a la imagen de Cristo? ¿Los creyentes están cimentados en la Palabra? ¿Están madurando en Cristo? ¿Están utilizando sus talentos en el servicio y el ministerio? ¿Comparten su fe regularmente con otras personas? Estas son solo unas pocas maneras de medir la calidad de una iglesia.

La *cantidad* se refiere al *número* de discípulos que produce una iglesia. ¿Cuánta gente se trae a Cristo? ¿Se los desarrolla para llegar a la madurez y se los moviliza para el ministerio y las misiones?

Una vez que definimos los términos, se hace evidente que la calidad y la cantidad no se oponen entre sí. No son mutuamente excluyentes. Uno no tiene que elegir entre las dos. Todas las iglesias debieran desear las dos. Por cierto, si se presta atención exclusivamente a la calidad o a la cantidad, esto producirá una iglesia enferma. No se deje engañar por el pensamiento "una u otra".

Cuando usted sale a pescar, ¿acaso no desea calidad y cantidad? ¡Yo quiero las dos! Quiero pescar el pez más grande que pueda, y quiero pescar todos los que pueda. Todas las iglesias deben desear alcanzar para Cristo la mayor cantidad posible de gente en la misma medida en

> La *calidad* se refiere a la *clase* de discípulos que produce la iglesia. La *cantidad* se refiere al *número* de discípulos que produce una iglesia.

que desean ayudar para que esas personas llegue a ser lo más espiritualmente madura posible.

El hecho que muchos pastores quieren ignorar es el siguiente: *La calidad produce cantidad.* Una iglesia llena de personas que han cambiado genuinamente atrae a otras. Si usted estudia a las iglesias saludables descubrirá que cuando Dios encuentra una iglesia que está realizando un trabajo de calidad con respecto a ganar, alimentar, equipar y enviar creyentes, él le envía a esa iglesia mucha materia prima. Por el otro lado, ¿por qué habría de enviar Dios un montón de posibles creyentes a una iglesia que no sabe qué hacer con ellos?

En una iglesia donde las vidas son transformadas, los matrimonios son salvos y donde el amor fluye libremente, usted tendrá que cerrar con llave las puertas para impedir que la gente asista. Las personas se sienten atraídas a las iglesias que poseen una adoración, una predicación, un ministerio y una comunión de calidad. La calidad atrae a la cantidad. Cada pastor debe hacerse una pregunta muy dura: Si la mayoría de nuestros miembros nunca invita a una persona a venir a la iglesia, ¿qué nos están diciendo (a través de sus acciones) con respecto a la calidad que ofrece nuestra iglesia?

También es cierto que la *cantidad produce calidad* en algunas áreas de la vida de la iglesia. Por ejemplo, cuánto más grande sea su iglesia, mejor será su música. ¿Qué le gustaría más, cantar en un grupo de diez personas o en uno de cien? ¿Qué le gustaría más, formar parte de un programa para adultos solteros compuesto por dos personas o por doscientas?

Algunas iglesias excusan su falta de crecimiento insistiendo en que cuánto más pequeña es una iglesia, más calidad puede mantener. Este razonamiento es erróneo. Si la calidad es algo inherente a la pequeñez, entonces, lógicamente, ¡las iglesias de mayor calidad consistirían en una sola persona! Por el contrario, al haber pasado gran parte de mi vida antes de Saddleback en iglesias pequeñas, he observado que una de las razones por las cuales muchas iglesias permanecen siendo pequeñas es porque existe poca calidad en la vida y en el ministerio de esas iglesias. No existe correlación entre el tamaño y la calidad de un ministerio.

¿Qué hubiera sucedido si al tener hijos nuestros padres hubieran aplicado el mito de la calidad versus la cantidad? ¿Qué hubiera sucedido si, luego de tener su primer hijo, hubieran dicho: "Un hijo es suficiente. Concentremos nuestros esfuerzos en hacer que este hijo sea un muchacho de calidad. No nos preocupemos por la cantidad"? ¡La mayoría de nosotros no estaríamos aquí si nuestros padres hubieran pensado de esa manera!

Una iglesia que no tiene el más mínimo interés en aumentar el número de convertidos, en esencia le está diciendo al resto del mundo: "Pueden irse al infierno". Si mis tres hijos se perdieran en un viaje por el desierto, mi esposa y yo nos veríamos consumidos por los esfuerzos para encontrarlos. No repararíamos en gastos con tal de buscar y salvar a nuestros hijos perdidos. Y al encontrar a uno de ellos no pensaríamos en cancelar la búsqueda concentrándonos solamente en el hijo de "calidad" que nos quedó. Seguiríamos buscando en tanto quedara un solo hijo perdido.

En el caso de la iglesia, en tanto haya gente perdida en el mundo *debemos* preocuparnos por la cantidad tanto como por la calidad. En Saddleback, contamos a la gente porque la gente cuenta. Esos números representan personas por las cuales Jesús murió. Cada vez que alguien dice: "No se puede medir el éxito por los números", yo respondo: "¡Todo depende de qué esté contando!" Si lo que usted está contando son matrimonios que han sido salvados, vidas transformadas, personas heridas que han sido sanadas, incrédulos que se transforman en adoradores de Jesús y miembros que se movilizan para el ministerio y las misiones, entonces los números son extremadamente importantes. Poseen un significado eterno.

Mito Nº 4: Uno debe comprometer el mensaje y la misión de la iglesia para crecer

Este mito popular implica que los líderes de las iglesias en crecimiento de alguna manera están "rematando" el evangelio para poder crecer. Se cree que si una iglesia atrae a la gente, es porque es una iglesia superficial o carente de compromiso. Se cree que la presencia de una gran multitud indica un mensaje "aguado".

Por supuesto, existen ejemplos de iglesias que han crecido con teologías erróneas, con un compromiso superficial y con trucos mundanos, pero la presencia de una gran multitud no indica automáticamente que este sea el caso. Mientras que unas pocas iglesias *han* comprometido su mensaje y su misión, muchas otras, como Saddleback, se colocan injustamente en la misma categoría debido a su tamaño. Es lamentable culpar a una iglesia haciendo esta asociación de ideas.

El ministerio de Jesús atrajo a multitudes enormes. ¿Por qué? ¡Porque el evangelio es buenas noticias! Cuando se presenta claramente tiene un poder de atracción. Jesús dijo: "Y yo, si fuere levantado de la tierra, a todos atraeré a mí mismo" (Juan 12: 32). No solo las multitudes de personas adultas querían estar cerca de Jesús, también los niños lo buscaban. Una iglesia parecida a Cristo tendrá el mismo efecto de atracción sobre la gente.

Jesús atrajo a grandes multitudes y sin embargo nunca comprometió la verdad. Nadie lo acusó de aguar el mensaje a no ser por los celosos jefes de los sacerdotes que lo criticaban de pura envidia (Marcos 15:12). Francamente, sospecho que son los mismos celos ministeriales los que hoy en día motivan a algunos a criticar a las iglesias que atraen a grandes multitudes.

No confunda las expectativas.

Otra razón por la cual muchas personas creen que las iglesias grandes son superficiales es porque están confundidas con respecto a lo que se espera de los asistentes inconversos con lo que se espera de los verdaderos miembros de la iglesia. Estos son dos grupos muy diferentes. En Saddleback utilizamos los términos "la Multitud" y "la Congregación" para distinguir estos dos grupos.

En la Iglesia de Saddleback no esperamos que los inconversos actúen como creyentes hasta tanto lo sean. No esperamos que las visitas en la multitud actúen como miembros de la congregación. Tenemos muy pocas expectativas hacia aquel que solamente viene a investigar las declaraciones de Cristo. Sencillamente les decimos, como lo hizo Jesús en su primer encuentro con sus discípulos: "¡Vengan y vean!" Invitamos a los inconversos a que nos examinen, para que vean por sí mismos de qué se trata la iglesia.

Por otra parte, requerimos un compromiso superior de aquellos que desean *unirse* a nuestra iglesia. Explicaré estos detalles en el capítulo 17. Todos los futuros miembros deben completar un curso y se les pide que firmen un pacto de membresía. Al firmar este pacto, los miembros manifiestan estar de acuerdo en aportar financieramente, servir en el ministerio, compartir su fe, seguir al liderazgo, evitar los chismes y mantener un estilo de vida santo, entre otras cosas. Saddleback practica la disciplina, algo de lo cual no se escucha mucho actualmente. Si usted no cumple con el pacto de membresía, se deja afuera. Quitamos cientos de nombres de la lista cada año.

Los nuevos miembros también acceden a tomar clases adicionales en las que firmarán pactos de crecimiento los cuales incluyen el diezmar, tener un tiempo tranquilo con Dios cada día, y participar semanalmente en un grupo pequeño. Una de las razones por las cuales Saddleback no tiene mucho crecimiento por transferencia es porque esperamos mucho más de nuestros miembros que lo que esperan la mayoría de las iglesias.

He descubierto que desafiar a la gente para que tengan un compromiso serio, en realidad los atrae en lugar de repelerlos. Cuanto mayor sea el compromiso que exigimos, mayor será la respuesta que tengamos. Muchos inconversos están cansados y aburridos de lo que el mundo les ofrece. Están buscando algo más grande que ellos mismos, algo por lo cual valga la pena entregar la vida.

Pedir un compromiso no aleja a la gente, lo que las aleja es la *manera* en que muchas iglesias lo piden. Con demasiada frecuencia, las iglesias fracasan al tratar de explicar el propósito, el valor y los beneficios del compromiso, y no cuentan con un proceso que ayude a la gente a dar pasos graduales en su compromiso.

Contemporáneos sin comprometer nuestra fe.

Cualquiera que seriamente desea ser *práctico* en el ministerio, y no simplemente andar con teorías, debe estar dispuesto a vivir con la tensión de lo que Bruce y Marshall Shelley llaman "nuestro llamado ambidiestro". Por un lado estamos obligados a permanecer fieles a la Palabra de Dios que no cambia. Por el otro, debemos ministrar en un mundo que cambia permanentemente. Tristemente, muchos cristianos que no desean vivir con esta tensión se repliegan a uno de los dos extremos.

Algunas iglesias, temiendo infectarse con el mundo, se repliegan y se aíslan de lo que es la cultura actual. Aunque la mayoría no se repliega tan atrás en el tiempo como los Amish lo han hecho, muchas iglesias parecen pensar que los años cincuenta fueran la era de oro, y están decididos a conservar esa era en sus iglesias. Lo que admiro de los Amish es que al menos son honestos en lo que hacen. Admiten libremente que han elegido preservar el estilo de vida de comienzos del siglo pasado. En contraste, las iglesias que tratan de perpetuar la cultura de los años cincuenta generalmente niegan este intento o tratan de probar que están haciendo las cosas a la manera de la época del Nuevo Testamento.

> Pedir un compromiso no aleja a la gente, lo que las aleja es la *manera* en que muchas iglesias lo piden.

Luego existen aquellos que, temiendo no estar a la altura de las circunstancias, tontamente imitan las últimas modas y manías. En el intento por relacionarse con la cultura actual, comprometen el mensaje y pierden todo sentido de separación del mundo. Con mucha frecuencia, estas iglesias ofrecen un mensaje que recalca los beneficios del evangelio ignorando la responsabilidad y el costo de seguir a Cristo.

> Jesús nunca bajó sus normas, pero siempre comenzó donde se hallaba la gente.

¿Existe la manera de ministrar en nuestra cultura sin comprometer nuestras convicciones? Yo creo que sí y discutiré esto más a fondo en el capítulo 12. La solución es seguir el ejemplo de Cristo al ministrar a la gente. Jesús nunca bajó sus normas, pero siempre comenzó donde se hallaba la gente. Él fue contemporáneo sin comprometer la verdad.

Mito N° 5: Si tiene suficiente dedicación, la iglesia crecerá

Este es uno de los mitos favoritos que se promueven en las conferencias de pastores, donde los oradores píamente dejan implícito que si su iglesia no crece, el problema es su falta de dedicación. Ellos dicen: "Si se mantiene doctrinalmente puro, predica la Palabra, ora más y se dedica, entonces su iglesia tendrá un crecimiento explosivo." Suena muy simple y muy espiritual, pero sencillamente no es verdad. En lugar de sentirse alentados en estas conferencias, muchos pastores se van de allí sintiéndose más culpables, más inadecuados y más frustrados.

Conozco a doscientos pastores dedicados cuyas iglesias no están creciendo. Son fieles a la Palabra de Dios, oran con honestidad y perseverancia, predican mensajes sólidos y su dedicación es incuestionable, sin embargo, sus iglesias se niegan a crecer. Es un insulto decir que su problema es falta de dedicación. Hay pocas cosas que me hacen enojar más rápidamente. Estos son pastores buenos, santos, que sirven a Dios de todo corazón.

Se necesita algo más que dedicación para guiar a una iglesia hacia el crecimiento, se necesita *sabiduría*. Uno de mis versículos favoritos se encuentra en Eclesiastés 10:10: "Si se embotare el hierro, y su filo no fuere amolado, hay que añadir entonces más fuerza; pero la sabiduría es provechosa para dirigir". Fíjese que Dios dice que la *sabiduría*, no solo la dedicación, es provechosa para dirigir. Si tengo que hachar leña, será mejor que primero afile el hacha. El punto es el siguiente: sea más listo en lugar de trabajar más duro.

> **Se necesita algo más que dedicación para guiar a una iglesia hacia el crecimiento, se necesita *sabiduría*.**

Tómese su tiempo para aprender las habilidades que necesita en su ministerio. Ahorrará tiempo a largo plazo y tendrá más éxito. Afile el hacha de su ministerio leyendo libros, asistiendo a conferencias, escuchando casetes y observando modelos de trabajo. Detenerse a afilar el hacha nunca será una pérdida de tiempo. La sabiduría es provechosa para dirigir.

En nuestra iglesia hay algunos pilotos profesionales que trabajan para importantes aerolíneas. Ellos me han contado que no importa cuánto tiempo haga que son pilotos, las aerolíneas les piden que dos veces al año dediquen una semana para entrenarse nuevamente y para agudizar sus habilidades. Cuando les pregunté por qué se les requiere que vuelvan a entrenarse tan a menudo, ellos me contestaron: "Porque las vidas de las personas dependen de cuán hábiles seamos". Esto también es verdad en el caso del ministerio. Entonces, ¿nos preocuparemos menos por mantener nuestras habilidades al día?

En Saddleback, por lo menos una vez al año, ofrecemos una conferencia de capacitación básica para los líderes de la iglesia y para los pastores. Aunque nuestro equipo está totalmente familiarizado con la visión, la estrategia y la estructura de Saddleback, les pido a cada uno de ellos que asistan a la conferencia. Todos necesitamos darle nueva energía a nuestra visión y regularmente necesitamos agudizar nuestras habilidades.

La razón por la cual el apóstol Pablo fue tan efectivo al plantar y desarrollar iglesias fue porque tenía sabiduría para hacerlo. Él lo admite en 1 Corintios 3:10: "Conforme a la gracia de Dios que me ha sido dada, yo como *perito* arquitecto puse el fundamento" (cursiva añadida). Pablo era un perito construyendo iglesias. No era un constructor improvisado que realizaba un trabajo de bajísima calidad. No solo estaba dedicado a su labor sino que era habilidoso utilizando las herramientas adecuadas. Nosotros también debemos aprender a usar las herramientas adecuadas para edificar una iglesia. Si todo lo que usted tiene en la caja de herramientas de su ministerio es un martillo, ¡tendrá la tendencia de tratar a todas las personas como si fueran clavos!

La Biblia también compara el ministerio con el trabajo en el campo, otra profesión que requiere destreza. Un granjero puede ser un trabajador dedicado y esforzado pero también debe tener habilidad para utilizar el equipo adecuado. Si trata de cosechar un campo de maíz con una cosechadora para trigo, está destinado a fracasar. Si trata de cosechar tomates con un piquete recolector de algodón, ¡terminará haciendo una ensalada! El ministerio exitoso, como la tarea del granjero, requiere más que dedicación y trabajo esforzado; requiere habilidad, herramientas adecuadas y saber aprovechar el momento exacto.

Muchas de las soluciones simplistas para el crecimiento de la iglesia se expresan en términos tan piadosos que a cualquiera le resulta difícil desafiarlas sin parecer poco espiritual. Alguien debe animarse a declarar lo que es evidente: la oración sola no hará crecer a una iglesia. Algunos de los mayores guerreros de oración que conozco son pastores y miembros de iglesias que se están muriendo.

Por supuesto, la oración *es* absolutamente esencial. En el desarrollo de Saddleback, cada paso ha estado bañado de oración. Es más, tengo un equipo de oración que todos los fines de semana ora por mí *mientras hablo* en cada una de nuestras cuatro reuniones. Un ministerio sin oración es un ministerio sin poder, pero se necesita mucho más que oración para hacer crecer a una iglesia. Se necesita acción sabia. En una ocasión, Dios le dijo a Josué que dejara de orar acerca de su fracaso y que en cambio se levantara y corrigiera la causa de ese fracaso (Josué 7). Existe un tiempo para orar y existe un tiempo para actuar responsablemente.

Siempre debemos tener mucho cuidado de evitar dos posiciones extremas en el ministerio. Un extremo es asumir toda la responsabilidad del crecimiento de la iglesia. El otro extremo es renunciar a toda responsabilidad. Me siento profundamente endeudado con Joe Ellis por identificar estos dos extremos y ayudarme a establecer los puntos de la responsabilidad y de la fidelidad en el ministerio. Joe identifica el primer error como "humanismo práctico" y el segundo como "irresponsabilidad piadosa". Ambos son fatales para una iglesia.

En primer lugar, debemos evitar caer en el error de pensar que todo lo que hace crecer a una iglesia es la organización, la administración y el mercadeo. ¡La iglesia no es un negocio! He hablado con algunos pastores que actúan como si la iglesia fuera meramente una empresa humana con unas pocas oraciones arrojadas por añadidura. Luego de escucharlos me he preguntado: *¿Dónde está el Espíritu Santo en todo esto?*

Lamentablemente, muchas iglesias pueden tener una explicación en términos de una escuela dominical standard, una organización eficiente y un presupuesto equilibrado. En estas iglesias nunca sucede algo sobrenatural, y son pocas las vidas que cambian genuinamente.

Todos nuestros planes, programas y procedimientos no tienen valor sin la unción de Dios. El Salmo 127:1 dice: "Si Jehová no edificare la casa, en vano trabajan los que la edifican." No se puede edificar una iglesia únicamente con el esfuerzo humano. Nunca debemos olvidar a quién pertenece la iglesia. Jesús dijo: "*Yo* edificaré mi iglesia" (Mateo 16:18, cursiva añadida).

Por otra parte, debemos evitar cometer el error de pensar que no existe *nada* que podamos hacer para ayudar a que la iglesia crezca. Este concepto equivocado tiene, hoy en día, tanta trascendencia como el anterior. Algunos pastores y teólogos creen que cualquier clase de planificación, organización, publicidad o esfuerzo es presuntuoso, carente de espiritualidad e inclusive pecaminoso, y que nuestra única función es sentarnos a contemplar cómo Dios hace las cosas. Esta enseñanza la encontramos en la literatura que habla sobre avivamiento. En un sincero esfuerzo por destacar la obra de Dios en el avivamiento, se desvaloriza todo esfuerzo humano. Esta manera de pensar produce creyentes pasivos y generalmente utiliza excusas que suenan espirituales para justificar el fracaso del crecimiento de una iglesia.

> ## Las iglesias crecen mediante el poder de Dios y el sabio esfuerzo de la gente.

La Biblia nos enseña claramente que Dios nos ha dado un papel crítico que debemos representar al hacer que su voluntad se cumpla en la tierra. El crecimiento de la iglesia es una tarea compartida entre Dios y el hombre. Las iglesias crecen mediante el poder de Dios y el sabio esfuerzo de la gente. Ambos elementos, el poder de Dios y el sabio esfuerzo del hombre deben estar presentes. No podemos hacerlo *sin* Dios, ¡pero él ha decidido no hacerlo *sin nosotros*! Dios utiliza a las personas para hacer que sus propósitos se cumplan.

Pablo ilustró esta relación de equipo entre Dios y el hombre cuando dijo: "Yo planté, Apolos regó; pero el crecimiento lo ha dado Dios... Porque nosotros somos *colaboradores* de Dios..." (1 Corintios 3:6,9, cursiva añadida). Dios hizo su parte luego de que Pablo y Apolos hicieran la suya.

El Nuevo Testamento está lleno de analogías del crecimiento de la iglesia que enseñan este principio: plantar y cultivar el jardín de Dios (1 Corintios 3:5–9); construir el edificio de Dios (1 Corintios 3:10–13); cosechar los campos de Dios (Mateo 9:37–38); hacer crecer el cuerpo de Cristo (Romanos 12:4–8; Efesios 4:16).

Para encontrar un ejemplo en el Antiguo Testamento, podemos mirar el libro de Josué. Dios les dijo a los israelitas que tomaran posesión de la tierra; él no lo hizo por ellos. Él les ofreció estar a su lado y les dio a ellos un papel que debían representar. Pero a causa de su temor y de su pasividad, los israelitas murieron en el desierto. Mientras que esperamos que Dios obre *en lugar* de nosotros, Dios está esperando obrar *a través* de nosotros.

> Mientras que esperamos que Dios obre *en lugar* de nosotros, Dios está esperando obrar *a través* de nosotros.

Mito Nº 6: Existe *una* clave secreta para hacer crecer a una iglesia

El crecimiento de la iglesia es un asunto complejo. Rara vez se produce mediante un solo factor. Cada vez que escuche a un pastor atribuir el crecimiento de su iglesia a un solo factor, entienda que, o bien está simplificando demasiado lo que ha ocurrido, o es posible que no esté reconociendo la verdadera razón por la cual su iglesia está creciendo.

A través del intercambio con líderes de iglesias que han tomado el entrenamiento de Saddleback, he identificado unos pocos factores básicos acerca de las iglesias a las cuales mi equipo llama "Las reglas de Rick para el crecimiento".

En primer lugar, existe más de una manera de hacer crecer a una iglesia. Puedo mostrarle iglesias que están utilizando estrategias exactamente opuestas la una de la otra y sin embargo, ambas están creciendo. Algunas iglesias crecen a través de sus escuelas dominicales, otras utilizan los grupos pequeños en los hogares. Algunas iglesias crecen usando música contemporánea; otras crecen usando música tradicional. Algunas iglesias en crecimiento tienen un programa de visitación organizado, otras nunca han tenido uno.

En segundo lugar, *se necesitan toda clase de iglesias para alcanzar a toda clase de personas.* ¡Gracias a Dios que no somos todos iguales! Dios ama la variedad. Si todas las iglesias fueran iguales, solamente alcanzaríamos a un pequeño segmento de este mundo. Solamente en el área de la música, imagínese todos los estilos de música que se necesitan para alcanzar a todas las diferentes culturas de nuestro mundo. Muy a menudo escucho a alguien decir que todas las iglesias debieran unirse bajo una misma denominación en la cual todos fuéramos iguales. Yo estoy en total desacuerdo con esto. Pienso que la diversidad en el estilo es un punto fuerte, no un punto débil. Dios usa diferentes enfoques para alcanzar a los diferentes grupos de personas.

No estoy hablando de iglesias que se desvían de la verdad bíblica. El mensaje de Cristo nunca debe cambiar. Como dice Judas 1:3: "...exhortándoos que contendáis ardientemente por la fe que ha sido una vez dada a los santos". No confunda los métodos con el mensaje. El mensaje nunca debe cambiar, pero los métodos deben cambiar con cada nueva generación.

En tercer lugar, *nunca critique lo que Dios está bendiciendo,* aunque sea un estilo de ministerio que a usted lo haga sentir incómodo. Me resulta asombroso cómo Dios muchas veces

> No confunda
> los métodos
> con el mensaje.

bendice a personas con las cuales no estoy de acuerdo o a quienes no comprendo. Por lo tanto, he adoptado esta actitud: Si las vidas están cambiando por el poder de Jesucristo, ¡entonces me gusta lo que hacen! Todos somos trofeos de la gracia de Dios.

Mito Nº 7: Todo lo que Dios espera de nosotros es fidelidad

Esta afirmación es verdad solo en parte. Dios espera tanto fidelidad como productividad. La productividad es un tema muy importante en el Nuevo Testamento. Considere los siguientes pasajes:

- *Cristo nos llama a llevar fruto.* "No me elegisteis vosotros a mí, sino que yo os elegí a vosotros, y os he puesto para que vayáis y llevéis fruto, y vuestro fruto permanezca" (Juan 15:16). Dios desea ver un fruto *duradero* proveniente de nuestro ministerio.

- *Ser fructíferos es la manera de glorificar a Dios.* "En esto es glorificado mi Padre, en que llevéis mucho fruto, y seáis así mis discípulos" (Juan 15:8). Un ministerio infructífero no trae gloria para Dios, pero un ministerio fructífero es la prueba de que somos discípulos de Cristo.

- *A Dios le agrada que seamos fructíferos.* "Para que andéis como es digno del Señor, agradándole en todo, llevando fruto en toda buena obra" (Colosenses 1:10).

- *Jesús se reservó su juicio más severo para el árbol que no dio fruto.* Lo maldijo porque no había dado fruto. "Y viendo una higuera cerca del camino, vino a ella, y no halló nada en ella, sino hojas solamente; y le dijo: Nunca jamás nazca de ti fruto. Y luego se secó la higuera." (Mateo 21:19). Jesús no hizo esto para lucirse, sino para dejar algo en claro: ¡Él espera que demos fruto!

- *La nación de Israel perdió sus privilegios por no ser fructífera.* "Por tanto os digo, que el reino de Dios será quitado de vosotros, y será dado a gente que produzca los frutos de él" (Mateo 21:43). Este mismo principio se puede aplicar a las iglesias individualmente. He visto cómo Dios ha quitado su mano de bendición de algunas iglesias que habían sido bendecidas grandemente en el pasado porque se convirtieron en iglesias satisfechas y que estaban absorbidas solo hacia adentro, dejando de dar fruto.

¿Qué es ser fructíferos? La palabra *fruto*, o alguna variación de la misma, se utiliza cincuenta y cinco veces en el Nuevo Testamento y se refiere a una variedad de resultados. Dios considera cada una de las siguientes cosas como un fruto: el arrepentimiento (Mateo 3:8; Lucas 13:5–9), practicar la verdad (Mateo 7:16–21; Colosenses 1:10), oraciones contestadas (Juan 15:7–8), una ofrenda de dinero ofrecida por los creyentes (Romanos 15:28), un carácter parecido al de Cristo y ganar incrédulos para Cristo (Romanos 1:13). Pablo dijo que él deseaba predicar en Roma "...para tener también entre vosotros algún fruto, como entre los demás gentiles" (Romanos 1:13). El fruto de un creyente es otro creyente.

Considerando la Gran Comisión que Jesús le dio a la iglesia, creo que la definición de productividad para una iglesia local debe incluir el crecimiento mediante las conversiones de los incrédulos. Pablo se refiere a los primeros convertidos en Acaya como los "primeros frutos de Acaya" (1 Corintios 16:15).

La Biblia identifica claramente el crecimiento numérico de la iglesia como fruto. Muchas de las parábolas del reino de Jesús destacan la inevitable verdad de que Dios espera que su iglesia crezca. Sumado a esto, Pablo conecta el hecho de llevar fruto con el crecimiento de la iglesia. Colosenses 1:5-6 dice: "...por la palabra verdadera del evangelio, que ha llegado hasta vosotros, así como a todo el mundo, y *lleva fruto y crece* también en vosotros, desde el día que oísteis y conocisteis la gracia de Dios en verdad" (cursiva añadida). ¿Su iglesia está dando fruto y está creciendo? ¿Usted está viendo el fruto de los nuevos convertidos que se añaden a su congregación?

Dios desea que su iglesia sea tanto fiel como fructífera. Lo uno sin lo otro es solo media ecuación. Los resultados numéricos no son una justificación para no ser fieles al mensaje, pero tampoco podemos usar la fidelidad como una excusa para nuestra falta de efectividad.

Las iglesias que tienen pocas conversiones o que no tienen ninguna, generalmente intentan justificar su falta de efectividad con la siguiente afirmación: "Dios no nos ha llamado a ser exitosos. Simplemente nos ha llamado a ser fieles." Estoy muy en desacuerdo porque la Biblia nos enseña claramente que Dios espera ambas cosas de nosotros.

> El ministerio debe ser *tanto* fiel como fructífero. Dios espera ambas cosas de nosotros.

El punto de fricción es cómo se definen los términos *exitoso* y *fiel*. Para mí la definición de éxito es cumplir con la Gran Comisión. Jesús le ha dado a la iglesia una tarea para realizar. Una de dos cosas puede suceder al tratar de cumplirla: o tendremos éxito, o fracasaremos. Utilizando esta definición, ¡todas las iglesias debieran desear tener éxito! ¿Qué otra alternativa existe? Lo opuesto al éxito no es la fidelidad, es el *fracaso*. Toda iglesia que no está obedeciendo a la Gran Comisión está fracasando en su propósito, sin importar qué otras cosas haga.

¿Qué es la *fidelidad*? Generalmente la definimos en términos de creencias. Pensamos que al mantener las creencias ortodoxas estamos cumpliendo el mandato de Cristo de ser fieles. Nos llamamos "los defensores de la fe". Pero las palabras de Jesús significaban mucho más que adherencia a las creencias cuando utilizaba el término *fidelidad*. Él definió la fidelidad en términos de comportamiento, es decir, estar dispuestos a correr riesgos (para esto se requiere fe) para dar fruto.

El ejemplo más claro de esto es la parábola de los talentos en Mateo 25:14–30. Los dos hombres que duplicaron los talentos que su amo les había dado fueron llamados "siervos buenos y fieles". En otras palabras, ellos probaron su fidelidad corriendo riesgos que produjeron frutos. Tuvieron éxito en la tarea que se les había asignado, y su amo los recompensó por ello.

El siervo pasivo y temeroso que no hizo nada con el talento que le habían dado no produjo ningún resultado para su señor porque no estuvo dispuesto a correr riesgos. A él se llama "malo y negligente" en contraste con los otros dos hombres a quienes llama "fieles" por producir resultados. El propósito de la historia es claro: Dios espera ver resultados. Nuestra fidelidad se demuestra por nuestro fruto.

La fidelidad es lograr lo máximo que sea posible con los recursos y talentos que Dios nos ha dado. Es por esa razón que comparar iglesias es una forma ilegítima de medir el éxito. El éxito no consiste en ser mayor que alguna otra iglesia; consiste en llevar la mayor cantidad posible de fruto de acuerdo a los dones, las oportunidades y el potencial de cada uno.

Cristo no espera que produzcamos *más* de lo que podemos, pero sí espera que produzcamos *todo* lo que podemos mediante su poder que está en nosotros. Esto significa mucho más de lo que la mayoría de nosotros pensamos que es posible. Esperamos muy poco de Dios e intentamos hacer muy poco para él. Si usted no está corriendo riesgos en su ministerio, entonces necesita fe. Y si su ministerio no requiere de fe, entonces usted no está siendo fiel.

¿Cómo define *usted* la fidelidad? ¿Es fiel a la Palabra de Dios si insiste en comunicarla a los demás en un estilo pasado de moda? ¿Es fiel si insiste en llevar a cabo su ministerio en una manera que sea *cómoda* para usted, aunque no produzca ningún fruto? ¿Es fiel a Cristo si valora

> La fidelidad es lograr lo máximo que sea posible con los recursos y talentos que Dios nos ha dado.

más las tradiciones hechas por los hombres que alcanzar a las personas para él? ¡Insisto en afirmar que cuando una iglesia continúa utilizando métodos que no dan más resultado, esta iglesia no es fiel a Cristo!

Tristemente, en la actualidad hay muchas iglesias que son completamente ortodoxas en sus creencias y sin embargo, no son fieles a Cristo porque se niegan a cambiar sus programas, sus métodos, sus estilos de adoración, sus edificios o inclusive su ubicación geográfica para alcanzar a un mundo perdido para Cristo. Vance Havner solía decir: "Una iglesia puede ser tan recta doctrinalmente, pero tan vacía espiritualmente como el cañón de un revólver." Debemos estar dispuestos a decirle a nuestro Señor y Salvador, sin reservas en nuestro compromiso: "Haré *lo que sea* con tal de alcanzar a las personas para Cristo".

Mito Nº 8: No se puede aprender de las iglesias grandes

La historia del crecimiento de Saddleback es un acto de la soberanía de Dios que no puede reduplicarse. Sin embargo, *debemos* extraer las lecciones y principios que son transferibles. Ignorar lo que Dios le ha enseñado a nuestra iglesia sería una falta de sabiduría. "Reconozcan hoy la corrección del Señor su Dios, que los hijos de ustedes no conocen ni han visto. Reconozcan su grandeza y su gran despliegue de poder" (Deuteronomio 11:2, Dios Habla Hoy). Ninguna iglesia debe volver a inventar la rueda.

Cada vez que veo un programa que da resultado en otra iglesia, trato de extraer el principio que se encuentra detrás y trato de aplicarlo en nuestra iglesia. Gracias a esto, nuestra iglesia ha sacado beneficio de muchos otros modelos que hemos estudiado, tanto contemporáneos como históricos. Estoy muy agradecido por los modelos que me han ayudado. Hace mucho tiempo aprendí que para obtener resultados no es necesario que todo lo origine yo. Dios no nos ha llamado a ser originales en todo. Nos ha llamado a ser efectivos.

Sin embargo, para reducir el riesgo de copiar las cosas equivocadas, deseo identificar las que son transferibles del ejemplo de Saddleback y las que no lo son.

> El crecimiento de Saddleback es un acto de la soberanía de Dios que no puede reduplicarse. Sin embargo, *debemos* extraer las lecciones y principios que son transferibles.

Lo que no se puede copiar.

En primer lugar, usted no podrá transferir nuestro contexto. Cada iglesia opera en un escenario cultural único. Saddleback está ubicada en el medio de un área suburbana del sur de California que tiene mucho movimiento, llena de parejas jóvenes con buena educación. No se trata de Peoria, Illinois, Muleshoe, Texas o ni siquiera de Los Ángeles, California. Cada comunidad es única. Plantar artificialmente un clon de Saddleback, en un entorno diferente, es una fórmula para fracasar. A pesar de mi clara advertencia, algunos lo han tratado de hacer y luego se han preguntado por qué las cosas no dieron resultado.

> Dios no nos ha llamado a ser originales en todo. Nos ha llamado a ser efectivos.

En segundo lugar, usted no podrá reduplicar nuestro personal. Dios utiliza a personas para realizar su obra. Quienes dirigen un programa siempre son más importantes que el programa en sí. He dedicado quince años a construir un equipo de personas que juntos somos más efectivos de lo que cualquiera de nosotros seríamos individualmente. Por separado, todos somos personas bastante comunes, pero cuando usted nos pone juntos, de alguna manera la mezcla de nuestros dones, personalidades y antecedentes crea una sinergia poderosa que deja perplejos a los expertos en dirección y que nos ha permitido lograr algunas tareas asombrosas.

En tercer lugar, usted no puede ser yo. (Nadie que tenga la mente sana querrá mis debilidades). solo yo puedo ser yo, y solo usted puede ser usted. Así es como Dios lo quiere. Cuando llegue al cielo, Dios no le va a decir: "¿Por qué no te pareciste más a Rick Warren (o a Jerry Falwell, o a Bill Hybels, o a John MacArthur, o a cualquier otro)?" Es probable que Dios le diga: "¿Por qué no te pareciste más a ti mismo?"

Dios te hizo para que seas tú mismo. Él desea que uses tus dones, tu pasión, tus habilidades naturales, tu personalidad y tus experiencias para impactar al lugar del mundo en donde estás. Todos comenzamos como originales. Lamentablemente, muchos terminan siendo copias carbónicas de algún otro. No se puede hacer crecer a una iglesia tratando de ser alguna otra persona.

Lo que sí puede aprender.

En primer lugar, usted puede aprender principios. Como dice el viejo cliché: "Los métodos son muchos, los principios son pocos, a menudo los métodos cambian, pero los principios nunca cambian". Si un principio es bíblico, yo creo que es transcultural. Dará resultado en cualquier parte. Es sabio aprender y aplicar principios observando la manera en la que Dios está obrando alrededor del mundo. Así como no se puede hacer crecer a una iglesia tratando de ser otra persona, sí puede hacerla crecer utilizando principios que algún otro descubrió, filtrándolos luego a través de su personalidad y contexto.

Nunca he estado interesado en producir clones de Saddleback. Esa es una de las razones por las cuales elegí un nombre local para nuestra iglesia, en lugar de elegir un nombre genérico que se pudiera copiar. A menos que viva en nuestra comunidad, el nombre "Saddleback" no le servirá. Ninguna de las veinticinco iglesias hijas que hemos comenzado está desarrollando el ministerio exactamente como Saddleback. Yo los animo a que filtren lo que han aprendido de nosotros a través de su contexto y personalidad.

Para cada igleisa Dios tiene un ministerio a la medida. Su iglesia tiene una huella digital única que Dios le ha dado, pero se puede aprender de otros modelos sin convertirse en un clon. Aprendemos mejor y más rápido al observar modelos. Después de todo, la mayor parte de lo que aprendemos en la vida se aprende observando a alguien que nos sirva de modelo. Nunca se sienta avergonzado de utilizar un modelo; ¡es una señal de inteligencia! Proverbios 18:15 dice: "El corazón del entendido adquiere sabiduría; y el oído de los sabios busca la ciencia".

Ciertamente Pablo no tenía temor de usar modelos en las iglesias que comenzaba. Él le dijo a la iglesia de Tesalónica: "Y vosotros vinisteis a ser imitadores de nosotros y del Señor... de tal manera que habéis sido ejemplo a todos los de Macedonia y de Acaya que han creído" (1 Tesa-

> Se puede aprender de otros modelos sin convertirse en un clon.

lonicenses 1:6–7). Esa es mi oración por su iglesia. Espero que pueda aprender del modelo de Saddleback, y que a su tiempo, usted se convierta
en un modelo para las otras iglesias.

Saddleback no es de ninguna manera una iglesia perfecta, pero es
una iglesia saludable (así como mis hijos nunca serán perfectos, pero
sí son saludables). Una iglesia no tiene que ser perfecta para ser un
modelo. Si la perfección fuera un requisito para ser un modelo, puede
olvidarse de tratar de aprender algo de *cualquier* iglesia. No existen las
iglesias perfectas.

Permítame advertirle: Si implementa la estrategia y las ideas de este
libro en su iglesia, alguien se sentirá inclinado a decir: "Ustedes saca-
ron eso de Saddleback". Entonces usted debe responder: "¡Y qué!
Ellos han sacado lo que saben de cientos de otras iglesias". Recuerde,
todos estamos en el mismo equipo.

Creo que las personas que no pueden aprender de otros modelos
tienen un problema de ego. La Biblia dice: "Dios resiste a los sober-
bios, y da gracia a los humildes" (Santiago 4:6). ¿Por qué lo hace? Una
de las razones es porque cuando las personas están llenas de orgullo o
de soberbia no son enseñables: piensan que lo saben todo. He descubierto que cuando las personas piensan que tienen todas las respuestas, generalmente quiere decir que ni siquiera conocen todas las preguntas. Mi meta es aprender todo lo más que pueda, de la mayor
cantidad de gente que sea posible, tan a menudo como sea posible.
Trato de aprender de los críticos, de las personas con las cuales estoy
en desacuerdo, e inclusive de mis enemigos.

En segundo lugar, usted puede aprender un proceso. Este libro habla
de un proceso, no de programas. Ofrece un sistema para desarrollar a
las personas en su iglesia y para equilibrar los propósitos de su iglesia.
Al haber observado la estrategia de Saddleback para asimilar gente
que trabaja bajo las pesadas demandas de una iglesia que crece rápidamente, estoy seguro de que el proceso de estar "impulsado por un propósito" puede dar resultado en otras iglesias en las cuales el ritmo de
crecimiento es más razonable. Actualmente lo hemos visto producir
creyentes fuertes y fructíferos en miles de iglesias pequeñas y media-
nas. Esta no es una estrategia solo para megaiglesias.

La gente se olvida de que Saddleback una vez fue una iglesia muy pequeña. Se hizo grande utilizando el proceso de estar "impulsados por un propósito". Muchos líderes, luego de que yo les explicara el proceso, me han dicho: "¡Bueno, cualquiera puede hacerlo!" Entonces yo les respondía: "¡De eso se trata!" Las iglesias saludables se edifican sobre un proceso, no sobre personalidades.

Finalmente, usted puede aprender algunos métodos. Ningún método está destinado a durar para siempre o a dar resultado en todas partes, pero eso no hace que sea carente de valor. Recientemente, los métodos para el crecimiento de la iglesia han adquirido una mala reputación. En algunos círculos se consideran poco espirituales, hasta carnales. Como algunos entusiastas del crecimiento de la iglesia han destacado exageradamente los métodos, al punto de descuidar la doctrina firme y la obra sobrenatural del Espíritu Santo, otros se han ido exactamente al otro extremo y están listos para desechar todo lo que tenga que ver con métodos.

Cada iglesia usa algún tipo de metodología, intencionalmente o no, así que la pregunta no es si debemos usar métodos o no. El asunto es qué clase de métodos debemos usar y si son bíblicos y efectivos.

Los métodos no son más que las expresiones de principios. Existen muchas maneras diferentes de expresar los principios bíblicos en diferentes escenarios culturales. El libro de Hechos tiene muchos ejemplos de cómo los primeros cristianos utilizaron diferentes métodos en diferentes situaciones.

Si usted estudia las iglesias de hoy, es evidente que Dios usa toda clase de métodos, y que bendice algunos métodos más que otros. También es evidente que algunos de los métodos que daban resultado en el pasado ya no son más efectivos. Afortunadamente, uno de los grandes puntos fuertes de la cristiandad ha sido la habilidad para cambiar los métodos al confrontarse con nuevas culturas y épocas. La historia ilustra dramáticamente la continua creación de la iglesia de "nuevos odres". Dios le da a la iglesia nuevos métodos para alcanzar a cada nueva generación. Eclesiastés 3:6 dice: "...tiempo de guardar, y tiempo de desechar". Este versículo se puede aplicar a la metodología.

Cada generación de la iglesia debe decidir cuáles métodos debe seguir usando y cuáles debe desechar porque ya no son más efectivos.

Es probable que a usted no le gusten algunos de los métodos que usamos en Saddleback. No hay problema. No espero que esto suceda ¡ya que ni siquiera a mí me gusta todo lo que estamos haciendo! Lea este libro como si estuviera comiendo pescado: cómase la carne y tire las espinas. Adopte y adapte lo que puede utilizar. Una de las destrezas más importantes del liderazgo es aprender a distinguir entre lo que es esencial y lo que no lo es. El método siempre debe ser siervo del mensaje. Cada vez que lea un libro acerca de crecimiento o salud de la iglesia, no confunda los puntos principales con los secundarios.

Los puntos principales de la salud y el crecimiento de la iglesia son:

- ¿Quién es nuestro señor?
- ¿Cuál es nuestro mensaje?
- ¿Cuál es nuestra motivación?

Los puntos secundarios de la salud y el crecimiento de la iglesia son:

- ¿Cuál es nuestro campo de acción?
- ¿Cuáles son nuestros modelos?
- ¿Cuáles son nuestros métodos?

Albert Einstein una vez se lamentó diciendo que una de las grandes debilidades del siglo veinte es que habitualmente confundimos los medios con el fin. Para la iglesia, esto es particularmente peligroso. Nunca debemos enamorarnos tanto de los métodos como para perder de vista nuestra misión y olvidarnos de nuestro mensaje.

Lamentablemente, muchas iglesias operan basándose en los errores y mitos que he identificado en este capítulo. Esto les impide ser saludables y crecer hasta su máximo potencial. Las iglesias necesitan de la *verdad* para crecer. Los cultos pueden crecer sin la verdad, pero las iglesias no pueden. 1 Timoteo 3:15 habla acerca de la "columna y baluarte de la verdad." En la próxima sección de este libro veremos cómo poner un fundamento de verdad sobre el cual Dios pueda edificar a su iglesia.

Segunda parte

Conviértase en una iglesia movida por un propósito

3

¿Qué mueve a su iglesia?

Muchos pensamientos hay en el corazón del hombre;
mas el consejo de Jehová permanecerá.

Proverbios 19:21

Esteban Pérez convocó a la reunión mensual del concilio de su iglesia para que se reunieran exactamente a las 19:00 horas.

—Tenemos muchos puntos que tratar esta noche, amigos, así que será mejor que comencemos, —dijo.

—Como ustedes saben, uno de los puntos de nuestra agenda es acordar un programa unificado de la iglesia para este nuevo año. Se espera que en dos semanas lo presentemos a la congregación.

Como presidente, Esteban se sentía bastante ansioso por lo que sucedía. Solamente la reunión del presupuesto anual provocaba mayores desacuerdos y debates que esta reunión para planificar el programa.

—¿Quién quiere ser el primero? —preguntó.

—Esto debe ser sencillo —dijo Juan Fiel, un diácono que había sido miembro de la iglesia durante veintiséis años—. El año pasado fue un buen año. Sencillamente repitamos las buenas cosas que

81

hicimos. Siempre he pensado que lo que ya se ha probado y que es la verdad es mejor que un montón de ideas novedosas.

—Bueno, yo no estoy de acuerdo con eso —dijo Pedro Novedoso—. Los tiempos han cambiado y pienso que necesitamos reevaluar *todo* lo que estamos haciendo. solo porque un programa haya funcionado en el pasado no significa automáticamente que continúe dando resultado en el año próximo. Yo estoy especialmente interesado en comenzar otro servicio de adoración con un estilo diferente. Todos hemos visto el crecimiento que ha tenido la Iglesia del Calvario desde que comenzaron a tener un culto contemporáneo para alcanzar a los inconversos.

—Sí, algunas iglesias harán *cualquier* cosa con tal de tener una multitud —replicó Juan—. Se olvidan de que la iglesia: ¡es para nosotros los cristianos! Se espera que seamos *diferentes* y que debemos separarnos del mundo. No debemos desvivirnos por complacer al mundo en todo lo que desea. ¡Pueden estar seguros de que yo no tengo intenciones de ver que eso suceda en esta iglesia!

Durante las dos horas siguientes se presentaron una valiosa lista de programas y causas para que fueran incluidas en el calendario de la iglesia. Dora Hacedora insistió apasionadamente en que la iglesia tomara una parte más activa en Operación Rescate y en el movimiento pro-vida. Oscar Masculino dio un testimonio conmovedor acerca de cómo los Cumplidores de Promesas habían cambiado su vida y sugirió toda una pizarra completa de actividades para los hombres. Linda Amorosa habló de la necesidad de comenzar una escuela cristiana. Y por supuesto, cada vez que se presentaba una propuesta Carlos Cicatero preguntaba una y otra vez: "¿Cuánto va a costar?" Todas eran sugerencias válidas. El problema es que parecía no existir una norma de referencia mediante la cual el consejo pudiera evaluar y decidir cuáles programas se debían adoptar.

Finalmente habló Raúl Razonador. A esta altura, la voz de Raúl era la que todos estaban esperando oír. Cada vez que los temas se tornaban confusos en las reuniones de negocios de la iglesia, él decía un discurso breve y la mayoría votaba lo que él decía. No era que sus ideas fueran mejores; en realidad, la gente por lo general estaba en desacuerdo con él, pero la mera fuerza de su personalidad hacía que todo lo que dijera pareciera razonable en el momento.

¿Cuál es el problema en este escenario? Múltiples fuerzas conductoras o impulsoras en esa iglesia están compitiendo para ganar atención. Esto termina en un conflicto y trae como resultado una iglesia que está tratando de dirigirse a distintos lugares al mismo tiempo.

Si usted busca la palabra *conducir* en un diccionario, encontrará la siguiente definición: "guiar, controlar o dirigir". Cuando usted conduce un auto, significa que lo está guiando, controlando y dirigiendo por la calle. Cuando conduce un clavo, lo guía, lo controla y lo dirige para que entre en la madera. Cuando conduce una pelota de golf, usted tiene la esperanza de guiarla, controlarla y dirigirla justo hacia el hoyo.

Hay algo que conduce o mueve a todas las iglesias. Existe una fuerza que guía, una suposición que controla o una convicción que dirige detrás de todo lo que sucede. Puede ser tácita. Puede ser desconocida para muchos. Lo más probable es que nunca se haya hecho una votación oficial para decidirla, pero está allí, influyendo en cada aspecto de la vida de la iglesia. ¿Cuál es la fuerza impulsora que se encuentra detrás de su iglesia?

Las iglesias movidas por la tradición

En la iglesia movida por la tradición la frase favorita es: "Siempre lo hemos hecho así." La meta de una iglesia movida por la tradición es sencillamente perpetuar el pasado. El cambio casi siempre se ve como algo negativo, el estancamiento se interpreta como "estabilidad".

Las iglesias antiguas tienden a estar unidas por reglas, regulaciones y rituales, mientras que las iglesias más jóvenes tienden a estar unidas por un sentido de propósito y misión. En algunas iglesias, la tradición puede llegar a ser una fuerza impulsora tal que todo lo demás, incluyendo la voluntad de Dios, se vuelve secundario. Ralph Neighbour dice que las últimas ocho palabras de la iglesia son: "Nunca antes lo hemos hecho de esa manera".

Las iglesias movidas por la personalidad

En estas iglesias la pregunta más importante es: "¿Qué desea el líder?" Si el pastor ha servido a la iglesia por largo tiempo, lo más probable es que él sea quien tenga la personalidad impulsora. Pero si la iglesia tiene una historia en la cual los pastores han ido y venido constantemente, es probable que algún laico clave sea quien tenga la personalidad impulsora. Uno de los problemas evidentes de una iglesia movida por la personalidad es que lo que mayormente determinará su agenda serán los antecedentes, las necesidades y las inseguridades del líder en lugar de la voluntad de Dios o las necesidades de la gente. Otro problema es que estas iglesias se detienen cuando la personalidad conductora se marcha o muere.

> La iglesia debe ser *sensible hacia quienes las buscan*, pero no debe dejarse *mover por ellos.*

Las iglesias movidas por las finanzas

La pregunta que ocupa el primer lugar en la mente de una iglesia movida por las finanzas es: "¿Cuánto costará?" Parece que ninguna otra cosa fuera más importante que las finanzas. En una iglesia movida por las finanzas, siempre el debate más acalorado tiene que ver con el presupuesto. Aunque una buena administración y un buen control de las salidas de dinero son esenciales para una iglesia sana, las finanzas nunca deben ser el punto de control. El punto más importante debe ser qué quiere Dios que la iglesia haga. Las iglesias no existen para producir ganancias. El punto fundamental en una iglesia no debe ser "¿Cuánto tenemos ahorrado?" sino "¿A cuántos les hemos ahorrado ir al infierno?" He notado que durante los primeros años muchas iglesias se mueven por la fe, pero más tarde se dejan mover por las finanzas.

Las iglesias movidas por los programas

La Escuela Dominical, el programa para mujeres, el coro y el grupo de jóvenes son ejemplos de programas que generalmente se convierten en fuerzas impulsoras en las iglesias. En estas iglesias, toda la energía se concentra en mantener y sostener sus programas. Muchas veces, la meta de la iglesia motivada por los programas va cambiando sutilmente, dejando de desarrollar personas para simplemente llenar posiciones, y los comités encargados de hacer los nombramientos se convierten en los grupos más importantes de la iglesia. Si los resultados de un programa disminuyen, las personas involucradas se culpan a sí mismas por no haber trabajado con el suficiente ahínco. Nunca nadie se cuestiona si el programa sigue dando resultado.

Las iglesias movidas por los edificios

Winston Churchill dijo una vez: "Formamos nuestros edificios, y luego ellos nos forman a nosotros." Con mucha frecuencia las congregaciones están tan ansiosas por tener un hermoso edificio que los miembros gastan más de lo que pueden. Pagar y mantener el edificio se convierte en el punto más grande del presupuesto. Los fondos necesarios para los ministerios se destinan a pagar la hipoteca y así sufre el verdadero ministerio de la iglesia. La cola termina moviendo al perro. En otras situaciones, las iglesias permiten que la pequeñez de sus edificios marque el límite para el futuro crecimiento. Quedarse con un edificio histórico, pero inadecuado, nunca debe ser una prioridad que preceda alcanzar a la comunidad.

Las iglesias movidas por los acontecimientos

Si usted mira el calendario de una iglesia movida por los acontecimientos, tendrá la impresión de que la meta de esta iglesia es mantener ocupada a la gente. Todas las noches de la semana se celebra algún acontecimiento. Tan pronto se termina un gran evento, se comienza a trabajar en el próximo. En estas iglesias existe mucha actividad, pero no necesariamente mucha productividad. Una iglesia puede estar ocupada, aunque le falte un propósito definido de lo que está haciendo. Es necesario que alguien pregunte: "¿Qué propósito hay detrás de cada una de nuestras actividades?" En la iglesia movida por los acontecimientos, la asistencia se convierte en la única manera de medir la fidelidad y la madurez. Debemos ser muy cautos ante la tendencia a permitir que las reuniones reemplacen al ministerio como actividad primaria de los creyentes.

Las iglesias movidas por los inconversos

En un intento honesto por alcanzar a los incrédulos para Cristo y relacionarse con la cultura actual, algunas iglesias permiten que las necesidades de los incrédulos se conviertan en su fuerza impulsora. La primera pregunta que se hacen es: "¿Qué desean los inconversos?" Aunque debemos ser sensibles a las necesidades, a los dolores y a los intereses de los que buscan, y aunque sea sabio diseñar reuniones evangelísticas que apunten a sus necesidades, no podemos permitir que estas personas impulsen la totalidad de la agenda de la iglesia.

Los propósitos de Dios para su iglesia incluyen el evangelismo, pero no al punto de excluir sus otros propósitos. Atraer a quienes están buscando es el primer paso en el proceso de hacer discípulos, pero no debe ser la fuerza motivadora de la iglesia. Aunque para un negocio sea correcto dejarse motivar por el mercado (es decir, darle al consumidor lo que él desea), el llamado de la iglesia es superior. La iglesia debe ser *sensible hacia quienes buscan,* pero no debe dejarse mover por ellos. Podemos adaptar nuestro estilo de comunicación a nuestra cultura sin adoptar los elementos pecaminosos de ella o abdicando ante ellos.

> Los planes, los programas y las personalidades no permanecen, pero el consejo de Dios *sí* permanecerá.

Un paradigma bíblico:
Las iglesias movidas por un propósito

Lo que se necesita hoy en erza. Este libro se ha escrito para ofrecer un nuevo paradigma, la iglesia movida por el propósito, como una alternativa bíblica y saludable ante las maneras tradicionales en que se han organizado y operado las iglesias.

> No existe absolutamente nada que revitalice más rápido a una iglesia desanimada que redescubrir su propósito.

Existen dos elementos fundamentales en este paradigma. En primer lugar, se requiere una nueva *perspectiva*. Usted debe comenzar a mirar todo lo que su iglesia hace a través de las lentes de los cinco propósitos del Nuevo Testamento y ver cómo Dios tiene la intención de que la iglesia equilibre estos cinco propósitos.

En segundo lugar, este paradigma requiere un *proceso* para cumplir los propósitos de la iglesia. En este libro, explicaré el proceso que hemos utilizado en la Iglesia de Saddleback que le ha permitido a nuestra congregación experimentar quince años de crecimiento saludable y consistente.

Esto no es una especie de teoría de la "torre de marfil"; durante quince años ha sido probada en el campo de una iglesia real y ha producido una de las iglesias más grandes y de crecimiento más rápido en la historia de Norteamérica. También está produciendo asombrosos resultados en miles de otras iglesias en América, Australia, Europa y Asia. Su iglesia, sin importar cuál sea su tamaño o ubicación, será más saludable, más fuerte y más efectiva al convertirse en una iglesia movida por un propósito.

El apóstol Pablo dice que Dios juzgará todo lo que edifiquemos basándose en su duración: "La obra de cada uno se hará manifiesta; porque el día la declarará, pues por el fuego será revelada; y la obra de cada uno cuál sea, el fuego la probará. Si permaneciere la obra de alguno que sobreedificó, recibirá recompensa" (1 Corintios 3:13–14).

Pablo también nos dice que la clave para edificar algo duradero es edificar sobre el fundamento correcto: "...pero cada uno mire cómo sobreedifica. Porque nadie puede poner otro fundamento que el que está puesto, el cual es Jesucristo" (1 Corintios 3:10–11).

¡Las iglesias fuertes están edificadas sobre un propósito! Al concentrarse de la misma manera en los cinco propósitos de la iglesia del Nuevo Testamento, su iglesia desarrollará el equilibrio saludable que hace que el crecimiento duradero sea posible. Proverbios 19:21 dice: "Muchos pensamientos hay en el corazón del hombre; mas el consejo de Jehová permanecerá." Los planes, los programas y las personalidades no permanecen, pero el consejo de Dios *sí* permanecerá.

La importancia de ser movidos por un propósito.

No hay nada que preceda al propósito. El punto de partida para todas las iglesias debe ser la pregunta: "¿Para qué existimos?" Hasta no saber para qué existe su iglesia, usted no tiene fundamento, ni motivación, ni dirección en su ministerio. Si usted está ayudando a poner en marcha una nueva iglesia, su primera tarea es *definir* su propósito. Es mucho más fácil definir el fundamento correcto al comenzar una nueva iglesia, que modificarlo luego de que la iglesia ha existido por años.

Sin embargo, si usted se encuentra sirviendo en una iglesia ya existente que se ha estancado, que está decayendo, o que simplemente se encuentra desanimada, su tarea más importante es *redefinir* su propósito. Olvídese de todo lo demás hasta que haya establecido esto en las mentes de sus miembros. Vuelva a capturar una clara visión de lo que Dios desea hacer en la familia de su iglesia y a través de ella. No existe absolutamente nada que revitalice más rápido a una iglesia desanimada que redescubrir su propósito.

Mientras me preparaba para comenzar la Iglesia de Saddleback, uno de los factores más importantes que descubrí en mi investigación fue que las iglesias saludables y en crecimiento tenían una identidad claramente definida. Comprenden su razón de ser; son precisas en su propósito. Saben exactamente a qué las ha llamado Dios. ¡Saben qué les interesa, y saben qué no les interesa. ¿Su iglesia posee una identidad definida?

Si le pregunta a los miembros de iglesias típicas para qué existe su iglesia, obtendrá una gran variedad de respuestas. La mayoría de las iglesias no tienen un consenso claro al respecto. Win Arn, un consultor de iglesias, una vez me contó acerca de una encuesta que había realizado. Encuestó a miembros de casi mil iglesias haciéndoles la pregunta: "¿Por qué existe la iglesia?" ¿Los resultados? De todos los miembros encuestados, el 89% dijo: "El propósito de la iglesia es velar por las necesidades de mi familia y por las mías." Para muchos, el rol del pastor es simplemente cuidar de las ovejas que todavía se encuentran "afuera" felices y no perder a demasiadas. solo el 11% dijo: "El propósito de la iglesia es ganar al mundo para Cristo Jesús."

Luego, se les preguntó a los *pastores* de las mismas iglesias para qué existe la iglesia. Para su asombro, los resultados fueron exactamente opuestos. De los pastores encuestados, el 90% dijo que el propósito de la iglesia era ganar al mundo y el 10% dijo que era velar por las necesidades de los miembros. ¿Podemos asombrarnos de que en muchas iglesias hoy en día existan conflictos, confusión y estancamiento? Si el pastor y la congregación ni siquiera están de acuerdo respecto a por qué existe la iglesia, el conflicto y el desacuerdo en todo lo demás es inevitable.

Las iglesias comienzan por muchas diferentes razones. Algunas veces esas razones no son las correctas: la competencia, el orgullo denominacional, la necesidad que alguien tiene de que lo reconozcan como líder, o algunas otras motivaciones carentes de valor. A menos que la fuerza impulsora que se encuentra detrás de una iglesia sea bíblica, la salud y el crecimiento de la misma nunca serán lo que Dios espera. Las iglesias fuertes no están construidas sobre programas, personalidades o trucos. Están construidas sobre los propósitos eternos de Dios.

4

El fundamento para una iglesia saludable

Jesús: "...yo... edificaré mi iglesia".

Mateo 16:18

Pablo: "Conforme a la gracia de Dios que me ha sido dada, yo como perito arquitecto puse el fundamento".

1 Corintios 3:10

Hace unos pocos años, compré una propiedad en las montañas que están detrás del Parque Nacional de Yosemite y construí una cabaña de troncos. Aún con la ayuda de mi padre y de algunos amigos, me llevó dos años terminar de construirla, ya que no podía trabajar todo el tiempo en eso. Al comenzar a edificarla, demoré todo un verano poniendo los cimientos. Primero tuve que limpiar un claro en el bosque aserrando y sacando de raíz treinta y siete pinos. Luego tuve que cavar más de veinte metros de desagües franceses a un metro y medio de profundidad y tuve que rellenarlos con recebo porque la tierra estaba húmeda debido a una napa subterránea cercana.

Luego de diez semanas agotadoras, todo lo que tenía para mostrar como fruto de mi esfuerzo era un cimiento cuadrado y nivelado de cemento. Me sentía desanimado, pero mi padre, que había construido más de ciento diez edificios de iglesias en su vida, me dijo: "¡Anímate, hijo! Una vez que has terminado de poner los cimientos, el trabajo más crítico ha quedado atrás."

El cimiento determinó tanto el tamaño como el peso del edificio. Nunca se puede construir un edificio más grande que lo que el cimiento puede aguantar. Lo mismo sucede con las iglesias. Una iglesia edificada sobre un cimiento inadecuado o equivocado nunca podrá alcanzar la altura que Dios pretende que alcance. Una vez que haya sobrepasado su base, se derrumbará.

Si usted desea construir una iglesia saludable, fuerte y capaz de crecer, *debe* dedicar tiempo a poner un cimiento sólido. Esto se hace ex-

> El cimiento de su iglesia determinará tanto el tamaño como el peso del edificio. Nunca se puede construir un edificio más grande que lo que el cimiento puede aguantar.

plicando a todos los involucrados exactamente para qué existe la iglesia y qué debe hacer. Existe un increíble poder cuando se define una declaración del propósito. Si es lo suficientemente corta como para que todas la recuerden, esta definición del propósito redituará cinco beneficios maravillosos para su iglesia.

Un propósito claro propicia un buen ánimo

El estado de ánimo y la misión siempre van juntos. 1 Corintios 1:10 nos dice: "Os ruego, pues, hermanos, por el nombre de nuestro

Señor Jesucristo, que habléis todos una misma cosa, y que no haya entre vosotros divisiones, sino que estéis perfectamente unidos en una misma mente y en un mismo parecer." Fíjese que Pablo dice que la clave para la armonía de la iglesia es estar unidos en un mismo parecer. Si su misión no está clara, su ánimo andará por el suelo.

La Iglesia de Saddleback posee un estado de ánimo y una atmósfera de armonía inusualmente alto. Las personas que trabajan juntas para un gran propósito, no tienen tiempo para discutir asuntos triviales. Cuando uno está ayudando a remar en un bote, ¡no tiene tiempo para hamacarse en él! Mantenemos una cálida comunión, a pesar del enorme crecimiento que nuestra iglesia ha experimentado, porque nuestros miembros están comprometidos con un propósito común.

Proverbios 29:18 dice: "Donde no hay visión, el pueblo se desenfrena" (Biblia de las Américas). También creo que es cierto que donde no hay visión, *¡la gente huye desenfrenadamente hacia otro lugar!* Muchas iglesias están sobreviviendo a duras penas porque no tienen visión. Cojean de domingo a domingo porque han perdido de vista su propósito para continuar. Una iglesia que no tiene un propósito y una misión con el tiempo se convierte en una pieza de museo perteneciente a las tradiciones de ayer.

No hay nada que desaliente más a una iglesia que no saber por qué existe. Por el otro lado, la manera más rápida de revigorizar una iglesia estancada o en decadencia es reclamar el propósito de Dios para ella y ayudar a sus miembros a comprender las grandes tareas que Cristo les ha encomendado.

Un propósito claro reduce la frustración

Definir un propósito reduce la frustración porque nos permite olvidar las cosas que realmente no tienen importancia. Isaías 26:3 dice: "Tú guardarás en completa paz a aquel cuyo pensamiento en ti persevera; porque en ti ha confiado." Un propósito claro no solo define lo que hacemos, sino que define lo que no hacemos. Estoy seguro de que usted estará de acuerdo conmigo en que su iglesia no puede hacer todo. Tengo una buena noticia que darle: Dios no *espera* que usted lo haga todo. Además, ¡existen solo unas pocas cosas que realmente vale la pena hacer! El secreto de la efectividad es saber lo que realmente vale la pena, luego hacerlo y no preocuparse por el resto.

Como pastor he aprendido que todo el mundo tiene su propia agenda para la iglesia. Parafraseando la primera ley espiritual se podría decir que Dios me ama a mí y ¡todo el mundo tiene un maravilloso plan para mi vida! La gente siempre está diciendo: "La iglesia debiera hacer esto" o "La iglesia debiera hacer aquello". Muchas de estas sugerencias son actividades muy nobles, pero ese no es el punto. El filtro siempre debe ser: ¿Esta actividad cumple con alguno de los propósitos que Dios estableció para esta iglesia? Si la actividad satisface este criterio, entonces debe considerarla. Si no pasa esta prueba, no debe permitir que lo distraiga de la agenda que Dios tiene para la iglesia.

> Un propósito claro no solo define lo que hacemos, sino que define lo que no hacemos.

Sin la definición de un propósito, es fácil sentirse frustrado por todas las distracciones que nos rodean. Tal vez usted se haya sentido como Isaías cuando dijo: "Por demás he trabajado, en vano y sin provecho he consumido mis fuerzas" (Isaías 49:4). Tratar de guiar a una iglesia sin un propósito claramente definido es como tratar de conducir un automóvil en la niebla. Si no puede ver con claridad lo que tiene por delante, lo más probable es que choque.

Santiago 1:8 dice: "El hombre de doble ánimo es inconstante en todos sus caminos." Cuando una iglesia olvida su propósito, tiene mucha dificultad para decidir lo que es o no importante. Una iglesia indecisa es una iglesia inestable. Casi cualquier cosa podrá sacarla fuera de su curso. Vacilará entre prioridades, propósitos y programas. Tomará una dirección, luego otra, según quién esté al frente liderando en ese momento. Algunas veces las iglesias se mueven solamente en círculos.

Tomar decisiones en una iglesia movida por un propósito es

mucho más fácil y menos frustrante, una vez que se ha establecido el rumbo. Defina sus roles, luego establezca sus metas. Una vez que los propósitos de su iglesia se hayan definido, toda meta que cumpla con esos propósitos recibirá una aprobación inmediata. Cada vez que alguien sugiera una actividad, un evento o un nuevo programa, usted solo tendrá que preguntar: "¿Esto cumplirá con alguno de nuestros propósitos?" Si es así, adelante. Si no es así, no lo considere.

Un propósito definido permite la concentración

Una luz tiene tremendo poder cuando se concentra en una determinada dirección. La luz difusa no tiene ningún poder. Por ejemplo, al concentrar el poder del sol a través de un lente de aumento, se puede lograr que una hoja se prenda fuego, pero no se puede encender una hoja si esa misma luz solar no se concentra. Cuando una luz se concentra a un nivel aún mayor, como en el caso del rayo láser, hasta puede llegar a cortar un bloque de acero.

El principio de la concentración también opera en otras áreas. Una vida y una iglesia concentradas tendrán un impacto mucho mayor que una vida y una iglesia difusas. Al igual que el rayo láser, cuanto más concentración haya en su iglesia, más impacto causará en la sociedad.

La razón por la cual esto es así es que un propósito claro permite que se concentre el esfuerzo. Pablo lo sabía. Él dijo: "...olvidando ciertamente lo que queda atrás, y extendiéndome a lo que está delante" (Filipenses 3:13).

Una de las tentaciones más comunes, en las que veo que caen las iglesias hoy en día, es en la trampa de prestar demasiada importancia a las cosas menores. Se distraen con programas, cruzadas y propósitos buenos, pero menos importantes. La energía de la iglesia se disipa y se hace difusa; el poder se pierde.

Si usted desea que su iglesia cause un impacto en el mundo, debe prestarle mayor importancia a las cosas que la merecen. Me resulta asombroso ver cuántos cristianos no tienen la menor idea de cuál es el principal objetivo de sus iglesias. Como dice el viejo cliché: "Lo importante es que lo más importante siga siendo lo más importante."

En mi opinión, la mayoría de las iglesias tratan de hacer demasiadas cosas. Esta es una de las barreras más ignoradas que impide edificar una iglesia saludable. Extenuamos a la gente. Con mucha frecuencia, las iglesias pequeñas se involucran en toda clase de actividades, eventos y programas. En lugar de concentrarse como Pablo dijo, trabajan superficialmente en cuarenta cosas distintas y pierden la oportunidad de hacer alguna de ellas bien.

Esto es cada vez más real, cuanto más antigua se vuelve una iglesia. Los programas y los eventos se siguen añadiendo a la agenda sin recortar nunca nada. Recuerde, ningún programa está destinado a durar para siempre. Una buena pregunta que siempre debemos recordar cuando se trata la cuestión de los programas en su iglesia, es la siguiente: "¿Comenzaríamos hoy esta actividad si no la estuviéramos desarrollando ya?" El calendario abultado de una iglesia hace que su energía se vuelva difusa. Es esencial para la salud de su iglesia que usted periódicamente "limpie la casa", es decir, que abandone programas que ya han cumplido sus propósitos. Si el caballo está muerto, ¡desmóntese!

Cuando comencé la Iglesia de Saddleback, todo lo que ofrecimos durante el primer año fue un culto de adoración y un programa limitado para niños. No intentamos celebrar todos los servicios como en una iglesia regular. Por ejemplo, no tuvimos un programa para jóvenes hasta llegar a un promedio de 500 personas asistiendo a las reuniones de adoración, y no tuvimos un programa para personas solas (viudas o divorciadas) hasta tener casi 1.000 asistentes.

Decidimos que nunca comenzaríamos un nuevo ministerio sin antes tener quien lo dirigiera. Si no emergía un líder, esperaríamos en los tiempos de Dios antes de comenzar un nuevo ministerio. Cuando finalmente aparecía el líder adecuado en escena, entonces lo iniciábamos. Este plan nos ayudó a concentrarnos en hacer pocas cosas muy bien. solo cuando un ministerio llegaba a un nivel aceptable de rendimiento, entonces considerábamos la posibilidad de añadir otro nuevo al menú. No intentábamos hacer todo al mismo tiempo.

Ser *eficiente* no es lo mismo que ser *efectivo*. Peter Drucker dice: "La eficiencia es hacer las cosas correctamente. La efectividad es hacer las cosas correctas." Muchas iglesias son eficientes porque están bien organizadas y mantienen un panel lleno de programas, pero a la par que generan mucha *actividad*, existe poca *productividad*. Se pierde la energía en cosas triviales. Es como reorganizar las sillas de la cubierta del Titanic; todo puede parecer hermoso y bien organizado, pero no importa porque aún así el barco se sigue hundiendo. Para una iglesia no es suficiente estar bien organizada; debe estar bien organizada para hacer las cosas correctas.

Dios desea que las iglesias sean efectivas. Aquellas pocas iglesias que son realmente efectivas se concentran en su propósito. Al revisar continuamente su propósito, usted puede mantener sus prioridades en orden y a su iglesia concentrada en una dirección.

Un propósito definido atrae la cooperación

La gente quiere unirse a una iglesia que sepa hacia dónde va. Cuando una iglesia comunica claramente su destino, las personas están dispuestas a subirse a bordo. La razón es que todos están buscando algo que le dé significado, propósito y dirección a sus vidas. Cuando Esdras le dijo al pueblo exactamente lo que Dios esperaba de ellos, el pueblo respondió: "Ten valor y dinos qué hemos de hacer para rectificar lo malo que hemos hecho y de buen grado lo haremos" (Esdras 10:4 La Biblia al Día).

El apóstol Pablo también tenía claro su propósito. Como resultado, la gente deseaba formar parte de lo que él estaba haciendo. Esto fue especialmente cierto en el caso de la iglesia de Filipos. Los filipenses estaban tan cautivados por la misión de Pablo que le dieron un apoyo financiero sostenido (véase Filipenses 4:15). Si desea que sus miembros se entusiasmen con el trabajo de la iglesia, que la apoyen activamente y que den generosamente para ella, usted debe explicarles vívidamente y de frente hacia dónde se dirige la iglesia.

¿Alguna vez se ha subido a un avión equivocado? Una vez me subí a un avión pensando que iba a St. Louis, pero se dirigía a Kansas City. Aprendí una lección importante: Pregunte cuál es el destino *antes* de que el avión despegue. ¡Lanzarse en paracaídas después es doloroso! Usted no se atrevería a subir a un autobús sin antes saber hacia dónde se dirige, por lo tanto no pretenda que la gente se una a su iglesia sin saber cuál es su destino.

Quiero asegurarme de que los posibles miembros sepan exactamente hacia dónde se dirige la Iglesia de Saddleback, por lo tanto a cada persona que desea unirse a la familia de nuestra iglesia le explicamos en detalle la definición de nuestros propósitos *antes* de que se una a nosotros. Nadie puede unirse a la Iglesia de Saddleback sin asistir a las clases para miembros y sin firmar el pacto de membresía, el cual incluye un compromiso para apoyar los propósitos de Saddleback.

Proverbios 11:27 dice: "El que procura el bien buscará favor." Dígale directamente a la gente hacia dónde se dirige su iglesia, y esto atraerá la cooperación. Explique detalladamente los propósitos y las prioridades de su iglesia en una clase para miembros. Explique claramente su estrategia y su estructura. Esto evitará que la gente se una a la membresía con falsas expectativas.

Si usted permite que la gente se haga miembro de su iglesia sin comprender sus propósitos *se* está buscando problemas. Los miembros nuevos, especialmente aquellos que vienen de otras iglesias, generalmente tienen agendas y preconceptos personales acerca de la iglesia. Si usted no habla con ellos de manera franca y de antemano, con el tiempo estos temas causarán problemas y conflictos.

Las personas que piden la transferencia de miembros a su iglesia traen un bagaje cultural de las iglesias en que han estado previamente, y es probable que tengan ciertas expectativas que su iglesia no tiene intenciones de satisfacer. Esto fue evidente para mí en los primeros días de Saddleback, inclusive antes de que comenzáramos las reuniones públicas. Uno de los hombres que asistían a nuestro estudio bíblico hogareño había sido miembro de una gran iglesia muy bien conocida en nuestro área durante doce años. Cada vez que comenzábamos a planear algo él decía: "Bueno, en mi antigua iglesia esto se hacía así." Esto se convirtió en su muletilla recurrente.

Luego de unas ocho semanas de esto, finalmente le dije: "Si desea una iglesia exactamente igual a su antigua iglesia, ¿por qué no vuelve allí? Se encuentra solo a 7 kilómetros de aquí." Siguió mi consejo y se fue junto con los cinco miembros de su familia. Esto representaba el treinta por ciento de nuestra concurrencia en aquel momento, ¡y él era uno de los que diezmaba!

En aquel momento, lo que él hizo me sacudió, pero ahora recuerdo esa situación y creo que fue una de las decisiones cruciales que determinó el destino de la Iglesia de Saddleback. De haber escuchado a aquel compañero, Saddleback hubiera terminado siendo solo un clon de aquella otra iglesia. Nuestro futuro hubiera tomado un rumbo muy diferente.

También aprendí dos lecciones muy importantes acerca del liderazgo: En primer lugar, no se puede permitir que los gimoteros planeen la agenda de la iglesia. Esto sería abdicar al liderazgo. Lamentablemente, cuanto más pequeña es una iglesia, más influencia tienen los miembros más negativos. Aquella experiencia también me enseñó que el mejor momento para descubrir el conflicto que cualquier persona tenga con la filosofía de ministerio de su iglesia es *antes* de unirse a ella. Explicar a las personas los propósitos de la iglesia antes de que se unan a usted no solo reducirá los conflictos y las desilusiones en su iglesia, sino que también ayudará a algunas personas a reconocer que deben unirse a otra iglesia por una razón de filosofía o de gusto personal.

Un propósito claro ayuda a la evaluación

Segunda Corintios 13:5 dice: "Examinaos a vosotros mismos si estáis en la fe; probaos a vosotros mismos." ¿Cómo se evalúa una iglesia a sí misma? No comparándose con otras, sino preguntándose: "¿Estamos haciendo lo que Dios espera que hagamos?" y "¿Cuán bien lo estamos haciendo?" Como dice Peter Drucker: "¿Cuál es nuestro negocio?" y ¿Cómo va el negocio?" Estas son las dos preguntas más críticas para evaluar a su iglesia. La definición de los propósitos de su iglesia debe convertirse en la norma mediante la cual usted mida la salud y el crecimiento de su congregación.

No existe absolutamente ninguna correlación entre el tamaño y la fuerza de una iglesia. Una iglesia puede ser grande y fuerte, o grande y débil. De la misma manera, una iglesia puede ser pequeña y fuerte, o pequeña y endeble. Ser grande no es necesariamente lo mejor, ni tampoco lo es ser pequeño. *¡Lo mejor es lo mejor!*

El propósito de este libro no es hacer que su iglesia sea tan grande como Saddleback. El tamaño no es el punto crucial. El punto importante es el siguiente: La iglesia será más fuerte y saludable al estar movida por un propósito.

Convertirse en una iglesia movida por un propósito lleva tiempo, no sucede de la noche a la mañana ni tampoco en seis meses. Hacer esta transición puede llevarle varios años a la iglesia. Si usted desea que su iglesia pase a estar movida por un propósito, deberá guiarla a través de cuatro fases críticas: Primero: *Defina* los propósitos. Segundo: Periódicamente *comunique* esos propósitos a cada persona en la iglesia. Tercero: *Organice* la iglesia alrededor de los propósitos. Finalmente: *Aplique* los propósitos a cada parte de su iglesia. Describiré cada una de estas tareas en los siguientes capítulos.

> Evalúe la iglesia preguntándose: ¿Cuál es nuestro negocio?" y ¿Cómo va el negocio?

5

Defina
sus propósitos

Os ruego, pues, hermanos, por el nombre
de nuestro Señor Jesucristo, que habléis todos
una misma cosa, y que no haya entre vosotros divisiones,
sino que estéis perfectamente unidos
en una misma mente y en un mismo parecer.

1 Corintios 1:10

Cuando era estudiante en el seminario de Texas, una vez accedí a ayudar a algunos líderes de una gran iglesia a evaluar todos sus programas. En el pasado, esta iglesia había sido una testigo fuerte y vibrante de Cristo, y tenía una reputación histórica. Me sentía un poco intimidado, mientras manejaba por el sendero de entrada de la maciza estructura de ladrillos rojos, por ser esta mi primera experiencia en consejería a una iglesia. El hall de la sala de conferencias estaba lleno de retratos de los hombres que habían pastoreado la iglesia en los últimos cien años. ¡Esta sí que era una iglesia con historia!

Mientras estábamos sentados en nuestra primera reunión, le pregunté al grupo de líderes que estaba presente: "¿Cómo se sienten con respecto a la iglesia?" La mayoría de los comentarios expresaron un tranquilo sentido de satisfacción. Un hombre se añadió al grupo diciendo: "Tenemos una iglesia sólida y profunda." Pero a medida que fui indagando más a fondo descubrí que la iglesia estaba ¡*profundamente dormida!* A pesar de que era teológicamente sólida, allí no sucedía nada que fuera significativo en el aspecto espiritual. Ya se habían pagado todos los edificios y los líderes de la iglesia se habían vuelto perezosos y aletargados. Como hubiera dicho el profeta Amós, ellos estaban "cómodos en Sión" y lentamente la enfermedad de la comodidad estaba matando a la iglesia. Como me habían contratado para que actuara como su doctor, les di una sencilla prescripción: Vuelvan a descubrir su propósito.

Dirija la congregación para que defina sus propósitos

Dirigir a su congregación a través del descubrimiento de los propósitos del Nuevo Testamento para la iglesia es una aventura excitante. No acelere este proceso, y no arruine el gozo de descubrir las cosas diciéndoles simplemente a todos cuáles son los propósitos a través de un sermón. Los líderes sabios comprenden que las personas aceptarán verbal y mentalmente lo que se les dice, pero que se aferrarán con convicción a lo que ellos descubran por sí mismos. Usted está edificando un cimiento para lograr una salud y un crecimiento a largo plazo.

Es apasionante ver cómo los miembros apáticos se vuelven entusiastas al redescubrir la forma en que Dios desea usarlos a ellos y a su iglesia. A continuación, explicaré los cuatro pasos que hay que tomar al guiar a la iglesia para definir, o redefinir sus propósitos.

Estudie lo que dice la Biblia.

Comience por involucrar a la congregación en un estudio de los pasajes bíblicos que hablan de la iglesia. Antes de comenzar la Iglesia de Saddleback me tomé seis meses para hacer un estudio extensivo y personal de la Biblia con respecto a la iglesia, utilizando los métodos descritos en mi libro *Dynamic Bible Study Methods* [Métodos Dinámicos para el Estudio de la Biblia]. Durante los primeros meses de la nueva iglesia, guié a nuestra joven congregación a través del mismo estudio. Juntos estudiamos todos los pasajes importantes de las Escrituras acerca de la iglesia.

Estos son algunos de los pasajes que quizás quiera incluir en su estudio: Mateo 5:13–16; 9:35; 11:28–30; 16:15–19; 18:19–20; 22:36–40; 24:14; 25:34–40; 28:18–20; Marcos 10:43–45; Lucas 4:18–19; 4:43–45; Juan 4:23; 10:14–18; 13:34–35; 20; 21; Hechos 1:8; 2:41–47; 4:32–35; 5:42; 6:1–7; Romanos 12:1–8; 15:1–7; 1 Corintios 12:12–31; 2 Corintios 5:17–6:1; Gálatas 5:13–15; 6:1–2; Efesios 1:22–23; 2:19–22; 3:6; 3:14–21; 4:11–16; 5:23–24; Colosenses 1:24–28; 3:15–16; 1 Tesalonicenses 1:3; 5:11; Hebreos 10:24–25; 13:7,17; 1 Pedro 2:9–10; 1 Juan 1:5–7; 4:7–21.

Gene Mims ha escrito un pequeño gran libro titulado *Kingdom Principles for Church Growth* [Los principios del Reino para el crecimiento de la iglesia] que se puede utilizar como un libro de estudio para toda la iglesia acerca de los propósitos de la misma. Al guiar a su congregación en un estudio, debe considerar los tópicos siguientes:

- *Considere el ministerio de Cristo sobre la tierra*. Pregúntese: "¿Qué hizo Jesús mientras estaba aquí?" ¿Qué haría si estuviera hoy aquí?" Lo que Jesús haya hecho mientras estaba en la tierra es lo que debemos continuar haciendo hoy. Los diferentes elementos que formaban parte del ministerio de Cristo deben hacerse evidentes en la iglesia de hoy. Él desea quetodo lo que hizo mientras estaba dentro de su cuerpo físico, se siga haciendo a través de su cuerpo espiritual, la iglesia.

- *Considere las imágenes y los nombres de la iglesia*. El Nuevo Testamento ofrece muchas analogías para la iglesia: un cuerpo, una novia, una familia, un rebaño, una comunidad y un ejército. Cada una de estas imágenes posee profundas implicaciones en cuanto a lo que la iglesia debe ser, y en cuanto a lo que la iglesia debe estar haciendo.

- *Considere los ejemplos de las iglesias del Nuevo Testamento*. Pregúntese: "¿Qué hicieron las primeras iglesias?" Existen muchos modelos diferentes en las Escrituras. La iglesia de Jerusalén era muy distinta de la iglesia de Corinto. La de Filipos era muy diferente a la de Tesalónica. Estudie cada una de las congregaciones locales que se encuentran en el Nuevo Testamento, incluyendo las siete iglesias que se enumeran en Apocalipsis.

- *Considere los mandamientos de Cristo.* Pregúntese: "¿Qué nos dijo Jesús que hiciéramos?" En Mateo 16:18 Jesús dice: "yo edificaré mi iglesia". Evidentemente él tenía un propósito específico en mente. No es tarea nuestra *crear* los propósitos de la iglesia sino *descubrirlos.*

Recuerde, es la iglesia de Cristo, no la nuestra. Jesús fundó la iglesia, murió por ella, envió su espíritu sobre ella y algún día volverá a buscarla. Como dueño de la iglesia, él ya ha establecido los propósitos, y estos no son negociables.

Nuestro deber es comprender los propósitos que Cristo tiene para la iglesia e implementarlos. Aunque los programas deben cambiar con cada generación, los propósitos nunca cambian. Podemos introducir innovaciones al *estilo* del ministerio, pero jamás debemos alterar su *sustancia.*

Busque las respuestas a estas cuatro preguntas.

Mientras revise qué dice la Biblia acerca de la iglesia, busque las respuestas a las preguntas que están a continuación. A medida que formule las respuestas, concéntrese tanto en la *naturaleza* como en las *tareas* de la iglesia.

1. ¿Por qué existe la iglesia?
2. ¿Cómo debemos ser como iglesia? (¿Quiénes somos y qué somos?)
3. ¿Qué debemos hacer como iglesia? (¿Qué quiere Dios que se haga en el mundo?)
4. ¿Cómo debemos hacerlo?

> No es tarea nuestra *crear* los propósitos de la iglesia sino *descubrirlos.*

Escriba lo que va descubriendo.

Escriba todo lo que vaya aprendiendo a través del estudio. No se preocupe tratando de ser breve. Diga todo lo que le parezca que es necesario acerca de la naturaleza y de los propósitos de la iglesia. Cuando hicimos esto en el primer año de Saddleback, yo utilizaba una pizarra para registrar todos los descubrimientos provenientes de nuestro estudio en grupo. Luego escribíamos a máquina todo lo que habíamos escrito en la pizarra. El resultado fue un documento de diez páginas que contenía nuestros descubrimientos fortuitos acerca de la iglesia.

No trate de elaborar la definición de los propósitos en ese momento: solo recopile información. Siempre es más fácil editar y condensar que crear. Solo concéntrese en identificar claramente todos los propósitos. Quiero volver a recalcar esto para los pastores: ¡No se apresure en este proceso! Usted está construyendo un cimiento que soportará todo lo que se haga en los años venideros. Aunque ya conoce los propósitos del Nuevo Testamento, para su congregación es de vital importancia revisar todo lo que la Biblia tiene que decir acerca de la iglesia y tomar nota por escrito de las conclusiones que *ellos* saque.

Resuma sus conclusiones en una oración.

De la colección de descubrimientos escrita a máquina, provenientes de nuestro estudio de la Biblia, con el tiempo fuimos destilando una sola oración que resumía lo que según nuestro criterio son los propósitos bíblicos para la iglesia. Esto es lo que usted también tiene que hacer. En primer lugar, condense lo que ha descubierto acerca de la iglesia agrupando conceptos similares con títulos que abarquen: evangelismo, adoración, comunión, madurez espiritual y ministerio. A continuación, trate de resumir todos estos temas principales en un solo párrafo. Luego, comience a sacar palabras y frases innecesarias para reducir el párrafo a una sola oración.

Es absolutamente importante poder condensar la definición de su propósito en una sola oración. ¿Por qué? Porque si la gente no la puede recordar, su valor será limitado. Dawson Trotman solía decir: "Los pensamientos se desentrañan a sí mismos cuando pasan a través de los labios y de la punta de los dedos." En otras palabras, si usted puede *decirlo* y *escribirlo*, entonces claramente lo ha pensado a fondo. Si no hubiera volcado sus propósitos al papel, tampoco hubiera podido meditar a fondo en ellos.

Francis Bacon, un escritor inglés, dijo una vez: "La lectura ensancha al hombre, pero la escritura lo hace *exacto*." Cuando se trata de comunicar los propósitos de la iglesia, deseamos ser lo más precisos que sea posible.

¿Qué hace efectiva una definición de propósitos?

Es bíblica.

Una declaración de propósitos efectiva expresa la doctrina de la iglesia del Nuevo Testamento. Recuerde, nosotros no decidimos los propósitos de la iglesia, los *descubrimos*. Cristo es la cabeza de la iglesia. Él estableció los propósitos hace mucho tiempo. Ahora, cada generación debe reafirmarlos.

Es específica.

Las definiciones de propósitos deben ser simples y claras. El error más grande que puede cometer una iglesia que está tratando de elaborar una definición de propósitos es tratar de amontonar la mayor cantidad de conceptos posibles en ella. La tentación es añadir toda clase de frases buenas pero innecesarias, por temor a dejar afuera algo importante. Pero cuantas más cosas le añada a su definición, más difusa se volverá y será más difícil de cumplir.

Una misión estrecha es una misión clara. La definición de propósito de Disneylandia es: "Hacer que la gente sea feliz." La misión original del Ejército de Salvación era: "Convertir a los rechazados en ciudadanos." Muchas definiciones de propósitos son tan vagas que no tienen impacto alguno. Nada se torna dinámico hasta que no sea específico. Las definiciones de algunas iglesias dicen: "Nuestra iglesia existe para glorificar a Dios." ¡Por supuesto que sí! ¡Pero exactamente de qué manera lo logra?

Una definición de propósito específica lo obliga a concentrar su energía. No permita que los asuntos periféricos lo desvíen. Hágase las preguntas: "¿Cuáles son exactamente las pocas cosas que lograrán producir la mayor diferencia en nuestro mundo por amor a Jesús? ¿Qué podemos hacer que solo la iglesia pueda hacer?"

Es transferible.

Una definición de propósito que es transferible debe ser lo suficientemente breve como para que todas las personas en la iglesia puedan recordarla y transmitirla. Cuanto más breve, mejor. Aunque la definición de propósito de todas las iglesias bíblicas deberá incluir los mismos elementos, no hay nada que le impida a usted decirlo de una manera nueva y creativa. Trate de hacerla de manera memorable.

Como pastor, odio tener que admitirlo, pero las personas no recuerdan los sermones ni los discursos, ni siquiera recuerdan un párrafo. Lo que la gente recuerda son declaraciones simples, slogans y frases. Yo no recuerdo ninguno de los discursos de John F. Kennedy, pero sí recuerdo sus declaraciones. "No se pregunte qué puede hacer su país por usted, pregúntese qué puede hacer usted por su país" y "¡Soy un berlinés!" Tampoco recuerdo ninguno de los sermones predicados por el Dr. Martin Luther King Jr., pero sí recuerdo su famosa frase: "¡Tengo un sueño!"

Es mensurable.

Usted debe tener la posibilidad de mirar su definición de propósitos y estar en condiciones de evaluar si su iglesia lo está haciendo o no. ¿Estará en condiciones de *probar* al final de cada año que lo ha cumplido? Usted no puede juzgar la efectividad de su iglesia a menos que su misión se pueda medir.

Una gran declaración de propósitos proveerá una norma específica mediante la cual usted podrá revisar y mejorar todo lo que la iglesia hace. Si no puede evaluar a su iglesia a través de su definición de propósitos, vuelva a la pizarra. Haga que sirva para medir. De otra manera, su definición de propósitos no es más que un pedazo de relaciones públicas.

Dos grandes pasajes de las Escrituras

En los primeros meses de Saddleback, guié a nuestra nueva iglesia en el proceso que acabo de explicar. Finalmente llegamos a una conclusión, aunque muchos pasajes describen lo que la iglesia debe ser y hacer, hay dos declaraciones de Jesús que los resumen: el Gran Mandamiento (Mateo 22:37–40) y la Gran Comisión (Mateo 28:19–20).

Jesús le dijo: Amarás al Señor tu Dios con todo tu corazón, y con toda tu alma, y con toda tu mente... Amarás a tu prójimo como a ti mismo. De estos dos mandamientos depende toda la ley y los profetas.

Mateo 22:37–40

Por tanto, id, y haced discípulos a todas las naciones, bautizándolos en el nombre del Padre, y del Hijo, y del Espíritu Santo; enseñándoles que guarden todas las cosas que os he mandado.

Mateo 28:19–20

Jesús dio este Gran Mandamiento en respuesta a una pregunta. Un día, le pidieron a Jesús que identificara el mandamiento más importante. Él respondió diciendo: "Aquí tenemos todo el Nuevo Testamento resumido en una cáscara de nuez. Les voy a dar el resumen de la Palabra de Dios. Toda la Ley y todos los profetas se pueden condensar en estas dos tareas: Ama a Dios con todo tu corazón, y a tu prójimo como a ti mismo."

Más tarde, en algunas de sus palabras finales a sus discípulos, Jesús les dio la Gran Comisión y les asignó tres tareas más: Vayan y hagan discípulos, bautícenlos y enséñenles a obedecer todo lo que les he enseñado.

Un Gran Compromiso
con el Gran Mandamiento
y con la Gran Comisión
hará crecer una Gran Iglesia.

Creo que cada iglesia está definida por la tarea que se le ha encomendado, así que llegué a crear este slogan: "Un Gran Compromiso con el Gran Mandamiento y con la Gran Comisión hará crecer una Gran Iglesia." Esto se convirtió en el motor de Saddleback.

Estos dos pasajes resumen todo lo que hacemos en la Iglesia de Saddleback. Si una actividad o un programa cumple con alguno de estos mandamientos, le damos lugar. Si no cumple, no le damos lugar. Estamos motivados por el Gran Mandamiento y la Gran Comisión. Juntos nos dan las tareas primarias en las cuales se debe concentrar la iglesia hasta que Cristo vuelva.

Los cinco propósitos de la iglesia

Una iglesia *movida* por un propósito está comprometida a cumplir con las cinco tareas que Cristo le ordenó a su iglesia.

Propósito Nº 1: Ama al Señor con todo tu corazón.

La palabra que describe este propósito es *adoración*. La iglesia existe para adorar a Dios. ¿Cómo amamos a Dios con todo nuestro corazón? ¡Adorándole! No importa si estamos solos, con un grupo pequeño o junto a 100.000 personas. Cuando le expresamos nuestro amor a Dios, lo estamos adorando.

La Biblia dice: "Al Señor tu Dios adorarás, y a él solo servirás" (Mateo 4:10). Considere que la adoración viene antes del servicio. Adorar a Dios es el primer propósito de la iglesia. Algunas veces estamos tan ocupados trabajando para Dios, que no tenemos tiempo para expresarle nuestro amor a través de la adoración.

A través de todas las Escrituras se nos manda celebrar la presencia de Dios magnificando al Señor y exaltando su nombre. El Salmo 34:3 dice: "Engrandeced a Jehová conmigo, y exaltemos a una su nombre". No debemos adorar por obligación, debemos hacerlo porque lo deseamos. Debemos disfrutar de la posibilidad de expresarle nuestro amor a Dios.

Propósito Nº 2: Ama a tu prójimo como a ti mismo.

La palabra que utilizamos para describir este propósito es *ministerio*. La iglesia existe para ministrar a la gente. El ministerio es demostrar el amor de Dios a otros satisfaciendo sus necesidades y sanando sus heridas en el nombre de Jesús. Cada vez que se acerca a otros en amor, usted los está ministrando. La iglesia debe ministrar a toda clase de necesidades: espirituales, emocionales, relacionales y físicas. Jesús dijo que hasta un vaso de agua fría dado en su nombre era considerado como un ministerio y que no quedaría sin recompensa. La iglesia debe "...perfeccionar a los santos para la obra del ministerio." (Efesios 4:12).

Lamentablemente, en muchas iglesias el verdadero ministerio ocupa un lugar muy pequeño. En cambio, la mayoría del tiempo se ocupa en reuniones. La fidelidad generalmente se define en términos de asistencia en lugar de en términos de servicio, y los miembros simplemente se sientan, se quedan en remojo y se vuelven agrios.

Propósito Nº 3: Id y haced discípulos.

A este propósito lo llamamos *evangelismo*. La iglesia existe para comunicar la Palabra de Dios. Somos embajadores de Cristo y nuestra misión es evangelizar al mundo. La palabra *id* en la Gran Comisión es un verbo griego conjugado en presente continuo. Debiera decir "mientras ustedes están yendo". Es responsabilidad de todo cristiano compartir las Buenas Nuevas a dondequiera que vaya. Debemos hablarle a todo el mundo de la venida de Cristo a esta tierra, de su muerte en la cruz, de su resurrección y de su promesa de regresar. Algún día, cada uno de nosotros tendremos que darle un informe a Dios con respecto a cuán seriamente cumplimos con esta responsabilidad.

La tarea evangelística es tan importante que Cristo en realidad nos dio *cinco* Grandes Comisiones, una en cada uno de los evangelios, y una en el libro de Hechos. En Mateo 28:19–20, en Marcos 16:15, en Lucas 24:47–49, en Juan 20:21 y en Hechos 1:8 Jesús nos dice que vayamos y le digamos al mundo el mensaje de salvación.

El evangelismo es algo más que nuestra responsabilidad; es nuestro gran privilegio. Se nos invita a formar parte de aquellos que traen a las personas a integrar la familia eterna de Dios. No conozco ninguna causa más significativa por la cual valga la pena entregar la vida. Si usted conociera la cura para el cáncer, estoy seguro de que haría todo lo posible para hacer conocer esta noticia. Salvaría a millones de vidas, pero usted conoce algo mejor. ¡A usted se le ha dado el evangelio de la vida eterna para compartir, lo cual es la noticia más grande de todas!

En tanto exista una persona en el mundo que no conozca a Cristo, la iglesia tiene el mandato de seguir creciendo. El crecimiento no es opcional; es un mandato de Jesús. No debemos buscar el crecimiento de la iglesia para nuestro beneficio, sino porque Dios desea que la gente se salve.

Propósito Nº 4: Bautizándolos.

En el texto griego de la Gran Comisión hay tres verbos en presente continuo: yendo, bautizando y enseñando. Cada uno de estos verbos forma parte del mandamiento "haced discípulos". Yendo, bautizando y enseñando son elementos esenciales del proceso de discipulado. A primera vista usted se puede preguntar por qué la Gran Comisión le da la misma prominencia al simple acto del bautismo que a las grandes tareas de evangelismo y edificación. Evidentemente, Jesús no lo nombró por accidente. ¿Por qué el bautismo es tan importante para tener que garantizar que estuviera incluido en la Gran Comisión de Cristo? Creo que esto es así porque simboliza uno de los propósitos de la iglesia: *la comunión unos con otros*, la identificación con el cuerpo de Cristo.

Como cristianos somos llamados a *pertenecer,* no tan solo a *creer.* No hemos sido diseñados para vivir como el llanero solitario; en cambio, debemos pertenecer a la familia de Cristo y ser miembros de su cuerpo. El bautismo no solo es un símbolo de salvación, sino también un símbolo de comunión. No solo simboliza nuestra nueva vida en Cristo, sino que hace visible la incorporación de una persona al cuerpo de Cristo. Le dice al mundo: "¡Ahora esta persona es uno de nosotros!" Cuando los nuevos creyentes se bautizan, les damos la bienvenida a la comunión de la familia de Dios. No estamos solos. Todos estamos para apoyarnos unos a otros. Me encanta la forma en que se parafrasea a Efesios 2:19 en La Biblia al Día: "Ya no son ustedes extraños ni extranjeros, sino miembros de la familia de Dios,... y conciudadanos de los cristianos de todas partes." La iglesia existe para ofrecerle comunión a los creyentes.

Propósito Nº 5: Enseñándoles que guarden.

La palabra que comúnmente usamos para referirnos a este propósito es *discipulado*. La iglesia existe para edificar o educar al pueblo de Dios. El discipulado es el proceso para ayudar a las personas a que se parezcan más a Cristo en sus pensamientos, en sus sentimientos y en sus acciones. Este proceso comienza cuando una persona nace de nuevo y continúa a lo largo de toda su vida. Colosenses 1:28 dice: "...amonestando a todo hombre, y enseñando a todo hombre en toda sabiduría, a fin de presentar *perfecto en Cristo Jesús a todo hombre*" (cursiva añadida).

Como iglesia no solo estamos llamados a alcanzar a la gente sino también a enseñarles. Luego de que alguien ha tomado una decisión para Cristo, debe ser discipulado. Es responsabilidad de la iglesia desarrollar a las personas para que lleguen a la madurez espiritual. Esta es la voluntad de Dios para cada creyente. Pablo escribe: "...para la edificación del cuerpo de Cristo, hasta que todos lleguemos a la unidad de la fe y del conocimiento del Hijo de Dios, a un varón perfecto, a la medida de la estatura de la plenitud de Cristo" (Efesios 4:12b–13).

Si usted examina el ministerio de Jesús, es evidente que él incluyó estos cinco elementos en su trabajo (para un resumen véase Juan 17). El apóstol Pablo no solo cumplió estos propósitos en su ministerio, sino que también los explicó en Efesios 4:1–16. Pero el ejemplo más claro de estos cinco propósitos es la iglesia primitiva de Jerusalén que se describe en Hechos 2:1–47. Se enseñaban los unos a los otros, tenían comunión juntos, adoraban, ministraban y evangelizaban. En la actualidad nuestros propósitos no han cambiado. La iglesia existe para *edificar, animar, adorar, equipar y evangelizar.* Aunque cada iglesia difiera respecto a *cómo* estas tareas se llevarán a cabo, no debe existir desacuerdo respecto a *cuál tarea* hemos sido llamados a realizar.

La definición del propósito de Saddleback

En Saddleback utilizamos cinco palabras claves para resumir los cinco propósitos de Cristo para su iglesia.

Adoración: Celebramos la presencia de Dios en adoración.

Evangelización: Comunicamos la Palabra de Dios a través del evangelismo.

Comunión: Incorporamos a la familia de Dios dentro de nuestra comunión.

Discipulardo: Educamos al pueblo de Dios a través del discipulado.

Servicio: Demostramos que Dios ama a través del servicio.

Estas palabras claves que representan nuestros cinco propósitos, han sido incorporadas en la definición de misión que dice lo siguiente:

Hay tres aspectos distintivos importantes que quiero que noten acerca de la definición del propósito de Saddleback. En primer lugar, se establece *en términos de los resultados* más que en términos de actividad. En una lista se incluyen cinco resultados que pueden medirse. La mayoría de las iglesias, si tienen una definición de propósitos, generalmente la redactan en términos de actividades (edificamos, evangelizamos, adoramos, etc.). Esto hace que sea más difícil de evaluar y de cuantificar.

En Saddleback, identificamos los resultados que esperamos ver como cumplimiento de cada uno de los cinco propósitos de la iglesia. Para cada resultado hacemos preguntas como: ¿Cuántos? ¿Cuántos

Definición del propósito de Saddleback

Traer personas a Jesús y hacerlos *miembros*
de su familia, desarrollarlos para que alcancen
la *madurez* pareciéndose a Cristo,
y equiparlos para su *ministerio* en la iglesia
y para la *misión* de su vida en el mundo, de tal manera que
magnifiquen el nombre de Dios.

más que el año pasado? ¿Cuántos han alcanzado a Cristo? ¿Cuántos nuevos miembros hay? ¿Cuántos están demostrando madurez espiritual? ¿Cuáles son las señales de madurez que buscamos? ¿Cuántos han sido equipados y movilizados para el ministerio? ¿Cuántos están cumpliendo con la misión de sus vidas en este mundo? Estas preguntas miden nuestro éxito y nos obligan a evaluar si realmente estamos cumpliendo con el Gran Mandamiento y con la Gran Comisión.

En segundo lugar, quiero que note que la declaración de propósitos de Saddleback está redactada de una manera que *anima a la participación* a todos los miembros. Las personas deben estar preparadas para saber cómo pueden contribuir con las metas de su iglesia. Las misiones se deben redactar de manera tal que todos puedan no solo creer en ellas, sino también participar en ellas. Si su declaración no permite la participación individual, los resultados serán muy pobres.

En tercer lugar, y lo que es más importante, note que hemos acomodado los cinco propósitos en un *proceso de secuencia*. Esto es absolutamente crucial. Para ser una iglesia movida por un propósito, ordénelos en un proceso. De esta manera, se pueden poner en práctica todos los días. Cada definición de propósitos necesita un proceso para poder cumplirla; de lo contrario, usted tendrá simplemente una definición teológica que suena bien, pero que no produce nada.

En lugar de tratar que la iglesia crezca con programas, concéntrese en hacer crecer personas con un proceso. Este concepto es el alma de una iglesia con propósito. Si usted pone en marcha un proceso para desarrollar discípulos y se *mantiene pegado a él*, el crecimiento de su iglesia será saludable, equilibrado y consistente. Benjamín Disraeli una vez hizo la siguiente observación: "la constancia frente al propósito es el secreto del éxito."

Nuestro proceso para implementar los propósitos de Dios incluye cuatro pasos: Traemos personas, las edificamos, las preparamos y las enviamos. Las traemos como *miembros*, las edificamos para que lleguen a ser *maduros*, las entrenamos para el *ministerio*, y las enviamos como *misioneros*, *adorando* al Señor en el proceso. ¡Eso es! En Saddleback nos concentramos totalmente en esto. No hacemos ninguna otra cosa.

Si fuera a usar términos de negocios diría que nuestra iglesia se encuentra en el negocio de "desarrollar discípulos", y que nuestro producto son vidas cambiadas, personas parecidas a Cristo. Si el objetivo de la iglesia es desarrollar discípulos, entonces debemos pensar que a través de un proceso lograremos nuestro objetivo. Su iglesia debe definir tanto sus propósitos como el proceso para llevar a cabo esos propósitos. Si hacemos menos que esto, estamos dejando al azar la gran responsabilidad que nos ha dado nuestro Señor Jesucristo.

> No se concentre en que la iglesia crezca con programas, concéntrese en hacer crecer personas con un proceso.

Las grandes iglesias han definido sus propósitos y luego han creado un proceso o un sistema para llevar a cabo esos propósitos. La Iglesia Central de Seúl, Korea, fue edificada sobre un sistema de grupos de células. La Primera Iglesia Bautista de Dallas, fue edificada sobre un sistema muy bien organizado de Escuela Dominical. La Iglesia Presbiteriana Coral Ridge en Fort Lauderdale, Florida, creció debido a un sistema de evangelismo personal. Al comienzo de los años setenta, muchas iglesias se edificaron mediante un sistema que consistía en traer a los concurrentes a la iglesia en autobuses. En cada uno de estos casos, los líderes de las iglesias definieron claramente sus propósitos y luego desarrollaron un proceso para cumplirlos.

Destaque la importancia de definir los propósitos de su iglesia tantas veces como sea necesario y nunca será suficiente. No es meramente una meta para perseguir; es la razón de ser de su congregación. Una definición de propósitos clara brindará la dirección, la vitalidad, los límites y la fuerza motivadora para todo lo que usted haga. Las iglesias movidas por un propósito serán las iglesias mejor equipadas para ministrar durante todos los cambios que tendremos que enfrentar durante el siglo veintiuno.

6

Comunique los propósitos

El mal mensajero puede provocar dificultades.
La comunicación segura fomenta el progreso.

Proverbios 13:17 (La Biblia al Día).

En la historia de Nehemías, cuando intentaba reconstruir el muro alrededor de Jerusalén, vemos que a la mitad del proyecto la gente se desanimó y quiso darse por vencida. Al igual que muchas iglesias, perdieron su sentido de propósito y, como resultado, se sintieron abrumados por la fatiga, la frustración y el temor. Nehemías le infundió ánimo a la gente para que volvieran al trabajo reorganizando el proyecto y dándole una nueva forma a la visión. Les hizo recordar la importancia de su trabajo y volvió a asegurarles que Dios les ayudaría a cumplir con su propósito (Nehemías 4:6–15). La pared estuvo terminada en cincuenta y dos días.

Aunque finalizarla solo llevó cincuenta y dos días , la gente se desanimó a mitad de camino: ¡justo a los veintiséis días de comenzado el proyecto! Nehemías tenía que renovarles la visión. De esta historia podemos sacar lo que yo llamo el "Principio de Nehemías" "Se debe volver a comunicar la visión y el propósito cada veintiséis días para mantener a la iglesia moviéndose en la dirección correcta. En otras palabras, asegúrese de comunicar su propósito al menos una vez por mes. Es asombroso con cuánta rapidez los seres humanos, y las iglesias, pierden el sentido del propósito.

Una vez que haya definido los propósitos de su iglesia, debe aclararlos y comunicarlos continuamente a cada persona en la congregación. No es una tarea que se hace una vez y luego se olvida para siempre. Esta es la responsabilidad más importante del liderazgo. Si no tiene éxito en comunicar su definición de propósito a los miembros, es muy probable que en realidad no tenga una.

Formas de comunicar la visión y el propósito

Existen varias maneras para comunicar la visión y el propósito a su iglesia.

La Escritura.

Enseñe la verdad bíblica acerca de la iglesia. Ya he mencionado que la Biblia es el libro más grande acerca del crecimiento de la iglesia. Enseñe la doctrina de la iglesia con pasión y con frecuencia. Demuestre que cada parte de la visión de su iglesia tiene una base bíblica dando versículos que expliquen e ilustren su manera de ver las cosas.

Los símbolos.

Los grandes líderes siempre han comprendido y aprovechado el tremendo poder de los símbolos. Muchas veces las personas necesitan representaciones visuales de los conceptos para captarlos. Los símbolos pueden ser herramientas de comunicación poderosos porque despiertan pasiones y emociones fuertes. Por ejemplo, usted sentiría como un atropello la presencia de una svástica pintada en la pared de su iglesia, mientras que la bandera de su país hace aflorar sentimientos de honor y de orgullo.

Los continentes fueron conquistados bajo la señal de la cruz cristiana, de la hoz y el martillo comunistas y de la media luna islámica. En Saddleback hemos utilizado dos símbolos, cinco círculos concéntricos y un losange (la forma de un campo de béisbol), para ilustrar nuestros propósitos. Esto lo explicaremos en los dos siguientes capítulos.

Los slogans.

Los slogans, las máximas, los lemas y las frases sucintas se recuerdan mucho tiempo después que se han olvidado los sermones. Muchos acontecimientos claves en la historia han girado alrededor de un slogan: "¡Recuerden al Álamo!" "¡Hundan al Bismarck!" "¡Denme la libertad o denme la muerte!" La historia ha probado que un simple slogan, cuando se dice repetidamente con una convicción, motiva a la gente para hacer cosas que normalmente nunca hubieran hecho, inclusive dar sus vidas en un campo de batalla.

Hemos desarrollado y utilizado docenas de slogans en Saddleback para reforzar la visión de nuestra iglesia: "Cada miembro es un ministro", "Todos los líderes son aprendices", "Hemos sido salvados para servir", "Apunta a la excelencia", "Gana a los perdidos a cualquier costo" y muchos otros. Periódicamente separo algún tiempo para pensar en nuevas maneras de comunicar viejas ideas de maneras frescas y sucintas.

Las historias.

Jesús utilizó historias simples para ayudar a la gente a comprender su visión y a relacionarse con ella. Mateo 13:34 dice: "Todo esto habló Jesús por parábolas a la gente, y sin parábolas no les hablaba."

Utilice historias para representar los propósitos de su iglesia. Por ejemplo, cuando hablo acerca de la importancia del evangelismo, cuento historias de miembros de Saddleback que recientemente han compartido su fe con sus amigos y los han llevado a Cristo. Cuando hablo acerca de la importancia de la comunión, leo cartas verídicas de personas cuya soledad se vio aliviada al involucrarse en la vida de la familia de nuestra iglesia. Cuando hablo de la importancia del discipulado, uso el testimonio de una pareja que salvó su matrimonio gracias a su crecimiento espiritual, o de alguien que resolvió un problema personal al aplicar principios bíblicos.

En Saddleback tenemos ciertas "leyendas", historias que cuento una y otra vez, que ilustran poderosamente alguno de los propósitos de nuestra iglesia. Una de mis favoritas es la historia de cómo cinco pastores laicos diferentes me ganaron en la visita a un enfermo que se encontraba en el hospital, y cuando yo llegué la enfermera no me permitió ver al paciente porque ¡ya lo habían visto demasiados pastores! Desde entonces siempre me he jactado de estos pastores laicos. Las personas tienden a hacer todo lo que les depare una recompensa, por lo tanto, transforme en héroes de su iglesia a quienes cumplen con el trabajo de la iglesia. Cuente sus historias.

Cosas específicas.

Dé siempre pasos de acción prácticos, claros y concretos que expliquen cómo su iglesia pretende cumplir con sus propósitos. Ofrezca un plan detallado para implementar sus propósitos. Planee los programas, el calendario de acontecimientos especiales, busque los edificios y contrate el personal adecuado para cada propósito. Estas son las cosas específicas por las que la gente se preocupa.

Recuerde que nada se torna dinámico hasta que no se vuelve específico. Cuando una visión es vaga no atrae la atención. Cuanto más específica sea la visión de su iglesia, más podrá captar la atención y más podrá atraer el compromiso. La manera más específica de comunicar los propósitos es aplicarlos personalmente a la vida de cada miembro de la iglesia.

Personalice los propósitos

Al comunicar los propósitos de su iglesia, es importante personalizarlos. La manera de personalizar los propósitos es demostrar que conllevan tanto un privilegio como una responsabilidad. Colosenses 3:15 (La Biblia al Día) dice: "Que la paz de Dios reine en sus corazones, porque ese es su deber y privilegio como miembros del cuerpo de Cristo." Se miembros de la familia de la iglesia significa tener tanto responsabilidades como privilegios. Trato de personalizar los propósitos de nuestra iglesia mostrando cómo somos *responsables de cumplirlos* y a la vez *privilegiados por poder disfrutarlos.*

Los propósitos de la iglesia se pueden personalizar mostrándolos como las cinco metas que Dios tiene para cada creyente. Estas metas expresan lo que Dios desea que cada uno haga con su vida mientras esté en la tierra.

Mis responsabilidades como creyente.

Dios desea que sea un miembro de su familia. Este es el propósito de la comunión expresado de una manera personal. La Biblia es muy clara al decir que seguir a Cristo no es solo una cuestión de creer, sino que también incluye el concepto de pertenecer. La vida cristiana no es una obra de teatro que pueda representar un solo actor. Hemos sido diseñados para vivir relacionados unos con otros. 1 Pedro 1:3 (La Biblia al Día) dice: "... porque en su infinita misericordia nos concedió el privilegio de nacer de nuevo y pasar a ser de su familia." Dios nos ha dado a la iglesia como una familia espiritual para nuestro beneficio. Efesios 2:19 dice: "Así que ya no sois extranjeros ni advenedizos, sino conciudadanos de los santos, y miembros de la familia de Dios."

Dios desea que sea un modelo de su carácter. Esta es la personalización de la meta del discipulado. Dios desea que cada creyente crezca hasta convertirse en alguien con el carácter parecido al de Cristo. Ser parecidos a Cristo es la definición bíblica de "madurez espiritual". Jesús ha establecido un modelo para que lo sigamos. "Pues para esto fuisteis llamados; porque también Cristo padeció por nosotros, dejándonos ejemplo, para que sigáis sus pisadas" (1 Pedro 2:21).

En 1 Timoteo 4:12, Pablo nos da varias áreas específicas en las cuales tendremos que modelar el carácter de Cristo: "...sé ejemplo de los creyentes en palabra, conducta, amor, espíritu, fe y pureza." Considere que la madurez no se mide por lo que uno aprende sino por la forma en la que uno vive. Es posible saber mucho acerca de la Biblia y sin embargo ser inmaduro.

Dios desea que sea un ministro de su gracia. La tercera responsabilidad de cada cristiano es el propósito personalizado de servir o de ministrar. Dios espera que usemos los dones, talentos y oportunidades que él nos da para beneficiar a otros. 1 Pedro 4:10 dice: "Cada uno según el don que ha recibido, minístrelo a los otros, como buenos administradores de la multiforme gracia de Dios."

Dios pretende que cada creyente tenga un ministerio. En Saddleback somos muy francos con respecto a esta expectativa cuando les testificamos a los incrédulos. No los hacemos picar el anzuelo y luego cambiamos los tantos. Yo les digo: "Cuando le dan su vida a Cristo, están firmando un contrato para ministrar en Su nombre por el resto de sus vidas. Dios los hizo para eso." Efesios 2:10 dice: "Porque somos hechura suya, creados en Cristo Jesús para buenas obras, las cuales Dios preparó de antemano para que anduviésemos en ellas."

Dios desea que sea un mensajero de Su amor. Este es el propósito evangelístico de la iglesia expresado en una manera personal. Parte de la tarea para cada creyente una vez que ha nacido de nuevo es convertirse en mensajero de las Buenas Nuevas. Pablo dice: "Pero de ninguna cosa hago caso, ni estimo preciosa mi vida para mí mismo, con tal que acabe mi carrera con gozo, y el ministerio que recibí del Señor Jesús, para dar testimonio del evangelio de la gracia de Dios" (Hechos 20:14). Esta es una responsabilidad importante de cada cristiano. 2 Corintios 5:19–20 dice: "... que Dios estaba en Cristo reconciliando consigo al mundo, no tomándoles en cuenta a los hombres sus pecados, y nos encargó a nosotros la palabra de la reconciliación. Así que, somos embajadores en nombre de Cristo, como si Dios rogase por medio de nosotros; os rogamos en nombre de Cristo: Reconciliaos con Dios."

¿Alguna vez se ha preguntado por qué Dios nos deja en la tierra después que aceptamos a Cristo cuando aquí hay tanto dolor, penas y pecado? ¿Por qué no nos lleva en un abrir y cerrar de ojos al cielo y nos ahorra todas estas penurias? Después de todo, allí podemos adorar, tener comunión, podemos orar, cantar, escuchar la Palabra de Dios y hasta podemos divertirnos. Por cierto, existen solo dos cosas que usted no puede hacer en el cielo y sí puede hacer en la tierra: pecar y testificar a los incrédulos. Les pregunto a los miembros de nuestra iglesia cuál de estas dos les parece que Cristo nos encargó que hagamos aquí en la tierra. Cada uno de nosotros tiene una misión en la tierra y parte de esa misión incluye hablarle a otros de Cristo.

Dios desea que magnifique su nombre. El Salmo 34:3 dice: "*Engrandeced* a Jehová conmigo, y exaltemos a una su nombre" (cursiva añadida). Cada uno de nosotros tenemos una responsabilidad personal de adorar a Dios. El mismísimo primer mandamiento dice: "No tendrás dioses ajenos delante de mí" (Éxodo 20:3). En cada persona existe una fuerza innata para adorar. Si no adoramos a Dios encontraremos alguna otra cosa a qué adorar, ya sea un trabajo, una familia, el dinero, un deporte o inclusive nosotros mismos.

Mis privilegios como creyente.

Aunque cumplir los cinco propósitos de la iglesia sea una responsabilidad que cada cristiano tiene, también es una fuente de beneficios espirituales, emocionales y relacionales. En realidad, la iglesia le proporciona a la gente cosas que no pueden encontrar en ninguna otra parte del mundo: La adoración ayuda a las personas a concentrarse en Dios; la comunión las ayuda a hacer frente a los problemas de la vida; el discipulado fortalece su fe; el ministerio las ayuda a encontrar sus talentos y el evangelismo las ayuda a cumplir con su misión.

Dígalo una y otra vez

No piense que un solo sermón acerca de los propósitos de la iglesia marcará permanentemente la dirección de la misma. No dé por

---

La familia de Dios me da:

- *Propósito* de Dios por el cual vivir (misión)
- *Pueblo* de Dios con el cual vivir (membresía)
- *Principios* de Dios en base a los cuales debo vivir (madurez)
- *Profesión* de Dios que debo ejercer (ministerio)
- *Poder* de Dios para vivir (alabanza).

sentado que al imprimir sus propósitos en el boletín todos los aprenderán, ¡o quizás ni los lean! Una ley muy conocida del mundo de la publicidad dice que un mensaje debe comunicarse siete veces antes de que realmente penetre.

En Saddleback utilizamos tantos canales diferentes como podeamos imaginar para mantener nuestros propósitos frente a la familia de la iglesia. Ya he mencionado que comunicamos nuestros propósitos y nuestra visión en cada clase de membresía que realizamos mensualmente. Una vez al año, generalmente en enero, suelo predicar un mensaje anual acerca de "el estado de la iglesia". Siempre se trata de una revisión de nuestros cinco propósitos. Es el mismo mensaje todos los años, solo las ilustraciones cambian para actualizarlas.

Muchos pastores no comprenden el poder que tiene el púlpito. Como el timón de un barco, determinará la dirección de la iglesia ya sea intencionalmente o no. Si usted es un pastor, ¡utilice su púlpito intencionalmente! ¿En qué otro lugar podrá usted tener la atención completa de todos los miembros semanalmente? Cada vez que hable, busque siempre la oportunidad para decir algo así como: "Y para eso existe la iglesia." No tenga temor de ser reiterativo, porque nadie lo capta la primera vez. Para mí, repetir las cosas una y otra vez de maneras nuevas es "redundancia creativa".

En la página siguiente encontrará un cuadro que muestra varios ángulos diferentes que he utilizado para presentar los propósitos de la iglesia. Siéntase libre de usar cualquiera de estos esquemas. No son más que maneras diferentes de decir las mismas cosas.

Además de comunicar nuestros propósitos a través de la predicación y de la enseñanza, hemos utilizado folletos, carteles, artículos, informes, boletines, videos y cassettes, e inclusive hemos escrito canciones. A la entrada del centro de adoración, en el vestíbulo, se encuentran grabados nuestros propósitos y sus correspondientes versículos para que todos los lean al entrar. Creemos que si decimos lo mismo en diferentes maneras una y otra vez, una de esas maneras captará la atención de cada miembro. Generalmente, luego de presentar los propósitos de una manera nueva, alguien dice que acaba de

Explique los propósitos de la iglesia

Propósito	Tarea	Hechos 2:42-47	Objetivo	Blanco	Componente de la vida	Necesidad humana básica	La iglesia provee	Beneficio emocional
Alcance	Evangelizar	"…añadía cada día a la iglesia los que habían de ser salvos."	Misión	Comunidad	Mi Testimonio	Propósito por el cual vivir	El Objetivo por el cual vivir	Significado
Adoración	Exaltar	"…partiendo el pan en las casas… alabando a Dios."	Alabanza	Multitud	Mi Adoración	Poder para vivir	Una Fuerza por la cual vivir	Estímulo
Compañerismo	Alentar	"Y perseveraban …en la comunión unos con otros…Todos los que habían creído estaban juntos… partiendo el pan en las casas."	Membresía	Congregación	Mis Relaciones	El pueblo con el cual vivir	Una Familia por la cual vivir	Apoyo
Discipulado	Edificar	"Y perseveraban en la doctrina de los apóstoles."	Madurez	Compromiso	Mi Caminar	Principios por los cuales vivir	Un Cimiento	Estabilidad
Culto	Equipar	"…y lo repartían a todos según la necesidad de cada uno."	Ministrar	Núcleo	Mi Obra	Una Profesión para ejercer	Una Función por la cual vivir	Autoexpresión

comprenderlo por primera vez. Nuestra meta es que cada miembro pueda explicarle esos propósitos a los demás.

Si no se refuerza, la visión de cada iglesia se esfuma con el tiempo. La razón es que la gente se distrae con otras cosas. Vuelva a declarar sus propósitos regularmente. Enséñelos una y otra vez. Utilice tantas medios diferentes como le sea posible para que estén siempre delante de la gente. Al inflamar continuamente el fuego de sus propósitos, usted puede vencer la tendencia de su iglesia a tornarse satisfecha o desanimada. ¡Recuerde el principio de Nehemías!

7

Organícese de acuerdo a los propósitos

Mas el vino nuevo en odres nuevos se ha de echar.

Lucas 5:38

Los dos predicadores con mayor influencia en el siglo dieciocho fueron George Whitefield y John Wesley. Aunque fueron contemporáneos y aunque los dos fueron grandemente usados por Dios, diferían ampliamente en teología, personalidad y en la manera en la que organizaban sus ministerios.

A Whitefield se lo conocía mejor por sus predicaciones. Durante toda su vida, predicó más de 18.000 sermones, ¡a un promedio de diez por semana! Una vez le habló a unas 100.000 personas cerca de Glasgow, Escocia, y sus viajes predicando por Norteamérica estimularon el avivamiento conocido como el Gran Despertar. Sin embargo, los biógrafos han señalado que Whitefield siempre dejaba a sus convertidos sin ninguna clase de organización, por lo tanto los resultados de su trabajo eran de corta duración. Hoy en día, muy pocos cristianos reconocen el nombre de George Whitefield.

En contraste, millones de cristianos aun reconocen el nombre de John Wesley. ¿Por qué es esto? Wesley era un pastor itinerante exactamente igual que Whitefield, involucrado en grandes reuniones evangelísticas al aire libre, pero Wesley también era un organizador. Creó una estructura organizativa para cumplir su propósito que perdurará mucho más allá de su vida. La organización se llama ¡Iglesia Metodista!

Para que cualquier renovación en la iglesia perdure, debe existir una estructura que la nutra y la apoye. No basta con meramente definir una declaración de propósito y comunicarla, también debe existir una organización alrededor de la iglesia, alrededor de sus propósitos. En este capítulo discutiré la manera de establecer una estructura que asegure que se le está dando el mismo énfasis a los cinco propósitos. Recuerde, el equilibrio es la clave para una iglesia saludable.

La mayoría de las iglesias evangélicas ya están cumpliendo con los cinco propósitos (*en mayor o menor medida*), pero no los cumplen todos igual. Una iglesia puede ser fuerte en la comunión, pero débil en el evangelismo. Otra iglesia puede ser fuerte en la adoración, pero débil en el discipulado. Y otra puede ser fuerte en el evangelismo, pero débil en el ministerio. ¿Por qué sucede esto?

La tendencia natural de los líderes es destacar aquello en lo que se sienten fuertes y descuidar aquellas cosas por las que sienten menos pasión. Alrededor del mundo se pueden encontrar iglesias que se han convertido en extensiones de los dones de su pastor. A menos que establezca un *sistema* y una *estructura* para equilibrar intencionalmente los cinco propósitos, su iglesia tendrá la tendencia de recalcar

Sin un *sistema* y una *estructura* para equilibrar intencionalmente los cinco propósitos, su iglesia tendrá la tendencia de recalcar excesivamente el propósito que mejor exprese los dones y la pasión del pastor.

excesivamente el propósito que mejor exprese los dones y la pasión de su pastor.

Históricamente, las iglesias han adquirido cinco formas básicas, según el propósito que destacan más.

Cinco clases de iglesias

La iglesia ganadora de almas. Si el pastor considera su rol primario ser evangelista, entonces la iglesia se convertirá en una iglesia "ganadora de almas". Como la meta principal de esta iglesia es ganar almas, siempre estará alcanzando a los perdidos. Los términos que probablemente oirá con más frecuencia en esta iglesia son: *testificar, evangelizar, salvación, decisión por Cristo, bautismo, visitación, llamados al altar y cruzadas.* En la iglesia ganadora de almas todo lo que no sea evangelismo queda relegado a un segundo plano.

La iglesia que experimenta a Dios. Si la pasión y los dones del pastor se encuentran en el área de la adoración, instintivamente guiará a la iglesia a convertirse en una iglesia "que experimente a Dios". El tema central en esta iglesia es experimentar la presencia y el poder de Dios en la adoración. Las palabras claves de esta iglesia son *alabanza, adoración, música, dones espirituales, espíritu, poder y avivamiento.* En esta clase de iglesia, el culto de adoración recibe más atención que cualquier otra. He encontrado variedades tanto carismáticas como no carismáticas de esta clase de iglesias.

La iglesia del culto familiar. Una iglesia que principalmente se centra en la comunión es lo que yo llamo la iglesia "del culto familiar". La formación de esta iglesia está dada por el pastor que es muy sociable, que ama a las personas y que pasa la mayor parte de su tiempo cuidando a sus miembros. Actúa más como un capellán que como cualquier otra cosa. Las palabras claves para esta iglesia son *amor, pertenencia, comunión, cuidado, relaciones, contentarse con lo que haya, grupos pequeños y diversión.* En la iglesia del culto familiar, reunirse es más importante que las metas.

La mayoría de estas iglesias tienen menos de 200 miembros, ya que esta es la cantidad de personas a las cuales puede cuidar un solo pastor.

Estimo que alrededor del 80% de las iglesias en los Estados Unidos caen dentro de esta categoría. Es probable que una iglesia de esta característica no haga mucho, pero es prácticamente indestructible. Puede sobrevivir a las predicaciones pobres, a las finanzas limitadas, a la falta de crecimiento e inclusive a las divisiones. Las relaciones son las que mantienen pegados a los que siguen viniendo fielmente.

La iglesia salón de clases. Esta iglesia tiene lugar cuando el pastor considera su rol primario ser un maestro. Si enseñar es su don principal, hará énfasis en predicar y enseñar en desmedro de las otras tareas de la iglesia. El pastor sirve como el instructor experto, y los miembros asisten a la iglesia con cuadernos, toman nota y se van a casa. Las palabras claves de la iglesia salón de clases son: *predicación expositiva, estudio de la Biblia, griego y hebreo, doctrina, conocimiento, verdad y discipulado.* No es difícil encontrar la palabra *Biblia* formando parte del nombre de estas iglesias.

La iglesia con conciencia social. El pastor de la "iglesia con conciencia social" considera que su rol es ser profeta y reformador. Esta clase de iglesia se esfuerza en cambiar la sociedad. Está llena de activistas que son "hacedores de la Palabra", y viene tanto en versión liberal como conservadora. La versión liberal tiende a centrarse en las injusticias que existen en nuestra sociedad, mientras que la versión conservadora siente que la iglesia debe tener un papel protagónico en el proceso político, y sus miembros siempre están involucrados en alguna cruzada o causa popular. Los términos importantes en esta iglesia son *necesidades, servir, compartir, ministrar, tomar una postura, y hacer algo.*

Reconozco que he pintado estos cuadros con pinceladas muy gruesas. Las generalizaciones nunca cuentan toda la historia. Algunas iglesias son una mezcla de dos o tres de estas categorías. Lo importante es que, a menos que exista un plan intencional para equilibrar los cinco propósitos, la mayoría de las iglesias abrazarán un propósito descuidando los demás.

Existen algunas cosas interesantes que podemos observar acerca de estas cinco categorías de iglesias. Los miembros de cada una de ellas generalmente consideran que su iglesia es *la más espiritual.* La razón es que las personas se sienten atraídas a unirse al tipo de iglesia que

La mayoría de las iglesias tienden a concentrarse en un solo propósito

Paradigma	Objetivo primario	Función del pastor	Función de las personas	Blanco primario	Palabra clave	Valor central	Herramientas Usadas	Fuente de legitimidad
Iglesia ganadora de almas	Evangelismo	Evangelista	Testigos	La comunidad	Salvar	Decisiones para Cristo	Visitación y llamado al Altar	Número de bautizados
Iglesia que experimenta a Dios	Adoración	Líder de adoración	Adoradores	Multitud	Sentir	Experiencia Personal	Música y oración	"El Espíritu"
Iglesia de la reunión familiar	Comunión	Capellán	Miembros de la familia	Congregación	Pertenencia	Lealtad y Tradición	Salón de compañerismo y gozo	Nuestra herencia
Iglesia salón de clases	Edificación	Maestro	Estudiantes	Comprometidos	Saber	Conocimiento bíblico	Cuadernos	Enseñanza versículo por versículo
Iglesia con conciencia social	Ministerio	Reformador	Activistas	El núcleo	Cuidado	Justicia y Misericordia	Peticiones y Carteles	Número de necesidades satisfechas
Iglesia con propósito	**Equilibrio de los cinco**	**Equipador**	**Ministros**	**Todos los cinco**	**Ser y Hacer**	**Carácter como Cristo**	**Desarrollo de la vida**	**Vidas cambiadas**

corresponde con su propia pasión y dones. Todos deseamos formar parte de una iglesia que afirme lo que nos parece que es más importante. La verdad es que estos cinco énfasis son propósitos importantes de la iglesia y que deben estar equilibrados si una iglesia desea ser saludable.

Muchos de los conflictos que se producen en las congregaciones surgen cuando una iglesia llama a un pastor cuyos dones y pasión no concuerdan con lo que la iglesia ha sido en el pasado. Por ejemplo, si una iglesia del culto familiar piensa que está llamando a un pastor para que sea su capellán y en cambio reciben a un evangelista o a un reformador, podemos esperar que saquen chispas. ¡Esa es una receta para el desastre!

Cinco movimientos paraeclesiásticos importantes

Me ha resultado interesante observar que la mayoría de los movimientos paraeclesiásticos comenzaron en los últimos cuarenta años que tienden a especializarse en uno de los propósitos de la iglesia. De tanto en tanto Dios ha levantado a un movimiento paraeclesiástico para volver a recalcar algún propósito descuidado. Creo que es válido, e inclusive de ayuda para la iglesia, que las organizaciones paraeclesiásticas se concentren en un solo propósito. Esto permite que su énfasis tenga un impacto mayor sobre la iglesia.

El movimiento de renovación para laicos. Este movimiento ha vuelto a enfocar a la iglesia en el ministerio para todos los cristianos. Organizaciones tales como *Faith at Work* [Fe en acción], *Laity Lodge* [La logia de los laicos], y *The Church of the Savior* [La Iglesia del Salvador] y autores tales como Elton Trueblood, Findley Edge y David Haney han sido utilizados por Dios para volver a destacar que Dios ha llamado y ha dotado a *todos* los creyentes para el servicio.

El movimiento de discipulado y de formación espiritual. El centro de este movimiento ha sido renovar el énfasis en desarrollar a los creyentes hasta llegar a la completa madurez. Organizaciones tales como Los Navegantes, *Worldwide Discipleship* [Discipulado mundial], y Cruzada Estudiantil para Cristo, y autores tales como Waylon Moore, Gary

Kuhne, Gene Getz, Richard Foster y Dallas Willard han subrayado la importancia de edificar a los cristianos y de establecer disciplinas espirituales personales.

El movimiento de adoración y renovación. Este movimiento ha tomado la tarea de volver a enfocar la importancia de la adoración en la iglesia. Comenzó con el Movimiento de Jesús al comienzo de los años 70 y fue seguido por los carismáticos y por los movimientos de renovación litúrgica. Más recientemente, el énfasis contemporáneo en la adoración nos ha traído nueva música, nuevas formas de adoración y un énfasis mayor en la adoración colectiva. Organizaciones tales como *Maranatha Music y Hosanna/Integrity* han jugado un papel importante cambiando los estilos de adoración y multiplicándolos.

El movimiento de crecimiento de la iglesia. Este movimiento ha vuelto a enfocar el evangelismo, las misiones y el crecimiento colectivo en la iglesia. Comenzando con los libros de Donald McGavran, Peter Wagner, Elmer Towns, Win Arn y numerosos profesores de seminario, el movimiento creció más en los años 80 a través de consultores de crecimiento, seminarios y bien conocidos pastores.

El movimiento de cuidado pastoral en grupos pequeños. La tarea de este movimiento ha sido volver a enfocar la comunión y el cuidado de las relaciones dentro del cuerpo en la iglesia. El modelo coreano de la iglesia en células y organizaciones tales como *Touch Ministries, Serendipity, Care Givers* [Los dadores de cuidados] y

> No existe una sola clave para la salud o el crecimiento de la iglesia.

Stephen's Ministry [El ministerio de Esteban] nos han mostrado el valor de utilizar grupos pequeños y la importancia de cuidar a los individuos.

Debiéramos estar agradecidos a Dios por cada uno de estos movimientos, de estas organizaciones y de estos autores. Cada movimiento ha tenido un mensaje válido para la iglesia. Cada uno de ellos le ha dado al cuerpo de Cristo un llamado a despertar. Cada uno ha hecho énfasis sobre un propósito diferente de la iglesia.

Mantenga el equilibrio en la iglesia

Los movimientos, por naturaleza, se *especializan* para producir un impacto. Especializarse no tiene nada de malo. Cuando necesito una cirugía, quiero que me atienda un doctor especializado en la clase de cirugía a la que debo someterme, pero ningún especialista puede explicar adecuadamente todo lo que sucede en mi cuerpo.

De la misma manera, ningún movimiento paraeclesiástico por sí solo puede ofrecer todo lo que el cuerpo de Cristo necesita para estar sano. Cada uno destaca solo una *parte* del gran cuadro. Es importante tener una mayor perspectiva de toda la iglesia que reconoce la importancia de equilibrar los cinco propósitos.

> Una iglesia balanceada será una iglesia saludable.

Por ejemplo, un amigo mío que es pastor fue a un seminario en el cual le enseñaron que los grupos pequeños son *la* clave para el crecimiento de la iglesia. Entonces él se fue a su casa e instituyó un plan para transformar completamente la estructura de su iglesia y reconstruirla alrededor de una red de pequeños grupos llamados células. Pero más o menos a los seis meses fue a otro seminario popular donde le dijeron que las reuniones de búsqueda de Dios eran *la* clave para el crecimiento. Entonces fue a su casa y reorganizó el orden y el estilo del culto de adoración. Luego se sintió realmente confundido cuando recibió tres folletos de tres seminarios que se realizaban durante la misma semana. Uno de ellos proclamaba osadamente: "La Escuela Dominical es el agente de crecimiento de la iglesia." El otro decía: "Discipulado de persona a persona: el secreto del crecimiento." El tercer folleto era de una conferencia de "Predicación expositiva para el crecimiento de la iglesia." Con el tiempo, se sintió tan frustrado con respecto a cuál era *la* clave para el crecimiento que dejó de asistir a los seminarios. ¡No lo culpo! Muchas veces yo me he sentido igual. Cada vez que él iba a una conferencia le pintaban un cuadro real pero *parcial* de lo que la iglesia debía estar haciendo. Sugerir que solo un factor es el secreto del crecimiento de la iglesia es una postura simplista e imprecisa.

No existe una sola clave para la salud o el crecimiento de la iglesia; existen muchas. La iglesia no ha sido llamada a realizar una tarea, ha sido llamada a realizar muchas tareas. Por esa razón, el equilibrio es tan importante. Siempre le digo a mi equipo que la novena Bienaventuranza es: "Bienaventurados los equilibrados, porque ellos perdurarán mucho más que todos los otros."

Tal como lo señala Pablo tan vívidamente en 1 Corintios 12, el cuerpo de Cristo tiene muchas partes. No es solo una mano, o una boca, o un ojo; es un sistema de partes y órganos que interactúan. Por cierto, su cuerpo está formado por diferentes sistemas: el respiratorio, el circulatorio, el nervioso, el digestivo, el óseo y demás. Al equilibrio de todos estos sistemas se le llama "salud". La falta de equilibrio es sinónimo de enfermedad. Igualmente, el equilibrio entre los cinco propósitos del Nuevo Testamento trae salud al cuerpo de Cristo, la iglesia.

La Iglesia de Saddleback está organizada alrededor de dos conceptos simples para asegurar el equilibrio. Los llamamos los "Círculos de compromiso" y el "Proceso de desarrollo de la vida". Estos dos conceptos simbolizan la forma en que aplicamos los cinco propósitos de la iglesia en Saddleback. El Proceso de desarrollo de la vida (un losange o campo de béisbol) ilustra *lo que hacemos* en Saddleback. Los Círculos de compromiso (cinco círculos concéntricos) ilustran *con quién lo hacemos*.

Desarrollé estos conceptos en 1974, cuando era un joven pastor, antes de comenzar Saddleback. Actualmente, con casi 10.000 concurrentes, todavía seguimos construyendo todas las cosas alrededor de estos dos diagramas. Nos han sido de mucha utilidad.

Los círculos concéntricos representan una manera de comprender los diferentes niveles de compromiso y madurez que existen en su iglesia. El losange (especie de rombo) representa un proceso para movilizar a la gente de un compromiso superficial o nulo a niveles más profundos de compromiso y madurez. En este capítulo veremos los círculos concéntricos. Explicaré el losange en el capítulo ocho.

5 círculos de compromiso

Proceso de desarrollo de la vida

Es posible que haya visto una versión de cualquiera de estos dos diagramas en muchas partes. Primero los publiqué en la revista Discipler en 1977. Desde aquel momento, muchas iglesias los han adoptado y los han impreso en muchos libros.

Mire a su iglesia desde una nueva perspectiva. ¿Todos tienen el mismo grado de compromiso con Cristo? ¿Todos sus miembros están en el mismo nivel de madurez espiritual? Por supuesto que no. Algunos tienen un alto compromiso y son muy maduros. Otros no tienen ninguna clase de compromiso y son espiritualmente inmaduros. En medio de estos dos grupos hay otras personas en diversos niveles de crecimiento espiritual. En una iglesia movida por un propósito identificamos cinco niveles diferentes de compromiso. Estos cinco niveles se correlacionan con los cinco propósitos de la iglesia.

Cada círculo, del gráfico de los cinco círculos concéntricos que se encuentra en la página anterior, representa un nivel diferente de compromiso, que abarca desde muy poco compromiso (como por ejemplo asistir a las reuniones de vez en cuando) hasta el compromiso maduro (como el compromiso de utilizar sus dones espirituales para ministrar a otros). A medida que describo los cinco grupos de personas diferentes que se encuentran en Saddleback, se dará cuenta que también existen en su iglesia.

Los círculos de compromiso

La meta de su iglesia es trasladar a las personas del círculo externo (compromiso/poca madurez) hacia el círculo interno (alto compromiso/mucha madurez). En Saddleback lo llamamos "trasladar a la persona desde la comunidad hacia el núcleo".

La comunidad.

La comunidad es su punto de partida. Es el mar de gente perdida que vive cerca de su iglesia y que no se han comprometido de ninguna manera ni con Cristo ni con su iglesia. Ellos son los que están fuera de la iglesia y a quienes usted desea alcanzar. Su comunidad se encuentra donde el propósito de *evangelismo* tiene lugar. Es el círculo más grande porque contiene la mayor cantidad de gente.

Como la Iglesia de Saddleback ha crecido, hemos reducido nuestra definición de comunidad para referirnos a las personas que llamamos "asistentes ocasionales, personas sin iglesia". Si usted visita una reunión en Saddleback al menos cuatro veces al año (e indica este hecho con una tarjeta de asistencia o con un sobre de ofrenda), su nombre entra en la base de datos de nuestra computadora dentro de la categoría "Comunidad". Estos son nuestros candidatos evangelísticos más firmes. Mientras escribo este libro, tenemos más de 31.000 nombres de asistentes ocasionales que han visitado Saddleback. Esto representa un 10% de nuestro área. Nuestra meta suprema, por supuesto, es una total penetración en nuestra comunidad, dándole a cada uno la oportunidad de escuchar acerca de Cristo.

La multitud.

El siguiente círculo hacia adentro representa al grupo de personas que llamamos la "Multitud". La multitud incluye a todos los que asisten a las reuniones de los domingos. Ellos son los asistentes regulares. La multitud está formada tanto por creyentes como por no creyentes que lo único que tienen en común es que están comprometidos a asistir al culto de adoración cada semana. No es un gran compromiso, pero es algo sobre lo cual se puede edificar. Cuando alguien se traslada de la comunidad a la multitud, usted ha logrado un gran progreso en la vida de esa persona. Normalmente tenemos unas 10.000 personas en la "multitud" que asisten a nuestras reuniones en Saddleback cada fin de semana.

Aunque un inconverso no puede adorar verdaderamente, puede observar a los demás adorando. Estoy convencido de que la adoración genuina es un testigo poderoso para los incrédulos, si se emplea un estilo que tenga sentido para ellos. Discutiré esto en detalle en el capítulo 13. Si un incrédulo se compromete a asistir regularmente a Saddleback, creo que solo necesita un tiempo hasta que acepte a Cristo. Una vez que una persona ha recibido a Cristo, nuestra meta es trasladarlo al siguiente nivel de compromiso: la "Congregación".

La congregación.

La congregación es el grupo de miembros oficiales de su iglesia. Se han bautizado y se han comprometido a formar parte de la familia de su iglesia. Ahora son más que asistentes, están comprometidos con el propósito de la *comunión*. Este es un compromiso crítico. La vida cristiana no es solo cuestión de creer, también incluye el sentido de pertenecer. Una vez que las personas se han comprometido con Cristo necesitan que se les anime para dar el siguiente paso y comprometerse con el cuerpo de Cristo, la iglesia. En Saddleback, solo se consideran como parte de la congregación (miembros) los que han recibido a Cristo, han sido bautizados, han asistido a nuestras clases para miembros (Clase 101: "Descubra la membresía de Saddleback"), y han firmado el pacto.

En Saddleback nos parece que no tiene sentido tener en la lista a miembros inactivos o que no residen en el área. Como resultado, cada año borramos cientos de nombres de nuestra lista de miembros. No estamos interesados en tener una gran membresía, sino en tener una legítima membresía de personas genuinamente activas e involucradas. Comúnmente, nuestra congregación está formada por unos cinco mil miembros activos.

Una vez hablé en una iglesia que tenía más de mil miembros en la lista, pero ¡menos de doscientas personas asistiendo a las reuniones! ¿Qué valor tiene esta clase de membresía? Si usted tiene más miembros en la lista de su iglesia que la cantidad de personas que asisten regularmente debe considerar seriamente la necesidad de redefinir el significado de membresía en su congregación.

Tener más asistentes que miembros significa que la iglesia es efectiva en atraer a los inconversos y en crear una fuente para el evangelismo. Un buen indicador de la efectividad evangelística de una iglesia es tener por lo menos un 25% más de personas que asisten como parte de la multitud que la cantidad de miembros en la congregación. Por ejemplo, si usted tiene 200 miembros, debe tener un promedio de asistencia de por lo menos 250 personas. Si no es así, significa que casi nadie en su iglesia está invitando a inconversos para que vengan con ellos. Comúnmente en Saddleback, la multitud es 100% más grande que la congregación. Nuestros 5.000 miembros traen a sus amigos inconversos, así que el promedio de asistencia es de 10.000 personas.

Los comprometidos.

¿En su iglesia existen personas que son santas y que están creciendo, personas que toman su fe con seriedad, que por una u otra razón no se encuentran sirviendo activamente en un ministerio de su iglesia? Llamamos a estas personas los "comprometidos". Oran, ofrendan y están dedicados a crecer en el *discipulado*. Son personas buenas, pero todavía no se han involucrado en el ministerio.

En Saddleback, consideramos como parte de este grupo a los que han asistido a la Clase 201: "Descubra la madurez espiritual" y que han firmado una tarjeta-contrato de madurez. La tarjeta-contrato de madurez indica un compromiso con tres hábitos espirituales: (1)tener un tiempo devocional diario, (2) dar el diez por ciento de sus ingresos, y (3) formar parte activa de un grupo pequeño. Consideramos que estos tres hábitos son esenciales para el crecimiento espiritual. Al momento en que se escribe este libro, unas 3.500 personas en Saddleback han firmado la tarjeta-contrato de madurez y se les considera parte de nuestro grupo de "comprometidos".

El núcleo.

El núcleo es el grupo más pequeño, porque representa el nivel más profundo de compromiso. Está formado por una minoría dedicada de obreros y líderes, aquellos que están comprometidos a *ministrar* a otros. Son personas que dirigen y sirven en los diversos ministerios de nuestra iglesia como maestros de Escuela Dominical, diáconos, músicos, líderes de jóvenes, etc. Sin estas personas, su iglesia se estancaría. El núcleo de sus obreros forma el corazón de su iglesia.

En Saddleback tenemos un proceso muy intencional para ayudar a la gente a encontrar su ubicación más conveniente dentro del ministerio. Esto incluye tomar la Clase 301: "Cómo descubrir mi ministerio", llenar un perfil de SHAPE [1], tener una entrevista personal para hablar sobre el ministerio, haber sido nombrado ministro laico en la iglesia y asistir a una reunión mensual de capacitación solo para pertenecientes al núcleo. Normalmente tenemos unas 1.500 personas en el

---

[1] Sigla que se explicará más adelante.

núcleo de Saddleback. Yo haría cualquier cosa por estas personas. Son el secreto de nuestra fuerza. Si yo cayera muerto, Saddleback seguiría adelante, creciendo gracias a esta base de 1.500 ministros laicos.

¿Qué sucede cuando las personas finalmente llegan al núcleo? ¡Los trasladamos nuevamente a la comunidad para que ministren!

Jesús reconoció distintos niveles de compromiso

Jesús se dio cuenta de que cada persona se encuentra en un nivel de compromiso espiritual diferente. Siempre me ha fascinado una conversación que tuvo Jesús con una persona que estaba en la búsqueda espiritual. Él le hizo el comentario: *"No estás lejos* del Reino de Dios" (Marcos 12:34, cursiva añadida). ¿No estás lejos? He interpretado esto como que Jesús reconocía grados de comprensión y de compromiso espiritual, inclusive entre los incrédulos.

> Jesús comenzaba a la altura del nivel de compromiso de cada persona que encontraba, pero nunca los dejaba allí.

El ministerio de Jesús incluía ministrar a la *Comunidad,* alimentar a la *Multitud,* reunir a la *Congregación*, desafiar a los *Comprometidos* y discipular al *Núcleo*. Estas cinco tareas se hacen evidentes en los evangelios. ¡Necesitamos seguir su ejemplo! Jesús comenzaba al nivel de compromiso de cada persona que encontraba. A menudo, sencillamente captaba su interés y creaba en ellos el deseo de conocer más. Luego, a medida que la gente lo seguía, poco a poco y con amor Jesús definía más claramente el Reino de Dios pidiendo un mayor compromiso para el reino. Pero él hacía esto solo cuando los seguidores habían llegado al escalón previo.

En el primer encuentro que Jesús tuvo con Juan y con Andrés, sencillamente les dijo: "Venid y ved" (Juan 1:39). Él no cargaba a quienes recién comenzaban a seguirle con requerimientos pesados; simplemente los invitaba a ver. Les permitía que observaran su ministerio sin pedirles que se comprometieran demasiado. Esto no era aguar el evangelio. Solamente estaba despertando el interés.

A medida que este grupo de seguidores tempranos creció y se convirtió en una multitud, Jesús comenzó lentamente a elevar el calor del horno. Con el tiempo, luego de tres años de ministerio público en medio de ellos, justo seis días antes de la transfiguración, Jesús le dio su desafío supremo a la multitud: "Y llamando a la gente y a sus discípulos, les dijo: Si alguno quiere venir en pos de mí, niéguese a sí mismo, y tome su cruz, y sígame" (Marcos 8:34).

Él solo pudo pedirle esa clase de compromiso a la multitud luego de haberles demostrado su amor y de haber ganado su confianza. Creo que a un extraño o a alguien que visita por primera vez la iglesia probablemente él le diría: "Venid a mí todos los que estáis trabajados y cargados, y yo os haré descansar. Llevad mi yugo sobre vosotros, y aprended de mí, que soy manso y humilde de corazón; y hallaréis descanso para vuestras almas" (Mateo 11:28–29).

Jesús tomaba en cuenta que la gente tenía diferentes orígenes culturales, distintos grados de comprensión y distintos niveles de compromiso espiritual. Él sabía que no da resultado usar el mismo enfoque con todas las personas. La misma idea que se encuentra detrás de los Círculos de compromiso. Es una estrategia sencilla que reconoce que ministramos a personas que se encuentran en diferentes niveles de compromiso. Las personas no son todas iguales: tienen necesidades, intereses y problemas espirituales diferentes según se encuentren en su viaje espiritual. No debemos confundir lo que hacemos con la comunidad y con la multitud, con lo que hacemos con el núcleo. Cada grupo requiere un enfoque diferente. Una multitud no es una iglesia, pero una multitud puede convertirse en una iglesia.

Encontrará el camino correcto para equilibrar su ministerio y producir una iglesia saludable, al organizar la iglesia alrededor de los cinco propósitos y al identificar a las personas en su iglesia en términos de su compromiso con respecto a cada uno de esos propósitos. Ahora ya está listo para el paso final, es decir, convertirse en una iglesia movida por un propósito: aplicar los propósitos a todas las áreas de la iglesia. Este es el tema central del siguiente capítulo.

8

Aplique los propósitos

Y tenemos confianza respecto a vosotros en el Señor, en que hacéis y haréis lo que os hemos mandado.

2 Tesalonicenses 3:4

Ahora llegamos a la parte más difícil para convertirse en una iglesia movida por un propósito. Muchas iglesias han hecho todo lo que he dicho en los capítulos previos: Han definido sus propósitos y han creado una definición de propósito; comunican con regularidad los propósitos a sus miembros; algunos inclusive han reorganizado la estructura en torno a los propósitos. Sin embargo, una iglesia movida por un propósito debe dar un paso más hacia adelante y aplicarlos rigurosamente a cada parte de la iglesia: a la programación, a la planificación, al presupuesto, al plantel de personal, a las predicaciones y a todas las demás áreas.

Integrar los propósitos a cada área y aspecto de la vida de su iglesia es la fase más difícil para convertirse en una iglesia movida por un propósito. Dar el salto de una definición de propósitos a acciones movidas por un propósito requiere un liderazgo totalmente comprometido con el proceso. La aplicación de sus propósitos requerirá meses, tal vez años de oración, planificación, preparación y experimentación. Tómelo con calma. Concéntrese en el progreso, no en la perfección. El resultado final en su iglesia será diferente al de Saddleback o al de cualquier otra iglesia movida por un propósito.

Existen diez áreas que usted debe considerar al comenzar a formar su iglesia para que llegue a ser una iglesia movida por un propósito.

Diez maneras para moverse por un propósito

1. Hacer que los miembros nuevos asimilen los propósitos.

Utilice los Círculos de compromiso como estrategia para asimilar a la gente en la vida de la iglesia. Comience trasladando a los inconversos desde la comunidad hacia la multitud (para que comiencen a adorar). Luego trasládelos de la multitud a la congregación (para que tengan comunión). A continuación, trasládelos de la congregación hacia el grupo de los comprometidos (para que sean discipulados), y del grupo de los comprometidos al núcleo (para que ministren). Finalmente, traslade al núcleo nuevamente a la comunidad (para que evangelice). Este proceso cumple con los cinco propósitos de la iglesia.

> Haga crecer la iglesia desde *afuera hacia adentro*, en lugar de hacerlo desde *adentro hacia afuera*.

Considere que le estoy sugiriendo que haga crecer la iglesia desde afuera hacia adentro, en lugar de hacerlo desde adentro hacia afuera. ¡Comience con la comunidad, no con el núcleo! Esto es lo opuesto a lo que aconsejan la mayoría de los libros acerca de la creación de iglesias. El enfoque tradicional para comenzar una nueva iglesia es construir primeramente un núcleo comprometido con los creyentes maduros, y luego comenzar a alcanzar a la comunidad.

El problema que he encontrado en este enfoque de "adentro hacia afuera" es que cuando la persona que ha plantado la iglesia termina de "discipular" a su núcleo, generalmente ha perdido el contacto con la comunidad y siente verdadero temor de relacionarse con los incrédulos. Es fácil entender lo que Peter Wagner llama "koinonitis" al desarrollar una comunión tan cerrada que los nuevos tienen miedo de romperla o no pueden hacerlo. Con demasiada frecuencia, un núcleo que planea una nueva iglesia pasa tanto tiempo en la etapa del grupo pequeño que se sienten cómodos en él y pierden el sentido de misión. El fuego del evangelismo muere.

El problema con la mayoría de las iglesias pequeñas es que son un puro núcleo y nada más. Las mismas cincuenta personas son las que vienen a todos los programas de la iglesia. Todos han sido cristianos por tanto tiempo, que tienen muy pocos amigos inconversos a quienes testificar, si es que los tienen. Una iglesia con este problema necesita aprender cómo desarrollar los otros cuatro círculos.

Cuando comencé Saddleback, me concentré totalmente en la comunidad, específicamente en las personas de mi comunidad que no se congregaban. Conocí personalmente a cientos de personas en esta condición, al dedicar doce semanas a ir de puerta en puerta escuchando a la gente que no asistía a la iglesia y sondeando sus necesidades. Desarrollé relaciones y construí puentes de amistad con la mayor cantidad de incrédulos que pude.

Después logré reunir a un grupo de esa comunidad escribiendo una carta para anunciar el comienzo de nuestra iglesia y enviándola a 15.000 hogares. Escribí esa carta basándome en lo que me había enterado acerca de la comunidad como resultado de mi encuesta. Durante aquel primer año también utilizamos mucha propaganda porque no teníamos suficientes relaciones como para confiar solo en la palabra de boca en boca para formar un grupo de personas. Esto se aplica a la mayoría de las iglesias pequeñas. Actualmente, con los miles de miembros que invitan a sus amigos a venir a nuestra iglesia, la propaganda no es necesaria.

Durante aquel primer año, casi todo lo que intentamos hacer fue construir una multitud y llevarlos a Cristo. Así como se requiere una tremenda cantidad de energía para hacer que un cohete se despegue de la plancha de lanzamiento, también se requiere una increíble cantidad de energía para reunir a una multitud de la nada. Nuestro centro de atención era muy angosto. Mis predicaciones eran muy sencillas, series evangelísticas muy directas tales como "Buenas Nuevas acerca de problemas comunes" y "El plan de Dios para tu vida". A fin de año teníamos unas 200 personas como promedio de asistencia, y la mayoría de ellos eran creyentes recién convertidos.

Durante nuestro segundo año comencé a trabajar para convertir a los creyentes de la multitud en una congregación. Continuamos alcanzando a la comunidad y aumentando el tamaño de la multitud, pero añadimos un fuerte énfasis para edificar las relaciones dentro de nuestra comunión. Nos concentramos en convertir a los asistentes en miembros. Comencé a hablar más acerca del valor de ser miembros de la iglesia, de los beneficios que se desprenden de pertenecer a la familia de la iglesia, y de las responsabilidades que implica ser un miembro. Predicaba mensajes que tenían títulos tales como "Estamos unidos en esto", "Estamos todos en la familia de Dios" y "Después de todo, ¿para qué tenemos una iglesia?" Todavía recuerdo el entusiasmo que sentía al observar cómo Dios comenzaba a transformar a la multitud de asistentes preocupados por sí mismos en una congregación de miembros llenos de amor.

Al tercer año, establecí un plan para elevar el nivel de compromiso de nuestros miembros. Repetidamente desafiaba a los que estaban en la congregación a que profundizaran su dedicación a Cristo. Les enseñé a establecer las disciplinas y los hábitos espirituales que edifican la madurez espiritual. Prediqué una serie de mensajes llamados "Juntos crecemos" acerca del compromiso, y una serie de mensajes doctrinales básicos llamados "Preguntas que me hubiera gustado hacerle a Dios". Por supuesto, les enseñé estas cosas a los nuevos creyentes durante el primero y segundo año, pero durante el tercer año fue cuando esto se convirtió en un énfasis principal.

> Construya un ministerio multidimensional concentrándose en un nivel de compromiso a la vez.

A medida que la gente se tornaba sólidamente estable en la fe, comencé a darle más énfasis para involucrarlos en el ministerio a través de mensajes como "Cada miembro es un ministro" y una serie llamada "Saque el máximo provecho de lo que Dios te ha dado". Subrayé el hecho de que un cristiano que no ministra es una contradicción y desterré el mito de que la madurez espiritual es un fin en sí misma. Puse énfasis en que la madurez es para el ministerio.

Aunque teníamos ministros laicos que estaban en nuestra iglesia desde el principio, ahora comenzamos a organizarlos mejor formando un núcleo reconocible. Añadí personal para que me ayudara a dirigir regularmente las reuniones para impartir adiestramiento, aliento y para supervisar a los líderes de nuestros ministerios laicos.

¿Puede ver la progresión natural? Usted construye un ministerio multidimensional asimilando a los miembros nuevos con una intención en mente, concentrándose en un nivel de compromiso a la vez. No piense que tiene que hacer todo al mismo tiempo. ¡Ni siquiera Jesús hizo todo al mismo tiempo! Construya desde afuera hacia adentro, y una vez que tenga los cinco grupos formados y funcionando, entonces continúe dándole el mismo énfasis a cada uno.

Algunos pueden criticarnos porque al comienzo llevamos a la gente a niveles más profundos de compromiso de una manera muy lenta, pero debe recordar que comenzamos con el difícil núcleo de personas que no se congregaban y que al mismo tiempo estábamos diseñando una filosofía de ministerio completa de la nada.

Siempre he mirado la edificación de la Iglesia de Saddleback como una tarea de toda la vida. Mi deseo, como el de Pablo, ha sido "como perito arquitecto poner el fundamento" (1 Corintios 3:10). Lleva tiempo construir un compromiso, desarrollar la calidad y trasladar a las personas a través de los Círculos de compromiso. Puedo decirle cómo construir una iglesia equilibrada y saludable, pero *no* puedo decirle cómo hacerlo rápidamente.

Las iglesias sólidas y estables no se construyen en un día. Cuando Dios quiere hacer un hongo, se toma seis horas, pero cuando quiere hacer un roble se toma sesenta años. ¿Desea que su iglesia sea un hongo o un roble?

2. Programar alrededor de los propósitos

Usted debe elegir o diseñar un programa para cumplir cada uno de sus propósitos. Recuerde que cada Círculo de compromiso también corresponde a un propósito en la iglesia. Si usa los cinco círculos como una estrategia para programar, al mismo tiempo podrá identificar sus blancos (la comunidad, la multitud, la congregación, los comprometidos y el núcleo) y los objetivos para cada blanco (evangelismo, adoración, comunión, discipulado y ministerio).

Explique siempre el propósito que tiene cada programa en su iglesia. Haga desaparecer todo programa que no cumpla con ningún propósito. Reemplace un programa cuando encuentre otro que cumple una función mejor que el que estaba usando. Los programas siempre deben estar al servicio de sus propósitos.

Eventos puente. En Saddleback, el programa primario que utilizamos para impactar a la comunidad es una serie de eventos anuales de amplio alcance comunitario. Los llamamos nuestros "eventos puente" porque están diseñados para que tiendan un puente entre nuestra iglesia y nuestra comunidad. Generalmente son muy importantes, como para captar la atención de toda la comunidad. Estos eventos incluyen una Fiesta de la Cosecha como una alternativa segura para los niños en Halloween, Reuniones de Navidad para toda la comunidad, Reuniones de Semana Santa para toda la comunidad y un Día del Oeste próxima al día de la independencia de los Estados Unidos, como así también otros énfasis de acuerdo a las distintas estaciones del año, conciertos y producciones. Algunos de nuestros eventos puente son abiertamente evangelísticos, mientras que a otros los consideramos "pre-evangelísticos" porque sencillamente hacen que la comunidad de no creyentes conozca que existe la iglesia.

Cultos para los buscadores. El programa principal para la multitud es nuestro culto de fin de semana para personas que están a la búsqueda. Estos cultos están planeados de forma que nuestros miembros puedan traer a sus amigos inconversos a quienes les están testificando. El propósito de estas reuniones es ayudar al evangelismo personal, no reemplazarlo. Los estudios han mostrado que la gente toma una decisión por Cristo más rápidamente cuando existe el apoyo de un grupo.

El programa principal de nuestra congregación es nuestra red de grupos pequeños. La comunión, el cuidado personal y el sentido de pertenencia son los beneficios de formar parte de un pequeño grupo. A la gente les decimos: "Usted no se sentirá parte verdadera de la familia de esta iglesia hasta que no se una a un grupo pequeño."

El Instituto para el desarrollo de la vida. El principal programa para los que están comprometidos es nuestro Instituto para el desarrollo de la vida. Este instituto ofrece una amplia variedad de oportunidades para el crecimiento espiritual: estudios bíblicos, seminarios, talleres, oportunidades para aconsejar y programas de estudio independientes. Una persona gana créditos por las clases que ha tomado y con el tiempo hasta recibe un diploma. Nuestro culto de adoración de mediados de semana es una parte vital del Instituto para el desarrollo de la vida.

SALT. El principal programa para el núcleo es nuestra reunión mensual SALT, cuyas letras responden a *Saddleback Advanced Leadership Training* [Capacitación Avanzada para el Liderazgo de Saddleback]. Esta reunión de dos horas, que se lleva a cabo por la noche el primer domingo de cada mes, incluye informes y testimonios de todos los ministros laicos, la renovación de la visión por parte del pastor, la edificación de habilidades, preparación para el liderazgo, oración y el nombramiento de nuevos ministros laicos. Como pastor, considero que la reunión mensual con el núcleo de ministros laicos es la reunión más importante que debo dirigir y para la cual me debo preparar. Es una oportunidad invalorable para instruir, inspirar y expresar el aprecio por la gente que hace posible Saddleback.

Lo que debemos recordar acerca de la programación es que ningún programa solo, no importa cuán grande sea o cuán bien haya funcionado en el pasado, puede cumplir adecuadamente con los propósitos de su iglesia. De la misma manera, ningún programa solo puede ministrar a todas las personas que componen cada círculo de su iglesia. Se necesita una variedad de programas para ministrar a los cinco niveles de compromiso y para cumplir con los cinco propósitos diferentes de la iglesia.

Proceso de desarrollo de la vida

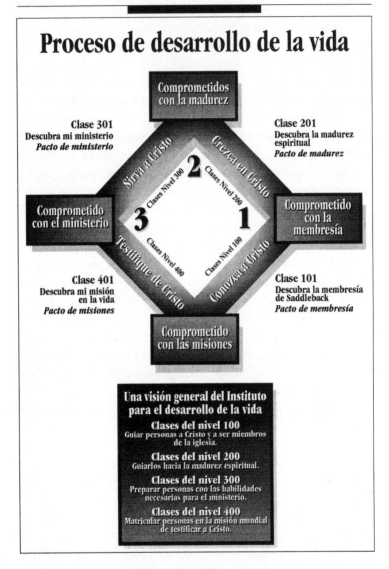

Comprometidos con la madurez

Clase 301
Descubra mi ministerio
Pacto de ministerio

Clase 201
Descubra la madurez espiritual
Pacto de madurez

Sirva a Cristo — Crezca en Cristo — Testifique de Cristo — Conozca a Cristo

Clases Nivel 300 — Clases Nivel 200 — Clases Nivel 400 — Clases Nivel 100

Comprometido con el ministerio

Comprometido con la membresía

Clase 401
Descubra mi misión en la vida
Pacto de misiones

Clase 101
Descubra la membresía de Saddleback
Pacto de membresía

Comprometido con las misiones

Una visión general del Instituto para el desarrollo de la vida

Clases del nivel 100
Guiar personas a Cristo y a ser miembros de la iglesia.

Clases del nivel 200
Guiarlos hacia la madurez espiritual.

Clases del nivel 300
Preparar personas con las habilidades necesarias para el ministerio.

Clases del nivel 400
Matricular personas en la misión mundial de testificar a Cristo.

3. Educar la gente en base al propósito.

El programa de educación cristiana de Saddleback está motivado por el propósito. Nuestra meta es ayudar a la gente a desarrollar un estilo de vida de evangelismo, de adoración, de comunión, de discipulado y de ministerio. Deseamos producir hacedores de la Palabra, no solo oidores, es decir, transformar, no meramente informar. Uno de nuestros slogans es "Tú solo crees la parte de la Biblia que pones por obra."

La transformación no tiene lugar por casualidad. Debemos establecer un proceso educacional o de discipulado que anime a la gente a actuar en base a lo que han aprendido y que los recompense cuando lo hacen. En Saddleback lo llamamos el "Proceso de desarrollo de la vida".

Utilizamos el sencillo diagrama de un campo de béisbol para visualmente explicar a nuestros miembros nuestro proceso de educación y de asimilación. Cada base representa una clase que se ha completado y un nivel de compromiso más profundo.

Se llega a la primera base completando la Clase 101 y comprometiéndose con el pacto de membresía de Saddleback. Se llega a la segunda base luego de completar la Clase 201 y de comprometerse con un pacto de crecimiento espiritual. Se llega a la tercera base completando la Clase 301 y comprometiéndose a servir en un ministerio en la iglesia. Y finalmente se llega nuevamente a la meta final (que a la vez sería el punto de partida) completando la clase 401 y comprometiéndose a compartir su fe tanto en el lugar de origen como en viajes misioneros. Explicaré estos pasos en detalle más adelante.

Al igual que en el béisbol, no se recibe crédito por los corredores que se quedan en la base. Les decimos a los miembros nuevos que nuestra meta es que lleguen a ser "Discípulos Gran Slam". Deseamos que completen las dieciséis horas de preparación básica y que se comprometan con los pactos que se explican en cada base. En cada base hay un pacto escrito; esperamos que la gente lo firme y que se comprometa a cumplirlo antes de seguir hacia adelante. Ningún miembro puede seguir hacia la base siguiente si no ha cumplido con los requisitos de cada pacto.

La mayoría de las iglesias hacen un trabajo bastante bueno llevando a la gente a la primera base y tal vez también a la

> No se recibe crédito por los corredores que se quedan en la base.

segunda. Las personas reciben a Cristo, se bautizan y se unen a la iglesia (esto sería llevarles a la primera base). Algunas iglesias también realizan un excelente trabajo ayudando a los creyentes a desarrollar los hábitos que los llevarán a la madurez espiritual (esto sería llegar a la segunda base). Pero pocas iglesias tienen un plan para asegurar que cada creyente encuentre un ministerio apropiado (tercera base), y todavía menos iglesias equipan a sus miembros para ganar a otros para Cristo y para cumplir con la misión de su vida (meta final).

La meta suprema que tenemos en Saddleback es convertir a una audiencia en un ejército. La fuerza de un ejército no se juzga por la cantidad de soldados que se sientan y comen en el comedor, sino por el desenvolvimiento de cada uno en el frente de batalla. De la misma manera, la fuerza de la iglesia no se mide por la cantidad de personas que asisten a las reuniones (la multitud) sino por cuántos sirven en el núcleo.

Al comienzo de los años 80, solía decir en broma que mi objetivo era convertir a los "Yuppies" (Young Urban Professionals) [Profesionales Urbanos Jóvenes] en "Yummies" (Young Urban Missionaries) [Misioneros Urbanos Jóvenes]. Como he dicho anteriormente, creo que la iglesia debe ser un centro para enviar misioneros. Cumplimos con la Gran Comisión solo cuando movilizamos completamente a los miembros alrededor de todas las bases hasta llegar a la meta final.

4. Comience los grupos pequeños en base al propósito.

No esperamos que cada grupo pequeño haga lo mismo, les permitimos que se especialicen.

Grupos de buscadores. Nuestros grupos de buscadores están formados exclusivamente para evangelizar. Brindan un ambiente que no resulte amenazante para que los no creyentes puedan hacer preguntas, expresar dudas e investigar las proclamas de Cristo.

Grupos de apoyo. Tenemos grupos de apoyo con el propósito de proporcionar cuidado, comunión y adoración a la congregación. Muchos de nuestros grupos de apoyo están relacionados con la provisión de apoyo y de comunión durante una etapa específica de la vida, como por ejemplo la etapa de los padres primerizos, de los estudiantes universitarios o de los padres que quedan con el nido vacío. Otros se ocupan en sanar heridas específicas que se encuentran en los que han perdido a su cónyuge ya sea por la muerte o el divorcio. También tenemos un menú completo de grupos de recuperación.

Grupos de servicio. Estos grupos están formados alrededor de un ministerio específico, como por ejemplo nuestro orfanatorio en Méjico, el ministerio en las prisiones, o el ministerio de recuperación para parejas divorciadas. Estos grupos naturalmente encuentran la comunión a través de una tarea, de un proyecto o de un ministerio en común.

Grupos de crecimiento. Nuestros grupos de crecimiento se encuentran dedicados a nutrir, discipular y profundizar en el estudio de la Biblia. Ofrecemos alrededor de cincuenta posibilidades curriculares diferentes, y algunos de estos grupos realizan un estudio de profundización del tema del mensaje que se dio la semana anterior.

> Cualquiera iglesia, no importa su tamaño, puede ser movida por propósitos.

En lugar de obligar a todos a entrar en una mentalidad de "talle único", les permitimos que elijan el tipo de grupo pequeño que mejor se adapte a sus necesidades, a sus intereses, a la etapa de la vida que están viviendo o a su grado de madurez espiritual. No esperamos que cada grupo pequeño cumpla con todos los propósitos de la iglesia, pero sí requerimos que cada uno esté organizado por lo menos alrededor de uno de los propósitos de la iglesia.

5. Añada personal con un propósito.

Cada persona que contratamos para que forme parte del personal de la iglesia recibe una descripción de su trabajo basada en un propósito. Mientras lo entrevistamos, utilizamos algunas preguntas estándar para descubrir cuál de los propósitos de la iglesia enciende más pasión en el aspirante, y luego los ubicamos de acuerdo a esto. Al entrevistar al personal no miramos solamente el carácter y la capacidad, sino que observamos la pasión que esa persona siente por alguno de los propósitos de la iglesia. Las personas que sienten pasión por lo que hacen están automotivadas.

Si hoy tuviera que comenzar una iglesia nueva, comenzaría reclutando cinco voluntarios que ocuparan cinco cargos sin goce de sueldo: un director de música que ayudara a preparar las reuniones de adoración para la multitud; un director de miembros que enseñara la Clase 101 y que se ocupara del cuidado de los miembros en la congregación; un director de madurez que enseñara la Clase 201 y que se ocupara de los programas de estudio de la Biblia para los comprometidos; un director de ministerio que enseñara la Clase 301, que entrevistara a las personas para ubicarlas en un ministerio y que supervisara a los ministros laicos del núcleo; y un director de misiones que enseñara la Clase 401 y que se ocupara de nuestros programas de evangelismo y de misiones en la comunidad. A medida que la iglesia creciera trasladaría a esta gente a un puesto de medio tiempo y con el tiempo los nombraría a tiempo completo. Con este plan, usted puede ser movido por el propósito sin considerar el tamaño de su iglesia.

6. Haga una estructura en base a los propósitos.

En lugar de organizarse de acuerdo a los departamentos tradicionales, organícese alrededor de equipos basados en los propósitos. En Saddleback, a cada ministro laico y a cada miembro del personal se le asigna uno de nuestros cinco equipos basados en los propósitos. A su tiempo, cada equipo estará dirigido por un pastor, asistido por un coordinador y compuesto por una combinación de ministros pagos y de ministros laicos voluntarios. Juntos dirigen los programas, los ministerios y los eventos que cumplen con el propósito particular que se le haya asignado a ese equipo.

El equipo de las misiones. Al equipo de las misiones se le asigna el propósito de evangelizar. Su objetivo es la comunidad. Su tarea es planear, promover y ocuparse de todos los eventos puentes, de los grupos de buscadores, y de la capacitación evangelística (incluyendo la clase 401), de las actividades y programas evangelísticos y de los proyectos misioneros de la iglesia. Deben organizar lo que sea necesario con tal de alcanzar a nuestra comunidad y a nuestro mundo para Cristo.

La iglesia radica en la tarea de enviar. Nuestra meta es que con el tiempo, el 25% de nuestros miembros realicen alguna clase de proyecto misionere cada año. Me encantaría ver que nuestra audiencia decrece cada verano, no porque las personas estén de vacaciones sino porque se encuentren sirviendo en algún campo misionero. Otra meta es enviar desde Saddleback a 200 misioneros de carrera en los próximos veinte años. Este año pasado enviamos a miembros adultos a proyectos misioneros en los cinco continentes, y nuestros jóvenes realizaron sus proyectos misioneros en el orfanato que tenemos en Méjico y en una misión de rescate en la ciudad de Los Ángeles.

El equipo de música y alabanza. A este equipo se le asigna el propósito de la adoración. Su objetivo es la multitud. Su tarea es planear y supervisar nuestras reuniones de fin de semana, los programas y énfasis especiales en la adoración, y proveer la música y los recursos para la adoración al resto de la iglesia.

El equipo de membresía. A este equipo se le asigna el propósito del compañerismo. Su objetivo es la congregación. Su tarea es cuidar el rebaño. Se encargan de enseñar nuestra clase mensual para futuros miembros (la Clase 101). Supervisan los grupos de apoyo, las bodas, los funerales, el cuidado pastoral, la visitación a los hospitales, las obras de benevolencia dentro de la congregación y se hacen cargo del centro de aconsejamiento. Finalmente, este equipo es responsable de todos los acontecimientos importantes de compañerismo dentro de la familia de nuestra iglesia.

El equipo de madurez. Al equipo de madurez se le asigna el propósito del discipulado. Su objetivo son los comprometidos. La meta es conducir a los miembros a una entrega espiritual más profunda y ayudarlos a desarrollar la madurez espiritual. Este equipo se hace cargo de la clase mensual 201 y es responsable del Instituto para el desarrollo de la vida, se ocupa del culto de adoración de mediados de semana, de todos los estudios bíblicos, de los grupos de crecimiento en los hogares, y de las campañas de crecimiento espiritual especiales que involucran a toda la iglesia. También crean guías para el devocional familiar, curriculums de estudios bíblicos y otros materiales para ayudar a los creyentes a desarrollarse.

El equipo de ministerio. A este equipo se le asigna el propósito del ministerio. Su objetivo es el núcleo. La tarea es convertir a los miembros en ministros ayudándoles a descubrir sus cualidades para el ministerio y guiándolos para que encuentren un lugar en un ministerio ya existente o en un lugar nuevo. Este equipo se encarga del Centro de desarrollo para el ministerio, y es responsable de todos los grupos de servicio como así también de la clase mensual 301 y de las reuniones de SALT. También asisten, preparan y supervisan a los ministros laicos de la iglesia. La meta de este equipo es ayudar a cada miembro de la iglesia a encontrar un lugar de servicio importante en el cual pueda expresar de la mejor manera sus dones y habilidades.

7. Predique acerca del propósito.

Para producir creyentes saludables y equilibrados, haga un plan de predicaciones incluyendo una serie acerca de los cinco propósitos en el curso del año. Una serie de cuatro semanas relacionada con cada uno de los cinco propósitos solo requiere veinte semanas. Todavía le queda más de medio año para predicar acerca de otros temas.

Planear estos mensajes que giren en torno a los cinco propósitos de la iglesia, no significa que siempre deba enseñar acerca de la iglesia en sí. ¡Personalice los propósitos! Hable de ellos en términos de los cinco propósitos de Dios para cada cristiano. Por ejemplo, aquí tiene algunos títulos de series que he predicado aplicando los propósitos de una manera personalizada: "Su vida se diseñó con un significado" (una serie para movilizar a la gente al ministerio); "Los seis niveles de la fe" (una serie acerca de las circunstancias a través de las cuales Dios guía a los creyentes para hacerlos madurar); "Aprenda a escuchar la voz de Dios" (una serie de mensajes acerca de la adoración); "Responda a las preguntas más difíciles de la vida" (una serie basada en el libro de Eclesiastés para preparar a la gente para el evangelismo); "Construya relaciones importantes" (una serie basada en 1 Corintios 13, diseñada para profundizar la comunión de nuestra iglesia). Al utilizar los cinco propósitos de la iglesia como una guía para planificar su programa de mensajes, usted estará predicando con un propósito.

8. Haga su presupuesto en base al propósito.

Categorizamos cada partida en el presupuesto de la iglesia de acuerdo al propósito que está apoyando o con el cual se relaciona. La manera más rápida de descubrir las prioridades de una iglesia es mirar el presupuesto y el calendario. Cómo ocupamos nuestro tiempo y en qué gastamos nuestro dinero nos muestra lo que *realmente* es importante para nosotros, más allá de lo que proclamemos que creemos. Si su iglesia proclama que el evangelismo es una prioridad, usted tiene que respaldar esa proclama con dinero destinado en su presupuesto para ese motivo. De lo contrario, sus proclamas no son más que una cortina de humo.

9. Organice su calendario en base al propósito.

Designe dos meses al año para darle un énfasis especial a cada propósito. Luego déle a cada equipo de los mencionados anteriormente (compuesto por personal o voluntarios) la tarea de destacar ese propósito involucrando a toda la iglesia durante esos dos meses.

Por ejemplo, enero y junio deben ser los meses de la Madurez. Durante ese mes de énfasis en la madurez espiritual, se puede leer el Nuevo Testamento con la congregación, se puede memorizar un versículo de la Biblia por semana, o preparar una conferencia bíblica o un estudio bíblico para toda la iglesia.

Febrero y julio, por ejemplo, serían los meses del Ministerio. Durante esos meses se pueden organizar jornadas para reclutar gente para el ministerio. El pastor predicaría una serie acerca del ministerio y se animaría a la gente a unirse a un grupo de servicio.

Marzo y agosto serían los meses de las Misiones, con actividades tales como cursos para el evangelismo personal, una conferencia sobre misiones, y proyectos misioneros en el que participen los que así lo deseen.

Abril y septiembre podrían ser los meses dedicados a la Membresía. Estos meses serían buenos para hacer un énfasis especial en reclutar asistentes que se conviertan en nuevos miembros. Se podrían planear una cantidad de programas para confratenizar, que involucren a toda la iglesia, tales como picnics, conciertos y festivales .

Mayo y octubre serían los meses de la Alabanza, dos meses en los cuales se destacará la adoración a nivel personal y general. Por ejemplo, si dedica dos meses al año para cada uno de los cinco propósitos, le quedarían dos meses libres, en este caso noviembre y diciembre, que son meses ocupados con las actividades de Navidad.

No se engañe a sí mismo. Si usted no programa los propósitos en su calendario, no los va a destacar.

10. Evalúe de acuerdo al propósito.

Para seguir siendo efectivos como iglesia, en un mundo que cambia permanentemente, es necesario evaluar continuamente lo que uno hace. Repase y modifique el proceso. Evalúe apuntando a la excelencia. En una iglesia con propósito, la norma para evaluar su efectividad deben ser sus propósitos.

Tener un propósito sin ninguna manera práctica de revisar los resultados sería como si la NASA planeara un descenso en la luna sin tener un sistema de rastreo: no se estaría en condiciones de hacer correcciones durante el camino y probablemente nunca se daría en el blanco. En Saddleback hemos desarrollado una herramienta de rastreo a la cual llamamos "La foto instantánea de Saddleback". Nuestros pastores la revisan todos los meses. La foto instantánea es una visión general de seis páginas acerca del proceso de desarrollo de discípulos. Sirve para identificar quién está en cada base en nuestro Proceso de desarrollo de la vida (el campo de béisbol). Al igual que la vieja rutina de Abbott y Costello, queremos saber "¿Quién está primero?" La foto instantánea también muestra cuántas personas se encuentran en cada Círculo de compromiso, y mide una cantidad de otros indicadores claves de la salud de la iglesia.

Esta herramienta nos obliga a dar una mirada honesta cada mes para saber cuán bien la iglesia está cumpliendo con sus propósitos. Resulta fácil detectar los cuellos de botella en el sistema. Por ejemplo, si la asistencia a la adoración aumenta un 35% en un año, pero la membresía y los grupos pequeños aumentan solo un 20%, sabemos que tenemos que rectificar algún vacío en el proceso. Estadísticas como esta nos ayudan a evaluar el proceso de asimilación y determinan dónde se necesita más énfasis. Como ya mencioné en un capítulo anterior, debemos preguntarnos constantemente: "¿Cuál es nuestro negocio?" y "¿Cómo anda el negocio?"

Crecimiento más fuertes

Al procurar aplicar sus propósitos a cada área de la vida de su iglesia, notará que ésta crece más y más fuerte. En lugar de cada año estar constantemente buscando nuevos programas para mantener a la gente entusiasmada y motivada, usted podrá concentrarse en lo esencial. Aprenderá de cada error y podrá edificar sobre cada éxito. Si su iglesia está guiada por propósitos que no cambian, cada año usted trabajará mejor para cumplir esos propósito. El impulso juega a su favor. A medida que los miembros comprendan mejor sus propósitos y se comprometan más con ellos, más fuerte será su iglesia.

Tercera Parte

Alcance a la comunidad

9

¿Quién es su objetivo?

Jesús: "No soy enviado sino a las ovejas perdidas de la casa de Israel".

Mateo 15:24

Pablo: "...me había sido encomendado el evangelio de la incircuncisión, como a Pedro el de la circuncisión."

Gálatas 2:7

Una vez vi una caricatura de *Peanuts* que describía la estrategia evangelística de muchas iglesias. Charlie Brown estaba practicando tiro al blanco en el patio trasero de su casa. En lugar de apuntar al blanco, tiraba una flecha a la cerca, luego se dirigía hasta allí y dibujaba un círculo blanco en cualquier lugar que hubiera caído la flecha. Lucy aparece y dice: "¿Por qué haces esto, Charlie Brown?" A lo cual él responde sin ningún problema: "¡Así, siempre doy al blanco!"

Lamentablemente, esta misma lógica se encuentra detrás de los esfuerzos evangelísticos de muchas iglesias. Arrojamos flechas de buenas nuevas a nuestra comunidad y si por casualidad golpean a alguien decimos: "¡Este sí era nuestro blanco!" Existe muy poca planificación o estrategias detrás de nuestros esfuerzos; no apuntamos a ningún blanco específico. Simplemente trazamos un ojo de buey alrededor de cualquier persona a la que alcanzamos y la consideramos nuestro blanco. Este es un enfoque del evangelismo increíblemente insensible. Traer personas a Cristo es una tarea demasiado importante como para tener una actitud tan casual.

> No existe una iglesia local, en ninguna parte, que pueda alcanzar a todos. Necesitamos toda clase de iglesias para alcanzar todo tipo de persona.

Hay muchas congregaciones que son muy ingenuas en su manera de pensar acerca del evangelismo. Si le preguntara a los miembros: "¿A quién están tratando de alcanzar para Cristo en su iglesia?" Muy probablemente la respuesta será: "¡A todos! Estamos tratando de alcanzar a todo el mundo para Jesucristo." Por supuesto, esta es la meta de la Gran Comisión, y debe ser la oración de todas las iglesias, pero en la práctica no existe una iglesia local, en ninguna parte, que pueda alcanzar a todos.

Como los seres humanos somos tan diferentes, ninguna iglesia puede por sí sola alcanzar a todas las personas. Es por eso que necesitamos toda clase de iglesias. Juntos podemos lograr lo que ninguna congregación, ninguna estrategia o ningún estilo podría lograr por sí mismo.

Siéntese en la terminal de un aeropuerto durante medio día y fácilmente se dará cuenta de que Dios ama la diversidad. Él creó una infinita variedad de personas con intereses y preferencias diferentes, con diversos orígenes y personalidades. Para alcanzar a toda esta gente para Cristo se necesitan diferentes estilos de evangelismo. El mensaje debe ser siempre el mismo, pero los métodos y los estilos para comunicarlo variarán en gran manera.

Siempre me niego a discutir cuál es el método de evangelismo que mejor resultado da. ¡Depende a quién se quiera alcanzar! Distintas clases de cañas atrapan a distintas clases de peces. Estoy a favor de cualquier método que alcance al menos a una persona para Cristo, mientras sea ético. Pienso que los que han criticado un método evangelístico en particular algún día se encontrarán en una situación muy incómoda al llegar al cielo y descubrir a todas las personas que están allí gracias a ese método. Nunca debemos criticar ninguna clase de método que Dios esté bendiciendo.

Para que su iglesia sea más eficiente en el evangelismo, usted debe decidir cuál será el blanco. Descubra qué clase de personas vive en su área, decida a cuál de esos grupos la iglesia puede alcanzar mejor, y luego descubra los estilos de evangelismo que mejor se adapten a su objetivo. A pesar de que su iglesia nunca estará en condiciones de alcanzar a todos, está especialmente adecuada para alcanzar a cierto tipo de personas. Cuando sabemos a quién estamos tratando de alcanzar, el evangelismo resulta mucho más sencillo.

> Nunca debemos criticar ninguna clase de método que Dios esté bendiciendo.

Imagínese lo que sucedería con una estación de radio comercial si tratara de apelar al gusto musical de todas las personas. Una estación de radio que alternara su programación entre música clásica, *heavy metal*, música folclórica, rap y melódica terminaría volviendo loco a todo el mundo. ¡Nadie la escucharía!

Las estaciones de radio que tienen éxito seleccionan un tipo de audiencia. Investigan el área de su alcance, se imaginan qué segmentos de la población no llegan las otras estaciones, y luego eligen una característica que alcance el objetivo.

Definir nuestro objetivo evangelístico ha sido el segundo factor más importante detrás del crecimiento de Saddleback. Luego de pensar a quiénes estábamos más capacitados para alcanzar para Cristo, intencionalmente fuimos detrás de esa gente. Cuando planeamos un esfuerzo evangelístico, siempre tenemos un blanco específico en mente.

La Biblia determina nuestro mensaje, pero nuestro blanco determina cuándo, dónde y cómo comunicarlo.

Es de vital importancia que ni siquiera *piense* en cuál será su blanco antes de haber especificado los propósitos de su iglesia. Primeramente se debe poner el cimiento bíblico. He observado a algunas iglesias que han desarrollado su estrategia evangelística comenzando con el blanco, sin poner el cimiento de los propósitos eternos de Dios. El resultado fue una iglesia inestable y sin fundamento bíblico movida por las fuerzas del mercado más que por la Palabra de Dios. Nunca debemos comprometer el mensaje.

> La Biblia determina nuestro mensaje, pero nuestro blanco determina cuándo, dónde y cómo comunicarlo.

Es bíblico establecer un objetivo para el evangelismo

La práctica de establecer objetivos específicos para evangelizar a cierta clase de personas es un principio bíblico para el ministerio. Es tan viejo como el Nuevo Testamento. Jesús estableció el blanco de su ministerio. Cuando una mujer cananea le pidió que le ministrara a su hija que estaba poseída por un demonio, Jesús afirmó públicamente que el Padre le había encomendado concentrarse en "las ovejas perdidas de Israel" (véase Mateo 15:22–28). Aunque Jesús siguió adelante y sanó a la hija de la mujer a causa de su fe, identificó públicamente a los judíos como el blanco de su ministerio. ¿Jesús estaba siendo injusto o prejuicioso? ¡Claro que no! Él había establecido el blanco de su ministerio para ser efectivo, no para ser excluyente.

Anteriormente había instruido a los discípulos para que también establecieran el blanco de su ministerio. Mateo 10:5–6 dice: "A estos doce envió Jesús, y les dio instrucciones, diciendo: Por camino de gentiles no vayáis, y en ciudad de samaritanos no entréis, sino id antes a las ovejas perdidas de la casa de Israel." Pablo orientó el blanco de su ministerio hacia los gentiles y Pedro hacia los judíos (Gálatas 2:7). Ambos ministerios eran necesarios. Los dos eran importantes. Los dos eran efectivos.

Inclusive los evangelios fueron escritos pensando en audiencias específicas. ¿Alguna vez se ha preguntado por qué Dios utilizó a cuatro escritores y a cuatro libros para comunicar la misma vida de Cristo? Después de todo, casi todas las historias y enseñanzas que se encuentran en el Evangelio de Marcos se encuentran también en el Evangelio de Mateo. ¿Por qué necesitamos los dos libros? Porque el Evangelio de Mateo tenía como objetivo al lector hebreo y el de Marcos al lector gentil. Tenían el mismo mensaje, pero como estaban escribiendo para audiencias diferentes, el estilo de comunicación que usaron fue diferente. ¡Establecer el blanco de su audiencia para el evangelismo es un método que Dios inventó! Él espera que le testifiquemos a las personas en sus propios términos.

El concepto de establecer un blanco para el evangelismo se encuentra dentro de la Gran Comisión. Debemos hacer discípulos a "todas las naciones". La palabra griega *ta ethne*, de la cual se deriva la palabra *étnico*, se refiere literalmente a "todos los grupos de personas". Cada uno de estos grupos únicos de personas necesita una estrategia evangelística que comunique el evangelio en términos que su cultura específica pueda comprender.

En marzo de 1995, la cruzada de Billy Graham en Puerto Rico se transmitió por radio simultáneamente en 116 idiomas para audiencias que se encontraban alrededor del mundo. El mensaje era el mismo, pero se tradujo al idioma de cada país, y en la transmisión se adaptaron los testimonios y la música a la cultura de cada grupo. Casi un billón de personas escuchó el evangelio en su idioma, con una música y con testimonios adecuados a sus culturas en particular. Fue el ejemplo histórico más grande de evangelismo con un objetivo establecido.

> Jesús estableció el blanco de su ministerio para ser efectivo, no para ser excluyente.

La práctica de establecer el objetivo para el evangelismo es especialmente importante para las iglesias pequeñas. En una iglesia pequeña con recursos limitados, es importante aprovechar al máximo lo que se tiene. Concentre sus recursos en alcanzar a las personas con las cuales su iglesia se puede comunicar mejor.

Las iglesias pequeñas también tienen que tomar decisiones con respecto a asuntos difíciles. Por ejemplo, en un servicio es imposible apelar al gusto de todas las personas en cuanto al estilo musical, entonces deben escoger un blanco. Si cambian los estilos cada semana, producirá el mismo efecto que produce una estación de radio con una programación mixta. Nadie estará contento.

Una de las ventajas de ser una iglesia grande es que uno tiene los recursos para apuntar a diversos blancos. Mientras más grande sea su iglesia, más opciones ofrecerá en cuanto a programas, eventos e inclusive estilos de adoración. Cuando Saddleback comenzó, nos concentramos solo en un blanco: parejas jóvenes, que no asistieran a ninguna iglesia y que fueran profesionales o empresarios. Nos concentramos en ellos porque eran el grupo más grande en el Valle de Saddleback, y porque eran la clase de personas con quienes yo me relacionaba mejor. Pero en la medida que nuestra iglesia ha ido creciendo, hemos podido añadir otros ministerios y programas para alcanzar a jóvenes adultos, adultos solteros o divorciados, prisioneros, ancianos, padres con hijos con ADD (Attention Deficit Disorders) [trastorno de deficiencia de atención], a vietnamitas, coreanos y personas hispanohablantes, como así también muchos otros blancos.

> Las iglesias pequeñas son mas eficientes cuando se especializan en lo que pueden hacer mejor.

¿Cómo definir un objetivo?

Para definir un objetivo de evangelismo, en primer lugar debe descubrir todo lo que pueda acerca de su comunidad. Su iglesia necesita definir su objetivo de cuatro maneras específicas: geográfico, demográfico, cultural y espiritual.

En el seminario, cuando tomé clases de hermenéutica y de predicación, me enseñaron que para comprender el mensaje del Nuevo Testamento, primero debía comprender la geografía, las costumbres, la cultura y la religión de las personas que vivían en aquel entonces. Luego, podría extraer de aquel contexto la verdad eterna y atemporal de Dios. A este proceso se le llama exégesis. Todo predicador de la Biblia lo utiliza.

Lamentablemente, ninguna clase me enseñó que antes de comunicar esta verdad eterna a las personas, ¡necesitaba hacer una "exégesis" de mi propia comunidad! Si quiero comunicar fielmente la Palabra de Dios, debo prestar tanta atención a la geografía, a las costumbres, a la cultura y al origen religioso de mi comunidad como lo he hecho con los que vivían en los tiempos bíblicos.

Defina el objetivo geográfico.

Jesús tenía un plan para evangelizar al mundo. En Hechos 1:8 identificó cuatro objetivos geográficos para sus discípulos. "Pero recibiréis poder, cuando haya venido sobre vosotros el Espíritu Santo, y me seréis testigos en Jerusalén, en toda Judea en Samaria, y hasta lo último de la tierra." Muchos estudiosos de la Biblia señalan que este es el modelo exacto de crecimiento que se describe en el resto del libro de los Hechos. Primero se les llevó el mensaje a los judíos en Jerusalén, luego a Judea, a Samaria y con el tiempo se extendió a través de toda Europa.

En el ministerio, establecer un objetivo geográfico sencillamente significa identificar dónde vive la gente a la cual usted quiere alcanzar. Consiga un mapa de la ciudad o del área y marque dónde se encuentra situada su iglesia. Estime una distancia de unos quince o veinte minutos de viaje en direcciones opuestas y establezca estos lugares como los límites primarios para el área de ministerio. Esta es su "laguna de pesca evangelística". Probablemente, alguna autoridad municipal podrá decirle cuántos viven dentro de una distancia razonable a la iglesia.

Al determinar su objetivo geográfico, existen varios factores que debe recordar. En primer lugar, "distancia razonable" es una expresión muy subjetiva. El tiempo promedio de viaje en una comunidad varía mucho según a qué parte del país se esté refiriendo. Las personas que residen en el campo están dispuestos a viajar distancias más largas que las que residen en el área urbana. Las personas están más dispuestas a viajar por una autopista, que a través de calles llenas de semáforos. Me arriesgaría a decir que la mayoría tolera, como máximo, una docena de semáforos en el camino hacia la iglesia.

En segundo lugar, hoy en día las personas eligen su iglesia principalmente sobre la base de las relaciones interpersonales y de los programas, no de la ubicación. El hecho de que la iglesia esté cerca de una persona, no significa que pueda alcanzarla automáticamente. Quizás la iglesia no les *quede bien*. Por otra parte, hay personas que están dispuestas a viajar, aunque pasen delante de otras quince iglesias, con tal de asistir a la suya si allí encuentran satisfechas sus necesidades.

En tercer lugar, cuánto más grande sea la iglesia, más se extenderá su alcance. Tenemos personas que viajan una hora o más para asistir a Saddleback porque ofrecemos un programa o tenemos un grupo de apoyo que ellos no pueden encontrar más cerca al lugar en que viven. Por lo general, la gente está dispuesta a viajar más para asistir a una iglesia grande con un ministerio multifacético que a una iglesia pequeña con un ministerio limitado.

Otra manera de confeccionar un mapa del área que tendrá como objetivo su ministerio es trazar un círculo alrededor de su iglesia que abarque dos kilómetros y medio. Luego averigüe cuánta gente vive dentro de ese círculo. Este es su área *inicial* de ministerio. Aproximadamente el 65% de la población de los Estados Unidos no asiste a una iglesia, y ese porcentaje es mucho mayor en ciertas áreas, particularmente en el oeste, en el noreste y en las áreas urbanas. Si usted calcula la cantidad de población que vive en su área de ministerio y luego saca la cuenta de cuánto representa el 65% de esa cantidad, verá que verdaderamente "los campos están blancos para la siega."

Una vez que haya definido su blanco geográfico, sabrá cuántas personas se encuentra en su área de pesca. Esto es muy importante, ya que la población de su área es un factor crucial al determinar la estrategia que utilizará para atraerla. En un centro densamente poblado, es posible concentrarse solo en un segmento y aun así crecer hasta llegar a ser una gran iglesia. En un área en la cual la población es menor, usted tendrá que desarrollar planes para alcanzar a diferentes segmentos, si desea llegar a ser una iglesia grande.

Sería tonto ignorar el papel que tiene la población al predecir cuánto crecerá su iglesia. No importa cuánto se dedique una iglesia, si el área de ministerio solo incluye a cien personas, nunca llegará a ser más grande que eso. No es problema del pastor, ni tampoco es falta de compromiso de parte de la congregación. Sencillamente es una cuestión aritmética.

He visitado algunas iglesias grandes en áreas metropolitanas que han escogido una estrategia altamente especializada que solo puede alcanzar la mitad de la población. Pero como en el área viven 200.000 personas, la iglesia tiene una asistencia de 1.000. Usted estaría cometiendo un error y se desalentaría si pensara que por imitar esa estrategia la iglesia de su pequeña ciudad crecerá hasta alcanzar el mismo número de miembros. Para ser realista, debe concentrarse en el porcentaje de la población a la que debe alcanzar, no en los números tomados de otra parte. Una estrategia que alcanza a 1.000 personas en una población de 200.000, muy probablemente alcanzará a 50 en una población de 1.000.

No es sabio ni sirve de ayuda comparar la asistencia entre una iglesia y otra. Cada iglesia tiene un estanque de pesca único, y cada estanque posee un número y una clase distinta de peces. Es como comparar mandarinas con harinas: dos iglesias pueden tener un sonido similar, pero al darle una mirada más cercana, las diferencias serán obvias.

Defina el objetivo demográfico.

No solo necesita averiguar cuántas personas viven en su área, sino que debe saber qué clase de gente es la que vive allí. En primer lugar, permítame una advertencia: ¡no haga una excesiva investigación demográfica! Quizás pierda un tiempo precioso recolectando hechos e información acerca de la comunidad sin lograr una diferencia importante para su iglesia. He conocido a pastores fundadores de iglesias que han pasado meses preparando carpetas llenas de información demográfica acerca de sus áreas. Todo era muy interesante, pero la mayoría de esos datos no eran de utilidad para los propósitos de la iglesia.

Solo un puñado de datos demográficos son importantes para descubrir las personas que viven en su comunidad. Considero que los factores más importantes al estudiar a una comunidad como objetivo para el evangelismo son:

- Edad: ¿Cuántas personas se encuentran en cada grupo de edad?
- Estado civil: ¿Cuántas personas solteras hay? ¿Cuántos matrimonios?
- Ingresos: ¿Cuál es el ingreso doméstico promedio?
- Educación: ¿Cuál es el nivel de educación de la comunidad?
- Ocupación: ¿Qué clase de trabajos predominan?

Cada uno de estos factores va a influir en cómo ministrar a la gente y cómo comunicarle las Buenas Nuevas.

Los adultos jóvenes, por ejemplo, tienen esperanzas y temores diferentes a las personas que están jubiladas. Una presentación del evangelio que destaque la seguridad del cielo como un beneficio de la salvación, probablemente no resultará efectivo al ministrarle a un joven que piensa que tiene toda una vida por delante. Ese joven no está interesado en la vida por venir. Se siente consumido por el deseo de descubrir si existe algún significado o algún propósito para *esta* vida. Una encuesta nacional mostró que menos de un uno por ciento de norteamericanos están interesados en encontrar la respuesta para la pregunta: "¿Cómo puedo llegar al cielo?"

Una manera más efectiva de testificarle a un adulto joven sería mostrarle cómo fuimos creados para tener comunión con Dios *ahora* a través de Cristo. Por otra parte, muchos ancianos están muy interesados en prepararse para la eternidad porque saben que su tiempo en la tierra puede terminarse en cualquier momento.

Las parejas de casados tienen intereses diferentes al de las personas solteras. Los pobres enfrentan problemas diferentes a los de la clase media. Los ricos tienen su propio menú de preocupaciones. Los graduados de la universidad tienden a ver el mundo de una manera diferente que los graduados de la escuela secundaria. Es importante conocer la perspectiva de aquellos a quiénes está tratando de ganar para Cristo.

Si realmente desea que la iglesia produzca un impacto en la sociedad, conviértase en un experto de su comunidad. Los pastores deben saber más acerca de las comunidades que cualquier otra persona. Como expliqué en el capítulo uno, antes de trasladarme a mi comunidad pasé tres meses estudiando las estadísticas de los censos y los estudios demográficos para determinar qué clase de gente vivía en el Valle de Saddleback. Antes de poner un pie sobre esta tierra yo sabía cuántas personas vivían aquí, dónde trabajaban, cuánto ganaban, su nivel de educación y mucho más.

¿Dónde puede conseguir esta clase de información? Existen una variedad de recursos tales como los departamentos de planeamiento de la ciudad, las oficinas de los periódicos, la Cámara de Comercio local, los vendedores de bienes raíces y las compañías de servicios públicos. La mayoría de las grandes denominaciones también suelen tener bases de datos demográficos a los cuales puede tener acceso.

Defina el objetivo cultural.

Comprender el aspecto demográfico de la comunidad es importante, pero comprender la cultura de la comunidad es aún más importante. Esto es algo que no encontrará en las estadísticas de ningún censo. Utilizo la palabra *cultura* para referirme al estilo de vida y a la mentalidad de los que viven alrededor de la iglesia. El mundo de los negocios usa la palabra *sicografía*, lo cual es una manera imaginativa de referirse a los valores, los intereses, los sufrimientos y los temores de la gente. Mucho antes de que los negocios se enamoraran de la sicografía, los misioneros cristianos se dedicaban a identificar las diferencias entre culturas.

Ningún misionero en una tierra extraña trataría de evangelizar y de ministrar a la gente sin antes comprender su cultura. Sería tonto tratar de hacerlo. En el contexto secular del mundo actual, comprender la cultura a la que le estamos ministrando es tan importante como lo es para los misioneros. No tenemos que estar de acuerdo con nuestra cultura, pero sí *debemos* entenderla.

Dentro de la comunidad seguramente existen muchas subculturas o subgrupos. Para alcanzar a cada uno de estos grupos es necesario descubrir cómo piensan. ¿Cuáles son sus intereses? ¿Quá cosas valoran? ¿Cuáles son sus sufrimientos? ¿De qué tienen temor? ¿Cuáles son las características más prominentes de su manera de vivir? ¿Cuáles son sus estaciones de radio más populares? Cuanto más sepa acerca de esta gente, más fácil le resultará alcanzarlos.

> La "ceguera de la gente" es una de las barreras principales que impiden el crecimiento de la iglesia.

La "ceguera de la gente" es una de las barreras principales que impiden el crecimiento de la iglesia, esta los hace inconscientes de las diferencias culturales entre personas. ¿Todas las personas blancas son iguales? Por supuesto que no. ¿Todas las personas negras son iguales? Claro que no. ¿Todos los hispanos o los asiáticos son iguales? No. Un ojo entrenado sabrá distinguir diferencias importantes entre las personas que viven en el área.

La mejor manera de descubrir la cultura, manera de pensar y estilo de vida es hablar personalmente con ellos. No es necesario contratar a una empresa de mercadeo, simplemente salga y conozca cara a cara a los que viven en la comunidad. Realice su propia encuesta. Pregúnteles qué sienten y cuáles son sus principales necesidades. Escúchelos hablar acerca de sus sufrimientos, de sus intereses y de sus temores. Ningún libro que hable sobre demografía puede reemplazar la conversación real con las personas en la comunidad. Las estadísticas pintan solo una parte del cuadro. Usted debe pasar tiempo con ellos y así se generará un sentimiento hacia la comunidad derivado de la relación de persona a persona. Creo que no existe sustituto para esto.

> La mejor manera de descubrir la cultura, manera de pensar y estilo de vida de las personas es hablando con ellos.

Defina el objetivo espiritual.

Una vez definido el objetivo cultural necesita descubrir el origen espiritual de las personas que viven en la comunidad. Determine qué saben acerca del evangelio. Por ejemplo, cuando estudié al Valle de Saddleback descubrí que el 94% de los residentes del condado de Orange creían en Dios o en un espíritu universal, el 75% creía en la definición bíblica de Dios, el 70% creía en la vida después de la muerte, y el 52% creía que estaban aquí en la tierra con un propósito espiritual. Esto fue de mucha ayuda para saber dónde comenzar al testificarle a esta gente.

Para determinar el clima espiritual de una comunidad, entreviste a otros pastores del área. Los pastores que han servido muchos años en una comunidad conocen los temas locales del lugar y las tendencias espirituales.

Antes de trasladarme a California para comenzar una iglesia, me comuniqué con cada pastor evangélico del Valle de Saddleback para saber su opinión en cuanto a las necesidades espirituales del Valle. La tarea fue sorprendentemente sencilla. Fui a la biblioteca de la ciudad, encontré una guía telefónica del condado de Orange, California, busqué "iglesias" en las páginas amarillas y anoté los nombres y las direcciones de todas las congregaciones evangélicas en el Valle de Saddleback. Luego le escribí una carta a cada pastor explicándole lo que estaba haciendo y pidiéndole que me contestara seis preguntas que adjuntaba en un sobre con estampilla. Recibí alrededor de treinta cartas. Obtuve algunas datos que ayudaron grandemente a mi visión y comencé algunas amistades maravillosas con muchos de aquellos pastores que han perdurado a través del tiempo.

Hace algunos años leí un estudio realizado por la Universidad de Nueva York acerca de la vida religiosa de los norteamericanos. El estudio revelaba que el 90% de los norteamericanos dicen tener alguna clase de afiliación religiosa. Aunque esto no significa que estén practicando activamente su fe, sí significa que en el pasado casi todos han tenido alguna clase de contacto con una organización religiosa.

La palabra inconversos no se refiere solamente a las personas que nunca han estado dentro de una iglesia, también incluye a los que tienen antecedentes religiosos pero no tienen una relación personal con Cristo, y a aquellos que no han estado en una iglesia por algún tiempo, generalmente por años.

El veintiséis por ciento de los norteamericanos dicen ser de origen católico. Si usted vive en la costa oeste, probablemente su candidato número uno sea un antiguo católico. Si vive en el sur, su espectro de candidatos más grande será definitivamente el de los que dicen tener un origen bautista (30%). En Dakota del norte, lo más probable es que la persona inconversa con la que hable tenga un origen luterano (28%), y en Kansas o en Iowa es probable que él o ella tengan un origen metodista (13%). En Idaho, Wyoming y Utah espere un origen mormón. ¡Necesita conocer su área!

Cada vez que le testifico a alguien que no tiene una relación con Cristo, trato de descubrir cualquier punto en común que podamos tener debido a su origen religioso. Por ejemplo, cuando hablo con un católico, sé que aceptan la Biblia, aunque quizás nunca la han leído, y que aceptan la Trinidad, el nacimiento virginal, y a Jesucristo como el hijo de Dios. Ya estamos de acuerdo en algunos puntos básicos y principales. Mi tarea entonces es comunicar la diferencia que existe entre tener una religión basada en las obras y en tener una relación con Cristo basada en la gracia.

Cuando hablo en conferencias de pastores, muchas veces me encuentro con pastores que me dicen que su iglesia es "idéntica a Saddleback". Cuando les pregunto qué quieren decir, me responden: "Bueno, estamos concentrados en alcanzar a los inconversos." Yo les digo: "¡Eso es maravilloso! ¿A qué clase de inconversos quieren alcanzar?" Después de todo, ¡los inconversos no son todos iguales! Decir que su objetivo son los "inconversos" es una descripción incompleta.

Los intelectuales inconversos en Berkeley son muy diferentes a los granjeros de Fresno o a los inmigrantes inconversos de Los Ángeles.

Definir el objetivo evangelístico de la iglesia requiere de tiempo y de un estudio serio, pero una vez que haya completado su investigación comprenderá por qué algunos métodos evangelísticos dan resultado en su área y por qué otros no. Puedo librarlo de gastar valiosos esfuerzos y dinero en enfoques evangelísticos que no darán resultado.

Al comienzo de los años 80, algunas iglesias intentaron usar el mercadeo por teléfono como una herramienta para el evangelismo. Saddleback nunca lo intentó. ¿Por qué? Porque en nuestras encuestas para establecer el blanco, ya habíamos descubierto dos cosas: En primer lugar, sabíamos que la molestia número uno para los residentes del condado de Orange eran los "desconocidos que llaman por teléfono para venderme algo". En segundo lugar, sabíamos que más de la mitad de nuestra comunidad tenía números telefónicos que no estaban registrados en una guía. Esto fue suficiente. Me resulta asombroso que algunas iglesias gasten miles de dólares en proyectos evangelísticos sin antes preguntarle a las personas que quieren alcanzar si piensan que el programa funcionará.

Personalice el objetivo

Después de recolectar toda la información que obtuvo de la comunidad, lo animo a crear un perfil combinado de la típica persona inconversa a la cual la iglesia desea alcanzar. Combinar las características de los residentes del área en una persona imaginaria hará que a los miembros de su iglesia se les facilite comprender cuál es su objetivo. Si ha hecho un buen trabajo al recolectar la información, sus miembros reconocerán esa persona imaginaria como el vecino que vive al lado de sus casas.

En Saddleback, a nuestro perfil compuesto lo hemos llamado "Sam Saddleback". La mayoría de nuestros miembros no tiene problema alguno en describir a Sam. Discutimos sus características detalladamente en cada clase para miembros.

Nuestro objetivo: Sam Saddleback

Es bien
educado.

Le gusta su trabajo.

Le gusta el lugar
donde vive.

Tener salud y
estar en forma son
prioridades
número uno para
él y su familia.

Prefiere estar en
un grupo grande
que en uno
pequeño.

Se muestra
escéptico con
respecto a la
"religión
organizada".

Le gusta la música
contemporánea.

Piensa que ahora
está disfrutando
más de la vida
que hace cinco
años.

Está satisfecho
consigo mismo y
hasta tiene una
actitud un tanto
presumida con
respecto a su
posición en la vida.

Prefiere lo
informal en lugar
de lo formal.

Está extralimitado
tanto en el tiempo
como en el dinero.

Sam Saddleback es el típico hombre inconverso que vive en nuestra área. Su edad oscila entre los 37 y 45 años. Tiene un título universitario y es posible que tenga algún otro título de postgrado. (El Valle de Saddleback posee uno de los niveles de educación más altos de los Estados Unidos.) Está casado con Samantha Saddleback y tienen dos hijos, Steve y Sally.

Las encuestas muestran que a Sam le gusta su trabajo, le gusta el lugar donde vive, y piensa que ahora está disfrutando de la vida más que hace cinco años. Está satisfecho consigo mismo y hasta tiene una actitud un tanto presumida con respecto a su posición en la vida. Es un profesional, un gerente o un exitoso empresario. Sam se encuentra entre los norteamericanos más ricos, pero tiene muchas deudas, especialmente debido al precio de su casa.

La salud y el estar en forma son prioridades número uno para Sam y su familia. Generalmente, cada mañana uno puede verlo trotando y a Samantha asistiendo a una clase de gimnasia aeróbica tres veces a la semana en el Centro para el Bienestar de la familia. A los dos les gusta escuchar música contemporánea o country, especialmente cuando se encuentran trabajando al aire libre.

A la hora de las relaciones sociales, Sam y su esposa prefieren estar en un grupo grande, en lugar de uno pequeño. ¿Por qué? En una multitud, Sam se puede ocultar y puede mantener la privacidad y el anonimato que cuida celosamente. El número de teléfono de Sam no se encuentra en ninguna guía telefónica y es muy probable que viva en una comunidad cercada. (Esta fue la razón principal por la cual utilizamos el correo directo para hacer propaganda durante los primeros años de Saddleback. Fue la única manera de comunicarse con muchos de los hogares del área.)

Otras de las características importantes de Sam es que es escéptico con respecto a lo que él llama la religión "organizada". Es probable que diga: "Creo en Jesús, pero no me gusta la religión organizada." A lo que nos gusta responder con la siguiente chanza: "Entonces le gustará Saddleback. ¡Somos religión *desorganizada*!"

Como Sam es un californiano del sur, prefiere las reuniones informales, en lugar de cualquier encuentro formal y de etiqueta. Le encanta vestirse de acuerdo al clima templado del sur de California. Tomamos esto en cuenta cuando planeamos las reuniones para atraer a Sam. Por ejemplo, cuando hablo en las reuniones de Saddleback, nunca uso saco y corbata. Intencionalmente me visto para hacer juego con la mentalidad de los que estoy tratando de alcanzar. Sigo la estrategia de Pablo según 1 Corintios 9:20: "Me he hecho a los judíos como judío, para ganar a los judíos". En mi situación, estoy seguro que Pablo hubiera dicho: "Cuando estoy en el sur de California me hago un californiano del sur para ganar a los californianos del sur." Pienso que a Jesús no le importa demasiado cómo se viste la gente. Preferimos que un pagano venga a la iglesia con pantalones cortos y zapatillas a que no venga porque no tiene un traje para ponerse.

Sam Saddleback se encuentra extralimitado en cuanto al tiempo y al dinero. Su tarjeta de crédito se usa hasta el límite. Es muy materialista, sin embargo puede admitir honestamente que su riqueza no le ha traído una felicidad duradera.

¿Por qué nos metemos en todos estos problemas para tratar de definir a la persona típica que estamos tratando de alcanzar? Porque cuanto más se comprende a alguien, más fácil es comunicarse con él.

Si usted fuera a crear un perfil del residente típico de su área, ¿qué características le asignaría? ¿Qué nombre le pondría? Vale la pena pensarlo. Una vez que haya definido y que le haya puesto nombre al objetivo evangelístico de su iglesia, hágame un favor: Envíeme una copia. Tengo el hobby de coleccionar perfiles evangelísticos de las iglesias. Tengo un archivo con personajes como *Doug Dallas, Mike Memphis* y *Al Atlanta*.

¿Puede imaginar a un fotógrafo sacando fotos sin tomarse el tiempo para enfocar? ¿Qué cazador de ciervos se pararía en lo alto de una colina y dispararía al azar hacia el valle sin apuntar a algo en concreto? Sin un objetivo, nuestros esfuerzos evangelísticos generalmente son meras ilusiones. Por supuesto, lleva tiempo enfocar un objetivo, pero también reditúa. Cuánto más enfocado esté su objetivo, más posibilidades tendrá de dar en el blanco.

10

Sepa a quién podemos alcanzar mejor

Este halló primero a su hermano Simón, y le dijo: He-mos hallado al Mesías (que traducido es, el Cristo).

Juan 1:41

Y aconteció que estando él sentado a la mesa en la casa, he aquí que muchos publicanos y pecadores, que habían venido, se sentaron juntamente a la mesa con Jesús y sus discípulos.

Mateo 9:10

Hasta una rápida lectura del Nuevo Testamento nos muestra que el evangelio se propagaba principalmente a través de las relaciones. Tan pronto como Andrés escuchó acerca de Cristo fue y se lo dijo a su hermano, Simón Pedro. Felipe inmediatamente se puso en contacto con un amigo, Natanael. Mateo, el cobrador de impuestos, preparó una cena evangelística para otros recolectores de impuestos. La mujer que se encontraba en el pozo de agua le habló de Cristo a todo el pueblo. Y la lista seguiría y seguiría.

Creo que la estrategia evangelística más efectiva es tratar de alcanzar, en primer lugar, a las personas con las que ya tenemos algo en común. Una vez que haya descubierto todos los objetivos posibles en su comunidad, ¿en cuál de ellos se concentraría primero? La respuesta es: vaya tras los que pueda alcanzar mejor.

Como ya hemos dicho, cada iglesia está mejor preparada para alcanzar a cierto tipo de personas. A su iglesia le resultará mucho más sencillo alcanzar a cierta clase de personas y le costará más alcanzar a otras. Pero hay algunas clases de personas a las que su iglesia nunca alcanzará, porque requieren un estilo de ministerio completamente diferente al que usted ofrece.

Existen muchos factores que hacen que la gente se sienta reticente a concurrir a su iglesia: barreras teológicas, relacionales, emocionales, barreras por estilos de vida diferentes y barreras culturales. Aunque las primeras cuatro barreras son muy reales, en este capítulo me gustaría prestar especial atención a la barrera cultural. Las personas a las que su iglesia puede alcanzar mejor son aquellas que concuerdan con la cultura existente en la iglesia.

¿Quiénes asisten ya a la iglesia?

¿Cómo se determina la cultura de la iglesia? Pregúntese: "¿Qué clase de personas están asistiendo a nuestra iglesia en este momento?" Tal vez esto desanime a algunos pastores, pero es la verdad: Usted podrá atraer con más facilidad a la misma clase de gente que ya se encuentra asistiendo a su iglesia, sea quien sea. No es muy probable que la iglesia atraiga y *retenga* a muchas personas que sean muy diferentes de las que ya están.

Cuando los visitantes entran a la iglesia, la primera pregunta que se hacen no es una pregunta religiosa, sino una de tipo cultural. Mientras sus ojos examinan el salón lleno de rostros extraños, inconscientemente se están preguntando: "¿Hay alguien como yo en este lugar?"

Una pareja de jubilados que viene de visita trata de ver si hay algún otro anciano presente en la congregación. Un policía mira a su alrededor buscando algún otro uniformado o a alguien que tenga un corte de pelo al estilo militar. Las parejas jóvenes con niños pequeños inmediatamente escudriñan a la multitud para ver si hay otras parejas jóvenes que tengan bebés o niños pequeños. Si los visitantes encuentran a otras personas en la iglesia similares a ellos, es mucho más probable que regresen.

¿Cuál es la probabilidad de que una iglesia llena de personas jubiladas alcance a los adolescentes? No es muy grande. ¿Cuál es la probabilidad de que una iglesia formada por personal del ejército alcance a los pacifistas activistas? ¡Casi nula! ¿O cuál es la probabilidad de que una iglesia compuesta principalmente por obreros de fábricas con mamelucos azules alcance a ejecutivos de camisa blanca? Es posible, pero no se puede garantizar.

Por supuesto, como creyentes debemos darle la bienvenida a todas las personas que se acerquen a la familia de nuestra iglesia. Después de todo, a los ojos de Dios somos todos iguales. Pero recuerde, el hecho de que una iglesia no tenga éxito en alcanzar a cierta clase de gente no es una cuestión de estar bien o mal, sino de respetar sencillamente la maravillosa variedad de personas que Dios ha puesto en el mundo.

¿Qué clase de líderes tenemos?

La segunda pregunta que debemos hacernos al pensar a quiénes podemos alcanzar mejor con nuestra iglesia es: "¿Cuál es el origen cultural y la personalidad de los líderes de nuestra iglesia?" Las características personales de sus líderes, tanto del personal pago como de los líderes laicos, tiene un enorme impacto en el ministerio de su iglesia. Los líderes tienen mucha influencia. Muchos estudios han demostrado que la razón número uno por la cual una persona elige una iglesia es porque se identifica con su pastor. No lo malinterprete: El pastor no atrae a las personas que visitan la iglesia por primera vez, pero sí *es* una de las razones principales por las cuales las visitas vuelven (o no).

Cuando las visitas se identifican con el pastor, es mucho más probable que regresen.

Si usted es un pastor, debe preguntarse honestamente: "¿Qué clase de persona soy? ¿Cuál es mi origen cultural? ¿Con qué clase de personas me relaciono con naturalidad y a quiénes me cuesta más comprender?" Necesita hacer un análisis franco de quién es usted y de la clase de persona con la que más le gusta relacionarse.

Cuando estudiaba en la universidad, servía como pastor interino en una pequeña iglesia compuesta mayormente por camioneros y mecánicos. Como no tenía ningún conocimiento ni habilidad con los temas mecánicos, me resultaba difícil mantener una conversación inteligente con muchos de sus miembros. Aunque los amaba profundamente, era un pez fuera del agua y ellos lo sabían. Eran muy amables con este joven pastor, pero yo no era en absoluto lo que la iglesia necesitaba. Necesitaban un líder que concordara con ellos.

> El pastor no atrae a las personas que visitan la iglesia por primera vez, pero sí *es* una de las razones principales por las cuales las visitas regresan.

Por otra parte, me siento muy a gusto con empresarios, hombres de negocio, gerentes y profesionales. Por cierto, he notado que ellos se sienten atraídos por mi ministerio. No es algo que yo haya planeado, es sencillamente la manera en que Dios me ha conectado.

Creo profundamente que Dios nos ha llamado de una manera única y a cada uno de nosotros nos ha dado una forma particular para alcanzar a distintas clases de personas. Usted puede alcanzar a personas que yo nunca podría traer a Cristo, y probablemente yo puedo alcanzar a alguien con el cual usted no tendría posibilidades de relacionarse. Esa es la razón por la cual todos somos necesarios en el cuerpo de Cristo.

Si Dios lo ha llamado al ministerio, entonces quién y qué es usted también debe formar parte de ese plan. Usted no se ministra a pesar de quién es, sino a través de la personalidad que Dios le ha dado. Dios le dio una forma especial para cumplir con un propósito. Si lo llamó a ser pastor, quiere decir que en algún lugar del mundo debe haber personas a quienes usted puede alcanzar mejor que otra persona.

Existen dos principios que debemos recordar al procurar discernir la dirección que Dios quiere darle a nuestro ministerio.

Podrá alcanzar mejor a aquellos con los cuales está relacionado. Las personas más fáciles de alcanzar para Cristo son las que se parecen más a usted. Esto no quiere decir que *no puede* alcanzar a personas diferentes. Por supuesto que puede hacerlo. Sencillamente es más difícil. Algunos pastores se relacionan mejor con intelectuales que tienen un alto nivel de educación, mientras que otros pastores se relacionan mejor con la gente simple y común. Ambos grupos necesitan a Cristo, y ambos necesitan un pastor que los comprenda y a quien le encante estar con ellos. La mayor contribución sucederá cuando usted concuerde con su objetivo. Entonces podrá tener un impacto simplemente siendo lo que es.

En segundo lugar, *siendo líder atraerá a las personas como usted, no a quienes quiera.* Cuando comencé la iglesia de Saddleback, yo tenía veintiséis años. Por más que lo intentaba con todas mis fuerzas, no podía atraer a personas de más de cuarenta y cinco años para que se unieran a nuestra iglesia. La congregación concordaba en gran manera con el grupo de personas de mi edad. Cuando añadí a mi equipo personas mayores que yo, por fin pude alcanzar a las personas mayores. Ahora, como he entrado al grupo de personas maduras, tengo que añadir personal joven que pueda relacionarse con los que son más jóvenes que yo.

Algunas veces, debido a que los pastores desean alcanzar a cierto grupo, no son realistas con respecto a su identidad. Conocí a un pastor de cincuenta años, de origen campesino, que decidió comenzar una iglesia para alcanzar a la generación de la postguerra porque había visto hacerlo a

> Usted atraerá a las personas como usted, no a quienes quiera.

otra iglesia y le parecía emocionante. La iglesia fracasó miserablemente. Más tarde él confesó: "Sencillamente no me pude poner en onda con ellos."

La excepción a estos dos principios tiene lugar cuando usted ha recibido lo que yo llamo el "don misionero". La habilidad de ministrar transculturalmente requiere un don especial, una capacidad otorgada por el Espíritu Santo para comunicarse con personas de orígenes muy diferentes al de uno.

El apóstol Pablo evidentemente tenía el don misionero. Su crianza lo hizo un "hebreo de hebreos" (véase Filipenses 3:5), sin embargo Dios lo llamó a fundar iglesias entre los gentiles. Conozco a algunos pastores que crecieron en áreas rurales, pero ministran con mucha eficiencia en las grandes ciudades. También he visto a otros oriundos del sur que han sido grandemente usados por Dios en ciudades del norte. Pero estos pastores dotados son una excepción a la regla.

El crecimiento explosivo tiene lugar cuando la clase de personas que hay en la comunidad concuerdan con las que ya están en la iglesia, y ambas concuerdan con la clase de persona que es el pastor. Pero si los miembros y el pastor *no* concuerdan, ¡probablemente habrá una explosión sin crecimiento! Muchos conflictos en la iglesia son causados por líderes que no concuerdan con el resto. Poner la clase de líder equivocado en una iglesia es como equivocarnos al conectar los cables en la batería de un auto, podemos garantizar que saldrán chispas.

En algunas ocasiones he visto a pastores que les resulta muy difícil ministrarle a las personas en su comunidad porque no concuerdan culturalmente con ellos. El problema no es la dedicación sino el origen. Un santo varón ubicado en el lugar equivocado, producirá resultados mediocres.

Personalmente, no dudo que existen muchos lugares en nuestro país en los que yo sería un completo fracaso como pastor porque nunca concordaría con la cultura. Dios me hizo para ministrar exactamente en el lugar en el cual estoy. Las vidas cambiadas dentro de la familia de nuestra iglesia lo comprueban.

Algunas veces, lo más sabio que puede hacer un pastor es admitir que no concuerda con su iglesia o con la comunidad y trasladarse a alguna otra parte. Hace algunos años, Saddleback comenzó una nueva iglesia en la localidad cercana de Irvine, California. Un amigo mío se trasladó desde Atlanta para pastorear allí. Había comenzado una iglesia en Atlanta que llegó a tener 200 miembros, por lo tanto yo sabía que tenía los dones necesarios para alguien que desea plantar una iglesia. Luego de unos ocho meses, la nueva iglesia en Irvine no había asomado la cabeza del suelo.

Le pregunté a John cuál era el problema. Él me dijo: "Es evidente que yo no encajo aquí. Esta zona de Irvine está compuesta por matrimonios ricos, de mediana edad, con hijos adolescentes."

Entonces le pregunté: "¿A quiénes te parece que puedes alcanzar mejor?"

John me contestó: "Me parece que a matrimonios jóvenes con hijos en edad preescolar o a jóvenes solteros que recién se han independizado. Comprendo sus problemas."

"Entonces debemos trasladarte a un sector de Huntington Beach," le dije. Y así lo hicimos, de nuevo comenzamos una iglesia, y en menos de un año la iglesia tenía unos doscientos asistentes.

Tengo otro amigo que pastorea una congregación afroamericana en Long Beach, California. Un día vino a verme muy desanimado por la falta de crecimiento en la iglesia. Pronto descubrí que él no encajaba en el nivel educacional de su congregación. Tenía varios títulos superiores y un vocabulario muy sofisticado, pero la mayoría de las personas en su iglesia y en la comunidad a penas habían terminado la escuela secundaria. Su estilo al hablar estaba alejando a la gente. Luego de descubrir que a dos kilómetros de distancia existía una comunidad completa de profesionales afroamericanos, le sugerí que renunciara a su pastorado actual y comenzara una iglesia en aquella parte de Long Beach. Hizo exactamente lo que le dije y dos años más tarde me informó que la nueva iglesia tenía más de 300 asistentes por domingo.

Si usted es un pastor que está luchando con un ministerio que no le queda a la medida, y si no concuerda con su zona, entiende perfectamente lo que acabo de describir. Probablemente ha tenido una sensación muy desagradable por mucho tiempo. No se sienta mal. No encajar en un área en particular no es un pecado. ¡Sencillamente múdese! Si Dios lo ha dotado y lo ha llamado al ministerio, él tiene el lugar exacto para usted.

¿Qué sucede si nuestra iglesia no concuerda con nuestra comunidad?

Las comunidades cambian con frecuencia, pero la iglesia no cambia. ¿Qué hace usted si está sirviendo en una iglesia que no concuerda con la comunidad?

Construya sobre sus puntos fuertes.

No trate de ser lo que no es. Si su iglesia está compuesta principalmente por personas mayores, decídase a convertirse en el ministerio más efectivo que pueda haber destinado a ciudadanos de edad madura. No trate de convertirse en una congregación para adolescentes. Refuerce lo que ya está haciendo y no se preocupe por lo que no puede hacer. Continúe desarrollando lo que han sido sus puntos fuertes, pero trate de hacerlo cada vez mejor. Seguramente en su comunidad existe un puñado de personas a las que solo su iglesia puede alcanzar.

Cambie la fachada de su congregación.

Esto sucede cuando intencionalmente se cambia la fachada de la iglesia para estar acorde a un nuevo blanco. Reemplace por completo los viejos programas, las viejas estructuras y los estilos de adoración por otros nuevos.

Quiero que esto quede claro: *¡Yo no lo recomiendo!* Este es un proceso doloroso y que puede llevar años. Las personas se irán de la iglesia debido a los enormes conflictos que serán inevitables. Si usted se pone a la cabeza de este proceso, probablemente los miembros más viejos piensen que es la encarnación de Satanás, a menos que haya estado allí durante más tiempo que todos los demás. He visto realizar este proceso con éxito, pero no sin una gran cuota de persistencia y de disposición para absorber las críticas.

Para guiar a una iglesia a cambiar su fachada se requiere de un pastor muy amoroso, paciente y dotado.

Si tiene una iglesia de más de cien miembro, ni siquiera considere esta opción excepto si Dios se lo indica. Es un camino hacia el martirio. Sin embargo, si se encuentra en una iglesia con cincuenta personas o menos, esta puede ser una opción viable para usted. Una de las ventajas para una iglesia pequeña es que se puede transformar completamente perdiendo solo unas pocas familias y ganando a otras pocas familias nuevas. Pero mientras más grande sea una iglesia, será menos posible hacer esto.

Comience congregaciones nuevas.

Esta tercera opción es la que me encanta recomendar. Existen un par de maneras de comenzar una nueva congregación para alcanzar a un nuevo blanco en su comunidad. Primero, se puede añadir otro servicio de adoración con un estilo diferente para alcanzar a personas a las cuales sería imposible llegar con el estilo corriente de adoración de su iglesia. En toda Norteamérica, las iglesias están comenzando a tener un segundo y hasta un tercer culto de adoración para ofrecer opciones y aumentar su alcance.

Un segundo enfoque es comenzar verdaderamente una misión, con la intención de que llegue a ser una congregación que se sostenga a sí misma. Comenzar nuevas congregaciones es la manera más rápida de cumplir con la Gran Comisión.

Tal vez usted recuerde que en la clase de biología de la escuela secundaria le enseñaron que la principal característica de la madurez biológica es la capacidad de reproducirse. Creo que lo mismo es verdad con respecto a la iglesia, a la cual se hace referencia en la Biblia como a "un cuerpo". La señal de una iglesia verdaderamente madura es que tiene hijos: comienza otras iglesias.

No es necesario ser una gran congregación para comenzar nuevas iglesias. La iglesia de Saddleback comenzó nuestra primera iglesia hija cuando teníamos tan solo un año. A partir de entonces, cada año hemos comenzado por lo menos una nueva iglesia. Como mencioné en el último capítulo, cuando cumplimos nuestro decimoquinto aniversario habíamos comenzado otras veinticinco iglesias.

Reconozca la receptividad espiritual de la comunidad

Jesús enseñó en la parábola del sembrador (véase Mateo 13:3–23) que la receptividad espiritual varía ampliamente. Al igual que las distintas clases de suelos, las personas responden de una manera diferente a las Buenas Nuevas. Algunas personas están muy abiertas a escuchar el evangelio, y otras están muy cerradas. En la parábola del sembrador Jesús explicó que existen corazones duros, otros poco profundos, otros distraídos y otros receptivos.

Para que el evangelismo tenga el máximo de efectividad, necesitamos plantar nuestra semilla en buena tierra, la tierra que produce una cosecha al ciento por ciento. Ningún granjero en su sano juicio desperdiciaría semilla, una preciosa mercancía, en una tierra no fértil que no producirá una cosecha. De la misma manera, la divulgación del evangelio de una manera descuidada y sin planificación es una mayordomía pobre. El mensaje de Cristo es demasiado importante como para perder tiempo, dinero y energía en métodos y en tierra que no serán productivos. Tenemos la necesidad de ser estratégicos al alcanzar al mundo, concentrando nuestros esfuerzos allí donde logren el mayor rendimiento.

Inclusive dentro del blanco de su iglesia existirán diversos sectores con diferentes grados de receptividad. La receptividad espiritual es algo que viene y va en las vidas de las personas como la marea en el océano. En diferentes momentos de la vida, las personas tienden a estar más abiertas a la verdad espiritual que en otros momentos. Dios usa una variedad de herramientas para ablandar corazones y preparar a las personas para que se salven.

¿Quiénes son las personas más receptivas? Pienso que existen dos grandes categorías: Las que se encuentran en una transición y las que se encuentran bajo presión. Dios utiliza tanto el cambio como el dolor para captar la atención de la gente y hacerlos receptivos al evangelio.

Personas que están en transición.

Parecería que cuando alguien experimenta un cambio importante, ya sea positivo o negativo, se despierta en su interior un hambre por la estabilidad espiritual. En este mismo momento, existe un gran interés en los asuntos espirituales debido a los cambios masivos que están teniendo lugar en nuestro mundo y que hacen que la gente esté asustada y se sienta insegura. Alvin Toffler dice que las personas buscan "islas de estabilidad" cuando los cambios se tornan abrumadores. Esta es una ola sobre la cual la iglesia se debe montar.

En Saddleback hemos descubierto que las personas se encuentran más receptivas al evangelio cuando se enfrentan a cambios como un nuevo matrimonio, un nuevo bebé, un nuevo hogar, un nuevo empleo o una nueva escuela. Esta es la razón por la cual generalmente las iglesias crecen más rápido en las comunidades nuevas, a las que constantemente llegan nuevos residentes, que en comunidades antiguas y estables en las que las personas han vivido durante cuarenta años.

> Dios utiliza tanto el cambio como el dolor para captar la atención de la gente y hacerlos receptivos al evangelio.

Personas que están bajo presión.

Dios utiliza toda clase de dolor emocional para captar la atención de la gente: el dolor del divorcio, la muerte de un ser querido, el desempleo, los problemas financieros, las dificultades en el matrimonio y en la familia, la soledad, el resentimiento, la culpa y otros motivos de tensión. Las personas que están ansiosas o temerosas generalmente comienzan a buscar algo que sea mayor que ellos para aliviar el dolor y llenar el vacío que sienten.

No pretendo tener un grado de percepción inmaculado, pero basándome en los quince años de pastorado le ofrezco la siguiente lista de lo que creo que han sido los diez grupos más receptivos de personas que hemos alcanzado en Saddleback:

1. Personas que visitan la iglesia por segunda vez.
2. Amigos cercanos o familiares de los nuevos convertidos.
3. Personas que están atravesando un divorcio.

4. Los que sienten la necesidad de un programa de recuperación (para problemas de alcohol, drogas, sexo y demás).
5. Padres primerizos.
6. Enfermos terminales y sus familiares.
7. Parejas con problemas matrimoniales serios.
8. Padres con hijos problemáticos.
9. Personas que han quedado recientemente sin empleo o aquellos con problemas financieros importantes.
10. Residentes nuevos en la comunidad.

Una posible meta para su iglesia pudiera ser el desarrollo de un programa específico para alcanzar a los grupos más receptivos de la comunidad. Por supuesto, si comienza a hacer esto

> Las iglesias que están creciendo se concentran en alcanzar personas receptivas.
> Las iglesias en decadencia se concentran en reactivar a los inactivos.

es probable que alguien diga: "Pastor, creo que antes de alcanzar a estas personas nuevas debiéramos tratar de reactivar a todos los miembros viejos que han dejado de venir." ¡Esta es una estrategia que garantiza la decadencia de su iglesia! No da resultado. Por lo general, se requiere cinco veces más energía para reactivar a un miembro carnal o disgustado que a un inconverso receptivo.

Creo que Dios ha llamado a los pastores a atrapar peces y a alimentar ovejas, ¡y no acorralar cabras! Sus miembros inactivos tal vez necesitan unirse a alguna otra congregación por diversas razones. Si usted desea crecer, concéntrese en alcanzar a personas receptivas.

Una vez que sepa cuál es su objetivo, a quién está en mejores condiciones de alcanzar y quiénes son las personas más receptivas dentro del grupo que conforma su objetivo, estará listo para el siguiente paso: establecer una estrategia evangelística para su iglesia.

11

Desarrolle una estrategia

En otras palabras, trato de acomodarme en lo posible a las personas para que me dejen hablarles de Cristo, para que Cristo pueda salvarlas.

1 Corintios 9:22b (La Biblia al Día).

Y les dijo: Venid en pos de mí, y os haré pescadores de hombres.

Mateo 4:19

Mi padre es el mejor pescador que jamás haya conocido. Si queda un solo pez en el lago o en el arroyo, él lo pescará. Esto siempre me asombró mientras crecía. Podíamos ser diez los que estábamos pescando en el mismo lago y mi padre era el que sacaba todos los peces. ¿Cómo lo hacía? ¿Era magia o sencillamente que Dios lo quería más a él?

Cuando crecí me di cuenta de su secreto: Mi padre comprendía a los peces. Él podía "leer" un lago e imaginarse exactamente dónde se encontrarían los peces, sabía a qué hora del día les gustaba comer, qué clase de señuelo o de carnada usar según la clase de pez, cuándo cambiar la carnada a medida que la temperatura cambiaba, inclusive parecía saber exactamente a qué profundidad debía echar el sedal en el agua. Él hacía que a los peces les resultara lo más fácil y atractivo posible tragarse el anzuelo ¡y así lo hacían! Pescaba a los peces en sus propios términos.

En contraposición, yo nunca tenía una estrategia cuando iba a pescar. Tiraba la caña en cualquier lugar del lago esperando que algo mordiera el anzuelo. Rara vez los peces venían a mi anzuelo porque yo pescaba con una actitud de "si le gusta bien y si no también". Siempre estaba más interesado en disfrutar del aire libre que en pescar algo. Mientras que mi padre se arrastraba por entre la maleza o se mojaba hasta la cintura para llegar hasta donde estaban los peces, mis lugares para pescar generalmente estaban determinados por lo que me resultara más cómodo. No tenía estrategia, y mis resultados lo demostraban.

Lamentablemente, muchas iglesias tienen esta misma actitud descuidada con respecto a pescar hombres y mujeres. No se toman el tiempo para entender a las personas que desean alcanzar, y no tienen una estrategia. Desean ganar personas para Cristo siempre y cuando puedan hacerlo de una manera cómoda.

El secreto del evangelismo efectivo no es tan solo predicar el mensaje de Cristo sino también seguir la metodología de Cristo. Creo que Jesús no solo nos dio qué decir sino que también nos enseñó cómo comunicarlo. Él tenía una estrategia. Le dio forma a principios evangelísticos atemporales que aun siguen dando resultado si los aplicamos.

Mateo 10 y Lucas 10 son dos relatos reveladores de la estrategia de Jesús para el evangelismo orientado hacia un blanco. Antes de que Jesús enviara a sus discípulos a evangelizar, les dio instrucciones específicas acerca de con quiénes debían pasar el tiempo, a quiénes debían ignorar, qué tenían que decir, y cómo tenían que comunicarlo. En este capítulo no hay lugar para una exposición detallada de todas las instrucciones que dio Jesús. En cambio, quiero identificar cinco guías de pesca para evangelizar que se encuentran en las instrucciones que Jesús dio a sus discípulos. Construimos la estrategia evangelística de Saddleback alrededor de estos cinco principios.

Sepa qué clase de peces quiere pescar

La clase de peces que desee atrapar determinará cada parte de su estrategia. Para pescar salmón, róbalo o bagre se necesita un equipo diferente, una carnada diferente y un momento diferente. No se pesca un pez aguja de la misma manera que una trucha. En la pesca no existe una "talla única". Cada pez demanda una estrategia única. Lo mismo sucede en la pesca de hombres ¡es de ayuda saber qué estamos pescando!

Cuando Jesús envió a los discípulos a su primera campaña evangelística, definió la estrategia muy específicamente: Debían concentrarse en la gente de su propio país. "A estos doce envió Jesús, y les dio instrucciones, diciendo: Por camino de gentiles no vayáis, y en ciudad de samaritanos no entréis, sino id antes a las ovejas perdidas de la casa de Israel" (Mateo 10:5–6).

Pueden haber existido diversas razones por las cuales Jesús redujo el blanco, pero una cosa es cierta: apuntó a la clase de gente a la cual sus discípulos podrían alcanzar con más facilidad, personas como ellos. Jesús no era prejuicioso, era estratégico. Como mencioné en el capítulo 9, Jesús definió el blanco de los discípulos para que pudieran ser efectivos, no excluyentes.

> En la pesca no existe una "talla única". Usted debe saber qué está pescando.

Vaya donde los peces estén picando

Pescar en un lugar donde los peces no están picando es una pérdida de tiempo. Los pescadores sabios se van a otra parte. Ellos entienden que los peces se alimentan en diferentes lugares en diferentes momentos del día. Y no están hambrientos todo el tiempo.

Este es el principio de receptividad que expliqué en el capítulo anterior. En ciertos momentos los incrédulos están más receptivos a las verdades espirituales que en otros. Muchas veces, esta receptividad dura poco tiempo, es por eso que Jesús les dijo que fueran adonde la gente los escuchara. Saque ventaja de los corazones dispuestos a responder que prepara el Espíritu Santo.

Considere las instrucciones que Jesús da en Mateo 10:14: "Y si alguno no os recibiere, ni oyere vuestras palabras, *salid de aquella casa o ciudad*, y sacudid el polvo de vuestros pies" (cursiva añadida). Esta es una declaración muy importante que no debiéramos ignorar. Jesús dijo a los discípulos que no tenían que estar en medio de personas que no respondían. No debemos arrancar la fruta verde, sino buscar la fruta madura y cosecharla.

Antes de comenzar Saddleback, conduje cruzadas evangelísticas y de renovación en muchas iglesias. Generalmente, el pastor local y yo pasábamos las tardes haciendo visitas evangelísticas por las casas. Muchas veces el pastor me llevaba a las mismas personas tercas que otros evangelistas no habían podido ganar. Era una pérdida de tiempo.

¿Es buena mayordomía continuar acosando a alguien que ha rechazado a Cristo una docena de veces cuando existe toda una comunidad de personas receptivas esperando oír el evangelio por primera vez? Creo que el Espíritu Santo quiere guiarnos a las personas que él ya ha preparado y que están listas para responder. Jesús nos dijo que no nos preocupáramos por los insensibles. Sacúdase el polvo de los pies y siga adelante.

La estrategia del apóstol Pablo era pasar por las puertas abiertas y no perder el tiempo golpeando las cerradas. De la misma manera, no debemos concentrar nuestros esfuerzos en aquellos que no están listos para escuchar. En el mundo existen más personas que están listas para recibir a Cristo que creyentes listos para testificarles.

Aprenda a pensar como pez

Para atrapar peces es de gran ayuda comprender sus hábitos, sus preferencias y sus esquemas de alimentación. A ciertos peces les gusta el agua serena, suave y a otros les gusta nadar en ríos turbulentos. Algunos peces andan por el fondo y a otros les gusta esconderse entre las rocas. Para pescar con éxito es necesario tener la habilidad de aprender a pensar como pez.

A menudo Jesús sabía lo que pensaban los incrédulos (véase Mateo 9:4; 12:25; Marcos 2:8; Lucas 5:22; 9:47; 11:17). Su trato con la gente era efectivo porque los comprendía y era capaz de derribar las barreras mentales que ellos erigían.

Colosenses 4:5 dice: "Andad sabiamente para con los de afuera, redimiendo el tiempo." Para ganar a los incrédulos debemos aprender a pensar como ellos.

El problema es que cuanto más tiempo tenemos de creyentes, más nos cuesta pensar como un incrédulo. Nuestros intereses y valores cambian. Como yo he sido cristiano casi toda mi vida,

> Cuanto más tiempo tenemos de creyentes, más nos cuesta pensar como un incrédulo.

pienso como un cristiano. Normalmente no pienso como un incrédulo. Lo que es peor aún, tiendo a pensar como un *pastor*, y eso todavía está más lejos de la manera de pensar de un incrédulo. Debo cambiar intencionalmente ciertos patrones mentales cuando procuro relacionarme con personas que no son cristianas.

Si uno mira la mayoría de propaganda cristiana, resulta evidente que ha sido escrita desde el punto de vista de un creyente y no desde el punto de vista de un incrédulo. Considere la propaganda de una iglesia que anuncia: "¡Predicamos la infalible Palabra de Dios!" Una declaración como esta ciertamente no apela a los incrédulos. Personalmente, considero la infalibilidad de las Escrituras como una creencia no negociable, pero la persona inconversa ni siquiera entiende el término. La terminología espiritual, con la cual los cristianos están familiarizados, no es más que una jerga sin sentido para los inconversos. Si desea hacerle una propaganda a su iglesia que llegue a los inconversos, debe aprender a pensar y a hablar como ellos lo hacen.

Muchas veces he oído a pastores quejarse de que los incrédulos se resisten más al evangelio ahora que en el pasado. Creo que esto es

absolutamente falso. Casi siempre la resistencia no es más que una comunicación pobre. Simplemente el mensaje no penetra. Las iglesias
deben dejar de decir que las personas están cerradas al evangelio y deben comenzar a descubrir cómo comunicarse en la onda de los incrédulos. No importa cuán transformador pueda ser nuestro mensaje, si
lo trasmitimos por un canal diferente al que escuchan los incrédulos
no producirá ningún bien.

¿Cómo se aprende a pensar como incrédulos? ¡Hable con ellos!
Una de las barreras más grandes para el evangelismo es que la mayoría
de los creyentes pasan todo su tiempo con otros cristianos. No tienen
amigos incrédulos. Si uno no pasa tiempo con los incrédulos, no podrá comprender qué están pensando.

Como dije en el capítulo 1, comencé Saddleback yendo de puerta
en puerta durante doce semanas encuestando a los incrédulos de mi
área. Seis años antes había leído el libro de Robert Schuller *Your
Church Has Real Possibilities* [Su iglesia tiene verdaderas posibilida-
des], que contaba cómo él había salido de puerta en puerta en 1955 y
le había preguntado a cientos de personas: "¿Por qué no asiste a la iglesia?" y "¿Qué espera de una iglesia?" Pensé que esto era una gran idea,
pero que había que reformular las preguntas para el escepticismo más
pronunciado de los años 80. Anoté en mi cuaderno cinco preguntas
que utilizaría para comenzar Saddleback:

1. *¿Cuál le parece que es la mayor necesidad en este lugar?* Esta
   pregunta sencillamente hacía que las personas comenzaran
   a hablar conmigo.

2. *¿Está asistiendo activamente a alguna iglesia?* Si decían que
   sí, les daba las gracias y seguía hacia la siguiente casa. No
   los molestaba realizando las otras tres preguntas porque no
   deseaba colorear la encuesta con opiniones de personas creyentes. Nótese que no preguntaba: "¿Es *miembro* de alguna
   iglesia?" Muchas personas que no han estado dentro de una
   iglesia durante veinte años, todavía siguen pretendiendo ser
   sus miembros.

3. *¿Por qué le parece que la mayoría de la gente no asiste a la
   iglesia?* Esto parecía una pregunta menos ofensiva y

amenazante que "¿Por qué *usted* no asiste a la iglesia?" Hoy en día muchas personas responderían a esa pregunta con un "¡A usted no le importa por qué no voy!" Pero cuando les preguntaba por qué *otras personas* no iban, generalmente me daban sus razones personales sin problema.

4. *Si buscara una iglesia a la cual asistir, ¿qué esperaría que tuviera?* Esta sencilla pregunta me enseñó más acerca de la manera de pensar de un incrédulo que todo el entrenamiento del seminario. Descubrí que la mayoría de las iglesias ofrecían programas que a los inconversos no les interesaban.

5. *¿Hay algo que pudiera hacer por usted? ¿Qué consejo podría darle a un ministro que realmente desea ayudar a la gente?* Esta es la pregunta más básica que una iglesia debe hacerle a su comunidad. Estudie los evangelios y considere cuántas veces Jesús preguntaba: "¿Qué quieres que haga por ti?" Él comenzaba con las necesidades de la gente.

Cuando realicé la encuesta, me presentaba diciendo: "Hola, mi nombre es Rick Warren. Estoy realizando una encuesta de opinión en nuestra comunidad. No estoy aquí para venderle nada ni para afiliarlo a ninguna parte. solo me gustaría hacerle cinco preguntas. No existen respuestas correctas o equivocadas y solo nos tomará unos dos minutos."

Varios miles de iglesias ahora han usado estas cinco preguntas en sus comunidades. Una denominación que me consultó al respecto ha usado estas preguntas para comenzar ¡102 iglesias nuevas en un mismo día! Si usted nunca ha encuestado a los inconversos de su área, le recomiendo enfáticamente que lo haga.

Cuatro quejas básicas.

Descubrimos cuatro quejas comunes acerca de las iglesias en esta encuesta en el Valle de Saddleback.

"La iglesia es aburrida, especialmente los sermones. Los mensajes no tienen relación con mi vida". Esta es la queja que más he oído. Es asombroso cómo las iglesias pueden tomar el libro más apasionante del

mundo y con él aburrir a las personas hasta las lágrimas. ¡Milagrosamente pueden convertir el pan en piedras!

El problema con los predicadores aburridos es que esto hace que la gente piense que Dios es aburrido. A partir de esta queja, me decidí a aprender a comunicar la Palabra de Dios de una manera práctica e interesante. Un sermón no tiene por qué ser aburrido para ser bíblico, y no tiene que ser seco para ser doctrinal. Los inconversos no nos están pidiendo mensajes aguados, sino mensajes prácticos. El domingo desean escuchar algo que puedan poner en práctica el lunes.

"Los miembros de las iglesias no son amigables con los visitantes. Si voy a una iglesia me gusta sentirme bienvenido sin sentirme incómodo". Muchos inconversos me dijeron que les parecía que la iglesia era una camarilla. Si no conocían la terminología "interna", las canciones, o los rituales, se sentían como tontos y les parecía que los miembros los miraban juzgándolos. La emoción principal que sienten los inconversos cuando asisten a un culto es *temor*. Como resultado, decidimos que en Saddleback haríamos todo lo que fuera necesario para hacer que los visitantes se sintieran bienvenidos y aceptados sin sentirse observados.

"A la iglesia le interesa más mi dinero que mi persona". Debido a los muy visibles esfuerzos de los evangelistas televisivos y de otras organizaciones cristianas por levantar fondos, los inconversos están increíblemente sensibles a los pedidos de dinero. Bill Hybels descubrió que esta era la queja principal en su área cuando realizó una encuesta similar. Muchos creen que los pastores "están allí solo por el dinero", y los opulentos edificios de algunas iglesias lo único que han hecho es añadir leña el fuego. Nosotros decidimos contrarrestar esta queja eximiendo a las visitas de ofrendar. Explicamos que la ofrenda es solo para aquellos que forman parte de la familia de nuestra iglesia. No esperamos que los visitantes den algo.

"Nos preocupa la calidad del cuidado de los niños que ofrecen las iglesias". El Valle de Saddleback está lleno de parejas jóvenes, así que no nos sorprendimos al descubrir esta queja. La iglesia debe ganarse la confianza de los padres. Saddleback ha adoptado y publicado una serie de rigurosas reglas para el ministerio de los niños que aseguren la

seguridad y la calidad. Si usted desea alcanzar a parejas jóvenes, debe tener un programa excelente para sus niños.

Jesús dijo a los discípulos que tuvieran una estrategia para evangelizar. "He aquí, yo os envío como a ovejas en medio de lobos; sed, pues, prudentes como serpientes, y sencillos como palomas" (Mateo 10:16). En el fútbol americano, los equipos exitosos saben cómo "leer la defensa". Cuando las líneas ofensivas se preparan para cada juego, el jugador que está en los cuartos traseros mira al equipo opositor para ver cómo están alineados. Trata de imaginarse por adelantado cómo responderá la defensa y cuáles son las barreras que podrían impedir la ejecución del juego. Si este jugador no lo hace, ¡generalmente termina saqueado!

En evangelismo, "leer la defensa" significa comprender y anticipar las objeciones de los incrédulos antes de que ellos puedan expresarlas. Significa aprender a pensar como un incrédulo.

Lo que me pareció más interesante acerca de nuestra encuesta fue que ninguna de las quejas de los inconversos del área eran de índole teológico. No me encontré con una sola persona que me dijera: "No asisto a la iglesia porque no creo en Dios." Sin embargo, sí encontré a mucha gente que me decía: "Creo en Dios, pero me parece que la iglesia no tiene nada que yo necesite." La mayoría de las personas que no asisten a una iglesia no son ateos: Están mal informados, se han alejado o están demasiado ocupados.

Utilizando la información que reunimos a través de la encuesta, enviamos una carta abierta a la comunidad refiriéndonos a las principales preocupaciones de los inconversos y anunciando un culto diseñada para contrarrestar las excusas más comunes que ellos daban.

Escribí esta carta totalmente en fe. Cuando la enviamos, ni siquiera habíamos tenido un solo servicio. En fe, anuncié por adelantado la clase de iglesia que estábamos decididos a ser.

Definí nuestro objetivo en la primera frase de la carta ubicando a Saddleback como "una iglesia para quienes no tienen iglesia". El tono completo de la carta fue escrito para responder a lo que buscan los inconversos, no para atraer a los cristianos de otras iglesias. Por cierto,

20 de marzo de 1980
¡Hola vecino!

¡Al fin!

Una nueva iglesia creada para los que han renunciado a las reuniones tradicionales. Seamos honestos. Muchas personas no participan activamente en una iglesia en estos días.

¿Por qué?

Con mucha frecuencia...
* Los sermones son aburridos y no tienen relación con la vida diaria.
* Muchas iglesias parecen estar más interesadas en su billetera que en usted.
* Los miembros no son amigables con las visitas.
* Usted no está seguro de la calidad del cuidado de su niños.

¿Le parece que asistir a una iglesia debe ser algo que se pueda disfrutar?

¡Tenemos buenas noticias!

La Iglesia de la Comunidad del Valle de Saddleback es una nueva iglesia creada para satisfacer sus necesidades en los años 80. Somos un grupo de personas felices y amigables que hemos descubierto el gozo de la vida cristiana.

En la Iglesia de la Comunidad del Valle de Saddleback usted:
* Conocerá nuevos amigos y podrá conocer mejor a sus vecinos.
* Disfrutará de música animada con un sabor contemporáneo.
* Escuchará mensajes positivos y prácticos que le darán ánimo cada semana.
* Confíe el cuidado de sus hijos a personas dedicadas a esa tarea.

¿Por qué no hacernos una visita este domingo?

Lo invito a ser mi invitado especial en nuestra primera celebración pública, un culto el Domingo de Resurrección, el 6 de abril a las 11:00 horas. Nos encontramos en el Teatro de la Escuela Secundaria Laguna Hills. Si usted no tiene una iglesia ¡dénos una oportunidad!

¡Descubra la diferencia!

Sinceramente,
Rick Warren, Pastor.

todas las cartas críticas y furiosas que recibí como respuesta a esta primera carta provenían de cristianos que me cuestionaban el hecho de no haber mencionado a Jesús o a la Biblia. ¡Algunos hasta llegaron a expresar sus dudas acerca de mi propia salvación! Sencillamente no entendían qué estábamos tratando de hacer.

Gracias a la carta, 205 personas asistieron al primer culto de Saddleback, y en el lapso de las diez semanas siguientes ochenta y dos de esas personas entregaron sus vidas a Cristo. Con estos resultados valía la pena que algunos cristianos no nos entendieran. Uno debe decidir a quién quiere impresionar.

Pesque a los peces en sus propios términos

Esta es el alma de la estrategia de evangelismo de Saddleback: Debemos estar dispuestos a pescar a los peces en sus propios términos. Como ya señalé en el ejemplo de mi padre, la pesca exitosa muchas veces requiere que hagamos cosas que nos resultan incómodas para poder atrapar al pez. ¿Sabía que el pescador promedio nunca se aventura más allá de doscientos metros de un camino pavimentado? Sin embargo, los pescadores *serios* se alejarán a cualquier distancia con tal de atrapar a un pez. ¿Con cuánta seriedad toma usted la Gran Comisión? ¿Con cuánta seriedad la toma su iglesia? ¿Está dispuesto a recorrer cualquier distancia y soportar incomodidades con tal de ganar a las personas para Cristo?

Comprenda y adáptese a la cultura de los demás.

Jesús les dijo a sus discípulos: "En cualquier ciudad donde entréis, y os reciban, comed lo que *os pongan delante*" (Lucas 10:8, cursiva añadida). Al decir esto, Jesús les estaba dando algo más que un consejo alimenticio, les estaba ordenando que fueran sensibles a la cultura local. Les estaba diciendo que se adaptaran a aquellos a quienes querían alcanzar. Debían adaptarse a las costumbres y a la cultura local siempre y cuando esta no violara los principios bíblicos.

Cuando trabajé sirviendo como misionero estudiante en el Japón, tuve que aprender a comer lo que me ponían delante. No siempre me gustaba, pero amaba a los japoneses y deseaba ganarlos para Cristo, así que me adapté a sus costumbres.

Muchas veces permitimos que las diferencias culturales entre los creyentes y los no creyentes se conviertan en barreras que impiden que el mensaje llegue. Para algunos cristianos, todo lo que tenga que ver con "adaptarse a la cultura" les suena a liberalismo teológico. Este no es un temor nuevo. En realidad, por esta razón los apóstoles mantuvieron la conferencia en Jerusalén narrada en Hechos 15. En aquellos días el tema era: "Para ser considerados verdaderos cristianos, ¿los creyentes gentiles tenían que seguir las costumbres de la cultura judía?" Los apóstoles y los ancianos respondieron con un claro "¡De ninguna manera!" A partir de aquel momento, el cristianismo comenzó a adaptarse a cada nueva cultura a medida que se extendía por el mundo.

El evangelio siempre se comunica en los términos de alguna cultura. La única pregunta es, ¿de cuál? Ninguna iglesia puede ser culturalmente neutral. Siempre expresará alguna cultura porque está compuesta por seres humanos.

Durante 2.000 años el cristianismo se ha adaptado a una cultura tras otra. Si no lo hubiera hecho, ¡todavía seríamos una secta dentro del judaísmo! Cuando insistimos en que nuestra expresión cultural de la fe es mejor o más bíblica que cualquier otra estamos ignorando 2.000 años de historia de la iglesia.

He notado que cuando voy a pescar, los peces no saltan automáticamente adentro de mi bote ni se arrojan en la playa para que los atrape. Su cultura (debajo del agua) es muy diferente a la mía (en el aire). Se requiere un esfuerzo intencional de mi parte para ponerme en contacto con los peces. De alguna manera tengo que imaginarme cómo ponerles la carnada justo en frente de su nariz en medio de su cultura.

Las iglesias que esperan que los inconversos aparezcan sencillamente porque han construido un edificio y han colgado un cartel que dice "Abierto" se están engañando a sí mismos. Las personas no saltan voluntariamente adentro de su bote. Usted debe penetrar en su cultura.

Para penetrar cualquier cultura usted debe estar dispuesto a hacer pequeñas concesiones en cuestiones de estilo y así conseguir que lo escuchen. Por ejemplo, nuestra iglesia ha adoptado el estilo informal y la ropa de la comunidad del sur de California a la cual ministramos. Como la playa está a pocos kilómetros y el clima es soleado y cálido la mayor parte del año, las personas no se visten tan elegantemente como en otras partes del país. Por lo tanto, diseñamos nuestras reuniones para que reflejen ese mismo estilo informal. Si ve hombres con traje y corbata en Saddleback, seguramente son visitantes de otra parte.

Permita que el objetivo sea el que determine su enfoque.

Pescar peces en sus propios términos significa permitir que el objetivo sea quien determine su enfoque. Cuando usted sale de pesca, ¿Utiliza la misma clase de carnada para todas las clases de peces? Por supuesto que no. ¿Utiliza la misma medida de anzuelo para todos los peces? No. Se debe usar el anzuelo y la carnada que mejor se adapten para pescar los peces que desee atrapar.

Pablo siempre permitió que el objetivo determinara su enfoque. Él describe su estrategia en 1 Corintios 9:19–22:

> Por lo cual, siendo libre de todos, me he hecho siervo de todos para ganar a mayor número. Me he hecho a los judíos como judío, para ganar a los judíos; a los que están sujetos a la ley (aunque yo no esté sujeto a la ley) como sujeto a la ley, para ganar a los que están sujetos a la ley; a los que están sin ley, como si yo estuviera sin ley (no estando yo sin ley de Dios, sino bajo la ley de Cristo), para ganar a los que están sin ley. Me he hecho débil a los débiles, para ganar a los débiles; a todos me he hecho de todo, para que de todos modos salve a algunos.

Algunos críticos podrían decir que Pablo actuaba como un camaleón, como un hipócrita en el ministerio, actuando de manera diferente con los distintos grupos. Esto no es así. Pablo estaba siendo estratégico. Su motivación era el deseo de ver que toda la gente fuera salva. Me gusta mucho la paráfrasis de 1 Corintios 9:22–23 de La

Biblia al Día: "Cuando estoy con gente de conciencia sensible, no me las doy de sabio ni los hago lucir insensatos, porque lo que me interesa es que estén dispuestos a dejarse conducir al Señor. En otras palabras, trato de acomodarme en lo posible a las personas para que me dejen hablarles de Cristo, para que Cristo pueda salvarlas. Hago esto para darles el evangelio y también para alcanzar yo mismo la bendición que uno alcanza cuando guía un alma al Señor."

Una vez leí los evangelios con la intención de descubrir el enfoque estándar que Jesús utilizaba en el evangelismo. Lo que aprendí es ¡que no tenía ninguno! No tenía un enfoque estándar para testificar. Sencillamente comenzaba a partir de donde la gente se encontraba. Cuando estaba con la mujer en el pozo de agua, le habló del agua viva; cuando estaba con pescadores, les habló acerca de ser pescadores de hombres; cuando estaba con granjeros, les hablaba de sembrar semillas.

Comience con las necesidades que los inconversos sienten que tienen.

Cada vez que Jesús se encontraba con una persona comenzaba con las necesidades, los dolores y los intereses de *esa* persona. Cuando envió a sus discípulos les dijo lo mismo: "Sanad enfermos, limpiad leprosos, resucitad muertos, echad fuera demonios; de gracia recibisteis, dad de gracia" (Mateo 10:8).

Considere el énfasis absoluto que hace en las necesidades y dolores. Cuando usted tiene un dolor, ya sea físico o emocional, no le interesan los significados de las palabras del griego o del hebreo. Lo único que quiere es sentirse bien. Jesús siempre ministraba a las necesidades y los dolores de la gente. Cuando un leproso vino a Jesús, él no se lanzó a darle un largo discurso acerca de las leyes de limpieza de Levítico. ¡Simplemente lo sanó! Cuando se encontraba con un enfermo, con un endemoniado o con una persona perturbada, los trataba a partir de su dolor. No les decía: Lo siento, eso no entra dentro de mi esquema de predicación. Hoy seguimos con nuestra serie sobre el libro de Deuteronomio."

Si su iglesia desea seriamente alcanzar a los inconversos, usted debe estar dispuesto a tratar con personas que tienen muchos problemas. La pesca siempre es desprolija y olorosa. Muchas iglesias desean que a los peces que atrapan ya les hayan quitado las vísceras, las espinas y los hayan cocinado. Es por eso que nunca alcanzan a nadie.

Comprenda y responda a los problemas de los inconversos.

En Saddleback los tomamos con mucha seriedad, aunque estén basados en la ignorancia. Los incrédulos tienen complejos porque las iglesias les piden dinero, otras utilizan la culpa o el temor para motivar, otras esperan que asistan a todas las reuniones que celebran, y otras les piden a las visitas que se pongan de pie y se presenten.

Nuestra estrategia es contrarrestar esos complejos lo antes posible. Por ejemplo, en nuestras encuestas a los inconversos, descubrimos que las etiquetas denominacionales eran muy negativas para muchas de las personas que no concurrían a una iglesia en el sur de California. Esto fue lo que hizo que eligiéramos el nombre neutral de "Iglesia de Saddleback".

No me avergüenzo de mi herencia Bautista del Sur, y claramente les explicamos a nuestros miembros en la clase para la membresía que Saddleback está afiliada tanto doctrinal como financieramente a la Convención Bautista del Sur. Pero cuando preguntábamos a los inconversos de California del sur: "¿Qué significa para usted el término *Bautista del Sur*?" me asombraba el extendido mal concepto que existía. Muchos incrédulos, particularmente los de origen católico, me dijeron que nunca jamás considerarían la posibilidad de visitar una congregación Bautista del Sur.

Esto me dejó con dos opciones: pasar años educando a la comunidad, enseñándoles los fundamentos de la Convención Bautista del Sur *antes* de lograr que visitaran la iglesia, o aclarar los malos conceptos *después* que aceptaran a Cristo. Elegimos la segunda opción.

¿Me habrán criticado por mi elección? ¿Qué cree? Algunos compañeros bien intencionados me acusaron de toda clase de herejías teológicas y de falta de integridad, pero ellos no eran mi objetivo. Yo no estaba tratando de atraer cristianos y no estaba apuntando a otros bautistas. Algunas de estas personas se hicieron amigos míos una vez que comprendieron a quiénes estaba tratando de alcanzar. La elección de un nombre neutral fue una estrategia evangelística, no un error teológico.

En 1988, una encuesta de Gallup reveló que el 33% de todos los protestantes habían cambiado su afiliación denominacional durante el transcurso de sus vidas. Estoy seguro de que ahora ese número es mucho mayor. Dada la creciente popularidad de los productos genéricos, es evidente que la generación actual tiene muy poca "fidelidad" a una marca. Para la mayoría de las personas el valor es una fuerza de atracción mayor. Muy pocas personas eligen una iglesia basándose en la etiqueta denominacional. Eligen la iglesia que mejor ministra a sus necesidades.

Cambie los métodos cada vez que sea necesario.

Si alguna vez ha pescado durante todo un día, sabrá que algunas veces hay que cambiar la carnada a medida que transcurren las horas. Lo que los peces mordían durante la mañana parecen ignorarlo por la tarde. El problema que tienen muchas iglesias de la actualidad es que en los 90 siguen tratando de usar carnadas y anzuelos de los años 50, y los peces ya no la muerden. Por lo general, el mayor enemigo para nuestro éxito en el futuro es nuestro éxito en el pasado.

Utilice más de un anzuelo

En el lugar en donde me crié, usar más de un anzuelo se le llamaba "pesca de espinel". Esto consistía en adosar múltiples anzuelos a una sola caña de pescar. La idea era que cuantos más anzuelos uno tuviera en el agua, más posibilidades tendría de atrapar más peces.

Debido a los avances tecnológicos, a las personas en los Estados Unidos se les ofrecen más opciones que nunca antes. Mientras que solía haber tres canales de televisión, ahora puedo tener más de cincuenta canales en mi televisor y con un cable de fibra óptica que pronto aumentará al triple esa cantidad. Antes solía haber una sola clase de Cola, ahora existe la Cola dietética, la Cola con sabor a cereza, la Cola descafeinada, etc., etc.

El año pasado vi un programa televisivo que hablaba de las elecciones a las que tienen acceso los consumidores. El documental estimaba que cada semana hay unos 200 productos nuevos de almacén que entran al mercado, y que cada año se publican cerca de 300 revistas nuevas. Solamente la corporación Levi tiene 70.000 productos de diferentes medidas, formas, tipos y materiales. Vivimos en un mundo de elecciones múltiples.

Estos cambios han producido una generación que espera que se le ofrezcan opciones en todas las áreas. Lamentablemente, cuando se trata de reuniones de adoración, la mayoría de las iglesias solamente ofrecen dos opciones: ¡si le gusta bien y si no también! Si no puede asistir a las 11 horas, se lo perdió.

Ofrecer múltiples reuniones o inclusive múltiples estilos de adoración no es ser condescendientes con el consumismo. Es estratégico y altruista, y quiere decir que haremos todo lo que sea necesario para alcanzar más personas para Cristo. La meta no es obstaculizar tanto como sea posible, sino facilitar al máximo que los inconversos oigan acerca de Cristo.

Las iglesias que crecen normalmente ofrecen múltiples programas, múltiples reuniones e incluso algunas veces múltiples lugares de reunión. Reconocen que se necesitan toda clase de enfoques para alcanzar a toda clase de personas. Jerry Falwell lo llama "evangelismo de saturación", es decir, utilizar todos los medios posibles para alcanzar a todas las personas posibles, en todo momento que sea posible.

¿Por qué normalmente pescamos con un solo anzuelo? ¿Por qué la mayoría de las iglesias tienen pocos programas de extensión o ninguno? Creo que es porque hacemos la pregunta equivocada. Muy a menudo preguntamos en primer lugar: "¿Cuánto nos va a costar?" La pregunta *correcta* es: "¿A quién va a alcanzar?" ¿Cuánto vale un alma? ¿No vale la pena gastar quinientos dólares en un aviso publicitario en un periódico si este alcanzará a una persona para Cristo?

Alcanzar a su comunidad cuesta

Si su iglesia desea seriamente desarrollar una estrategia de evangelismo comprensivo, le costará dinero. Tomando esto en cuenta, permítame concluir este capítulo con algunos pensamientos acerca del financiamiento de su estrategia.

En primer lugar, el dinero destinado al evangelismo nunca es un gasto, siempre es una inversión. Las personas a las cuales alcance compensarán con creces lo que invirtió para alcanzarlas. Antes de celebrar el primer culto de Saddleback, las personas que asistían a nuestro pequeño estudio bíblico hogareño contrajeron una deuda de unos 6.500 dólares preparándose para este culto. ¿De dónde sacamos ese dinero? ¡Usamos nuestras tarjetas de crédito personales! Creímos que las ofrendas de las personas que traeríamos a Cristo con el tiempo nos permitirían devolver ese dinero.

Uno de los milagros de nuestro culto de ensayo general fue que un hombre que no había asistido a nuestro estudio bíblico hogareño vino al culto y dio un cheque de mil dólares cuando recogimos la ofrenda. Cuando el servicio hubo terminado, la mujer que estaba encargada de contar la ofrenda vino y me mostró el cheque. Yo dije: "¡Esto va a funcionar!" Por supuesto, pagamos todas nuestras deudas en el lapso de cuatro meses. Por favor tome nota: *No* estoy recomendando que su iglesia use las tarjetas de crédito para financiar sus deudas. Solamente estoy tratando de dar un ejemplo de lo dispuestos que estábamos a pagar el costo de alcanzar a otras personas para Cristo.

Cuando las finanzas no andan bien en una iglesia, la primera cosa que casi siempre se recorta del presupuesto es el evangelismo y la publicidad. Esto es lo *último* que debe recortarse. Es la fuente de sangre y de vida nueva para su iglesia.

La segunda cosa que tenemos que comprender cuando pensamos en las finanzas de la iglesia es que las personas dan para la *visión*, no para la necesidad. Si la necesidad fuera lo que motiva a la gente a ofrendar, todas las iglesias tendrían mucho dinero. Las instituciones más necesitadas no son las que atraen las contribuciones sino aquellas con mayor visión. Las iglesias que aprovechan al máximo lo que tienen son las iglesias que atraen más donaciones. Es por eso que Jesús dijo: "...los que tienen mucho obtienen más, y los que tienen poco pierden hasta lo poco que tienen" (Lucas 19:26, La Biblia al Día).

Si su iglesia se encuentra permanentemente corta de dinero, revise su visión. ¿Está clara? ¿La están comunicando correctamente? El dinero fluye hacia las ideas que Dios da, las ideas inspiradas por el Espíritu Santo. Las iglesias que tienen problemas de dinero generalmente tienen un problema de visión.

En tercer lugar, cuando uno gasta centavos en evangelismo, obtiene resultados que valen centavos. En Mateo 17, Jesús le dijo a Pedro que fuera a buscar dinero en la boca de un pez para poder pagar los impuestos romanos. El versículo 27 dice que Jesús le dijo a Pedro: "...vé al mar, y echa el anzuelo, y el primer pez que saques, tómalo, y al abrirle la boca, hallarás un estatero; tómalo, y dáselo por mí y por ti." Creo que esta historia tiene una lección importante: Las monedas siempre están en las bocas de los pescados. Si usted se concentra en pescar (evangelizar), Dios pagará sus deudas.

Finalmente, recuerde el famoso lema del gran misionero y estratega Hudson Taylor: "La obra de Dios hecha a la manera de Dios no carecerá del apoyo de Dios."

La pesca es un asunto serio

Siempre me ha encantado la analogía de Jesús del evangelismo con la pesca, pero he tenido una duda acerca de esto: La pesca no es más que un pasatiempo para la mayoría de la gente, algo que hacen en su tiempo libre. Nadie piensa en la pesca como una responsabilidad. Sin embargo, pescar hombres es asunto serio. No es un pasatiempo para cristianos, ¡debe ser nuestro estilo de vida!

Cuarta parte

Traiga una multitud

12

Cómo atraía Jesús a las multitudes

Y dondequiera que iba
lo seguían multitudes enormes.

Mateo 4:25 (La Biblia al Día)

...Y gran multitud del pueblo le oía de buena gana.

Marcos 12:37

Una de las características impresionantes del ministerio de Jesús era que atraía a las multitudes. Grandes multitudes. *Enormes* multitudes. Las multitudes que Jesús atraía eran tan grandes que en una ocasión llegaron a oprimirlo (Lucas 8:42). A las personas que tenían sed les encantaba escucharlo y venían en tropel a cualquier lugar donde él estuviera, aunque esto significara viajar largas distancias. Cuando Jesús alimentó a los 5.000, ese número solo contaba a los hombres (Mateo 14:21). Cuando se añaden las mujeres y los niños que debieron estar allí también, ¡el número asciende a más de 15.000 personas presentes en aquella reunión! El ministerio de Jesús tenía una cualidad magnética.

Un ministerio parecido al de Cristo todavía atrae multitudes. No es necesario usar trucos ni comprometer sus convicciones para reunir una multitud. No es necesario aguar el mensaje. ¡Inclusive, he descubierto que no es necesario construir un edificio para atraer a una multitud! Pero sí se debe ministrar a la gente en la forma en que Jesús lo hizo.

¿Qué atraía a grandes multitudes al ministerio de Jesús? Él hizo tres cosas con las multitudes: Los amó (Mateo 9:36 y otros), satisfizo sus necesidades (Mateo 15:30; Lucas 6:17–18; Juan 6:2, y otros), y les enseñó de maneras prácticas e interesantes (Mateo 13:34; Marcos 10:1; 12:37, y otros). Estos mismos tres ingredientes atraerán a las multitudes en el día de hoy.

Jesús atraía a las multitudes amando a los incrédulos

Jesús amaba a los perdidos y le gustaba pasar tiempo con ellos. Es evidente, a la luz de los evangelios, que disfrutaba mucho más de estar con los que le buscaban que con los líderes religiosos. Asistía a sus fiestas y lo llamaban "amigo de los pecadores" (Lucas 7:34). ¿Cuánta gente lo llamaría a usted de esta manera?

La gente podía sentir que a Jesús le encantaba estar con ellos. Inclusive los niños pequeños querían estar cerca de él, lo cual dice muchísimo de qué clase de persona era. Los niños parecen inclinarse instintivamente hacia las personas amorosas y que los aceptan.

Ame a los incrédulos como los amaba Jesús.

Amar a los incrédulos como lo hizo Jesús, es la llave para el crecimiento de la iglesia que más se pasa por alto. Si no tenemos su pasión por los perdidos, no podremos hacer los sacrificios necesarios para alcanzarlos.

El mandato de amar es el que más se repite en el Nuevo Testamento, aparece por lo menos cincuenta veces. Si no amamos a la gente, nada más importa. "El que no ama, no ha conocido a Dios; porque Dios es amor" (1 Juan 4:8). Cuando pregunto a los nuevos convertidos que bautizo qué los atrajo a la familia de nuestra iglesia, nunca he oído que alguno me diga: "Fue por la teología de la Reforma en la cual ustedes creen", o "Fue su hermoso edificio", o "Fue su calendario lleno de actividades". En cambio, la respuesta más común ha sido: "Me atrajo un increíble espíritu de amor *hacia mí.*"

> Amar a los incrédulos como lo hizo Jesús, es la llave para el crecimiento de la iglesia que más se pasa por alto.

Considere cuál es el centro de esta afirmación. El amor de nuestros miembros se dirige a los nuevos, no se aman solamente entre ellos.

Conozco muchas iglesias donde los miembros se aman *los unos a los otros* y tienen una gran comunión, sin embargo, las iglesias se están muriendo porque todo el amor está canalizado hacia adentro. La comunión en estas iglesias se ha vuelto tan cerrada que las personas nuevas no pueden romper ese círculo. No atraen a los incrédulos porque no los aman.

Por supuesto, todas las congregaciones *piensan* que su iglesia es amorosa. ¡Pero eso es porque la gente que así piensa no son los que están allí! Pregúntele a un miembro típico y le dirá: "Nuestra iglesia es muy amigable y amorosa." Lo que generalmente quiere decir: "Nos amamos los unos a los otros. Somos amigables y amoroso con las personas que *ya se encuentran aquí.*" Aman a las personas con las cuales se sienten cómodos, pero esa cálida comunión no se traduce automáticamente en amor por los incrédulos y por las visitas.

Algunas iglesias exhiben la falta de una multitud como prueba de que son bíblicos, ortodoxos y que están llenos del Espíritu. Sostienen que ser una iglesia pequeña es prueba de que son una iglesia pura, que no ha comprometido sus creencias. En realidad, lo que tal vez su tamaño pruebe es que no aman a la gente tanto como para salir a buscarlos. La verdadera razón por la cual muchas iglesias no tienen una multitud es porque no la quieren. No les gusta relacionarse con los incrédulos y les parece que si atraen a una multitud se perturbará su cómoda rutina. Esta clase de egoísmo impide que muchas iglesias crezcan.

Años atrás, Dean Kelly publicó una investigación que mostraba que las iglesias crecen porque son conservadoras en la doctrina; saben lo que creen y no se avergüenzan de ello. Creo que Kelly tenía solo la mitad de la verdad. Existen muchas iglesias que creen en la Biblia y que se están muriendo en la vid. Las iglesias que crecen son las que mantienen las creencias conservadoras *y* aman a los de afuera. Win Arn ha realizado un estudio exhaustivo que confirma este hecho: Las iglesias grandes están construidas sobre la base del amor hacia Dios, de los unos hacia los otros y hacia los inconversos.

Una de las principales razones del crecimiento de Saddleback es que amamos a la gente nueva. Amamos a las visitas. Amamos a los perdidos. Durante quince años he observado cómo nuestros miembros expresan su amor de maneras prácticas: Cada fin de semana acomodaban y sacaban las sillas y el equipo de la Escuela Dominical mientras nos encontrábamos en edificios prestados, dispuestos a utilizar setenta y nueve edificios diferentes para que la iglesia continuara creciendo y alcanzando a más personas, estacionando afuera del predio para que las visitas pudieran tener su lugar en el estacionamiento, permaneciendo de pie durante las reuniones atestadas de personas para que las visitas pudieran permanecer sentadas, e inclusive ofreciendo sus abrigos a los visitantes en los días de frío cuando estábamos en la carpa.

Es un mito decir que las iglesias grandes siempre son frías e impersonales y que automáticamente las iglesias pequeñas son cálidas y amorosas. El tamaño no tiene nada que ver con el amor o la amistad. La razón por la que algunas iglesias permanecen pequeñas es porque *no son* amorosas. El amor atrae a la gente

> El amor atrae a la gente como un poderoso imán. La falta de amor empuja a la gente hacia afuera.

como un poderoso imán. La falta de amor empuja a la gente hacia afuera.

Crear una atmósfera de aceptación.

Las plantas necesitan el clima apropiado para crecer, y lo mismo sucede con las iglesias. El clima apropiado para el crecimiento de la iglesia es una atmósfera de aceptación y amor. Las iglesias que crecen aman; las iglesias que aman crecen. Parece evidente, pero muchas veces se pasa por alto: ¡Para que su iglesia crezca debe ser *agradable* con la gente cuando vienen por primera vez!

En la encuesta que realicé antes de comenzar Saddleback, la segunda queja más importante que encontré fue la siguiente: "Los miembros de las iglesias no son amigables con las visitas. Parece que no encajamos". Mucho antes de que el pastor predique, las visitas ya están decidiendo si volverán o no. Se están preguntando: "¿Me siento bienvenido en este lugar?"

En Saddleback hacemos todo esfuerzo posible para contrarrestar esta queja. Hemos pensado en una estrategia para crear un clima de amor y de aceptación que lo puedan sentir las visitas. Controlamos nuestra efectividad semanalmente pidiéndoles a las personas que nos han visitado por primera vez que nos den su primera impresión franca y anónima de lo que les pareció nuestra iglesia. Cuando a cada persona que ha venido por primera vez le enviamos por correo nuestra carta de "Gracias por haber sido nuestro invitado", incluimos una tarjeta postal con el franqueo pago titulado "Mi primera impresión". Esta tarjeta dice lo siguiente: "Nuestra iglesia desea servirle mejor, así que, ¿podría darnos su opinión?" Hay solo tres preguntas en la tarjeta: "¿Qué fue lo primero que le llamó la atención?" "¿Qué le gustó más?" "¿Qué le gustó menos?" Hasta ahora hemos recibido miles de estas tarjetas, y casi el noventa por ciento

> Mucho antes de que el pastor predique, las visitas ya están decidiendo si volverán o no.

responde a la primera pregunta con alguna variación en la redacción: "Me llamó la atención el amor de la gente y lo amigables que son." Esta respuesta no es accidental. Es el resultado de una estrategia intencional de expresarle nuestro amor a los visitantes de una manera que lo puedan comprender.

Para impactar a un visitante, se debe expresar el amor de una manera práctica. Aunque una iglesia sienta genuina compasión por los perdidos, es posible que esa compasión no se esté expresando de manera tal que los perdidos la comprendan. Debemos actuar intencionalmente para demostrar nuestro amor hacia las visitas y hacia aquellos que no conocen a Cristo. El amor es más que un sentimiento, es un comportamiento. Significa ser sensible a las necesidades de los demás poniéndolos antes que nosotros mismos. En el siguiente capítulo sugeriré una serie de maneras prácticas que hemos utilizado en Saddleback.

El pastor debe ser amoroso.

El pastor de una iglesia es quien establece el tono y la atmósfera de la congregación. Si usted es pastor y desea conocer cuál es el grado de amor en su iglesia, póngase el termómetro en su boca. He visitado algunas iglesias en las cuales la falta de amor del pastor es la principal razón por la cual la iglesia no está creciendo. Algunos pastores, debido a su comportamiento frío y a su falta de amor personal, virtualmente garantizan que las visitas no volverán otra vez. Y en algunas iglesias más grandes, he tenido la impresión de que el pastor ama a las audiencias pero no a la gente.

Muchas veces escucho a los pastores admitir con entusiasmo: "¡*Amo* predicar!" Esto nunca me impresiona. Puede significar sencillamente que disfrutan de la atención de la gente o de la adrenalina que se segrega al estar frente a la gente. Lo que quisiera preguntarle a esos pastores es lo siguiente: "¿Aman a las *personas* a las que les están predicando? Ese es un asunto mucho más importante. La Biblia dice: "Si yo hablase lenguas humanas y angélicas, y no tengo amor, vengo a ser como metal que resuena, o címbalo que retiñe" (1 Corintios 13:1).

A los ojos de Dios, las grandes predicaciones sin amor no son más que ruido.

Cada vez que predico en el servicio de la multitud en Saddleback me repito este sencillo recordatorio. Nunca predico o enseño sin pensar en esto:

Padre, yo te amo y tú me amas. Amo a esta gente
y tú amas a esta gente. Ámalos a través de mí.
Esta no es una audiencia a la cual debo temer,
sino una familia a la cual debo amar.
En el amor no hay temor porque el perfecto amor echa fuera el
temor.

Roger Ailes, consultor en comunicaciones de los presidentes Reagan y Bush, cree que el factor de mayor influencia en el discurso público es la "queribilidad". Si usted le gusta a la gente, ellos lo escucharán. Si usted no les gusta, lo ignorarán o no prestarán atención a su mensaje. ¿Cómo es posible llegar a ser "querible"? Es sencillo: *Ame a la gente*. Cuando las personas saben que usted los ama, lo escuchan.

Permítame sugerirle algunas maneras prácticas en las cuales los pastores pueden demostrar su amor a la multitud.

Memorice los nombres. Recordar los nombres demuestra que usted está interesado en la gente. No hay nada que le suene más dulce a una persona que viene por segunda vez que escuchar que lo llamen por su nombre. Aunque no tengo una memoria particularmente buena, me esfuerzo por recordar los nombres. En los comienzos de Saddleback, les sacaba fotos a la gente y con ellas hacía tarjetas para ayudarme a recordar sus nombres. Conocía el nombre de cada persona de la iglesia hasta que la asistencia llegó a ser de 3.000 personas. ¡Después de eso mi cerebro estuvo frito! Les pido a los nuevos miembros en las clases de membresía que me repitan sus nombres en tres ocasiones diferentes para ayudarme a recordarlos. Cuando uno se esfuerza por recordar los nombres de las personas, recibe grandes dividendos en las relaciones.

Salude a cada uno personalmente antes y después de las reuniones. Sea accesible. No se esconda en su estudio. Durante los primeros tres años de nuestra iglesia, nos encontrábamos en una escuela secundaria rodeada por una cerca y todos teníamos que salir por la misma puerta. Cada semana, saludaba personalmente a todas las personas que venían a nuestra iglesia. ¡No podían irse sin pasar a mi lado!

Una de las mejores maneras de impartir amor a una multitud es saludar a la mayor cantidad de personas posible antes de comenzar a hablarles. Mézclese en la multitud y hable con la gente. Esto demuestra que usted está personalmente interesado en ellos.

A muchos pastores les gusta reunir en una habitación privada a su personal o a sus líderes principales antes del culto para orar mientras la gente va llegando. Creo que se debe orar por el culto en algún otro momento. No pierda la oportunidad de estar con las personas cada vez que pueda.

Tengo un equipo de laicos que oran por mí durante cada una de nuestras cuatro reuniones, y cada semana yo paso largos ratos de oración pidiendo por nuestras reuniones. Nuestro personal también se reúne para orar, pero no tenemos "grupos santos" que se aparten de la gente antes de las reuniones. Tenemos solo una oportunidad por semana para hablar con muchas de las personas que se encuentran en la multitud, por lo tanto, cuando vienen quiero que cada miembro del personal y cada líder laico tenga trato con la gente.

Toque a las personas. Estudie el ministerio de Jesús y verá el efecto poderoso que tiene una mirada, una palabra o un toque que se le da a la persona. En Saddleback creemos en un ministerio que destaque el contacto corporal. Damos muchos abrazos, apretones de manos y palmadas en la espalda. Nuestro mundo está lleno de personas solitarias que están desesperadas por sentir la afirmación de un toque de amor. Muchos individuos viven solos y me han contado que el único contacto físico amoroso que pueden tener lo tienen en la iglesia. Cuando abrazo a alguien un domingo por la mañana, siempre me pregunto hasta cuándo les tendrá que durar ese abrazo.

Recientemente recibí esta nota en una tarjeta de inscripción: "Pastor Rick, no puedo decirle lo que significó para mí que usted me rodeara con su brazo dándome aliento en el día de hoy. Sentí como si Jesús me estuviera abrazando con una compasión y ternura sin igual.

Ahora sé que podré atravesar este tiempo difícil y sé que él lo envió a usted para que me ayudara. Es maravilloso que en esta iglesia haya tanto amor y tanto cuidado. Gracias." Cuando la abracé ese domingo, no tenía idea de que la iban a operar de cáncer de mama al día siguiente.

Otra nota de aquella misma semana decía: "Le había estado pidiendo a Dios una señal certera de que él estaba conmigo. Antes del servicio, el pastor Glen, a quien no conocía, caminó hasta mi asiento, y sin decirme una palabra me puso la mano sobre el hombro. Ahora sé que el Señor no me ha olvidado." La esposa de este hombre lo había abandonado aquella semana.

Durante los fines de semana que predica alguno de los otros pastores de nuestro equipo, normalmente me paso todo el tiempo dándole una mirada, una palabra o un toque a cientos de personas. Uno nunca sabe cuándo una palabra tierna o un toque cariñoso podrá marcar una diferencia en el mundo de una persona. Detrás de cada sonrisa existe un dolor oculto que una simple expresión de amor puede sanar.

Utilice un estilo cálido y personal al escribirle a las visitas. Tenemos una serie de cartas que les he escrito a las personas que nos visitaban por primera, por segunda y por tercera vez, diciéndoles cuánto nos alegra verlos. No las firmo "Dr. Warren" y ni siquiera "pastor Warren", sino que sencillamente firmo "Rick". Quiero que los visitantes sientan que pueden relacionarse conmigo en base a mi primer nombre.

Si le envía una carta a una visita, hágalo como si estuviera hablando con la gente, no con un lenguaje formal y artificial. Una vez recibí la carta de una visita que me decía: "A nuestra iglesia le place reconocer su presencia entre nosotros el domingo próximo pasado y le extiende una cordial invitación para que vuelva a reunirse con nosotros en el próximo Día del Señor." ¿Existe alguien que hable de esa manera? En lugar de esto diga: "Fue maravilloso tenerlo entre nosotros. Espero que pueda regresar." No escriba como si estuviera enviándole correspondencia a la Real Academia Española.

Una de las decisiones más importantes que debe tomar un pastor es si desea *impresionar* a la gente o desea *influirla*. Se puede impresionar a las personas a la distancia, pero se necesita estar cerca de la gente para amarla e influirla. La proximidad determina el impacto. Pienso que la razón por la cual algunos pastores se mantienen a la distancia es porque no causan impresión cuando están cerca.

Si una iglesia desea atraer a una multitud, tanto el pastor como los miembros deben actuar con amor hacia los de afuera. Debe demostrar la siguiente actitud: "Si usted viene aquí, nosotros vamos a amarlo. No importa quién sea, ni cómo se vea, ni lo que haya hecho, en este lugar vamos a amarlo."

Aceptación sin aprobación.

Para poder amar a los inconversos incondicionalmente, las personas deben entender la diferencia que existe entre aceptación y aprobación. Como cristianos, hemos sido llamados a aceptar y a amar a los incrédulos sin que aprobemos su estilo de vida pecaminoso. Jesús hizo esto cuando mostró su aceptación y amor a la mujer samaritana en el pozo de agua sin aprobar su vida licenciosa. También comió con Zaqueo sin aprobar su deshonestidad. Y defendió públicamente la dignidad de una mujer que había sido encontrada en adulterio sin minimizar su pecado.

Todo buen pescador sabe que algunas veces, para sacar un pez, particularmente uno pendenciero, se debe aflojar un poco el sedal. Si uno tira con fuerza, el pez probablemente tratará de morder el sedal y tal vez la caña. Uno debe trabajar con el pez, permitiéndole que haga de las suyas algunas veces. También aplicamos esta técnica al pescar personas: Con los inconversos, algunas veces es necesario aflojar un poco el sedal para poder sacarlos del agua. No los golpee en la cabeza por cada cosa que hacen mal. Muchos de sus pecados serán tratados una vez que hayan venido a Cristo.

No podemos esperar que los inconversos actúen como creyentes hasta que sean creyentes. El libro de Romanos nos enseña que es imposible que los incrédulos actúen como creyentes porque no tienen el poder del Espíritu Santo dentro de ellos.

Las multitudes que seguían a Jesús eran una mezcla de creyentes y no creyentes. Algunos eran seguidores dedicados, otros eran personas que se encontraban en una búsqueda sincera, y algunos eran escépticos carentes de sinceridad. A Jesús esto no le molestaba. Él los amaba a todos.

En Saddleback, sabemos que muchos de los asistentes a nuestros cultos generales tienen estilos de vida cuestionables, hábitos pecaminosos e inclusive una mala reputación. Eso no nos molesta. Hacemos una diferencia entre la multitud (los asistentes que no están comprometidos) y la congregación (nuestros miembros). La congregación es la iglesia, no la multitud. El culto general es solamente un lugar adonde los miembros pueden traer a sus amigos inconversos a quienes les han estado testificando personalmente.

> No podemos esperar que los inconversos actúen como creyentes hasta que sean creyentes.

Aplicamos distintas normas de conducta para los miembros y para los asistentes. Se espera que los miembros de nuestra iglesia vivan de acuerdo a los lineamientos de nuestro pacto de membresía. Quienes se involucran en actividades inmorales reciben la disciplina de la iglesia. Los inconversos en la multitud no reciben la disciplina porque en realidad no son parte de la familia de la iglesia. Pablo aclara esta distinción en 1 Corintios 5:9–12 (cursiva añadida):

> Os he escrito por carta, que no os juntéis con los fornicarios; *no absolutamente con los fornicarios de este mundo*, o con los avaros o con los ladrones, o con los idólatras; pues en tal caso os sería necesario salir del mundo. Más bien os escribí que no os juntéis con ninguno que, *llamándose hermano*, fuere fornicario, o avaro, o idólatra, o maldiciente, o borracho, o ladrón; con el tal ni aun comáis. Porque *¿qué razón tendría yo para juzgar a los que están fuera?* ¿No juzgáis vosotros a los que están dentro?

No esperamos que los asistentes inconversos se liberen de sus hábitos pecaminosos o que cambien su estilo de vida para asistir a las reuniones. Más bien, los animamos a que vengan "tal como están". La iglesia es un hospital para pecadores. Preferimos que un pagano californiano del sur asista al culto general con pantalones cortos y una camiseta con la inscripción de la cerveza Budweiser, a que se quede en su casa, o que vaya a la playa. Si podemos lograr que vengan a escuchar las Buenas Nuevas y que sean testigos de algunas vidas cambiadas, creemos que será solo cuestión de tiempo hasta que sus corazones se abran a Cristo.

Jesús no dijo: "Límpiense de malas obras y luego los salvaré." Él lo amó a usted *antes* de que cambiara, y espera que haga lo mismo con los demás. No puedo contar el gran número de parejas que comenzaron a asistir a Saddleback mientras vivían juntos, y una vez que fueron salvos pidieron que los casaran. Hace algún tiempo casé a una pareja de nuevos convertidos que habían estado viviendo juntos durante diecisiete años. En cuanto vinieron a Cristo dijeron: "Nos parece que debemos casarnos." Y yo les dije: "¡Claro que sí!" La santificación viene *luego* de la salvación.

> No existe método, programa o tecnología que pueda reemplazar la falta de amor por los inconversos.

No existe método, programa o tecnología que pueda reemplazar la falta de amor por los inconversos. El amor que tenemos hacia Dios y el amor que tenemos hacia los perdidos es lo que motiva a Saddleback a seguir creciendo. Es lo que por años me ha motivado a predicar en cuatro reuniones cada fin de semana, a pesar de ser algo increíblemente agotador. Créame, una vez que le ha dado un mensaje a una multitud de varios miles de personas, repetirlo tres veces más no reporta ningún beneficio personal adicional. Uno lo hace porque la gente necesita al Señor. El amor es el factor que motiva. El amor no da lugar a otra opción.

Cada vez que siento que mi corazón se está enfriando con respecto a la gente que no conoce a Cristo, me recuerdo a mí mismo lo que fue la cruz. Esa es la medida del amor de Dios hacia la gente perdida. Lo que retuvo a Jesús en la cruz fue el amor, no los clavos. Él abrió sus brazos y dijo: "Esta es la medida de amor hacia los perdidos." Cuando los cristianos aman a las personas de esta manera, sus iglesias atraen a las multitudes.

Jesús atraía a las multitudes satisfaciendo las necesidades de la gente

La gente se amontonaba alrededor de Jesús porque él satisfacía sus necesidades tanto físicas, como emocionales, espirituales, relacionales o financieras. Él no juzgaba a algunas necesidades como más legítimas que las otras, y por cierto no hacía que la gente se sintiera culpable por tener esas necesidades. Trataba a cada persona con dignidad y con respeto.

Muchas veces Jesús satisfacía una necesidad con el fin de abrir una brecha para el evangelismo en la vida de esa persona. Anteriormente señalé que con frecuencia le preguntaba a la gente: "¿Qué quieres que te haga?" Dios usa toda clase de necesidades humanas para captar la atención de la gente. ¿Quiénes somos nosotros para juzgar si el interés que tiene una persona en Cristo es por una razón correcta o no? No importa *por qué* razón la gente viene inicialmente a Jesús, lo que importa es que *hayan* venido. Una vez que lo hayan aceptado en sus vidas, él puede obrar en sus motivaciones, en sus valores y en sus prioridades.

> Muchas veces Jesús satisfacía una necesidad para poder abrir una brecha para el evangelismo en la vida de esa persona.

Tengo mis dudas con respecto a que todos tuvimos motivaciones absolutamente desinteresadas cuando le pedimos a Cristo que nos salvara. Vinimos a él cuando sentimos una necesidad que él podía satisfacer. No debiéramos esperar que los inconversos tengan motivaciones y valores santos.

Tengo la fuerte convicción de que nadie puede ganar a otra persona para Cristo hasta que no descubra la llave a su corazón. Esa llave al corazón de cada persona es única y algunas veces es difícil de descubrir. Puede llevar algún tiempo hasta que la identifiquemos. Pero el lugar más adecuado para comenzar es la necesidad que esa persona siente que tiene. Como señalé anteriormente, este era el enfoque que Jesús utilizaba.

Capte la atención de la gente.

Antes de llevar las Buenas Nuevas de salvación a alguien, uno debe captar su atención. Mientras conduzco mi automóvil por las carreteras del sur de California, muchas veces me encuentro orando: *Señor, ¿cómo podría hacer que estas personas bajaran la velocidad lo suficiente como para que escucharan las Buenas Nuevas? ¿De qué manera puedo captar su atención?* En los comienzos de este siglo, para las iglesias no representaba un gran problema captar la atención de las personas. La iglesia era el edificio más grande de la ciudad, por lo general el pastor era la persona más educada y prominente y el programa de la iglesia era el calendario social de la comunidad.

Ninguna de estas cosas sucede actualmente. Una iglesia puede estar ubicada justo al lado de una autopista por la cual transitan 100.000 automóviles al día, y aún así puede seguir siendo ignorada. En los programas televisivos se pinta a los pastores como estafadores, burros o locos pervertidos. Y los programas de las iglesias deben competir con todo lo demás en nuestra cultura obsesionada por el entretenimiento. En la actualidad, la única manera en que la iglesia puede captar la atención de los inconversos es ofreciéndoles algo que no pueden conseguir en ninguna otra parte.

En Saddleback, nos tomamos seriamente la tarea de satisfacer las necesidades en el nombre de Cristo. Esto es exactamente el "ministerio": Satisfacer las necesidades en el nombre de Cristo. La primera línea de la definición de la visión de Saddleback dice: "Es el sueño de un lugar donde los heridos, los deprimidos, los frustrados y los

> Tengo la fuerte convicción de que nadie puede ganar a otra persona para Cristo hasta que no descubra la llave a su corazón.

confundidos, pueden encontrar amor, aceptación, ayuda, esperanza, perdón, guía y aliento."

Dentro de las leyes internas de Saddleback se encuentra esta frase: "Esta iglesia existe para beneficiar a los residentes del Valle de Saddleback satisfaciendo sus necesidades espirituales, físicas, emocionales, intelectuales y sociales." Nuestro objetivo es ministrar a la persona en su totalidad. No limitamos nuestro ministerio solamente para las llamadas necesidades "espirituales". Creemos que Dios se preocupa por cada parte de la vida de una persona. No se puede compartimentar a la gente. Sus necesidades se relacionan unas con otras.

Santiago reprendió severamente a los cristianos que piensan que la respuesta para todas las necesidades es un sermón o un versículo de la Biblia: "Y si un hermano o una hermana están desnudos, y tienen necesidad del mantenimiento de cada día, y alguno de vosotros les

> Una iglesia nunca crecerá más allá de su capacidad para satisfacer necesidades.

dice: Id en paz, calentaos y saciaos, pero no les dais las cosas que son necesarias para el cuerpo, *¿de qué aprovecha?*" (Santiago 2:15–16, cursiva añadida). Cuando satisfacemos las necesidades humanas, sean cuales sean, somos "hacedores de la Palabra".

Mire más allá de todo lo que se dice acerca de una iglesia en crecimiento y encontrará un común denominador: Han encontrado un camino para satisfacer las necesidades reales de la gente. Una iglesia nunca crecerá más allá de su capacidad para satisfacer necesidades. Si su iglesia está desarrollando esta tarea genuinamente, entonces la asistencia será el menor de sus problemas, tendrá que cerrar las puertas con llave para impedir que la gente venga.

¿Cuáles son las necesidades de los inconversos en su comunidad? Yo no puedo responderle esa pregunta. Usted debe sondear la comunidad porque cada área tiene necesidades únicas. Conozco una iglesia que a través de una encuesta descubrió que la necesidad número uno de su comunidad era ¡enseñarle a los bebés a librarse de sus pañales! La zona estaba llena de parejas jóvenes que deseaban ayuda en este aspecto. En lugar de ignorar esta necesidad como "poco espiritual", la iglesia la utilizó como una oportunidad para evangelizar. Organizaron una conferencia titulada "Eduque a los preescolares", la cual, entre otras cosas, enseñaba esta habilidad de vital importancia. Más tarde, el pastor bromeaba diciendo que la base bíblica que tenían era Proverbios 22:6: "Instruye al niño en su *camino*" (el camino hacia el baño). La idea es graciosa, pero los resultados fueron serios. Docenas de parejas fueron alcanzadas para Cristo a través de aquel contacto inicial.

Cuando hablamos de utilizar las necesidades de la gente como puertas abiertas al evangelismo, las posibilidades son ilimitadas. Saddleback tiene más de setenta ministerios orientados a la multitud y a la comunidad, cada uno de ellos pensado alrededor de una necesidad específica. Tenemos un grupo de apoyo llamado "Brazos vacíos" para parejas que se encuentran luchando con los abortos espontáneos y los nacimientos de niños muertos. "Pacificadores" es un ministerio para cubrir las necesidades de las personas que están cumpliendo una sentencia legal. "Esperanza para los separados" ministra a las personas que están tratando de salvar su matrimonio luego de que su cónyuge se ha ido de la casa. "Líneas de vida" procura satisfacer las necesidades de los adolescentes con problemas. "Celebra la recuperación" ministra a más de 500 personas que están luchando con el alcoholismo, la dependencia de las drogas y otros abusos. La lista sigue y sigue.

¿Existen algunas necesidades universales entre las personas que no concurren a una iglesia? Creo que sí. En todos los lugares donde he ido he encontrado que las personas sienten las mismas necesidades emocionales y relacionales. Esto incluye la necesidad de amor, aceptación, perdón, significado, de poder expresarse y de un propósito para vivir. Las personas también buscan ser libres del temor, la culpa, la preocupación, el resentimiento, el desaliento y la soledad. Si su iglesia está satisfaciendo esta clase de necesidades, usted no tendrá que preocuparse por hacerle propaganda a sus reuniones. Las vidas cambiadas son la propaganda más grande de una iglesia.

Cuando en un lugar se satisfacen las necesidades y las vidas son transformadas, la voz corre rápidamente por la comunidad.

Justamente hoy escuché de alguien que visitó el servicio de Saddleback el fin de semana pasado porque "un peluquero le dijo a su cliente, quien le dijo a mi jefe, quien me dijo a mí, que este es el lugar donde hay que venir cuando uno realmente necesita ayuda."

Cada vez que su iglesia satisface la necesidad de alguien, un rumor bueno acerca de la iglesia comienza a viajar por la red interpersonal de la comunidad. Cuando hay unos cuantos de esos rumores esparcidos por allí, su iglesia comenzará a atraer personas que ningún programa de visitación podría haber alcanzado.

Jesús atraía a las multitudes enseñándoles de una manera práctica e interesante

> Las vidas cambiadas son la propaganda más grande de una iglesia.

La Biblia nos dice que la costumbre de Jesús era enseñar a las multitudes (Marcos 10:1). También nos cuenta las reacciones de la multitud ante sus enseñanzas. Aprendemos que:

- "la gente se *admiraba* de su doctrina" (Mateo 7:28).
- "el gentío se quedó *boquiabierto*" (Mateo 22:33, La Biblia al Día).
- "el pueblo, que tan *entusiasmado* estaba con las enseñanzas de Jesús" (Marcos 11:18, La Biblia al Día).
- "Y gran multitud del pueblo le oía *de buena gana*" (Marcos 12:37).

Las multitudes nunca habían oído a nadie que les hablara como Jesús lo hacía. Estaban "admirados de su doctrina" (Mateo 11:18). Nunca ha existido un comunicador más grande que Jesucristo.

Para captar la atención de los incrédulos como Jesús, debemos comunicar la verdad espiritual en la *manera* en que Jesús lo hacía. Él, y solo él, debe ser nuestro modelo para predicar. Lamentablemente algunos libros de homilética le prestan más atención a los métodos de Aristóteles y a la retórica griega que a la forma en que Jesús enseñaba.

En Juan 12:49 Jesús admitió: "...el Padre que me envió, él me dio mandamiento de lo que he de decir, y de lo que he de hablar." Considere que tanto el contenido de las enseñanzas de Jesús como la forma de expresarlo estaban dirigidos por el Padre.

Es mucho lo que podemos aprender del estilo de comunicación de Jesús. Sin embargo, en este capítulo solo quiero identificar brevemente tres atributos que tenía la enseñanza de Jesús a las multitudes.

Jesús comenzó con las necesidades, los dolores y los intereses de la gente.

Generalmente Jesús enseñaba como respuesta a una pregunta o a algún problema apremiante de alguien en la multitud. Él rascaba adonde le picaba a la gente. Su predicación tenía un sentido inmediato. Siempre era relevante y apuntaba a un objetivo del momento.

Cuando Jesús predicó su primer sermón en Nazaret, leyó del libro de Isaías para anunciar cuál sería la agenda de predicación de su ministerio: "El Espíritu del Señor está sobre mí, por cuanto me ha ungido para dar buenas nuevas a los pobres; me ha enviado a sanar a los quebrantados de corazón; a pregonar libertad a los cautivos, y vista a los ciegos; a poner en libertad a los oprimidos; a predicar el año agradable del Señor" (véase Lucas 4:18–19).

Nótese el énfasis absoluto que existe en satisfacer las necesidades y en sanar las heridas. Jesús tenía buenas noticias que dar, por lo tanto la gente deseaba oírlo. Su mensaje ofreció beneficios prácticos para aquellos que lo escuchaban. Su verdad los "haría libres" y traería toda clase de bendiciones a sus vidas.

No tenemos que probar la importancia de la Biblia, ¡ya la tiene! Pero como hizo Jesús, tenemos que *demostrar* la importancia de la Biblia aplicando personalmente su mensaje a la vida de las personas.

Debemos aprender a enseñar el evangelio de manera tal que muestre tanto lo que tiene de "buenas" como de "nuevas". Si no son buenas nuevas, no es el evangelio. El evangelio tiene que ver con lo que Dios ha hecho por nosotros y con lo que podemos llegar a ser en Cristo; se trata de una relación personal con Cristo que es la respuesta a nuestras necesidades más profundas. Las Buenas Nuevas le ofrecen a los perdidos lo que ellos están buscando frenéticamente: perdón, libertad, seguridad, propósito, amor, aceptación y fuerza. Resuelven nuestro pasado, aseguran nuestro futuro y le dan significado al presente. Son las mejores noticias del mundo.

Las multitudes siempre se agolpan para escuchar buenas noticias. Hay suficientes malas noticias en el mundo, por lo tanto, nadie desea oír *más* malas noticias cuando viene a la iglesia. Todos buscan a alguien que de esperanza, ayuda y aliento. Jesús comprendía esto y sentía compasión por las multitudes. Sabía que estaban "desamparadas y dispersas como ovejas que no tienen pastor" (Mateo 9:36).

Si cuando predica o enseña comienza por las necesidades de la gente inmediatamente se ganará la atención de la audiencia. Todo buen comunicador comprende y utiliza este principio. Un buen maestro sabe comenzar con los intereses de los estudiantes y desde allí moverlos hacia la lección que deben estudiar. Un buen vendedor sabe que siempre se debe comenzar con las necesidades del comprador, no del producto. Un gerente sabio sabe que debe comenzar por la queja del empleado y no por su propia agenda. Uno comienza donde se encuentra la gente y a partir de allí los traslada hacia donde uno quiere que estén.

> Las Buenas Nuevas le ofrecen a los perdidos lo que ellos están buscando frenéticamente

Tome cualquier libro de texto acerca del cerebro y verá que en la base del tallo de nuestro cerebro hay un filtro que se llama "sistema reticular activador". Con mucha gracia, Dios puso ese filtro en la mente para que usted no tenga que responder conscientemente a los millones de estímulos que lo bombardean diariamente. Si tuviéramos que responder conscientemente a todo lo que captan los sentidos, nos volveríamos locos. Pero nuestro sistema reticular activador examina y selecciona las cosas que vemos, que oímos y que olemos dejando que solo unos pocos de esos estímulos pasen por nuestra conciencia. De esta manera no nos vemos sobrecargados y avasallados.

¿Qué es lo que *sí* llama nuestra atención? Hay tres cosas que siempre pasan el filtro del sistema reticular activador: lo que uno *valora*, las que son *únicas*, y las que nos *amenazan*. Esto tiene profundas implicaciones para los que predican y enseñan. Si desea captar la atención de una multitud indiferente, debe atar su mensaje a alguno de estos tres factores captadores de la atención.

Captamos la atención de los inconversos al llevar las Buenas Nuevas mediante el enfoque único o amenazante, pero creo que si le mostramos a la gente su *valor* nuestra tarea será más parecida a la que usaba Jesús para enseñar. Él enseñaba de forma tal que las personas comprendían el valor y el beneficio de lo que estaba diciendo. No trataba de amenazar a la gente para que entrara al Reino de Dios. En realidad, sus únicas amenazas eran hacia los religiosos de la época. Consoló a los afligidos y afligió a los que estaban cómodos en su posición.

Como los predicadores hemos sido llamados a comunicar la verdad, muchas veces imaginamos equivocadamente que los incrédulos están muy deseosos de oírla, pero en estos días, los incrédulos no están tan interesados en la verdad. En realidad, las encuestas muestran que la mayoría de los norteamericanos rechazan la idea de la verdad absoluta.

El relativismo moral es la raíz del mal en nuestra sociedad. Las personas se preocupan y se quejan de la creciente tasa de crímenes, la desintegración de la familia y la decadencia general de nuestra cultura, pero no entienden que la causa de todo esto es que no valoran la verdad. En la actualidad la tolerancia se valora más que la verdad, así que es un grave error pensar que los inconversos correrán para llegar a la iglesia si solo proclamamos: "¡Tenemos la verdad!" Su reacción será: "¡Sí, así dicen los demás!" Quienes proclaman la verdad no captan mucho la atención de una sociedad que la devalúa. Para sobreponerse a esta realidad, algunos predicadores tratan de "gritarla tal cual es", pero predicar en voz más alta no es la solución.

La mayoría de los incrédulos no están buscando la verdad, pero sí *están* buscando alivio. Esto nos da la oportunidad de interesarlos en la verdad. He visto que cuando enseño una verdad que les alivia el dolor o resuelve sus problemas, los incrédulos dicen: "¡Gracias! ¿Qué otra cosa hay de verdad en este libro?" Cuando impartimos principios bíblicos que satisfacen una necesidad, creamos el deseo de saber más de la verdad.

Muy pocas personas de las que vinieron a Jesús lo hicieron para buscar la verdad; buscaban alivio. Entonces Jesús satisfacía su necesidad, ya fuera lepra, ceguera o una espalda encorvada. Una vez satisfechas sus necesidades, estaban ansiosos por conocer la verdad acerca del hombre que los había ayudado con el problema que no podían resolver.

Efesios 4:29 dice: "Hablen *sólo* de lo que sea bueno, edificante y de bendición para sus interlocutores" (cursiva añadida). Considere que lo que decimos debe estar determinado por las necesidades de las personas a las cuales les estamos hablando. Debemos hablar solo lo que sea de bendición para ellos. Es evidente que si esta es la voluntad de Dios para nuestras conversaciones, también debe ser la voluntad de Dios para nuestros sermones. Lamentablemente, muchos pastores determinan el contenido de sus mensajes por lo que a ellos les parece que necesitan decir, en lugar de pensar en lo que la gente necesita escuchar.

> La mayoría de los incrédulos buscan *alivio*, no la verdad.

Una de las razones por las cuales a muchos pastores les resulta tan difícil preparar un mensaje es porque se hacen la pregunta equivocada. En lugar de preguntarse: "¿Qué debo predicar este domingo?" debieran preguntarse: "¿A quiénes les voy a predicar?" El simple hecho de pensar en las necesidades de la audiencia ayudará a determinar la voluntad de Dios para el mensaje.

Dios, en su omnisciencia, ya sabe quiénes asistirán al culto del próximo domingo, ¿por qué, entonces, le va a dar un mensaje totalmente inadecuado a las necesidades de los que él piensa traer? ¿Por qué habría de inspirarle un mensaje que no fuera de ayuda para los que él ha planeado que escuchen? Las necesidades inmediatas de las personas son una llave para descubrir lo que Dios quiere que prediquemos en una ocasión en particular.

La multitud no es la que determina si uno hablará la verdad o no, la verdad no es opcional, pero lo que sí determina su audiencia es *cuál* verdad debe elegir. Y para los incrédulos, algunas verdades son más adecuadas que otras.

¿Algo puede ser verdad y a la vez ser inoportuno? ¡Claro que sí! Si usted ha tenido un accidente automovilístico y se está desangrando en la sala de emergencias, ¿cómo se sentiría si el médico viniera y quisiera hablarle acerca de la palabra griega de la cual deriva *hospital* o de la historia del estetoscopio? La información será cierta, pero no es oportuna porque no soluciona su problema. Usted quiere que el médico comience por su dolor.

Su audiencia también determina cómo debe *comenzar* el mensaje. Si le está hablando a un grupo de inconversos y se pasa la primera mitad del mensaje hablando acerca del marco histórico del texto, cuando llegue a la parte de la aplicación personal ya habrá perdido a la audiencia. Cuando le hable a las personas inconversas debe *comenzar* su sermón por donde normalmente lo terminaría.

Jesús relacionaba la verdad con la vida.

Me encanta el método práctico y simple de las enseñanzas de Jesús. Era claro, oportuno y aplicable. El apuntaba a la aplicación porque su meta era *transformar* a la gente, no meramente informarlos. Estudie el Sermón del Monte, es el sermón más grande que jamás se haya predicado.

Jesús comenzó el Sermón del Monte explicando ocho secretos para la felicidad genuina. Luego habló de una vida ejemplar, controlando el enojo, restaurando las relaciones rotas y evitando el adulterio y el divorcio. Después habló de cumplir las promesas y devolver bien por mal. A continuación, se refirió a otros temas prácticos de la vida como por ejemplo cómo tener una actitud correcta, cómo orar, cómo acumular tesoros en el cielo y cómo vencer la preocupación. Le puso el broche de oro a su mensaje diciéndonos que no debemos juzgar a los demás, que debemos ser persistentes cuando le pedimos a Dios que supla nuestras necesidades, y que nos cuidemos de los falsos maestros. Luego concluyó con una sencilla historia que destacaba la importancia de actuar tal como él había enseñado.

Esta es la clase de predicación que necesitamos en las iglesias de hoy, una predicación que no solo atraiga a multitudes, ¡sino que cambie las vidas! No es suficiente proclamar que "Cristo es la respuesta"; debemos mostrarle a los inconversos *en qué manera* Cristo es la respuesta. Los sermones que exhortan a cambiar sin mencionar los pasos prácticos para hacerlo, terminan generando más culpa y frustración.

Muchas predicaciones solo presentan quejas acerca de nuestra sociedad y abren juicios en contra de las personas en general. Se explayan en el diagnóstico, pero son muy breves a la hora del remedio. Esta clase de mensaje hace que los cristianos se sientan superiores a "los que están allá afuera", pero casi nunca producen cambios. En lugar de encender una vela, maldicen a la oscuridad.

Cuando voy a ver a un médico, no solo quiero oír qué anda mal en mí, quiero que me dé algunos pasos específicos a seguir para sentirme mejor. Lo que la gente necesita hoy en día son menos sermones sobre "lo que deben hacer" y más sermones sobre "cómo hacerlo".

> Hoy en día la gente necesita menos sermones sobre "lo que deben hacer" y más sermones sobre "cómo hacerlo".

Algunos pastores critican la predicación que se aplica a la vida diciendo que es hueca, simplista e inferior. Para ellos, la única predicación verdadera es la didáctica y doctrinal. Esta actitud implica que Pablo era más profundo que Jesús, y que Romanos es más "profundo" que el Sermón del Monte o que las parábolas. A esto yo lo llamo herejía. La predicación más profunda es aquella que produce un cambio en la vida diaria de las personas. Como dijo D. L. Moody una vez: "La Biblia no fue dada para aumentar nuestros conocimientos sino para cambiar nuestras vidas." Nuestra meta es tener un carácter parecido al de Cristo.

Jesús dijo: "Yo he venido para que tengan vida" (Juan 10:10). No dijo: "Yo he venido para que tengan una *religión*." El cristianismo es un estilo de vida, no una religión, y Jesús era un predicador cuyas enseñanzas se aplicaban a la vida. Cuando terminaba de enseñarle a las multitudes, siempre deseaba que "fueran e hicieran lo mismo".

La predicación similar a la de Cristo está relacionada con la vida y produce un cambio en su estilo. No solamente informa, sino que transforma. Cambia a la gente porque la Palabra se aplica a lo que las personas viven en realidad. Los sermones que enseñan a las personas cómo vivir nunca carecerán de audiencia.

Por favor, entiéndame, los inconversos no le están pidiendo que cambie el mensaje o que lo diluya, solo piden que les mostremos su aplicación. La gran pregunta que tienen es: "¿Y entonces?" Desean saber cuál es la transformación que produce nuestro mensaje. He descubierto que los inconversos están muy interesados en la doctrina bíblica cuando se aplica de manera práctica y oportuna a sus vidas.

> **La predicación más profunda es la que produce un cambio en la vida diaria de las personas.**

Para mí, es un desafío y un placer enseñarle teología a los inconversos sin decirles qué es teología y sin usar términos teológicos. He predicado series de sermones acerca de la encarnación, de la justificación y de la santificación sin utilizar estos términos. También le he predicado a la multitud de inconversos series de sermones acerca de la obra del Espíritu Santo, de los atributos morales de Dios, de la mayordomía e inclusive de los siete pecados capitales.

Pensar que uno debe comprometer el mensaje para atraer a una multitud es un mito. Por cierto, Jesús no lo hizo. Usted no tiene que *transformar* el mensaje de la Biblia pero sí debe *traducirlo* a términos que los inconversos puedan comprenderlo.

Jesús le hablaba a la multitud en un estilo interesante.

A la multitud le encantaba escucharlo. Marcos 12:37 dice: "Ese tipo de razonamiento le *encantaba* a la gente, y lo escuchaba con gran interés" (La Biblia al Día, cursiva añadida). La Biblia de las Américas dice: "Y la gran multitud le escuchaba con gusto." ¿La gente escucha con "gusto" sus mensajes?

En realidad, algunos pastores piensan que han fracasado si la gente escucha con gusto sus predicaciones. He escuchado a pastores decir con orgullo: "No estamos aquí para entretener." Evidentemente lo saben hacer muy bien. Hace unos años, una encuesta de Gallup afirmó que, de acuerdo a lo que piensan los inconversos, la iglesia es el lugar más aburrido en el que pueden estar.

Si busca en un diccionario la palabra *entretener*, encontrará la siguiente definición: "captar y mantener la atención durante un largo período". No conozco a ningún predicador que no quiera lograr eso. No debemos tener temor de sonar interesantes. Un sermón no tiene que ser seco para ser espiritual.

Para los inconversos, la predicación aburrida es imperdonable e ignoran la verdad expresada de manera pobre. Por otra parte, escucharán una completa tontería con tal de que sea interesante. Para comprobar que lo que estoy diciendo es verdad, basta con encender el televisor tarde en la noche para ver toda clase de adivinos, de personas absurdas y extrañas que dominan las ondas que viajan por los aires.

En el capítulo anterior mencioné que estoy asombrado de cómo algunos maestros de la Biblia son capaces de tomar el libro más apasionante del mundo y con él aburrir a las personas hasta las lágrimas. Creo que es un *pecado* aburrir a la gente con la Biblia. Cuando se enseña la Palabra de Dios de una manera que no resulta interesante, la gente no piensa que el pastor es aburrido, ¡piensan que *Dios* es aburrido! Difamamos su carácter si predicamos en un tono o con un estilo que no produce inspiración. El mensaje es demasiado importante como para presentarlo con una actitud de "si le gusta bien, y si no también."

Jesús captaba el interés de las grandes multitudes mediante técnicas que usted y yo podemos usar. En primer lugar, contaba historias para dejar una lección. Jesús dominaba el arte de contar historias. Él decía: "Oigan, ¿han escuchado la historia que dice...?" y luego les contaba una parábola para enseñarles una verdad. Por cierto, la Biblia nos muestra que el contar historias era su técnica favorita cuando hablaba con las multitudes. "Todo esto habló Jesús por parábolas a la gente, y sin parábolas no les hablaba" (Mateo 13:34). Por alguna razón, los predicadores olvidan que la Biblia es esencialmente un libro de historias. Esa es la manera que Dios ha elegido para comunicar su Palabra a los seres humanos.

Existen muchos beneficios al usar historias para comunicar las verdades espirituales:

> Cuando se enseña la Palabra de Dios de manera que no resulta interesante, la gente no piensa que el pastor es aburrido, ¡piensa que *Dios* es aburrido.

- *Las historias lo mantienen atento*. La razón por la cual la televisión es tan popular es porque esencialmente es un medio que cuenta historias. Las comedias, los dramas, las noticias, los programas de conversación abierta, inclusive las propagandas son historias.

- *Las historias apelan a nuestras emociones*. Nos producen un impacto que los preceptos y las proposiciones nunca logran. Si desea cambiar vidas, debe armar el mensaje para que cause un impacto, no para informar.

- *Las historias nos ayudan a recordar*. Mucho tiempo después de que todos se hayan olvidado del brillante bosquejo del pastor, las historias del mensaje se seguirán recordando. Es fascinante, y hasta algunas veces cómico, ver con cuánta rapidez una multitud se pone en sintonía cuando un orador comienza a contar una historia y con cuánta rapidez esa atención se desvanece en cuanto la historia termina.

En segundo lugar, Jesús utilizó un lenguaje simple, no una jerga técnica o teológica. Él hablaba en términos que la gente normal podía entender. Debemos recordar que Jesús no usó el griego clásico de un académico. Hablaba en arameo, el lenguaje que se hablaba en las calles en aquellos días. Hablaba de los pájaros, de las flores, de las monedas perdidas y de cualquier otro objeto cotidiano con los cuales la gente se pudiera sentir familiarizada.

Mientras que Jesús enseñaba verdades profundas de las maneras más sencillas, muchos pastores hacen exactamente lo opuesto, enseñan verdades sencillas de maneras profundas. Toman textos que son sencillos y los hacen complicados. Piensan que son "profundos" cuando en realidad lo están "embarrando". Al predicar y enseñar es más importante ser claros que brillantes.

A algunos pastores les gusta lucir todo el conocimiento que tienen usando palabras en griego y términos académicos en sus predicaciones. Todos los domingos hablan en lenguas desconocidas ¡sin ser carismáticos! Los pastores deben entender que a nadie le importa el griego tanto como a ellos. Chuck Swindoll una vez me dijo que él cree que el excesivo estudio de palabras griegas y hebreas en la predicación desalientan la confianza del texto en castellano. Estoy de acuerdo con eso.

Jack Hayford, Chuch Smith, Chuck Swindoll y yo una vez dimos un curso de seminario doctoral acerca de cómo preparábamos y dábamos nuestros sermones. Al finalizar el curso, los estudiantes dijeron que los cuatro, sin habernos puesto de acuerdo previamente, habíamos recalcado lo mismo: *¡Sean sencillo!*

Es fácil complicar el evangelio, y por supuesto, a Satanás le encanta que hagamos eso. El apóstol Pablo estaba preocupado pensando en que "... vuestras mentes sean desviadas de la *sencillez* y pureza de la *devoción* a Cristo" (2 Corintios 11:3, La Biblia de las Américas, cursiva añadida). Se requiere de mucha meditación y preparación para comunicar verdades profundas de maneras sencillas. Einstein una vez dijo: "Uno no comprende realmente algo hasta que no está en condiciones de comunicarlo de una manera sencilla." Usted puede ser brillante, pero si no puede expresar sus pensamientos de manera sencilla, sus revelaciones no tienen mucho valor.

El Valle de Saddleback es una de las comunidades con más alto nivel académico de los Estados Unidos, sin embargo, considero que mientras más sencillo es mi mensaje, Dios lo bendice más. Sencillo no significa *hueco* o *simplista*; significa que es claro y comprensible. Por ejemplo: "Este es el día que ha hecho el Señor" es sencillo, mientras que: "¡Que tenga un buen día!" es simplista.

Los bosquejos de los sermones sencillos son siempre los bosquejos más fuertes. Considero que es un elogio que me llamen un predicador "sencillo". Estoy interesado en ver vidas transformadas, no en impresionar a la gente con mi vocabulario.

La mayoría de la gente se comunica con un vocabulario de menos de 2.000 palabras y en el uso diario maneja solo unas 900. Si desea comunicarse con la mayoría de la gente, usted debe mantenerse sencillo. Nunca se deje intimidar por los que creen ser intelectuales. He observado que las personas que necesitan usar grandes palabras, algunas veces están escondiendo inseguridades aún más grandes.

El ministerio a las multitudes es controversial

Me doy cuenta de que algunos cristianos no estarán de acuerdo con la tesis de este capítulo. La controversia en cuanto a atraer a una multitud tiene dos facetas. La primera tiene que ver con la legitimidad de lo que se llama "evangelismo de atracción", y la otra tiene que ver con la manera en que la iglesia debe relacionarse con la cultura a la que procura evangelizar.

¿ *"Vayan y cuenten"* o *"Vengan y vean"*?

Los líderes de algunas iglesias niegan que la atracción sea un método legítimo de evangelismo. He oído decir a algunos pastores: "La Biblia no le dice al mundo que venga a la iglesia. Le dice a la iglesia que vaya al mundo." Esta afirmación es incorrecta porque es solo una parte de la verdad.

Por supuesto que la Biblia le ordena a los cristianos que "vayan y cuenten". ¡A eso se refiere la Gran Comisión! Los cristianos no deben esperar que el mundo venga y nos pregunte acerca de Cristo.

Nosotros somos los que tenemos que tomar la iniciativa de llevar las Buenas Nuevas. A los creyentes, Jesús les dice: "¡Vayan!"

Pero al mundo perdido Jesús le dice: "¡Vengan!" Cuando dos personas quisieron saber acerca de Jesús, él les dijo: "Venid y ved" (Juan 1:39). En Mateo 11:28 les dijo a los que le buscaban: "Venid a mí todos los que estáis trabajados y cargados, y yo os haré descansar". Y en el último día de la gran fiesta "Jesús se puso en pie y alzó la voz, diciendo: Si alguno tiene sed, venga a mí y beba" (Juan 7:37).

En el Nuevo Testamento encontramos ambas expresiones, "vayan y digan" y "vengan y vean". En Lucas 14, cuando Jesús compara al Reino de Dios con un gran banquete, los sirvientes del amo deben *salir* a invitar a los hambrientos para que *vengan* y coman, "para que se llene mi casa".

No tenemos necesidad de escoger entre "vayan" y "vengan"; las dos son formas válidas de evangelismo. A algunas personas se las alcanzará a través de la atracción, mientras que a otras se las alcanzará mediante la confrontación. Una iglesia equilibrada y saludable debe ofrecer oportunidades y programas para las dos. En Saddleback, usamos los dos enfoques. A nuestra comunidad le decimos "¡Vengan y vean!", pero a nuestro núcleo le decimos: "¡Vayan y digan!"

Responda a la cultura: ¿imitación, aislamiento o infiltración?

Otro debate corriente que afecta al evangelismo tiene que ver con la manera en que la iglesia debe responder a la cultura. Existen dos posiciones extremas: imitación y aislamiento. Los que se encuentran del lado de la "imitación" esgrimen el argumento de que la iglesia debe llegar a ser exactamente como nuestra cultura para estar en condiciones de ministrarle. Las iglesias que se encuentran en este grupo sacrifican el mensaje bíblico y la misión de la iglesia para "mezclarse" con la cultura. Son propensas a adherirse a ciertos valores culturales comunes como el culto al éxito y la riqueza, al individualismo radical, al feminismo radical, a las normas de liberalidad sexual e inclusive a la homosexualidad. En su intento por estar a tono, estas iglesias sacrifican la teología bíblica, los puntos doctrinales que nos hacen diferentes y el evangelio de Cristo. Se compromete el llamado al arrepentimiento y a la entrega para atraer a la multitud. El sincretismo destruye a esta clase de iglesias.

En el otro extremo se encuentra el grupo del "aislamiento". Este grupo insiste en que debemos evitar *cualquier* clase de adaptación a la cultura para preservar la pureza de la iglesia. Pierden de vista la diferencia entre los valores pecaminosos de nuestra cultura y las costumbres, los estilos y las preferencias no pecaminosos que tiene cada generación. Rechazan las nuevas traducciones de las Escrituras, los estilos de música actuales, y cualquier intento de modificar las tradiciones creadas por los hombres, tales como el tiempo y el orden del culto de adoración al cual están acostumbrados. Quienes se encuentran en esta postura algunas veces tienen un código con respecto a la ropa, y una lista de lo que está permitido o no con respecto a temas que la Biblia no menciona. (Erigir paredes teológicas para defender preferencias personales es parte de la naturaleza humana.)

Las iglesias que se encuentran en este grupo confunden *sus* tradiciones culturales con lo que es ortodoxo. No se dan cuenta de que en generaciones previas de creyentes las costumbres, los estilos y los métodos con los cuales se sienten cómodos fueron etiquetados como "modernos, mundanos y heréticos" en generaciones previas de creyentes.

¿Debemos elegir entre el liberalismo y el legalismo? ¿Existe una tercer alternativa a la imitación y el aislamiento? Estoy convencido de que sí existe. La estrategia de Jesús es el antídoto para los dos extremos: *¡infiltración!*

Igual que los peces de agua salada viven toda su vida en el océano sin saturarse de la sal, Jesús ministró *en* el mundo sin ser *del* mundo. "Habitó entre nosotros" (Juan 1:14), y hasta fue tentado en todo como nosotros, "pero sin pecado" (Hebreos 4:15). Caminó entre la gente, habló el lenguaje *de ellos*, siguió *sus* costumbres, cantó *sus* canciones, asistió a sus fiestas y utilizó los acontecimientos corrientes (véase Lucas 13:1–5) para captar su atención cuando enseñaba. Pero hizo todas estas cosas sin comprometer su misión.

El ministerio "sensible hacia los pecadores" de Jesús puso nerviosos a los religiosos que lo criticaron sin piedad. ¡Hasta llegaron a atribuir su ministerio a Satanás! (Marcos 3:22). Los fariseos odiaban especialmente la forma en la que Jesús hacía que los incrédulos se sintieran cómodos en su presencia y la forma en la que ponía las necesidades de los pecadores por encima de las tradiciones religiosas. Hablaban despectivamente de la reputación de Jesús diciendo que era "amigo de publicanos y pecadores"; para ellos, semejante título era la máxima deshonra, pero Jesús lo ostentaba como un honor. Su respuesta era: "Los sanos no tienen necesidad de médico, sino los enfermos. No he venido a llamar a justos, sino a pecadores" (Marcos 2:17).

En los días de Jesús, los fariseos utilizaban la excusa de la "pureza" para evitar todo contacto con los incrédulos. Todavía tenemos fariseos en la iglesia actual, que están más preocupados por la pureza que por la gente. Si su iglesia toma con seriedad la Gran Comisión, nunca tendrá una iglesia completamente *pura* porque continuamente estará atrayendo a los inconversos con sus estilos de vida cuestionables a la multitud que asiste a sus reuniones. El evangelismo, algunas veces es una mezcla. Aun después que la gente se convierte, uno tiene que seguir tratando con su inmadurez y con su carnalidad, por lo tanto, nunca habrá una iglesia completamente pura.

¿Existen paganos no arrepentidos mezclados entre la multitud de 10.000 personas de Saddleback? ¡Sin lugar a dudas! Cuando uno pesca con una red grande, atrapa toda clase de peces. No hay problema. Jesús dijo en una parábola: "Dejad crecer juntamente lo uno y lo otro hasta la siega; y al tiempo de la siega yo diré a los segadores: Recoged primero la cizaña, y atadla en manojos para quemarla; pero recoged el trigo en mi granero" (Mateo 13:30). Debemos dejarle la siega a Jesús porque él sabe quiénes verdaderamente son cizaña.

Él reservó sus palabras más severas para los tradicionalistas rígidos y religiosos. Cuando los fariseos le preguntaron: "¿Por qué tus discípulos quebrantan la tradición de los ancianos?" Jesús les respondió: "¿Por qué también vosotros quebrantáis el mandamiento de Dios por vuestra tradición?" (Mateo 15:2–3). Cumplir los propósitos de Dios siempre debe estar antes que preservar la tradición.

Si desea seriamente ministrarle a la gente de la manera en que Jesús lo hacía, no se sorprenda si alguno de los religiosos de hoy lo acusa de venderse a la cultura quebrantando las tradiciones. ¡Con seguridad lo criticarán! Tristemente, algunos de los que se encuentran en el extremo del aislamiento han juzgado con demasiada dureza a través de libros y artículos a las iglesias que son sensibles a las necesidades de aquellos que buscan a Dios. La mayoría de estas críticas son acusaciones injustas, producto de la ignorancia y que no representan lo que realmente sucede en estas iglesias sensibles a la necesidad de la gente.

Los pioneros siempre han recibido disparos de flechas. Traducir la verdad a los términos contemporáneos es un asunto peligroso. Recuerde, a Wycliffe lo quemaron en un poste por hacerlo. Pero la crítica de otros cristianos nunca debe ser una razón para detenerlo en su deseo de ministrar en la forma en que Cristo lo hizo. Jesús y nadie más que él debe ser nuestro ejemplo supremo de ministerio.

13

La adoración puede ser un testigo

Dios es espíritu; y los que le adoran,
en espíritu y en verdad es necesario que adoren.

Juan 4:24

Este fin de semana, millones de personas asistirán a un culto evangélico de adoración. Lo asombroso es que la mayoría de estas personas, si uno les preguntara, no podrían expresar con palabras el propósito del culto al cual asistirán. Es probable que tengan una idea vaga, pero para ellos sería difícil ponerla en palabras.

En los capítulos 14 al 16 explicaré cómo hemos creado un programa que ha alcanzado a miles de personas para Cristo. Pero primero, me parece que es necesario aclarar las razones teológicas y prácticas que existen detrás del servicio de buscadores de Saddleback. Todo lo que hacemos en las reuniones de los fines de semana se basa en doce convicciones profundamente arraigadas.

Doce convicciones para la adoración

1. *Solo los creyentes pueden adorar a Dios verdaderamente.* La adoración se dirige de los creyentes hacia Dios. Glorificamos el nombre de Dios en adoración expresándole nuestro amor y compromiso. Los inconversos sencillamente no pueden hacerlo. En Saddleback, nuestra definición de adoración es: "Adoración es expresarle a Dios nuestro amor por lo que él es, por lo que ha dicho y por lo que está haciendo."

Creemos que existen muchas maneras apropiadas de expresarle nuestro amor a Dios. Estas incluyen orar, cantar, dar gracias, escuchar, ofrendar, testificar, confiar, obedecer su Palabra, entre otras. Dios es el centro y el objetivo de nuestra adoración, no el hombre.

2. *No se necesita un edificio para adorar a Dios.* Hechos 17:24 dice: "El Dios que hizo el mundo y todas las cosas que en él hay, siendo Señor del cielo y de la tierra, no habita en templos hechos por manos de hombres." Tal vez espere que este énfasis venga de una iglesia que ha existido durante quince años y que ha crecido hasta alcanzar un número de 10.000 asistentes sin tener un edificio. Creo que esto ya ha quedado en claro.

Lamentablemente, muchas iglesias están obsesionadas con el tema del edificio. Jamás debiéramos permitir que un edificio (o la falta del mismo) controle, limite o distraiga la adoración a Dios. No hay nada de malo en los edificios, a menos que los adore en lugar de adorar al creador. Jesús dijo: "Porque donde están dos o tres congregados en mi nombre, allí estoy yo en medio de ellos" (Mateo 18:20).

3. *No existe tal cosa como un "estilo" correcto de adoración.* Jesús solamente puso dos condiciones para la legítima adoración: "Dios es Espíritu; y los que le adoran, en espíritu y en verdad es necesario que le adoren" (Juan 4:24). No creo que Dios se sienta ofendido ni molesto por los distintos estilos de adoración siempre que se haga "en espíritu" y "en verdad". Por cierto, ¡estoy seguro de que Dios disfruta de la variedad! Recuerde, fue idea suya hacernos a todos tan diferentes.

El estilo de adoración con el cual usted se siente cómodo dice mucho más de su origen cultural que de su teología. Los debates acerca del estilo de adoración son casi siempre debates sociológicos que giran en torno a las personalidades, expresados en términos teológicos.

A todas las iglesias les gusta creer que su estilo de adoración es el más bíblico. Lo cierto es que no existe un estilo bíblico de adoración. Cada domingo, los verdaderos creyentes alrededor del mundo le dan gloria a Cristo Jesús utilizando miles de expresiones y de estilos igualmente válidos.

Sea cual sea el estilo, la verdadera adoración utiliza tanto el lóbulo derecho de su cerebro como el izquierdo. Involucra tanto a las emociones como al intelecto, al corazón como a la mente. Debemos adorar en espíritu y en verdad.

4. *Los inconversos pueden observar a los creyentes cuando adoran.* Los inconversos observarán el gozo que sentimos. Pueden ver cómo valoramos la Palabra de Dios, cómo respondemos a ella, y cómo la Biblia tiene respuestas para los problemas y preguntas de la vida. Verán cómo la adoración nos anima, nos fortalece y nos transforma. Inclusive les es posible sentir cuándo Dios se mueve sobrenaturalmente en un culto, aunque no estén en condiciones de explicar qué está sucediendo.

> El estilo de adoración con el cual usted se siente cómodo dice mucho más de su origen cultural que de su teología.

5. *La adoración puede ser un testimonio poderoso para los incrédulos si se siente la presencia de Dios y si el mensaje es comprensible.* En Hechos 2, en el día de Pentecostés, la presencia de Dios era tan evidente en el servicio de adoración de los discípulos que atrajo la atención de los incrédulos que se encontraban por toda la ciudad. Hechos 2:6 dice: "...se juntó la multitud." Sabemos que debe haber sido una gran multitud porque aquel día 3.000 personas fueron salvas.

¿Por qué se convirtieron esas 3.000 personas? Porque sintieron la presencia de Dios y comprendieron el mensaje. Estos dos elementos son esenciales para que la adoración sirva como testimonio. En primer lugar, debe sentirse la presencia de Dios durante el culto. Son más las personas que se convierten a Cristo por sentir la presencia de Dios que por todos los argumentos apologéticos combinados. Muy pocas personas, si es que existe alguna, se han convertido a Cristo en términos puramente intelectuales. Sentir la presencia de Dios es lo que derrite los corazones y destruye las barreras mentales.

Al mismo tiempo, la adoración y el mensaje tienen que ser comprensibles. En Pentecostés, el Espíritu Santo milagrosamente tradujo el mensaje en palabras que cada persona podía entender. La multitud de creyentes dijo: "...les oímos hablar *en nuestras lenguas* las maravillas de Dios." (Hechos 2:11, cursiva añadida). Esta capacidad de comprender hizo que se convirtieran. Aunque la presencia de Dios durante el servicio hubiera sido evidente, ellos no hubieran sabido qué hacer de no haber podido comprender el mensaje.

Existe una conexión íntima entre adoración y evangelismo. La meta del evangelismo es producir adoradores de Dios. La Biblia nos dice que "el Padre busca adoradores" (Juan 4:23) por lo tanto, evangelizar es reclutar adoradores para Dios.

Al mismo tiempo, la adoración es la que brinda la *motivación* para el evangelismo. Produce en nosotros el deseo de contarles a otros acerca de Cristo. El resultado de la poderosa experiencia de adoración de Isaías (Isaías 6:1–8) fue la exclamación: "Heme aquí, envíame a mí." La verdadera adoración hace que testifiquemos.

> En medio de la genuina adoración, se siente la presencia de Dios, se nos ofrece su perdón, se nos revelan los propósitos de Dios y se muestra su poder.

En medio de la genuina adoración, se siente la presencia de Dios, se nos ofrece su perdón, se nos revelan los propósitos de Dios y se muestra su poder. Esto me suena como el contexto ideal para el evangelismo. He notado que cuando los inconversos observan cómo los creyentes se relacionan con Dios de una manera inteligente y sincera, se crea en ellos el deseo de conocer también a Dios.

6. *Dios espera que cuando los incrédulos se encuentran presentes en nuestras reuniones de adoración, seamos sensibles a sus temores, carencias y necesidades.* Este es el principio que Pablo enseñó en 1 Corintios 14. En el versículo 23, Pablo ordena que las lenguas se limiten en la adoración en público. ¿A qué se debe este razonamiento? Para los inconversos, hablar en lenguas es una tontería. Pablo no dice que las lenguas sean una tontería, sino que a los incrédulos les *parecen* una tontería. "Si, pues, toda la iglesia se reúne en un solo lugar, y todos hablan en lenguas, y entran indoctos o incrédulos, ¿no dirán que estáis locos?" (1 Corintios 14:23).

Creo que detrás de este consejo dado a la iglesia de Corinto existe un principio mucho más grande. Lo que Pablo quiere señalar es que cuando los incrédulos se encuentran presentes, debemos estar dispuestos a adaptar nuestras prácticas en la adoración. Dios nos dice que debemos ser sensibles a los problemas de los inconversos en nuestras reuniones. Esto es un mandato bíblico.

Aunque Pablo nunca utilizó la frase "sensibles a las necesidades de quienes están buscando a Dios", definitivamente fue un pionero en este concepto. A él le preocupaba mucho no poner ninguna piedra de tropiezo frente a los creyentes. Le dijo a la iglesia de Corinto: "No seáis tropiezo ni a judíos, ni a gentiles, ni a la iglesia de Dios" (1 Corintios 10:32). También le aconsejó a la iglesia de Colosas: "*Portaos prudentemente con los de afuera*, aprovechando bien el tiempo presente" (Colosenses 4:5, Biblia de Jerusalén, cursiva añadida).

Cuando usted tiene invitados a cenar a su casa, ¿su familia actúa de manera diferente que cuando están solos en la mesa? ¡Por supuesto que sí! Uno le presta atención a las necesidades de los invitados, asegurándose que se les sirva primero. Es probable que la comida sea la misma, pero seguramente se usará un juego de platos diferente, o se presentará la comida de una manera más elaborada. Generalmente, la conversación es más cortés durante la hora de la comida. ¿Acaso son hipócritas? No. Al hacer estas cosas, uno es más atento demostrando así respeto a los invitados. De la misma manera, el alimento espiritual no se cambia en una reunión en la que se pretende atender a los de afuera, pero la presentación es más elaborada teniendo en cuenta a las personas que nos visitan.

7. *Un servicio de adoración no tiene que ser hueco para atender a los de afuera. No se debe comprometer el mensaje, simplemente tiene que ser comprensible.* Celebrar un servicio que sea "cómodo" para los inconversos no significa cambiar la teología, significa cambiar el ambiente. El cambio de ambiente se hace a través de la manera en que saludan a los visitantes, a través del estilo de música que se utiliza, de la traducción de la Biblia que se usa para predicar, y de la clase de anuncios que se hacen durante el servicio.

El mensaje no siempre es cómodo; por cierto, muchas veces la verdad de Dios nos pone muy incómodos. Sin embargo, debemos enseñar "todo el consejo de Dios". Ser sensibles a las necesidades de los inconversos no limita lo que debemos decir, pero sí afecta *la manera en que lo decimos.*

Celebrar un servicio que sea "cómodo" para los inconversos no significa cambiar la teología, significa cambiar el ambiente.

Como ya mencioné en un capítulo previo, los inconversos no piden un mensaje aguado, cuando vienen a la iglesia esperan escuchar acerca de la Biblia. Pero *quieren* escuchar, en términos comprensibles y en un tono que muestre que usted los respeta y se preocupa por ellos, cómo la Biblia se relaciona con sus vidas. Están buscando soluciones, no una reprimenda.

Los inconversos luchan con las mismas preguntas profundas que los creyentes: ¿Quién soy? ¿De dónde vengo? ¿Hacia dónde voy? ¿Tiene sentido la vida? ¿Por qué en el mundo existe el sufrimiento y el mal? ¿Cuál es mi propósito en la vida? ¿Cómo puedo aprender a llevarme bien con la gente? Es evidente que no existen temas huecos.

> Ser sensibles a las necesidades de los inconversos no limita lo que debemos decir, pero sí afecta *la manera en que lo decimos.*

8. *Muchas veces, las necesidades de los creyentes y de los incrédulos son los mismos. En algunas áreas son muy diferentes, pero en otras son muy similares.* Las reuniones sensibles a las necesidades de los incrédulos se centran en las necesidades comunes a creyentes e inconversos. Por ejemplo, tanto los unos como los otros necesitan saber cómo es Dios realmente; ambos necesitan comprender el propósito de la vida; necesitan saber por qué deben perdonar a otros y cómo deben hacerlo; necesitan ayuda para fortalecer sus matrimonios y sus familias; necesitan saber cómo lidiar con el sufrimiento, el dolor y la pena; necesitan saber por qué el materialismo es tan destructivo. Los cristianos no dejan de tener necesidades una vez que son salvos.

9. *Es mejor especializar las reuniones de acuerdo al propósito.* La mayoría de las iglesias tratan de evangelizar a los perdidos y de edificar a los creyentes en las mismas reuniones. Cuando uno envía señales mezcladas, recibe resultados mezclados. Si tratamos de apuntar a dos blancos con un solo revólver, solo obtendremos frustración.

Planee un culto de adoración para edificar a los creyentes y otro servicio para evangelizar a los amigos inconversos que traen sus miembros. En Saddleback los creyentes se reúnen los miércoles por la noche, mientras que los inconversos se reúnen los sábados por la noche y los domingos por la mañana. De esta manera, se puede utilizar estilos de predicación diferentes, distintas canciones, oraciones y otros elementos apropiados para cada objetivo.

Cuando comencé Saddleback, pregunté a los inconversos *cuándo* estarían más dispuestos a visitar una iglesia. Todos, sin excepción, me dijeron: "Si alguna vez visitara una iglesia, lo haría el domingo por la mañana." También les pregunté a nuestros miembros cuándo les sería más posible traer amigos inconversos. Ellos también me dijeron que el domingo a la mañana. Aún en la cultura actual, la gente sigue pensando que la mañana del domingo es "el momento para ir a la iglesia". Por lo tanto, esa es la razón por la cual decidimos utilizar el domingo a la mañana para el evangelismo y el miércoles a la noche para la edificación.

Los cultos evangelísticos no son nada nuevo; solamente la idea de usar la mañana del domingo como un tiempo para un culto evangelística es una variación reciente. A comienzos de siglo, los domingos por la tarde eran más reconocidos como el "servicio evangelístico" de las iglesias. Algunas pocas iglesias todavía siguen anunciando el servicio evangelístico del domingo, aunque es muy poco probable que los inconversos aparezcan por allí. *¡Ni siquiera a los creyentes les gusta asistir a las reuniones del domingo por la noche!* Durante décadas han estado votando con manos y pies por este asunto.

> Una reunión orientada hacia los inconversos buscadores está destinada a suplementar el evangelismo personal, no a reemplazarlo.

10. *Una reunión orientada hacia los inconversos que están buscando está destinada a suplementar el evangelismo personal, no a reemplazarlo.* A las personas generalmente les resulta más fácil tomar la decisión de seguir a Cristo cuando existen múltiples relaciones que apoyan esa decisión. Las reuniones para inconversos ofrecen un grupo de testigos que apoyan y confirman el testimonio personal de los

miembros. Cuando un inconverso asiste a una reunión con su amigo que le ha estado testificando, ve a la multitud y piensa, *Bueno, hay muchas otras personas que creen esto. Algo debe haber.*

Existe un poder increíblemente persuasivo en el testimonio que ofrece una multitud de creyentes adorando juntos. Por esta razón, cuanto mayor sea el número de asistentes al culto, más se convertirá en una herramienta evangelística.

11. *No existe una manera estándar de planear un culto para inconversos.* La razón es que no todos los inconversos son iguales. Algunos desean asistir a una reunión en la cual puedan tomar parte, otros desean sentarse pasivamente y observar. Otros prefieren las reuniones tranquilas, de meditación; a otros les gustan las reuniones llenas de energía. El estilo que da más resultado en el sur de California, tal vez no sea el mismo que da resultado en su región y viceversa. Se necesitan toda clase de reuniones para alcanzar a toda clase de inconversos.

Solamente existen tres elementos no negociables en un culto dirigido a los inconversos: (1) tratarlos con amor y respeto, (2) hacer que el culto se relacione con sus necesidades, y (3) comunicar el mensaje de una manera práctica y comprensible. Los demás elementos son puntos secundarios de los cuales las iglesias no deben depender.

Hace casi veinte años comencé a ofrecerle sugerencias a las iglesias para crear reuniones orientadas hacia los inconversos . Ahora que esta clase de reunión ha recibido mucha atención, algunas veces me encuentro con personas que recalcan excesivamente cuestiones menores. Se preocupan por librarse del púlpito, por no ponerse una túnica, o por decidir si deben ofrecer una representación teatral cada semana o no, como si estas cosas automáticamente trajeran a los inconversos en manadas hacia la iglesia. Se equivocan. Si los inconversos buscaran solo una producción de calidad, se quedarían en casa mirando televisión donde se gastan millones para producir programas de media hora.

Lo que *realmente* atrae a un gran número de incrédulos a la iglesia son las vidas cambiadas... muchas vidas transformadas. A las personas les gusta ir adonde las vidas son transformadas, los enfermos son sanados y la esperanza se restablecea.

En Saddleback, se pueden ver vidas transformadas por todas partes. En casi todas las reuniones para inconversos incluimos un testimonio de la vida real de una persona o de una pareja cuyas vidas han sido radicalmente transformadas por el poder y el amor de Cristo. A los escépticos les cuesta discutir con este desfile semanal de "clientes satisfechos".

La Iglesia de Saddleback ha contradicho mucha de la sabiduría convencional relacionada con las reuniones para inconversos ganando do a miles de personas para Cristo a pesar de las circunstancias más difíciles e improbables. Imagínese una iglesia que permanentemente cambia de domicilio; donde los inconversos venían a una tienda en la cual se congelaban durante el invierno, que era húmeda y tenía goteras durante las primaveras lluviosas, que era agobiantemente calurosa en el verano y con algunas rasgaduras por las que entraba el viento ululante en el otoño. Imagínese una iglesia en la cual las personas estacionan a un kilómetro y medio de distancia cuando es necesario y permanecen afuera bajo sus paraguas para poder entrar. Cuando las vidas se están transformando, los problemas que de otra manera parecerían avasalladores para la iglesia, se convierten en simples pequeñeces.

> Lo que *realmente* atrae a un gran número de incrédulos a la iglesia son las vidas cambiadas.

En todos los cultos de Saddleback, invitamos a la gente a llenar una tarjeta de inscripción y a cantar himnos de adoración. Recogemos una ofrenda, les damos el bosquejo del mensaje con los versículos bíblicos escritos allí, y hacemos un llamamiento para aceptar a Cristo. Aunque he escuchado que algunos afirman que no se puede alcanzar a los inconversos haciendo estas cosas, más de 7.000 incrédulos han hecho un compromiso personal con Cristo en Saddleback, y otros miles están considerando esta decisión al volver un fin de semana tras otro. Lo que marca la diferencia es la *manera* de hacerlo.

Los nuevos enfoques y las nuevas formas son solo herramientas.

No se necesita utilizar obras de teatro, o tener bonitos edificios y có-modos estacionamientos para alcanzar a los inconversos. Estas cosas sencillamente facilitan la tarea. Por favor, tenga en cuenta que las su-gerencias que doy en los dos siguientes capítulos solamente son guías generales, sugerencias basadas en lo que ha dado resultado en Saddle-back. No las tome como si fueran los Diez Mandamientos. Si yo estu-viera en alguna otra parte del país, no lo haría todo exactamente como lo he hecho en Saddleback. Usted debe analizar qué dará mejor resul-tado para alcanzar a los perdidos dentro de su contexto local.

12. *Se necesitan creyentes maduros y abnegados para ofrecer un servi-cio sensible a las necesidades de los incrédulos.* En 1 Corintios 14:19–20, Pablo dice que si durante la adoración pensamos solo en nuestras ne-cesidades, estamos comportándonos como niños inmaduros. Los miembros demuestran una increíble madurez espiritual cuando con-sideran las necesidades, los temores y las obsesiones de los incrédulos y están dispuestos, durante el culto, a poner estas necesidades antes que las propias.

En todas las iglesias existe una constante tensión entre los concep-tos de "sirvamos" y "sírvannos". La mayoría de las iglesias terminan inclinando la balanza hacia el lado de satisfacer las necesidades de los miembros porque ellos son quienes pagan las cuentas. Ofrecer un cul-to planeado para inconversos significa inclinar la balanza exactamente hacia el otro lado, hacia los incrédulos. Se necesitan miembros que es-tén dispuestos a crear un entorno seguro para los inconversos a cambio de sus preferencias, tradiciones y comodidad. Se necesita una gran madurez espiritual para trasladarse voluntariamente y salir de una zona de comodidad.

Jesús dijo: "el Hijo del Hombre no vino para ser servido, sino para servir" (Mateo 20:28). Hasta que esta actitud de servicio abnegado no penetre en las mentes y en los corazones de sus miembros, su iglesia no estará lista para ofrecer un culto sensible a las necesidades de los inconversos.

14

Cómo planear un culto para inconversos

Si, pues, toda la iglesia se reúne en un solo lugar, y todos hablan en lenguas, y entran indoctos o incrédulos, ¿no dirán que estáis locos?

1 Corintios 14:23

Andad sabiamente para con los de afuera, redimiendo el tiempo.

Colosenses 4:5

Crecí en un hogar cristiano y muchas veces me sentí frustrado cuando traía a alguno de mis amigos inconversos a la iglesia. Parecía inevitable que precisamente el domingo que conseguía que uno de mis amigos asistiera conmigo a un culto, mi padre predicara acerca del diezmo, algún misionero invitado pasara unas diapositivas, o celebráramos la reunión de la Cena del Señor, ninguna de las cosas que mis amigos perdidos necesitaban escuchar o experimentar.

Sin embargo, a menudo parecía que el día que no los traía a la iglesia, el mensaje versaba en el plan de salvación. Yo pensaba: "¡Hombre, cómo me gustaría que mis amigos estuvieran aquí!" De una semana a otra no se sabía si sería un riesgo traer un inconverso al culto. Nunca se podía predecir el objetivo del mensaje, que alternaba entre el evangelismo y la edificación. Noté que este mismo modelo existía en las iglesias a las cuales asistí mientras me encontraba en la universidad. Con el tiempo, me di por vencido, y dejé de invitar a los inconversos a la iglesia. No fue una decisión consciente, sencillamente me cansé de "quemarme".

> Aumentar el tamaño de la iglesia es sencillo: busque más personas que lo visiten.

La mayoría de las iglesias pocas veces atraen a los inconversos a sus reuniones porque sus miembros no se sienten cómodos trayéndolos. No importa cuánto aliento el pastor les dé a los miembros para que traigan a sus amigos ni cuántos programas de visitación se emprendan, los resultados serán siempre los mismos: la mayoría de los miembros nunca traen a sus amigos perdidos a la iglesia.

¿Cuál es la razón? Existen tres razones importantes. Primero, como ya lo he mencionado, el objetivo de los mensajes es impredecible. De una semana a la siguiente los miembros no saben si el pastor predicará un mensaje evangelístico o un mensaje de edificación. Segundo, las reuniones no están estructuradas para personas inconversas; la mayor parte del programa resultará incomprensible a cualquier amigo que no se ha convertido. Tercero, los miembros pueden sentirse incómodos por la calidad de la reunión.

Si se pudiera lograr que el miembro típico de una iglesia haga un comentario completamente honesto acerca de la misma, probablemente diría: "Amo a mi iglesia; amo a mi pastor; personalmente me siento bendecido por lo que sucede en nuestras reuniones. Satisface mis necesidades; pero... no pensaría en invitar a mis amigos de la oficina porque el culto no tendría sentido para ellos. Los mensajes son para mí, los himnos son para mí, en las oraciones se usan términos que yo comprendo, y hasta los anuncios son para mí. Mis amigos no entenderían la mayor parte del servicio." Irónicamente, es probable que al mismo tiempo se sienta culpable por no invitar a sus amigos.

Para aumentar el tamaño de la iglesia no se necesita de la inteligencia de un científico nuclear: ¡simplemente necesita que haya más visitantes! Nadie se convierte en miembro de una iglesia sin antes ser una visita. Si tiene pocas visitas por año, aun tendrá menos miembros nuevos. Una multitud no es una iglesia, pero para hacer crecer a una iglesia, primero debe atraer a una multitud.

> Una multitud no es una iglesia, pero para hacer crecer a una iglesia, primero debe atraer a una multitud.

¿Cuál es la manera más natural de aumentar el número de visitas en la iglesia? ¿Hacer que sus miembros se sientan culpables por no invitar a sus amigos? No. ¿Poner un gran cartel que diga "Las visitas son bienvenidas"? No. ¿Realizar la fría tarea de llamar por teléfono a los hogares de su comunidad? Probablemente no. ¿Realizar concursos de asistencia? Tampoco. ¿Hacer uso del mercadeo por teléfono o de la publicidad? Otra vez no.

La respuesta es muy sencilla: Celebre un culto especialmente preparado para que los miembros traigan a sus amigos, y haga que sea tan atractivo, tan sugestivo y relevante para los inconversos que sus miembros sientan deseos de invitar a las personas perdidas por quienes se preocupan.

Saddleback ha ofrecido esta clase de culto desde sus comienzos. Mientras que otras iglesias comenzaron a desarrollar enfoques similares, la frase "culto sensible a las necesidades de los inconversos" se comenzó a utilizar para describir esta clase de reuniones. Al crear un culto al cual los cristianos quieren traer a sus amigos inconversos, usted no tendrá que usar concursos o campañas ni tendrá que valerse de la culpa para aumentar su audiencia. Los miembros invitarán a sus amigos semana tras semana, y su iglesia experimentará un flujo constante de visitantes. En este capítulo y en el siguiente, quisiera darle algunas sugerencias prácticas para celebrar un culto sensible a las necesidades de los inconversos.

Planee el culto pensando en su objetivo

Cada semana en Saddleback, nos recordamos a nosotros mismos a quiénes estamos tratando de alcanzar: a Sam Saddleback y a su esposa Samantha. Una vez que se sabe el objetivo, se determinarán muchos de los componentes del culto para inconversos: el estilo de la música, los temas del mensaje, los testimonios, las artes creativas y mucho más.

La mayoría de las iglesias evangélicas concluyen sus reuniones de adoración con un llamado al altar. Esto indica que, funcionalmente, conectamos la adoración con el evangelismo. Pero muchos no entienden que es una estrategia contraproducente concentrarse los primeros cincuenta y ocho minutos de la reunión en los creyentes y luego, de repente, cambiar el foco hacia los incrédulos durante los dos últimos minutos. Los inconversos no se van a quedar sentados durante los cincuenta y ocho minutos de una reunión que no tuvo sentido alguno para ellos. Todo el culto, no solo la invitación, debe planearse teniendo en mente a los inconversos.

Facilite la asistencia al culto

Los norteamericanos están condicionados para esperar que las cosas les resulten convenientes. Su meta debe ser quitar la mayor cantidad de barreras posibles para que los inconversos no tengan excusa para no asistir.

Ofrezca diferentes horarios de reuniones. Esto le da a la gente más de una oportunidad para asistir. Durante años, Saddleback ha ofrecido cuatro reuniones idénticas cada semana: el sábado a las 18:00 horas, y el domingo a las 8:00, a las 9:30 y a las 11:15. Muchas veces hemos tenido personas que han venido por primera vez a un culto, luego se han ido a casa, han llamado a un amigo y lo han traído al próximo culto porque les gustó el tema del mensaje.

Ofrezca estacionamiento extra. En Estados Unidos, se necesita un estacionamiento para atraer a la gente. Una de las primeras cosas que toma en cuenta una visita es el estacionamiento y el control del tráfico. Una vez le pregunté a varios pastores de las iglesias más grandes de California cuál había sido su mayor error al construir. Todos me contestaron igual: no tener un espacio suficientemente grande para estacionar. Las personas quieren venir a la iglesia en sus autos. Si usted no tiene un lugar para el auto, entonces no tiene lugar para él. No importa cuán grande sea su edificio, no podrá llenarlo si no tiene suficiente lugar para estacionar.

Ofrezca una Escuela Dominical para niños que sea simultánea con el culto. A los inconversos no les gusta tener que lidiar con niños revoltosos, ya sean propios o ajenos. Saddleback ofrece cuatro Escuelas Dominicales simultáneamente con nuestras reuniones.

Incluya un mapa con la ubicación de su iglesia en todos los folletos de propaganda. No hay nada más frustrante que tratar de encontrar un lugar sin tener un mapa. Saddleback tiene una entrada propia de 250 mts. hasta llegar a la propiedad. Se llama La carretera de Saddleback, y la iglesia es el único edificio que se encuentra allí, sin embargo, la gente se sigue perdiendo al tratar de encontrarnos.

Mejore el ritmo y la fluidez del culto

Casi todas las iglesias necesitan encontrar el ritmo de sus reuniones. Permanentemente la televisión ha acortado la capacidad de atención de las personas. En el entretiempo de un partido de fútbol, usted puede ver la repetición de una jugada, tres comerciales y un resumen de noticias, ¡no quieren que usted se aburra! MTV ha acortado la capacidad de atención de los adolescentes aún más. En un video de tres minutos lo pueden bombardear con varios miles de imágenes.

En contraste, las reuniones de muchas iglesias se mueven al paso de una tortuga. Existen muchos espacios vacíos entre una cosa y otra. Cuando el director de música termina un himno, se dirige a su asiento y se sienta. Quince segundos más tarde, el pastor piensa en levantarse. Finalmente, se dirige al púlpito con lentitud y le da la bienvenida a las personas. Para entonces, los inconversos ya se han quedado dormidos. Disminuya los momentos de transición. Tan pronto como termina un elemento, el otro debe comenzar.

> **La diferencia entre un culto normal y uno sobresaliente es la fluidez.**

Busque cómo ahorrar tiempo en las reuniones. Regularmente le asignamos un tiempo a cada elemento de la reunión: oraciones, himnos, anuncios, el mensaje, la clausura y las transiciones entre cada uno de estos elementos. Luego nos preguntamos: "¿Qué tomó tanto tiempo y qué necesita más tiempo?"

Por lo general, nuestras reuniones duran unos setenta minutos. Si se planea sabiamente, en ese tiempo se pueden lograr muchas cosas. Por ejemplo, el tiempo en que se recoge la ofrenda se puede acortar a la mitad duplicando el número de ujieres y de cestas. Haga que sus oraciones pastorales sean breves en las reuniones para inconversos. ¡No es momento para interceder por la uña encarnada de la hermana Berta! Los inconversos no pueden seguir las oraciones largas, sus mentes divagan o se duermen. Los pastores deben cuidarse de no usar la oración pastoral del servicio para reemplazar su tiempo devocional.

Además de acelerar el proceso del culto, esfuércese por mejorar su fluidez. La diferencia entre un culto normal y uno sobresaliente es la fluidez.

En Saddleback, utilizamos la palabra IMPACT como una sigla que nos recuerde la fluidez que deseamos crear con nuestra música[1].

Movimiento de Inspiración: Esto es lo que deseamos hacer con el himno de apertura. Usamos algo con ritmo movido, brillante, que haga que a usted le den deseos de seguir el ritmo con el pie, de aplaudir, o al menos de sonreír. Deseamos aflojar los músculos tensos de los visitantes almidonados. Cuando su cuerpo se relaja, su actitud es menos defensiva.

Para comenzar nuestro servicio, despertamos al cuerpo de Cristo despertando nuestros cuerpos. Cuando las personas entran a una reunión que se realiza por la mañana generalmente se sienten tiesos, adormecidos y reservados. Luego de la apertura con el himno de "movimiento de inspiración" siempre la atmósfera cambia a un estado más alegre y más alerta. La diferencia que marca este himno de apertura es absolutamente asombrosa.

Alabanza: Luego seguimos con himnos de gozo que hablen *acerca* de Dios.

Adoración: Seguimos con himnos de mayor intimidad con Dios que nos ayuden a meditar. Aquí el ritmo se hace más lento.

Compromiso: Este himno le da la oportunidad a la gente de afirmar o reafirmar su compromiso con Dios. Generalmente se trata de un himno en la primera persona del singular como "Quiero ser como tú".

Broche de culminación: Lo último que hacemos es terminar el culto con un himno corto y de ritmo rápido.

Haga que las visitas se sientan cómodas

Durante los diez minutos posteriores a la llegada, las visitas ya se han formado una opinión acerca de la iglesia. Como mencioné en el capítulo doce, las visitas deciden si volverán a la iglesia o no mucho antes de que el pastor predique. Las primeras impresiones son muy difíciles de cambiar, por lo tanto piense en cuáles son las primeras impresiones que desea que tengan sus visitantes. Como dice el viejo dicho, uno nunca tiene una segunda oportunidad de dar una primera impresión.

Al tratarse de las visitas, es importante comprender que la primera respuesta emocional que tienen es de temor. Si nunca han pisado una iglesia, lo más seguro es que se estén preguntando: "¿Qué me sucederá aquí?" Tienen las mismas sensaciones y temores que usted tendría si lo invitaran a una mezquita musulmana por primera vez: "¿Irán a cerrar las puertas?" "¿Tendré que decir algo?" "¿Me sentiré incómodo por algo?"

Como sus visitantes están llenos de ansiedad y temor, su primer objetivo debe ser asegurarse de que se relajen. Cuando una persona está asustada, la comunicación se bloquea. Si puede reducir el nivel de temor de sus visitas, ellos estarán mucho más receptivos al evangelio. Existen muchas maneras prácticas de hacer esto.

Reserve los mejores lugares del estacionamiento para las visitas. A la entrada de Saddleback tenemos un cartel diciendo a las personas que vienen por primera vez que enciendan las luces si desean ocupar el lugar reservado cerca del edificio de adoración. Si tiene estacionamiento reservado para visitas, coloque recepcionistas que den la bienvenida con una sonrisa y se ofrezcan para darles cualquier indicación tan pronto que hayan bajado del automóvil. En Saddleback, todos los pastores y el personal estacionamos en la tierra. Solamente las visitas tienen los mejores lugares para estacionar.

Coloque a personas encargadas de saludar afuera del edificio. Creemos que la bienvenida a los visitantes es tan importante que tenemos cuatro clases diferentes de ministros de bienvenida: los asistentes del estacionamiento, los encargados de saludar, los anfitriones y los ujieres. Los asistentes del estacionamiento dirigen el tráfico. Estas son las primeras sonrisas que encontrarán los visitantes. Los que saludan se encuentran de pie en las áreas del estacionamiento y de los patios, saludan informalmente a la gente a medida que se aproximan al edificio. Los anfitriones están ubicados en nuestras mesas de información. En lugar de darles indicaciones a los que vienen por primera vez, los escoltan personalmente al lugar adonde necesitan ir. Los ujieres saludan a la gente dentro de la reunión, reparten los programas, ayudan en situaciones especiales y reciben la ofrenda.

En cualquier organización, las personas más importantes son aquellos que tienen contacto directo con el cliente. En una compañía aérea, las personas más importantes para mí son los vendedores de boletos y los aeromozos. El presidente de la compañía no es importante para mí. ¿Por qué? Porque nunca tengo ningún tipo de contacto con él. En su iglesia, las personas encargadas de dar la bienvenida son las más importantes para los visitantes porque son quienes toman contacto en esos primeros diez minutos cruciales. Asegúrese de poner personas que proyecten un calor fraternal y que sonrían fácilmente.

También es importante que los escogidos para saludar y los ujieres tengan los mismos objetivos de la iglesia. Si desea alcanzar a parejas jóvenes, use parejas jóvenes; si desea alcanzar adolescentes, use adolescentes; si desea alcanzar a jubilados, use jubilados. En muchas iglesias, los que saludan son los miembros más ancianos. Si todas las personas con las que se encuentra un visitante durante los primeros diez minutos tienen cuarenta años más que él, comenzará a preguntarse si tiene un lugar en esa iglesia.

Una última cosa: No identifique a las personas que se encuentran saludando afuera con credenciales. Esto hace que las visitas sientan que quienes les dan la bienvenida son "oficiales" de la iglesia. (Uno de nuestros pastores incorrectamente le dijo a un grupo: "¡Simplemente ponemos a personas encargadas de saludar sin tener nada encima!") Dígale a los que saludan que sencillamente sean como siempre son, miembros amigables.

Coloque mesas de información fuera del edificio. Es correcto que las personas que están a cargo de estas mesas tengan credenciales, porque los visitantes deben saber dónde deben ir a hacer preguntas.

Tenga indicadores en todas partes. Identifique con claridad las entradas principales del edificio, la enfermería y especialmente los baños. Las visitas no deben tener que preguntar dónde se encuentran los baños.

Ponga música mientras la gente entra al edificio. En la mayoría de los edificios públicos ponen música funcional. Esto se puede comprobar en los centros de compras, en los consultorios médicos, en los edificios profesionales, e inclusive en muchos aviones ponen música en el momento del aterrizaje. ¿Por qué? Porque la música relaja a la gente.

El silencio asusta a los visitantes. Si usted fuera a entrar a una gran habitación llena con 200 personas en la cual nadie estuviera hablando, ¿no se preguntaría qué está sucediendo? Usted pensaría: "¿Qué saben ellos que yo no sé?" Pero si uno entra a una habitación en la cual todos están hablando, no se sentirá cohibido en absoluto.

Existe un momento para el silencio en la adoración, pero no al comienzo del servicio. ¿Alguna vez ha visto un cartel a la entrada de algunas iglesias que dice "Entre en silencio"? Esto es lo último que uno desea en una reunión para inconversos. Uno desea que antes de comenzar el culto la atmósfera esté llena de vida, alegría y gozo contagioso.

Hemos notado un fenómeno interesante. Cuánto más fuerte se pone la música de fondo, más animadamente habla la gente. Si uno pone música en un volumen bajo, las personas hablan en voz baja. Cuando las visitas entran a un edificio en el cual las personas hablan en un tono de voz normal y donde pueden oír música animada, se alivian los temores. Se dan cuenta de que las personas están disfrutando de estar allí y se encuentran felices. Se dan cuenta de que en la iglesia hay vida.

Permita que las visitas permanezcan en el anonimato durante la reunión. Una vez que las visitas se sientan no los molestamos ni los señalamos. Les permitimos que observen la reunión sin identificarse públicamente. Deseamos que se sientan bienvenidos y deseados sin sentirse observados.

Irónicamente, muchas iglesias les dan la bienvenida a las visitas en forma que verdaderamente los hace sentir más incómodos que si los hubieran dejado solos. A los visitantes no les gusta que los señalen para que los reconozcan públicamente. (¡La única excepción a esta regla son las autoridades de la denominación que están de visita!) Una de las razones por las cuales las iglesias grandes atraen a tantos visitantes es porque a las personas que vienen por primera vez les gusta esconderse en una multitud. En una iglesia pequeña todos saben quién es la visita, ¡y la visita sabe que ellos lo saben!

En los Estados Unidos, el temor más común de las personas es ir a una fiesta en la que estarán rodeados de extraños. El segundo temor más común es hablar ante una multitud, y el tercer temor más común es que le hagan una pregunta personal en público.

La manera en que algunas iglesias le dan la bienvenida a sus visitas hace que experimenten los tres temores más grandes al mismo tiempo. El pastor, pensando que se comporta de manera amigable, dice: "Por favor, póngase de pie; díganos su nombre y cuéntenos algo acerca de usted." No nos damos cuenta de que cuando hacemos esto estamos bombardeando a la visita con un arma letal.

Cuando vivía en Fort Worth, Kay y yo pertenecíamos a una iglesia que decidió que sería mejor revertir el proceso. Entonces, en lugar de hacer que las visitas se levantaran y se presentaran, se les pedía a todos los miembros que se levantaran mientras los visitantes permanecían sentados. ¡Luego se pretendía que los miembros se dieran vuelta y les cantaran una canción de bienvenida a las visitas! ¿Se imagina? La primera vez que fui allí, los miembros me rodearon y todo lo que pude ver fue un puñado de grandes osamentas que comenzaban a cantarme: "Estamos tan felices de tenerlos aquí. Es tan fantástico sentirlos cerca..." ¡Yo quería morirme allí mismo! ¿Alguna vez le ha cantado un extraño? ¡Yo me siento incómodo si mi esposa me canta! ¿Moraleja? Piense en todo lo que hace desde el punto de vista del visitante.

Aunque me refiero a las personas que vienen por primera vez como a las "visitas", en Saddleback no los llamamos así. Los llamamos "invitados". La palabra "visita" implica que no están aquí para quedarse. El término "invitado" significa que esta persona es alguien por la cual usted hará cualquier cosa con tal de que se sienta cómoda.

> La manera en que algunas iglesias le dan la bienvenida a sus visitas hace que experimenten los tres temores más grandes al mismo tiempo.

Si utiliza una tarjeta de inscripción, haga que todos llenen una. Cuando todo el mundo la llena, las visitas no se sienten aparte del grupo. Ven que esto es algo que todos hacen.

La Tarjeta de Bienvenida de Saddleback es una herramienta de comunicación vital. La usamos por lo menos en una docena de maneras diferentes: Para registrar la asistencia, para registrar las decisiones

¡Bienvenido! Fecha _____

Sr/Sra/Srta _____ o Cambio de dirección

Dirección _____

Ciudad, _____ Estado, _____ Código postal _____

Teléfono, (____) _____ Teléfono del trabajo (____) _____

¿Esta es su... ❑ 1° Vez? ❑ 2° Vez? ❑ 3° Vez?   Soy: ❑ Asistente, ❑ Miembro

Vine invitado por _____

Grado escolar actual   O   Grupo de Edad

K   1   2   3   4   5   6   18-22 23-30 31-35 36-40
7   8   9   10 11 12 Universidad   41-45 46-50 51-60 61-70 71+

Favor de indicar: ❑ Soltero, ❑ Casado

Nombres de los hijos que viven en el hogar y fechas de nacimiento:

_____   _____
_____   _____

Mi decisión de hoy:
❑ Entrego mi vida a Cristo
❑ Quiero ser bautizado
❑ Renuevo mi compromiso con Cristo
❑ Anótenme en la próxima...
  ❑ Clase 101, Descubra la membresía de Saddleback
  ❑ Clase 201, Descubra la madurez espiritual
  ❑ Clase 301, Descubra mi ministerio
❑ Estoy dispuesto a ayudar donde sea necesario
❑ Me gustaría hablar con algún pastor

**Me gustaría recibir
información con respecto a:**
❑ Cómo comenzar una relación con Cristo
❑ Cómo unirme a la familia de la iglesia

Información (continuación)
❑ Programa de Edificación
❑ Grupos pequeños para adultos
❑ Actividades profesionales y de negocios
❑ Actividades para solteros
❑ Actividades para padres sin pareja
❑ Actividades para mujeres
❑ Actividades para hombres
❑ Sesiones de consejería
❑ Actividades recreativas
❑ Actividades musicales
❑ Actividades para Jóvenes adultos (18-30)
❑ Actividades para Adolescentes
❑ Actividades para Niños
❑ Voluntarios para el ministerio con los niños

Comentarios, Peticiones, Motivos de oración: ❑ Equipo de oración ❑ Confidencial

_____
_____
_____
_____
_____
_____

espirituales, para reunir los pedidos de oración, para realizar encuestas, para anotarse en los acontecimientos y programas, para reclutar al liderazgo, para evaluar las reuniones, para poner al día la información acerca de los miembros, para reunir ideas para los sermones, y para comenzar nuevos ministerios, entre otras cosas. Es un vínculo vital que me mantiene informado de nuestra creciente iglesia. Estas tarjetas valen su peso en oro.

Solía leer cada una de ellas todas las semanas. Me ayudaban a memorizar los nombres de las personas hasta que alcanzamos una concurrencia de 3.000. Ahora solamente leo las tarjetas que tienen notas dirigidas especialmente a mí. Pero aun siguen siendo un vínculo. Todos saben que pueden enviarme un mensaje por intermedio de la Tarjeta de Bienvenida. He descubierto que por escrito las personas dicen cosas que jamás se animarían a decir de otra manera.

En la tarjeta también hay un espacio para que las visitas indiquen si es la primera, la segunda o la tercera vez que vienen a la iglesia. Según cuál sea la respuesta, les escribo una nota de agradecimiento diferente.

Por favor, no use libros de inscripción, que pasan por los bancos para que todos lo firmen. Estos libros violan el anonimato. Todos los que están en esa fila pueden ver lo que la visita ha escrito. Además, las posibilidades logísticas de recuperar nombres de los libros de inscripción son más difíciles que con las tarjetas. Nuestras tarjetas se recogen al mismo tiempo que la ofrenda. Le da a todos la oportunidad de poner algo en la canasta. En cuanto se termina de recoger la ofrenda, un equipo encargado de entrar los datos a la computadora comienza a ingresar toda la información de las tarjetas a las computadoras para uso del personal.

Exprese una bienvenida pública que relaje a la gente. Las primeras palabras emitidas desde la plataforma son las que marcan el tono de la reunión. Cada semana, uno de nuestros pastores dice algo así como: "¡Bienvenidos a un domingo en Saddleback! Nos alegramos de que esté aquí. Si es la primera vez que viene, deseamos que se recline en su asiento, que se relaje y que disfrute de la reunión que hemos planeado para usted."

Hágale saber a la gente que pueden tener la esperanza de disfrutar de la reunión. Dígales que no tendrán que decir nada y que nadie los va a molestar. Libérelos de la responsabilidad de la ofrenda: "Si usted nos está visitando, por favor, comprenda que no esperamos que participe de la ofrenda. Esto es solamente para aquellos que forman parte de la familia de la iglesia. Como nuestro invitado, deseamos que se lleve algo de esta reunión, no esperamos que dé nada."

Comience y termine cada reunión haciendo que las personas se saluden unas a otras. En el Nuevo Testamento se nos dice cinco veces que debemos saludarnos demostrándonos afecto. Por lo tanto, al comienzo y al final de cada reunión les pedimos a todos que se den vuelta y que saluden a tres (o a diez, o a veinte) personas.

A lo largo de los años, esta sencilla tradición ha creado un cálido sentido de camaradería y de familia entre personas que ni siquiera se conocen. Algunas veces les pido que al finalizar el culto se digan algo así como: "Fue muy agradable sentarme a su lado hoy." Este pequeño acto de amistad tal vez sea el único que reciban en toda la semana.

En los comienzos de Saddleback, los miembros practicaban lo que llamábamos la "regla de los tres minutos". Todos nos poníamos de acuerdo y durante los tres primeros minutos luego de terminada la reunión, los miembros solo le hablarían a las personas que no conocían. Esto se basaba en el hecho de que los primeros en irse después de la reunión son las visitas. Por lo tanto, esperábamos hasta que todas las visitas se hubieran ido antes de tener comunión los unos con los otros.

Si usa etiquetas con los nombres, asegúrese de que todos las usen. No señale a las visitas ya sea poniéndoles una etiqueta cuando nadie más la usa, o no dándole una si todos los demás la usan.

Ofrezca una mesa de refrescos al final de cada reunión. Las visitas se quedarán un rato más después de la reunión si usted les da una taza de café y les pone algo para comer en las manos. Esto también les da a los miembros la oportunidad de conocer a las personas nuevas. La comida tiende a relajar a las personas en los encuentros sociales. Yo no sé por qué resulta, pero un muchacho que pesa 150 kilos se siente más seguro dentro de una multitud que no le es familiar si puede esconderse detrás de una pequeña taza de café.

Siempre me ha fascinado ver que Jesús impartía muchas de sus enseñanzas a la gente mientras comían o caminaban con él. Estoy seguro de que esto era intencional. Estas dos actividades relajan a la gente y reducen las barreras relacionales. Cuando las personas están relajadas, escuchan mejor y están más abiertas al cambio.

Póngale brillo al ambiente

Las comodidades y el ambiente físico tienen mucho que ver con lo que sucede en la reunión. La forma del edificio le dará forma al culto.

Al entrar a ciertos edificios su estado de ánimo se enciende instantáneamente; pero al entrar en otros se siente deprimido. Así como la
forma de una habitación puede cambiar el estado de ánimo instantáneamente, también pueden hacerlo la temperatura y la iluminación. Tome conciencia de
estos factores y utilícelos. Imagine el estado de ánimo que desea
que su servicio proyecte y créelo.

> **La forma del edificio le dará forma a la reunión.**

En Saddleback resumimos el
estado de ánimo que deseamos
tener en nuestras reuniones para inconversos con la palabra *celebración*. Todos los domingos son Domingo de Resurrección en Saddleback, por lo tanto somos fanáticos en crear un ambiente luminoso,
brillante y lleno de alegría. Las visitas lo sienten desde el momento en
que entran al edificio.

Mire su edificio con los ojos de una visita y trate de determinar qué
mensaje le está comunicando. ¿Qué le está diciendo? ¿Una entrada
con pesadas puertas de madera oscura ofrece un mensaje diferente a
una con puertas de vidrio? Por supuesto que sí.

Aun antes de comenzar el servicio, las visitas están haciendo juicios
de valor acerca de la iglesia. En el mismo momento en que descienden
de sus automóviles en el estacionamiento, ya comienzan a recoger claves mirando el lugar que rodea a su edificio. ¿El paisaje se ve bien cuidado? ¿El césped está cortado? ¿Hay basura tirada en el suelo? ¿El cartel de la iglesia necesita pintura? La limpieza es atractiva. Los lugares
sucios y descuidados son repulsivos.

Algunas veces el mensaje que da el edificio contradice al mensaje
que pretende dar la iglesia. Usted puede decir: "¡Somos amigables!"
pero su edificio puede estar diciendo: "Somos fríos e impersonales".
Usted puede proclamar: "Estamos a tono", pero su edificio puede decir a gritos: "Nos hemos quedado estancados hace cincuenta años." Es
difícil proyectar una imagen de integridad si su edificio se está cayendo a pedazos.

Uno de los problemas que se presentan, al tratar de mantener el entorno de la iglesia, es que luego de cuatro semanas uno tiende a pasar por alto los defectos. Una vez que uno se familiarizó con el edificio, deja de ver qué está mal en él. Se comienza a perder la conciencia de la pintura arruinada, de la alfombra gastada, del púlpito al que le faltan algunos clavos, de los viejos boletines olvidados en los asientos, de los montones de himnarios que duermen sobre el piano y de las bombillas de luz que se han quemado. Lamentablemente, estas cosas saltan a la vista de las visitas, que observan los detalles.

Una forma de combatir esta tendencia es tomar fotografías de la iglesia para evaluar el impacto del ambiente. Las fotografías hablarán igual que los ojos de un visitante. Muéstrele estas fotografías a sus líderes y decidan cuáles cambios deben hacer. La mayoría de los pastores nunca han visto el auditorio desde la última fila de asientos. Los factores ambientales a los cuales debe prestar especial atención son la luz, el sonido, los asientos, el espacio, la temperatura, las plantas, las dependencias para niños y los baños.

Iluminación. La iluminación tiene un profundo efecto en el estado de ánimo de la gente. Una iluminación inadecuada apaga el espíritu de la reunión. Las sombras en el rostro del orador reducen el impacto de cualquier mensaje.

La mayoría de las iglesias son muy oscuras. Tal vez esto esté condicionado por todos aquellos años en que los cristianos hacían sus reuniones de adoración en las catacumbas. Inclusive las iglesias que tienen muchas ventanas, las cubren con gruesas cortinas. De alguna manera, las iglesias tienen la idea de que la luz apagada crea un ambiente más "espiritual". Yo estoy completamente en desacuerdo con esto.

Creo que los edificios de las iglesias deben ser brillantes y estar llenos de luz. El carácter de Dios se expresa en la luz. 1 Juan 1:5 dice: "Dios es luz, y no hay ningunas tinieblas en él." La luz fue lo primero que Dios creó (Génesis 1:3). Creo que en el día de hoy, a Dios le gustaría decirles a muchas iglesias: "Sea la luz."

Si desea que sus reuniones se despierten, ilumine con brillo el ambiente. Quite las cortinas de las ventanas. Abra las puertas y las ventanas. Encienda las luces. Esta semana, reemplace en secreto todas las bombillas de luz de su iglesia por otras que tengan el doble de watts. Luego estudie el cambio de estado de ánimo en el servicio del domingo siguiente. ¡Es probable que tenga un avivamiento en sus manos!

El sonido. Compre el mejor sistema de sonido que pueda. Si está tratando de recortar gastos, hágalo en alguna otra área, no sea mezquino aquí. Saddleback creció durante quince años sin tener edificio propio, pero siempre tuvimos un sistema de sonido de primer nivel.

No importa cuán persuasivo sea el mensaje si las personas no pueden escucharlo de una manera placentera. Un sistema de sonido que suene como una lata y que carece de fidelidad acaba con el músico más dotado e incapacita al predicador más profundo. Y no hay nada que mejor destruya un momento santo que un fuerte silbido del sistema de sonido. Si usted es pastor, insista en que su iglesia compre un micrófono inalámbrico para no tener que estar esposado al púlpito.

Los asientos. La comodidad de los asientos, como la forma en la que están distribuidos, afectan grandemente el ánimo de su reunión. La mente solo puede absorber lo que el asiento puede soportar. Los asientos incómodos son una distracción que al diablo le encanta usar.

Si puede deshacerse de las filas de bancos, le aconsejo que lo haga. En la cultura actual, en los únicos lugares donde se obliga a la gente a sentarse en bancos es en las iglesias y en la sección económica de los estadios. Las personas esperan tener sus sillas individuales. En nuestra sociedad, el espacio personal tiene mucho valor. Si las personas se ven obligadas a sentarse muy cerca la una de la otra, se sienten incómodas. Debe existir un espacio de por lo menos 45 centímetros entre una fila de sillas y la otra y de 52 centímetros si utiliza bancos.

Si tiene sillas movibles, acomódelas de forma que cada persona pueda ver el rostro de la otra. Esto mejorará radicalmente la reacción de la gente a la reunión. Si está comenzando una iglesia nueva, siempre ponga menos sillas de las que necesita. La gente se siente animada cuando hay que añadir sillas a medida que la gente va llegando. Es muy desalentador participar de una reunión cuando uno está rodeado de sillas vacías.

El espacio. La única regla con respecto al espacio es la siguiente: ¡Que no sobre y que no falte! Cualquiera de los dos extremos limitarán su crecimiento. Cuando el salón se llene en un 80%, debe comenzar otro culto. Una de las razones por las cuales muchas iglesias se estancan es porque piensan que no necesitan agregar otro culto si todavía quedan algunos asientos vacíos. Cuando uno se queda sin espacio, experimenta lo que Pete Wagner llama "estrangulamiento sociológico". Un edificio pequeño puede estrangular el crecimiento de una iglesia.

También es probable que tenga demasiado espacio. Muchas iglesias tienen edificios demasiado grandes para llenar. Aunque su congregación tenga 200 personas asistiendo a las reuniones, si el auditorio tiene capacidad para 750 da la sensación de estar vacío. Es casi imposible crear un ambiente cálido e íntimo cuando hay más sillas vacías que personas. Una dinámica importante del crecimiento se pierde cuando el edificio es demasiado grande para la iglesia.

Cuanto más pequeña sea la audiencia, más cerca debe estar el orador de ella. A medida que la audiencia comienza a crecer, el púlpito se retira un poco hacia atrás o se eleva sobre una plataforma. Si en el culto hay cincuenta personas, ponga el púlpito a solo unos pocos pasos de la primera fila de sillas y olvídese de la plataforma.

La temperatura. Como soy un pastor que ha predicado por años en gimnasios sin aire acondicionado y en tiendas sin calefacción, digo esto con la más absoluta convicción: En cuestión de minutos la temperatura puede destruir la reunión mejor planificada. Cuando las personas tienen demasiado frío o demasiado calor, dejan de participar. Mentalmente se disponen a esperar que todo termine lo más rápido posible.

El error más común que cometen las iglesias con respecto a la temperatura es permitir que el edificio esté demasiado cálido. Antes de comenzar el servicio un ujier gradúa el termostato en una temperatura razonable, pero no se da cuenta que cuando el edificio está lleno de gente, el calor del cuerpo eleva la temperatura sustancialmente. El culto casi ha terminado cuando el aire acondicionado vuelve a enfriar el ambiente.

Antes de comenzar el culto, gradúe el termostato varios grados por debajo de la temperatura que es cómoda. Hágalo antes de que llegue la multitud. La temperatura se elevará rápidamente una vez que la reunión haya comenzado. Si mantenemos la temperatura más bien baja, todos permanecerán despiertos.

Las plantas. Lo animo a que use plantas, árboles y espacios verdes para decorar el edificio. Durante años, todos los fines de semana traíamos y llevábamos las plantas y los árboles pequeños a los edificios alquilados. Las plantas decían: "Al menos *algo* está vivo en este lugar."

Estoy seguro de que ha escuchado a alguien decir: "Me siento más cerca de Dios cuando estoy en contacto con la naturaleza." Eso es comprensible. Cuando Dios hizo a Adán y a Eva, no los puso en un rascacielo rodeados de asfalto y de cemento, los puso en un jardín. La belleza natural de la creación de Dios inspira, relaja y restaura a la gente. No es accidental que el Salmo 23 sea el salmo más amado. Las personas pueden imaginarse fácilmente la refrescante escena de aguas de reposo y verdes pastos.

Como un comentario al margen, le digo que tenga cuidado con los símbolos místicos y religiosos que tenga el edificio. Todos saben lo que significa la cruz, pero los inconversos se pueden confundir con un cáliz, las coronas y las palomas a las cuales les sale fuego de la cola.

Salas para niños limpias y seguras. Si desea alcanzar a familias jóvenes, debe tener salas para niños limpias y seguras. No debe haber polvo en los rincones y se deben limpiar los juguetes cada semana.

Baños limpios. Las visitas se pueden olvidar del mensaje, pero el recuerdo de un baño hediondo se prolonga... y se prolonga... y se prolonga. Se puede decir mucho acerca de la fisonomía de una iglesia controlando la calidad de sus baños.

La triste realidad es que muchas iglesias necesitan un edificio completamente nuevo. Nunca podrán alcanzar a su comunidad con el edificio que están usando. Un pastor me dijo con absoluta frustración que estaba orando: "¡Dios, que caiga el fuego!"

Cuando a mi amigo Larry DeWitt lo llamaron para pastorear una iglesia al sur de California, encontró un edificio pequeño, hecho con tablillas en un área suburbana de alta tecnología. Larry se dio cuenta de que los años que tenía el edificio y su estilo eran una barrera para alcanzar a la comunidad. Les dijo a los líderes de la iglesia que aceptaría el pastorado si salían de aquel edificio y comenzaban a tener las reuniones en un restaurante de la cadena Hungry Tiger. Los miembros estuvieron de acuerdo.

Actualmente, luego de mudarse a diferentes lugares, la iglesia ha crecido hasta llegar a tener varios miles de asistentes. Nunca hubiera crecido tanto si se hubieran quedado en su edificio original. Como afirmé en el capítulo uno, el zapato nunca debe decirle al pie hasta dónde puede crecer. Durante trece años, Saddleback utilizó los edificios de las escuelas secundarias para las reuniones generales. Para lograr lo mejor con lo que teníamos, organizamos dos equipos de control de calidad. El primer equipo llegaba a las seis de la mañana y acondicionaba cuarenta y dos salones de clases y un gimnasio. Este equipo dibujaba en la pizarra un diagrama de la forma en que estaba acomodado el salón de clases antes de mover cualquier cosa. De esta manera, todo se volvía a poner tal como estaba (tarea que le tocaba al segundo equipo que tomaba su turno a las 13:00 horas una vez finalizadas las reuniones). Se barría cada salón de clases dos veces al día, una vez al comienzo de la jornada y otra vez cuando habíamos terminado de utilizar las habitaciones. Era un trabajo duro, pero formaba parte del precio del crecimiento.

La meta en todo lo que hacemos por mejorar el ambiente es la misma que menciona Pablo en Tito 2:10 (cursiva añadida): "...para que en todo *adornen* la doctrina de Dios nuestro Salvador".

Cree una atmosfera atractiva

La atmósfera es ese sentimiento difícil de definir, pero inconfundible, que uno tiene cuando entra al servicio de una iglesia. Generalmente le llaman el "espíritu", el "estado de ánimo", o el "tono" de la reunión. No importa cómo lo llame, la atmósfera definitivamente produce un impacto en lo que sucede en la reunión. Puede obrar a favor o en contra del propósito que se está tratando de lograr.

Si la clase de atmósfera que desea crear en una reunión no se determina expresamente, la está dejando al azar. En Saddleback tenemos cinco palabras para describir la atmósfera que deseamos crear cada semana.

Expectativa. Uno de los comentarios frecuentes que hacen las visitas acerca de nuestras reuniones es que perciben un sentido de expectativa entre la gente. Existe un entusiasmo contagioso al comienzo de cada servicio que dice: "¡Algo bueno está a punto de suceder!" La gente siente entusiasmo, energía y un espíritu de anticipación por estar juntos. Los miembros sienten que Dios está con nosotros y que hay vidas que van a ser transformadas. Las visitas muchas veces describen la atmósfera como si hubiese "electricidad".

¿Qué produce este espíritu de expectativa? Hay una serie de factores: los miembros que oran por las reuniones durante toda la semana, los miembros que oran durante las reuniones, los miembros entusiastas que traen a sus amigos inconversos a la iglesia, una larga historia de reuniones que han cambiado vidas, las meras dimensiones de la multitud, la música con estilo de celebración, y la fe del equipo que dirige el servicio.

La oración de apertura siempre debe expresar la expectativa de que Dios estará en medio de la reunión y que las necesidades de las personas serán satisfechas. Expectativa no es más que otra palabra para referirse a la fe. Jesús dijo: "De acuerdo a tu fe te sea hecho" (Mateo (9:29).

Celebración. El Salmo 100:2 dice: "Servid a Jehová con alegría; venid ante su presencia con regocijo." Como Dios desea que nuestra reunión sea una celebración, cultivamos una atmósfera de alegría y regocijo. Los servicios de muchas iglesias parecen más un funeral que un festival. Una de las causas principales es la conducta de los que dirigen la adoración. He visitado algunas iglesias en las cuales sentía deseos de preguntarle al líder de alabanza: "¿Usted alguna vez sonríe?"

La adoración es un deleite, no es un deber. Experimentamos gozo en la presencia de Dios (Salmo 21:6). En el Salmo 42:4, David recuerda: "...De cómo yo fui con la multitud, y la conduje hasta la casa de

Dios, entre voces de alegría y de alabanza del pueblo en fiesta." ¿Esto describe la atmósfera de sus reuniones?

Afirmación. Hebreos 10:25 (La Biblia de Jerusalén) dice: "sin abandonar vuestra propia asamblea, como algunos acostumbran hacerlo, antes bien, animándoos; tanto más, cuanto veis que se acerca ya el día." Hay tantas malas noticias en el mundo que la gente necesita un lugar en donde pueda escuchar buenas noticias.

Deseamos que nuestras reuniones animen a la gente, no que la desanimen. Aunque el mensaje es confrontativo, comenzamos de manera positiva y concluimos de manera positiva. El comportamiento de una persona cambia mucho más rápido a través de la afirmación que a través de la crítica. Estudie el ministerio de Jesús y vea con cuánta habilidad él usaba la afirmación para sacar a la luz lo mejor de las personas.

Incorporación. Trabajamos con ahínco para crear una atmósfera de familia en las reuniones, a pesar del tamaño de la congregación. La manera de saludarnos al comienzo y al final de cada culto, la manera de interactuar de los que se encuentran en la plataforma y la manera en que los pastores les hablan a la multitud, todo dice: "Somos una familia. Estamos en esto juntos. Tú eres parte de todos nosotros."

Me encanta el versículo de 1 Pedro 3:8 en La Biblia al Día: "Finalmente, sean como una familia grande, feliz, compasiva, donde reine el amor fraternal. Sean cariñosos y humildes." En un mundo cada vez más impersonal, las personas están buscando un lugar al cual sientan que pertenecen.

Restauración. La vida es dura. Cada fin de semana miro los rostros de miles de personas a las cuales el mundo ha golpeado esa semana. Llegan con sus baterías espirituales y emocionales descargadas. Mi tarea es volver a conectarlas con cables espirituales al poder restaurador de Cristo. Jesús dijo: "Venid a mí todos los que estáis trabajados y cargados, y yo os haré descansar. Llevad mi yugo sobre vosotros, y aprended de mí, que soy manso y humilde de corazón; y hallaréis descanso para vuestras almas" (Mateo 11:28–29).

Uno de los propósitos de la adoración semanal es que podamos ser restaurados espiritualmente y recargados emocionalmente para la nueva semana que tenemos por delante. Jesús insistió: "El día de reposo fue hecho por causa del hombre, y no el hombre por causa del día de reposo" (Marcos 2:27). Cuando preparo el mensaje siempre oro: "Padre, ayúdame a decir algo el domingo a la mañana que prepare a la gente para el lunes a la mañana."

Tengo la visión de la iglesia como un oasis espiritual en medio de un desierto. Hemos sido llamados a ofrecerle el agua de vida refrescante a los que están muriendo de sed a nuestro alrededor. En el sur de California especialmente, la gente necesita alivio en medio de la carrera por alcanzar el éxito. Por esta razón usamos el humor en nuestras reuniones. "El corazón alegre constituye buen remedio" (Proverbios 17:22). No es un pecado ayudar a la gente a sentirse mejor. Al enseñarle a reírse de sí misma y de sus problemas, no solo les estamos aliviando la carga, sino que les estamos ayudando a cambiar.

Creo que uno de los problemas más grandes de los evangélicos es: No tomar las cosas con demasiada seriedad y no tomar a Dios con la suficiente seriedad. Él es perfecto, nosotros no lo somos. Es más que una coincidencia que las palabras *humor* y *humildad* provengan de una misma raíz. En todo caso, si usted aprende a reírse de sí mismo, siempre tendrá mucho material para disfrutar.

Liberación. La Biblia dice: "...donde está el Espíritu del Señor, allí hay libertad" (2 Corintios 3:17). En nuestras reuniones evitamos toda clase de rigidez, formalidad y apariencia. En cambio, cultivamos una atmósfera informal, relajada y amigable. Hemos visto que un servicio informal, sin apariencias, desarma los temores y las defensas de los inconversos.

Las personas siempre se sienten más ansiosas en un ambiente formal que en uno informal. Es extremadamente importante recordarlo si estamos interesados en cambiar vidas. Las reuniones que son formales y ceremoniosas hacen que las visitas inconversas se preocupen pensando que pueden hacer "algo incorrecto". Esto los hace sentirse cohibidos. Estoy seguro de que usted ha tenido esa sensación cuando no ha sabido cómo actuar en un ambiente público que le era extraño.

Cuando las personas se sienten cohibidas, elevan sus defensas emocionales. Como queremos comunicarnos con los inconversos, nuestra primera tarea es reducir su ansiedad de forma tal que *dejen caer* sus defensas. Una vez que se relajan, dejan de pensar en sí mismos y están en condiciones de sintonizar el mensaje.

Para muchas personas inconversas, la palabra *informal* es sinónimo de *auténtico*, mientras que *formalidad* sugiere *falta de sinceridad* o *algo fingido*. Especialmente a los adolescentes les molesta la pompa y el protocolo. Por esta razón, no utilizamos títulos reverenciales para los pastores en Saddleback. Nadie en mi iglesia se refiere a mí como el "Dr. Warren", simplemente me llamo "Rick".

Tampoco tenemos un código de vestimenta. Los pastores se visten informalmente, como todas las demás personas que concurren. Una encuesta reciente realizada por la revista GQ indicaba que solamente el 25% de los norteamericanos ahora poseen un traje. Yo no he predicado con traje en Saddleback por años. (Por supuesto, tal vez el hecho de predicar en una tienda y en un gimnasio caluroso haya tenido algo que ver con eso.)

La ropa que la gente se pone para asistir a la iglesia es un asunto cultural, no teológico, así que no le prestamos mucha atención a esto. De una cosa estamos seguros: Jesús nunca usó un traje o una corbata, por lo tanto no es una condición para ser parecidos a Cristo.

Imprima un sencillo orden de culto

Las visitas inconversas no saben qué sucederá cuando vienen a la iglesia. Esto los pone ansiosos. Un orden de culto impreso dice: "Aquí no hay sorpresas." Cuando a los no creyentes les decimos por adelantado qué vamos a hacer, se relajan y les baja las defensas.

Describa el culto en términos que no sean técnicos. Si las visitas no entienden el orden del culto, no hay razón para imprimirlo. En un boletín típico usted encontrará términos tales como *invocación, himno del ofertorio, himno de invitación, bendición, y postludio*. Para un inconverso, usted bien podría estar hablando en chino básico.

En Saddleback, en lugar de "invocación" y "bendición", nuestro programa dice sencillamente: "Oración de apertura" y "Oración de clausura". En lugar de "Llamado a la adoración", dice "Himno"; en lugar de "Ofrenda", dice "Devolución a Dios". ¿Entiende? Tenemos la versión de la Biblia al Día en el orden del culto. Estamos más interesados en aclarar los conceptos para los inconversos que en impresionar a los que conocen los términos más formales.

Incluya notas explicativas. Si usted va a escuchar una ópera o a ver una obra de teatro que es difícil de entender, recibe unas notas explicativas junto con el programa. Dígale a las personas por qué está haciendo lo que hacen en el culto. Nuestro boletín ofrece una explicación de nuestra Tarjeta de Bienvenida, de la ofrenda, del momento de compromiso y de otras partes de nuestro culto.

Reduzca al mínimo los avisos internos de la iglesia

Cuanto más grande sea su iglesia, más anuncios habrá. Si no establece una regla en cuanto a los avisos que tienen o no que hacerse en público, terminará dedicando una porción importante del culto a los avisos internos de la iglesia. ¿Cómo se dede manejar esto?

Enseñe a sus miembros a leer el boletín. Diga algo así como: "Esta semana hay algunos programas especiales para hombres, para jóvenes y para estudiantes secundarios. Asegúrese de leer el boletín para enterarse qué hay preparado para usted." Eso es todo lo que necesita decir.

Anuncie solamente las actividades que involucran a todos. Cada vez que anuncia una actividad que involucra solo a un segmento de la iglesia, el resto se distrae. Muy pronto nadie está escuchando. No pierda el tiempo de todos anunciando reuniones que son para un pequeño porcentaje de la congregación.

Evite pedir ayuda desde el púlpito. Reduzca al mínimo los pedidos de ayuda voluntaria en las reuniones generales. De todas formas, el reclutamiento personal da mejores resultados.

No trate cuestiones internas de finanzas de la iglesia durante el culto general. Déjelo para las reuniones con los miembros. Conozco una iglesia que al final del culto le pedía a todas las visitas que se retiraran para hablar con los miembros sobre las finanzas. Esto es ser groseros con las visitas.

Evalúe y mejore continuamente

Cada lunes por la mañana, luego de un partido, los jugadores de fútbol americano de la NFL miran las películas del domingo anterior para decidir qué deben mejorar la semana próxima. Nosotros debiéramos estar aun más preocupados por lo que sucede en nuestras reuniones cada domingo. La liga de fútbol simplemente está haciendo un juego, nosotros no.

Las iglesias en crecimiento siempre deben estar preguntándose: "¿Cómo podemos mejorar?" Deben ser implacables al evaluar sus reuniones y sus ministerios. La evaluación es la clave para la excelencia. Continuamente uno debe examinar cada parte del servicio y evaluar su efectividad.

En Saddleback, las tres herramientas que nos ayudan en la evaluación son la tarjeta de Primera Impresión, la tarjeta de Bienvenida y una hoja de Evaluación de la Adoración. Estos tres elementos nos ofrecen un valioso secreto para mejorar continuamente.

La tarjeta de Primera Impresión nos ayuda a ver el culto desde la perspectiva del que nos visita por primera vez. La tarjeta de Bienvenida nos ayuda de parte de los que asisten regularmente y de nuestros miembros. Recibimos una continua lista de sugerencias y recomendaciones de los que están en la multitud. Y la hoja de Evaluación de la Adoración nos da las sugerencias de los miembros del personal. Incluye una evaluación de todo, desde el estacionamiento hasta los boletines, las mesas de refrescos, la música y el mensaje.

En 1 Corintios 14:40, Pablo concluye sus instrucciones acerca de las reuniones diciendo: "pero hágase todo decentemente y con orden." Este versículo significa que planear, evaluar y desear mejorar las reuniones es correcto. Tanto la adoración a Dios como la evangelización de la gente, merece nuestro mejor esfuerzo.

Recuerde a quién está sirviendo

Tal vez se sienta abrumado por todas las sugerencias que le he dado para crear un servicio sensible a las necesidades de los inconversos. Recuerde, estas son ideas importantes, pero no son esenciales para celebrar un servicio así. Como dije anteriormente, los únicos elementos no negociables de una reunión para inconversos son: Tratar a las personas nuevas con amor y respeto, relacionar el culto con sus necesidades y presentar un mensaje práctico y comprensible.

¡Los cultos sensibles a las necesidades de los inconversos dan mucho trabajo! Para celebrarlos semanalmente se requiere de una enorme cantidad de energía, creatividad, compromiso, tiempo, dinero y preparación. ¿Para qué molestarse? ¿Para qué pasar por todos estos problemas tratando de crear un puente que una la distancia cultural entre la iglesia y los inconversos? Porque, al igual que Pablo, lo hacemos todo "por amor a Jesús" (2 Corintios 4:5).

Usted debe saber por qué hace lo que hace, o de lo contrario el desaliento lo vencerá. Recuerdo especialmente un domingo por la mañana hace algunos años. Estábamos acomodando la escuela secundaria para las reuniones del fin de semana y por una razón u otra faltaba casi la mitad de nuestro grupo de ayudantes. Mientras cargaba el equipo para la clase de los niños, desde una camioneta hacia los salones de clases a través del edificio, me sentí abrumado por una sensación de desaliento.

Satanás comenzó a arrojarme dardos de autocompasión: "¿Por qué tienes que hacer todo esto de acomodar y llevar cosas mientras que lo único que hacen otros pastores es aparecer a la hora del culto? Simplemente entran en el edificio. La mayoría de los pastores no se inmiscuyen en todos estos líos, mientras que tú lo has tenido que hacerlo durante años."

Cuando comenzaba a disfrutar de mi fiesta de autoconmiseración, el Espíritu Santo me tocó el hombro y me preguntó: "Rick, ¿para quién estás haciendo todo esto?" Me detuve en seco en medio del estacionamiento de la escuela, comencé a llorar y me recordé a mí mismo que hacía lo que estaba haciendo por amor a Jesús. Y lo que yo hago no es nada en comparación con lo que él hizo por mí.

"Y todo lo que hagáis, hacedlo de corazón, como para el Señor y no para los hombres; sabiendo que del Señor recibiréis la recompensa de la herencia, porque a Cristo el Señor servís" (Colosenses 3:23–24).

15

Seleccione la música

Puso luego en mi boca cántico nuevo... Verán esto muchos, y temerán, y confiarán en Jehová.

Salmo 40:3

Siempre me preguntan qué cambiaría si comenzara Saddleback de nuevo. Mi respuesta es la siguiente: desde el primer día de la nueva iglesia pondría más energía y dinero para tener un ministro de música de primera clase que hiciera juego con nuestro objetivo. En los primeros años de Saddleback cometí el error de subestimar el poder de la música, por lo tanto minimicé la importancia de su uso en nuestras reuniones. Ahora me arrepiento de ello.

La música forma parte integral de nuestras vidas. Con ella comemos, conducimos nuestro automóvil, hacemos compras, nos relajamos, y algunos que no son bautistas ¡hasta bailan al son de la música! El gran pasatiempo de la gente no es el fútbol, es la música y expresar opiniones acerca de ella.

Muchas veces, una canción puede tocar a la gente de una manera en que no puede hacerlo un sermón. La música atraviesa las barreras intelectuales y lleva el mensaje directo al corazón. Es una herramienta potente para el evangelismo. En el Salmo 40:3 David dice: "Puso luego en mi boca cántico *nuevo*... Verán esto muchos, y temerán, y confiarán en Jehová" (cursiva añadida). Considere la clara conexión que existe entre la música y el evangelismo: "y confiarán en Jehová".

Aristóteles dijo: "La música tiene el poder de formar el carácter." En la actualidad, Satanás claramente está usando la música con este propósito. Las letras de las canciones del rock de los años 60 y 70 formaron los valores de la mayoría de los norteamericanos que ahora tienen treinta, cuarenta o cincuenta años. En el día de hoy, MTV forma los valores de la mayoría de los adolescentes o jóvenes que están en la década de los veinte. La música es la comunicadora principal de valores en la generación joven. Si no usamos la música contemporánea para divulgar los valores divinos, Satanás tendrá libre acceso a toda una generación. La música es una fuerza que no se puede ignorar.

No solo subestimé el poder de la música cuando comencé Saddleback, sino que también cometí el error de tratar de satisfacer el gusto de todas las personas. Generalmente en una sola reunión cubríamos la gama "de Bach al Rock". Alternábamos entre himnos tradicionales, coros de alabanza y canciones cristianas contemporáneas. Utilizábamos la música clásica, la country, el jazz, el rock, el reggae e inclusive el rap. La multitud nunca sabía qué vendría a continuación. El resultado era que no agradábamos a nadie y frustrábamos a todos. Éramos como la estación de radio que mencioné en el capítulo nueve que trataba de atraer a todo el mundo transmitiendo toda clase de música.

Repito, es imposible satisfacer el gusto y las preferencias musicales de todas las personas. La música es un tema que separa a las generaciones, a las regiones de un país, a los distintos tipos de personalidades, e inclusive a los miembros de una familia. Por lo tanto, no nos debe sorprender que en la iglesia existan diferentes opiniones acerca de la música. Decida a quién quiere alcanzar, identifique el estilo de música preferido por ese grupo y luego aténgase a él. Si está buscando un estilo de música con el que todos en su iglesia estén de acuerdo, está perdiendo su tiempo.

Cómo elegir el estilo de la música

El estilo de música que elija para usar en sus reuniones será una de las decisiones más importantes (y críticas) que pueda tomar en la vida de la iglesia. También será el factor de mayor influencia para determinar a quiénes alcanzará para Cristo y si su iglesia crecerá o no. Debe adaptar la música a la clase de personas que Dios tiene preparadas para su iglesia.

La música que se usa "coloca" a la iglesia en su comunidad, la define. Una vez que haya decidido qué estilo de música usará en la adoración, habrá marcado la dirección de la iglesia mucho más de lo que imagina. Esto determinará la clase de gente que atraerá, quiénes se quedarán, y a quiénes perderá.

Si usted me dijera qué clase de música utiliza habitualmente en sus reuniones, yo estaría en condiciones de describir la clase de gente a la que está alcanzando sin siquiera visitar su iglesia. También podría decirle quiénes son las personas que nunca alcanzará.

> **Adapte la música a la clase de personas que Dios tiene preparadas para su iglesia.**

No estoy de acuerdo con la idea de juzgar los estilos musicales como "buenos" o "malos". ¿Quién decide esto? Lo que determina la clase de música que a uno le gusta es su origen y cultura. Hay ciertos tonos y escalas de sonidos que resultan agradables a los oídos de los asiáticos; otros tonos y escalas le suenan agradables a los oídos de los habitantes del medio oriente. Los africanos disfrutan de ritmos diferentes a los de los sudamericanos.

Sería elitismo cultural insistir en que toda la "buena" música se escribió en Europa hace doscientos años. Con toda seguridad, no existe base bíblica alguna que asegure este punto de vista. De acuerdo al lugar en el que se crió, disfrutará de distintos estilos de música. Ninguno de ellos es "mejor" que otros.

Las iglesias también necesitan admitir que no hay un estilo de música en particular que sea "sagrado". Lo que hace sagrada a una canción es su *mensaje*. La música no es más que un arreglo de notas y ritmos; son las palabras las que hacen que una canción sea espiritual. No existe tal cosa como "música cristiana", solo existen las letras cristianas. Si toco una melodía sin palabras, no se sabe si es cristiana o no.

El mensaje sagrado de una canción se puede comunicar en una diversa variedad de estilos musicales. Durante 2.000 años, el Espíritu Santo ha utilizado diferentes clases de música para glorificar a Dios. Se necesitan toda clase de iglesias, que utilicen toda clase de músicas para alcanzar a toda clase de personas. Insistir en que un estilo de música en particular es sacro es idolatría.

Me resulta divertido escuchar a los cristianos que rechazan la música cristiana contemporánea cuando dicen: "Necesitamos volver a nuestras raíces musicales." Me pregunto hasta dónde quieren llegar. ¿Hasta los cantos gregorianos? ¿Hasta las melodías judías de la iglesia de Jerusalén? Solo quieren retroceder unos cincuenta o cien años.

Algunos suponen que los "himnos" que se mencionan en Colosenses 3:16 se refieren al mismo estilo de música a la cual llamamos "himnos" actualmente. La verdad es que no sabemos cómo sonaban aquellos himnos, pero sí sabemos que las iglesias del Nuevo Testamento usaban el estilo de música que concordaba con los instrumentos y la cultura popular de aquellos días. Ciertamente, en aquel entonces no tenían pianos ni órganos, por lo tanto su música debe haber sonado completamente distinta a la de nuestras iglesias actuales.

> No existe tal cosa como "música cristiana", solo existen las letras cristianas.

En los Salmos leemos que en la adoración bíblica utilizaban tambores, címbalos resonantes, trompetas, tamboriles e instrumentos de cuerdas. ¡Esto se parece mucho a la música contemporánea!

Canten un cántico nuevo

A lo largo de la historia de la iglesia, los grandes teólogos han expresado la verdad de Dios en el estilo musical de sus días. La melodía de "Castillo fuerte es nuestro Dios" de Martín Lutero proviene de una canción popular de sus días. (En la actualidad, Lutero probablemente se inspiraría en las melodías que tocan en los bares.) Charles Wesley usó varias melodías populares de las tabernas y de los teatros de ópera de Inglaterra. Calvino contrató a dos escritores de canciones seculares de sus días para que le pusieran música a su teología. La reina de Inglaterra se puso tan furiosa por estas "melodías vulgares" que se refirió a ellas burlonamente llamándolas las "gigas de Ginebra" de Calvino.

Algunas canciones que ahora consideramos clásicos sagrados, en su tiempo recibieron las mismas críticas que la música cristiana contemporánea de nuestros días. Cuando se publicó por primera vez "Noche de Paz", George Weber, director de música de la catedral de Maguncia, dijo que era "una travesura vulgar carente de todo sentimiento religioso y cristiano." Y Charles Spurgeon, el gran pastor inglés, despreció las canciones de adoración contemporáneas de sus días, las mismas que ahora reverenciamos.

Pero más increíble aun es que los eclesiásticos de la época condenaron ampliamente el *Mesías* de Haendel diciendo que era "teatro vulgar". Al igual que los coros contemporáneos, al *Mesías* se lo condenó por tener demasiada repetición y poco mensaje, ¡contiene unas cien repeticiones de la palabra "Aleluya"!

Hasta la sagrada tradición de cantar himnos, en un momento se consideró "mundana" dentro de las iglesias bautistas. Benjamin Keach, un pastor bautista del siglo diecisiete, es el responsable de haber introducido los himnos en las iglesias bautistas de Inglaterra. Primero comenzó enseñándoles a los niños a cantar porque a ellos les encantaba. Sin embargo, a sus padres no les gustaba cantar himnos. Estaban convencidos de que el canto era algo "ajeno a la adoración evangélica".

Una controversia más seria tuvo lugar cuando el pastor Keach trató de introducir el cántico de himnos en toda su congregación en la iglesia de Horsley Down. Finalmente, en 1673, consiguió que estuvieran de acuerdo en cantar un himno luego de la Cena del Señor usando el precedente bíblico de Marcos 14:26. De todas formas, Keach permitió que los que objetaban esta práctica se retiraran antes del himno. Seis años más tarde, en 1679, la iglesia estuvo de acuerdo en cantar un himno en los días públicos de acción de gracias.

Otros catorce años pasaron antes de que la iglesia acordara que era apropiado cantar himnos en la adoración. La controversia fue costosa e hizo que veintidós de los miembros de Benjamin Keach se fueran de su iglesia para unirse a una iglesia en la cual no se cantara. Sin embargo, la moda de cantar himnos prendió en otras iglesias, y pronto la iglesia que no cantaba himnos llamó a un pastor que para asumir el pastorado puso como condición que se cantaran himnos. Cómo cambian las cosas. Se puede postergar el progreso pero no se puede detener.

Lo asombroso en todo este incidente fue la increíble paciencia del pastor Keach. Le llevó veinte años cambiar el estilo de adoración de su congregación. En una iglesia promedio, probablemente es más fácil cambiar la teología que el orden del culto.

Una de las debilidades que tenemos los evangélicos es que no conocemos la historia de la iglesia. Por esta razón, comenzamos a confundir nuestras tradiciones habituales con la ortodoxia. Muchos de los métodos y herramientas de las iglesias de hoy, tales como cantar himnos, los pianos, los órganos de tubo, los llamados al altar y la Escuela Dominical, en una época eran considerados mundanos e inclusive heréticos. Ahora que estas herramientas se aceptan ampliamente como dones provenientes de Dios para mejorar la adoración, tenemos una nueva lista negra. Las objeciones de nuestros días señalan las innovaciones como el uso de sintetizadores, baterías, representaciones teatrales y videos dentro del culto.

El debate con respecto al estilo de música que se debe usar en la adoración será uno de los puntos principales de conflicto en las iglesias locales durante los próximos años. Con el tiempo, todas las iglesias tendrán que tratar este tema. Prepárese para acalorados desacuerdos. James Dobson una vez admitió en su programa *Enfoque a la familia* que "De todos los temas que hemos tratado en este programa de radio, desde el aborto hasta la pornografía, el más controversial ha sido el de la música. La gente se encoleriza con el tema de la música más que con cualquier otro". El debate acerca de los estilos musicales ha dividido y polarizado a muchas iglesias. Me pregunto si esa sería la razón por la cual Spurgeon le puso el nombre de "Departamento de Guerra" a su ministerio de música.

¿Por qué se toman los desacuerdos en cuanto a los estilos de adoración como una cuestión personal? Porque la manera en la que usted adora está íntimamente ligada a la manera en la que Dios lo hizo. La adoración es una expresión personal de amor hacia Dios. Cuando alguien critica la forma en que usted adora, naturalmente usted lo toma como una ofensa personal.

Sin excusas, Saddleback es una iglesia de música contemporánea. En la prensa, muchas veces se han referido a nosotros como a "las ovejas que les gusta el rock". Usamos el estilo de música que escucha en la radio la mayoría de las personas que asisten a nuestra iglesia. Años atrás, cuando me encontraba frustrado por tratar de complacer a todos, decidí realizar una encuesta en la iglesia. Le entregué a todos una tarjetita durante el culto general y les pedí que escribieran allí el nombre de la estación de radio que escuchaban.

Lo que descubrimos es que el 96% de nuestra gente escuchaba música contemporánea moderada para adultos. La mayoría de las personas de menos de cuarenta años no se sienten identificados con ninguna clase de música que pertenezca a un período de tiempo anterior a 1965. Para ellos, un clásico es una melodía de Elvis Presley. Les gusta la música alegre, animada, con un ritmo marcado. Sus oídos están acostumbrados a la música con ritmo y con una línea de bajo muy marcada.

Por primera vez en la historia existe un estilo de música universal que se puede escuchar en todos los países del mundo. Se llama pop/rock contemporáneo. Las mismas canciones se transmiten en las radios de Nairobi, de Tokyo y de Moscú. La mayoría de los comerciales de la televisión utilizan el estilo de rock contemporáneo. Inclusive el estilo country y el estilo del oeste se han adaptado a esta forma. Este es el estilo de música primario que hemos elegido en Saddleback.

Luego de encuestar a las personas a las cuales estábamos llegando, tomamos la decisión estratégica de dejar de cantar himnos en nuestras reuniones generales. En el lapso de un año, luego de haber decidido cuál sería "nuestro sonido", Saddleback tuvo una "explosión" de crecimiento. Debo admitir que hemos perdido cientos de miembros potenciales a causa del estilo de música que usa Saddleback. Por otra parte, hemos atraído a otros miles a causa de nuestra música.

Reglas para seleccionar un estilo musical

Como reconozco que estoy entrando en un área llena de minas explosivas, me gustaría ofrecer algunas sugerencias con respecto a la música. Sea cual sea el estilo de música de su iglesia, creo que existen algunas pocas reglas que debe seguir.

Vea de antemano toda la música que va a usar.

No se lleve una sorpresa en el culto. Aprendí este principio de la peor manera. Podría contarle una serie de historias que le llenarían los ojos de lágrimas, como la vez que un cantante que nos visitaba decidió cantar una canción que duró veinte minutos ¡acerca del desarme nuclear! Si usted no dirige su música, ella dirigirá su reunión. Establezca algunos parámetros de forma tal que la música apoye el propósito de la reunión en lugar de obrar en su contra.

Al mirar la música que se propone utilizar, considere tanto la letra como la melodía. Pregúntese si las letras son doctrinalmente profundas, si son comprensibles para los inconversos y si la canción usa términos o metáforas que las personas nuevas no podrán comprender. Siempre identifique el propósito de una canción. ¿Es de edificación, de adoración, de comunión o de evangelismo?

En Saddleback clasificamos las canciones de acuerdo a su objetivo. Las canciones que están en la lista de la multitud son apropiadas para cuando hay algún inconverso presente (en nuestras reuniones generales). Las canciones en la lista de la congregación son significativas para los creyentes, pero no tienen sentido para los incrédulos (las cantamos en el culto de adoración que tenemos en la mitad de la semana). Las que se encuentran en la lista del núcleo tienen que ver con el servicio y el ministerio (las cantamos en nuestras reuniones de SALT).

Pregúntese: "¿Cómo me hace sentir esta melodía?" La música ejerce una gran influencia sobre las emociones humanas. Una música inapropiada puede matar el espíritu y el estado de ánimo de una reunión. Todos los pastores han experimentado la agonía de tratar de resucitar un culto luego de un número musical que ha dejado a todos deprimidos y con ánimo suicida. Decida qué clase de estado de ánimo desea tener en el culto y use el estilo que pueda crearlo. En Saddleback, creemos que el culto debe ser una celebración, por lo tanto usamos un estilo que es rítmico, animado y alegre. Es muy raro que cantemos una canción en un tono menor.

> ## La música dispone el estado de ánimo del culto.

Inclusive las veces que invitamos a artistas cristianos populares para cantar en Saddleback, insistimos en ver previamente cada canción que van a cantar. La atmósfera que tratamos de mantener en nuestras reuniones generales es mucho más importante que el ego de cualquier cantante.

Acelere el ritmo.

Tal como señalé en el capítulo 14, la Biblia dice: "Servid a Jehová con *alegría*; venid ante su presencia *con regocijo*" (Salmo 100:2, cursiva añadida), pero muchas reuniones de adoración se parecen más a un funeral que a un festival. John Bisagno, pastor de 15.000 miembros de la Primera Iglesia Bautista de Houston, Texas, dijo: "Los cantos fúnebres y los líderes de alabanza almidonados matarán a una iglesia mucho más rápido que cualquier otra cosa en el mundo."

En Saddleback, nos reímos de nuestros cantos aeróbicos. ¡Son alegres! Recientemente recibí una tarjeta de Primera Impresión proveniente de un anciano visitante de ochenta y un años y su esposa que decía: "¡Gracias por sacudir nuestra sangre geriátrica!" Es imposible quedarse dormidos cuando Saddleback canta. Deseamos que nuestra música tenga un impacto tanto espiritual como emocional en la gente. Las canciones que corresponden a las letras I, M, P y T de la sigla IMPACT que compartí en el último capítulo son todas de ritmo animado. Las canciones que pertenecen a la A y a la C son más lentas y llevan más a la meditación. Los inconversos siempre prefieren la música de celebración en lugar de la contemplativa porque todavía no tienen una relación con Cristo.

Actualice las letras.

Existen muchas buenas canciones que se pueden utilizar en un servicio general cambiándoles algunas palabras para que a los inconversos les resulten comprensibles. Es probable que debamos traducir o reemplazar algunas referencias a metáforas bíblicas o algunos términos teológicos. Si es necesario traducir la Biblia que se escribió en el siglo diecisiete, también será necesario traducir las letras de las canciones antiguas.

Si usa himnos, algunas veces la tarea de edición es mayor. Hay frases como: "lavados en la sangre del Cordero", "alégrate, oh Sión", "querubines y serafines", "más allá del sol, yo tengo un hogar", "Jericó, tus muros caerán" que a los inconversos les resultan confusas. No tienen idea de qué se está cantando. Es probable que un inconverso piense que "el bálsamo de Galaad" es una canción que habla acerca de los terroristas.

> Todo verdadero avivamiento siempre ha estado acompañado por música nueva.

Algunos miembros insistirán en que los viejos himnos tienen una buena teología. Estoy de acuerdo con esto. ¿Por qué no reemplazar los términos arcaicos y adaptar las letras a melodías contemporáneas? Recuerde, la música en sí no es sagrada. Pongámosle ropas nuevas a algunos de esos viejos amigos. Si imprime canciones congregacionales en el programa, le está permitido editar las letras si la canción es de dominio público.

De paso digo que en lo referente a la terminología, algunos coros contemporáneos de alabanza son tan confusos como los himnos. Las personas nuevas no tienen idea de lo que significa "Jehová jiré". Daría lo mismo si cantara "¡Mumbo Magumbo!"

Anime a sus miembros a escribir canciones nuevas.

Todas las congregaciones deben animar a sus miembros a escribir canciones de alabanza. Si estudia historia de la iglesia, descubrirá que todo avivamiento genuino siempre ha estado acompañado por nuevas canciones. Las canciones nuevas dicen: "Dios está haciendo algo *aquí* y *ahora*, no solo hace cien años." Cada generación necesita nuevas canciones para expresar su fe.

El Salmo 96:1 dice: "Cantad a Jehová cántico *nuevo*" (cursiva añadida). Tristemente, en la mayoría de las iglesias se siguen cantando las mismas *viejas* canciones. La Columbia Record Company una vez realizó un estudio y descubrió que una vez que una canción se ha cantado cincuenta veces, las personas ya no piensan en el significado de la letra, sencillamente la cantan de memoria.

Amamos a las viejas canciones por los recuerdos emotivos que despiertan en nosotros. Hay ciertas canciones como "Hay poder en Jesús", "Yo me rindo a ti", y "Santo, santo, santo", que automáticamente me traen lágrimas a los ojos porque me recuerdan momentos espirituales muy significativos para mi vida. Pero estas canciones no producen el mismo efecto en los inconversos, o inclusive en otros creyentes, porque no comparten mis recuerdos.

Muchas iglesias usan en exceso ciertas canciones debido a las preferencias personales del pastor o de los líderes de música. El líder acapara el repertorio musical. Lo que al pastor o al ministro de música le gusta no debe ser el factor que determine el estilo de música de la iglesia. Más bien, que su objetivo sea quien determine su estilo.

Si realmente desea saber si está usando canciones gastadas en sus reuniones, lo desafío a que haga un experimento el domingo próximo: Filme los rostros de su congregación mientras cantan las canciones durante el servicio. Cuando las personas cantan las mismas viejas canciones, la apatía y el aburrimiento se reflejan en sus rostros. La posibilidad de predecir lo que va a suceder ha arruinado más cultos de adoración que cualquier otro factor.

Una canción pierde su poder testimonial si las personas no están pensando en lo que están cantando; pero las canciones pueden ser un testimonio poderoso para los inconversos cuando se cantan sintiendo profundamente lo que se dice.

Muchas de las canciones evangélicas de la primera mitad de este siglo tienden a glorificar la experiencia cristiana más que a Cristo. Por el contrario, actualmente las canciones de adoración más efectivas son canciones de amor dirigidas directamente a Dios. Esto es adoración bíblica. Por lo menos diecisiete veces en las Escrituras se nos insta a cantar *al Señor.* En contraposición, la mayoría de los himnos cantan *acerca* de Dios. La fortaleza de muchas canciones contemporáneas reside en que están centradas en Dios y no en el hombre.

Reemplace el órgano por una orquesta MIDI

Con la tecnología actual, cualquier iglesia puede tener la misma calidad de sonido que la música que se escucha en los discos editados profesionalmente. Todo lo que necesita es un teclado MIDI y algunos discos MIDI. Lo bueno de usar un MIDI es que se pueden "llenar los vacíos" cuando faltan instrumentos. Por ejemplo, si tiene un tecladista, un trompetista y un guitarrista, pero le falta un bajista y un baterista, sencillamente puede añadir la banda de bajo y de batería MIDI a sus músicos "vivos". Si en la iglesia no hay nadie que esté familiarizado con el uso de la tecnología MIDI, puede conseguir información en casi todos los negocios de música.

De acuerdo a nuestro tamaño, Saddleback posee ahora una orquesta completa de pop/rock, pero la mayoría de las iglesias no son lo suficientemente grandes como para tener algo así. Si comenzara una iglesia nueva hoy, buscaría a una persona que supiera algo acerca de MIDI y le daría un teclado. El sistema MIDI no existía cuando comencé Saddleback, y a veces me pregunto a cuántas personas más hubiéramos alcanzado en nuestros primeros años si hubiéramos tenido la calidad de música MIDI en nuestras reuniones.

Cuando realicé la encuesta de preferencias musicales, no encontré a una sola persona que dijera: "Escucho música para órgano en la radio." En el único lugar en el que se escucha música de órgano hoy en día es en una iglesia. ¿Qué nos dice esta realidad? Piense en esto:

Invitamos a los inconversos a que vengan y se sienten en sillas del siglo diecisiete (a las cuales llamamos bancos), a que canten canciones del siglo dieciocho (a las que llamamos himnos), y a que escuchen instrumentos del siglo diecinueve (el órgano de tubo), y luego nos preguntamos por qué pensarán que estamos pasados de moda. Me temo que estaremos bien adentrados en el siglo veintiuno antes de que algunas iglesias comiencen a usar los instrumentos del siglo veinte.

Debe decidir si su iglesia será un conservatorio de música para una élite musical, o si será un lugar donde la gente común pueda traer a sus amigos inconversos y escuchar música que entienden y que disfrutan. En Saddleback, usamos la música del corazón, no la artística.

No obligue a los inconversos a cantar.

En su culto general use más números musicales que canto congregacional. Las visitas no se sienten cómodas cantando melodías que no conocen y palabras que no comprenden. Tampoco es realista esperar que las personas nuevas canten canciones de alabanza y de entrega a Jesús antes de convertirse. Esto sería como comprar la carretilla antes que el caballo.

Por lo general, las visitas se sienten incómodas durante el tiempo de canto congregacional del culto. Como no conocen las canciones, y estas hablan de alabanza y de entrega a Jesús, se sienten obligados a permanecer de pie mientras todos los demás cantan. Esto es especialmente embarazoso en una iglesia pequeña, donde todos ven quee usted no está cantando. Por otra parte, las visitas inconversas se sienten muy cómodas *escuchando* los números musicales representados en su culto general, si poseen el estilo con el cual están familiarizados. Por lo tanto, dé prioridad a los números musicales en su cuito general y reserve los momentos prolongados de alabanza congregacional para el servicio dirigido a los creyentes. (En nuestros cultos para creyentes pasamos regularmente treinta o cuarenta minutos de alabanza y adoración ininterrumpidos.)

Comprenda que cuanto mayor sea su iglesia, más podrá usar el canto congregacional en su culto general, porque cuando un inconverso está rodeado por miles de personas, a nadie le importa si canta o no. Esta persona se puede esconder en la multitud y escuchar sin sentirse observada, absorbiendo la emoción del momento.

Aunque es preferible no tener un tiempo prolongado de alabanza congregacional en un servicio general, creo que sería un error erradicarla completamente porque es un elemento poderoso que mueve las emociones. Cuando los creyentes cantan juntos en armonía, se crea una sensación de intimidad, incluso en un culto con mucha gente. Esta intimidad impresiona a los inconversos que sienten que algo bueno está sucediendo aunque no lo pueden explicar.

"Armonizar" significa "poner de acuerdo". Cuando los creyentes cantan juntos en armonía son una expresión audible de la unidad y de la comunión del cuerpo. Cada persona canta su parte mientras escucha a los demás para oírse a una voz. Hay algo profundamente atractivo en ver a los creyentes cantando juntos en una alabanza sincera que sale del corazón. Atestigua que estas personas que tienen una apariencia normal realmente tienen una relación con Cristo y están relacionados entre sí.

> Es un error eliminar *por completo* el canto congregacional durante un culto para creyentes.

Déle importancia a la música

Aunque la música es el elemento más controversial de un culto, es un elemento crítico que no podemos ignorar. Debemos comprender el increíble poder de la música para aprovecharlo disponiéndonos a dejar de lado las preferencias personales, utilizando la música que mejor alcance a los inconversos para Cristo.

16

Predique a los que no se congregan

Andad sabiamente para con los de afuera...
Sea vuestra palabra siempre con gracia, sazonada con
sal, para que sepáis cómo debéis responder a cada uno.

Colosenses 4:5–6

Ninguna palabra corrompida salga de vuestra boca,
sino la que sea buena para la necesaria edificación,
a fin de dar gracia a los oyentes.

Efesios 4:29

Cuando comencé Saddleback, tenía unos diez años de sermones acumulados de mi ministerio previo como evangelista. Hubiera podido pasar los primeros cinco años sin preparar demasiado los sermones, utilizando los que ya tenía escritos, pero cuando encuesté a las personas que no se congregaban en mi comunidad rápidamente dejé a un lado esta idea.

Cuando descubrí que la mayor queja de estas personas eran los "sermones aburridos e inaplicables", decidí que sería mejor revisar seriamente mis predicaciones. Revisé los mensajes de diez años haciéndome una sola pregunta: ¿Este mensaje tendrá sentido para una persona que jamás ha asistido a una iglesia?

No importaba si me gustaba el mensaje o no; ni tampoco era suficiente si doctrinalmente era correcto y tenía un buen fundamento homilético. Si deseaba comenzar un iglesia atrayendo a paganos de pura cepa, tendría que predicar un mensaje con el cual ellos pudieran relacionarse. Terminé botando todos los sermones que había escrito en los diez años previos, excepto dos.

Al comenzar de la nada, tuve que desarrollar toda una nueva gama de habilidades en la predicación. En el capítulo doce hice alusión a algunas de mis convicciones con respecto a la predicación, al ver cómo atraía Jesús a las multitudes. Si está interesado en conocer más detalles acerca de mi estilo en la preparación y comunicación de mis mensajes, puede pedir los casetes con la serie llamada "*Communicating to Change Lives*" [Comunicación para cambiar vidas] al ministerio de cintas grabadas *The Encouraging Word* [Palabra de aliento].

Adapte su estilo a la audiencia

El estilo de predicación que uso en las reuniones generales es muy distinto al estilo que uso cuando enseño a creyentes. El estilo de comunicación al que están acostumbradas la mayoría de las iglesias es contraproducente al tratar de alcanzar a los inconversos.

Cuando predico a los creyentes me gusta enseñar utilizando los libros de la Biblia, versículo por versículo. En un momento dado, durante el crecimiento de Saddleback, me tomé dos años y medio para enseñar el libro de Romanos versículo por versículo en nuestro culto para creyentes. La exposición basada en los versículos o en los libros de la Biblia edifica al cuerpo de Cristo. Da grandes resultados cuando uno le habla a creyentes que han aceptado la autoridad de la Palabra de Dios y que se encuentran motivados a aprender las Escrituras. Pero, ¿qué me dice de los incrédulos que todavía no están motivados a estudiar la Biblia? No creo que la enseñanza de los libros de la Biblia, versículo a versículo, sea la forma más efectiva de evangelizarlos. Más bien, debemos comenzar en el terreno que tenemos en común, tal como hizo Pablo con su audiencia pagana en el Areópago de Atenas. En lugar de comenzar con un versículo del Antiguo Testamento, él citó a uno de sus poetas para captar su atención y establecer un terreno común.

La palabra *comunicación* tiene en su raíz latina la palabra *communis*, que significa "común". Uno no se puede comunicar con la gente hasta que no encuentra algo en común con ellos. Con un inconverso, no se puede establecer una comunicación en un terreno común diciendo: "Abramos nuestras Biblias en Isaías, capítulo 14, mientras continuamos con el estudio de este maravilloso libro."

El terreno que tenemos en común con los inconversos no es la Biblia, sino nuestras necesidades comunes, nuestros sufrimientos e intereses como seres humanos. No se puede comenzar con un texto esperando que los inconversos se queden fascinados con él. Primero se debe captar la atención, y luego se les debe llevar hacia la verdad de la Palabra de Dios. Al comenzar con un tema que sea de interés para los inconversos y al mostrarles luego lo que la Biblia dice al respecto, uno puede captar su atención, desarmar sus prejuicios y crear un interés en la Biblia que antes no existía.

Cada semana comienzo con una necesidad, con un sufrimiento o con un interés y luego me muevo hacia lo que Dios tiene que decir acerca de eso en su Palabra. En lugar de concentrarme en un solo pasaje, utilizo muchos versículos de muchos pasajes que hablan sobre el tema. A esta clase de predicación la llamo exposición "versículo *con* versículo", o exposición tópica. (En el seminario, a la exposición tópica, versículo con versículo, se la llama ¡teología sistemática!)

Honestamente pienso que en tanto enseñe la Biblia, a Dios no le importa si enseña la Biblia libro por libro o tópico por tópico. A él no le importa si usted comienza con el texto y luego lo aplica a las necesidades de la gente, o si comienza con las necesidades de la gente y luego se remite al texto.

Actualmente, en algunos círculos la "predicación que se dirige a las necesidades" se ridiculiza y se critica diciendo que es una manera de abaratar el evangelio y de satisfacer el consumismo. Quiero decir lo siguiente de la manera más clara posible: Comenzar un mensaje basándose en las necesidades de la gente es más que una herramienta de mercadeo. Se basa en el hecho teológico de que Dios ha escogido revelarse al hombre de acuerdo a nuestras necesidades. Tanto el Antiguo como el Nuevo Testamento están llenos de ejemplos al respecto.

Inclusive los nombres de Dios son revelaciones de cómo él satisface todas nuestras necesidades. A través de la historia, cuando las personas le han preguntado a Dios: "¿Cuál es tu nombre?" la respuesta ha sido una revelación de acuerdo a la necesidad del momento: A quienes necesitaban un milagro, Dios se les reveló como Jehová Yireh (soy tu proveedor); a quienes necesitaban consuelo, Dios se les reveló como Jehová Shalom (soy tu paz); a quienes necesitaban salvación, Dios se reveló como Jehová Tsidkenu (soy tu justicia). Los ejemplos se suceden uno tras otro. Dios nos sale al encuentro en el lugar en que nos encontramos, en nuestro punto de necesidad. Predicar en base a las necesidades es un enfoque sólidamente teológico para acercar a las personas a Dios.

La predicación que cambia las vidas une la verdad de la Palabra de

---

Para hacer que una iglesia crezca saludablemente se necesitan la exposición versículo a versículo (libro) y la exposición versículo con versículo (tópica).

Dios con las necesidades reales de la gente a través de la aplicación. Comenzar con la Palabra de Dios o con las necesidades de la gente depende de su audiencia, pero más importante aún es que con el tiempo y a través de la aplicación, se unan ambos (la verdad de Dios con las necesidades de la gente) sin importar por dónde comience el mensaje.

Palabra de Dios ————>< ———— Necesidades
Aplicación

Para hacer que una iglesia crezca saludablemente se necesitan la exposición versículo a versículo (libro) y la exposición versículo con versículo (tópica). La exposición de un libro es mejor para la edificación. La exposición tópica es mejor para el evangelismo.

Haga que la Biblia sea accesible para los inconversos

Los inconversos se sienten intimidados por la Biblia. Está llena de nombres y de títulos extraños, y no les suena parecido a nada que hayan leído antes. Las versiones antiguas de la Biblia son especialmente difícil de comprender para los inconversos. Además, la Biblia es el único libro que han visto con números antes de cada oración y con tapas de cuero. Muchas veces, esto hace que tengan un temor supersticioso a leer o inclusive a tener una Biblia en sus manos.

Como la Palabra de Dios es la "Palabra de vida", debemos hacer todo lo que esté a nuestro alcance para que los inconversos se familiaricen con la Biblia y para ayudarlos a sentirse cómodos usándola. Hay varias cosas que se pueden hacer para aliviar la ansiedad y para despertar el interés por la Biblia entre los inconversos.

Utilice traducciones más recientes cuando lea las Escrituras. Con todas las traducciones y paráfrasis maravillosas que se encuentran disponibles hoy en día, no existe una razón legítima para complicar las Buenas Nuevas con un castellano antiguo. Si usamos una versión antigua, creamos una barrera cultural innecesaria. Recuerde que cuando se autorizó la versión Reina Valera de 1960 fue porque se quería tener una versión contemporánea. A propósito, acaba de salir una nueva revisión de dicha versión. La claridad es más importante que la poesía.

Coloque Biblias sobre los asientos. En los primeros años de Saddleback, compramos Biblias económicas, de tapas duras y pusimos una en cada silla. Como las personas nuevas no conocen los libros de la Biblia, sencillamente diga el número de la página donde se encuentra el pasaje que leerá. Esto es una manera de prevenir que las visitas se sientan incómodas por la cantidad de tiempo que les lleva encontrar una cita. Resulta amedrentador estar sentado al lado de alguien que encuentra la cita antes de que uno haya encontrado el índice.

Seleccione la lectura de las Escrituras recordando a los inconversos. Aunque toda la Escritura está igualmente inspirada por Dios, no toda se aplica de la misma manera a los inconversos. Lógicamente algunos pasajes son más apropiados para las reuniones generales que otros. Por ejemplo, es probable que no quiera leer la oración de David en el Salmo 58: "Oh Dios, quiebra sus dientes en sus bocas... Pasen ellos como el caracol que se deslíe; como el que nace muerto, no vean el sol... Se alegrará el justo cuando viere la venganza; sus pies lavará en la sangre del impío." Guarde este pasaje para el tiempo devocional o para el desayuno con los pastores locales.

Ciertos textos requieren más explicaciones que otros. Teniendo esto en mente, en Saddleback nos gusta usar pasajes que no requieren ninguna comprensión previa. También nos gusta usar pasajes que muestran los beneficios de conocer a Cristo.

Distribuya un bosquejo con los pasajes bíblicos escritos

Yo proporciono un bosquejo del mensaje con todos los versículos bíblicos escritos. Hago esto por diversas razones:

- Los inconversos no tienen Biblias.
- Alivia la incomodidad de encontrar los versículos.
- Se puede hablar más en menos tiempo. Una vez conté las veces que un bien conocido pastor dijo: "Ahora busquemos esto" durante su mensaje, y tomé el tiempo que le llevaba encontrar los pasajes. Dedicó siete minutos de su mensaje simplemente a dar vuelta a las páginas.
- Todos pueden leer un versículo en voz alta porque todos tienen la misma traducción.
- Es posible usar y comparar múltiples traducciones.
- La audiencia puede marcar o subrayar palabras para darles énfasis y pueden tomar nota en los márgenes.
- Le ayuda a la gente a recordar el mensaje. Olvidamos el 90-95% de lo que escuchamos en el lapso de setenta y dos horas. Esto quiere decir, que para el miércoles, si no tomaron

nota, los miembros de su congregación se han olvidado de todo excepto de un 5% de lo que usted dijo el domingo.

- Las personas luego pueden revisar los versículos pegando sus notas en los refrigeradores.
- Esto se puede convertir en la base para el tema de los grupos pequeños.
- Los miembros le pueden enseñar este bosquejo a otros. En Saddleback, tenemos a un grupo de hombres de negocios que dirigen un estudio bíblico en sus oficinas usando el bosquejo del domingo anterior.

El valor duradero que tiene el bosquejo de un mensaje que tiene los pasajes de las Escrituras escritos, continúa asombrándome. Recientemente un profesor de biología de la escuela secundaria me dijo cómo Dios había utilizado un bosquejo en su vida. Recibió un llamado telefónico de su hija adolescente que había tenido un accidente automovilístico. Ella estaba bien, pero el automóvil estaba totalmente destrozado y el accidente había sido su culpa. Fue a recoger a su hija, y mientras esperaban que llegara un camión grúa, se sentó sobre el bordillo y comenzó a pensar cuán irritado estaba con su hija por haber sido tan imprudente.

A medida que el enojo aumentaba, se fijó en un pedazo de papel que había en la cuneta. Al darse cuenta de que se trataba de uno de los bosquejos de mis sermones, lo recogió. El mensaje y los versículos bíblicos tenían como tema "Apacigue la ira". Ahora tiene ese bosquejo guardado en su billetera.

Este método tiene tantos beneficios que nunca hablo sin usar una guía. Varios miles de pastores han adoptado el sistema del bosquejo que usamos en Saddleback. Si desea una muestra, simplemente escríbame.

Planee títulos atractivos para los inconversos

Si le da una mirada a la página del diario del sábado, se dará cuenta de que la mayoría de los pastores no intentan atraer a las personas inconversas con los títulos de sus sermones. Una muestra de curiosos temas de mensajes en el *Los Ángeles Times* incluye los siguientes títulos: "La tormenta que amenaza", "En el camino a Jericó", "Pedro sale de pesca", "Una poderosa fortaleza", "Instrucciones para caminar", "Cómo convertirse en un Tito", "Nada de relojes de caucho", "Río de sangre", y "El ministerio de las vasijas rotas".

¿Acaso alguno de estos títulos le dan ganas de saltar de la cama y salir corriendo para la iglesia? ¿Alguno de estos títulos podría atraer a un inconverso que está leyendo el diario? ¿Qué piensan los predicadores? ¿Por qué gastan dinero publicando títulos como estos?

Me han criticado por utilizar títulos para sermones en el culto general que sonaban parecidos a los artículos de Selecciones del Reader's Digest. Esto lo hago intencionalmente. Selecciones es una de las revistas más leídas en todo el mundo porque sus artículos apelan a las necesidades humanas, sus dolores e intereses.

Jesús dijo: "...porque los hijos de este siglo son más sagaces en el trato con sus semejantes que los hijos de luz" (Lucas 16:8). Ellos comprenden qué es lo que capta la atención. Jesús espera que seamos perspicaces y estratégicos en nuestro evangelismo: "He aquí, yo os envío como a ovejas en medio de lobos; sed, pues, prudentes como serpientes, y sencillos como palomas" (Mateo 10:16).

Los títulos de mis sermones no pretenden impresionar a los miembros de las otras iglesias. Por cierto, si juzga a Saddleback basándose solo en los títulos de los sermones, se puede llegar a la conclusión de que somos bastante superficiales. Pero como los cristianos no son nuestro objetivo, no somos superficiales, somos estratégicos. Detrás de esos títulos que hacen referencia a las necesidades, existe un mensaje bíblico profundo. Este concepto erróneo de otros cristianos es un pequeño precio que tenemos que pagar para ganar a miles para Cristo.

Predique en serie

Pocos pastores comprenden el poder que existe en el desarrollo continuado de una serie de acontecimientos. La predicación de mensajes en serie es un ejemplo de cómo usar este poder. Cada mensaje se construye a partir de donde quedó el anterior, creando un sentido de expectativa. También tiene la ventaja de la propaganda de boca en boca. La gente sabe a dónde se dirige su serie si usted anuncia de antemano los títulos de los sermones y pueden hacer planes para traer a sus amigos en las semanas en las cuales los temas estén más de acuerdo con sus necesidades.

Siempre anuncio una nueva serie los días que esperamos una gran cantidad de visitantes, como en Resurrección. Esto se convierte en un anzuelo que la próxima semana trae a muchas personas que vinieron de visita por primera vez. La mejor duración para una serie es de cuatro a ocho semanas. Todo lo que se prolongue más de ocho semanas hace que su congregación pierda el interés. Comienzan a preguntarse si es el único tema del que sabe hablar. Una vez escuché a una mujer que se quejó diciendo: "¡Mi pastor ha estado en el libro de Daniel setenta semanas más de lo que estuvo el propio Daniel!"

Sea consecuente en el estilo de su predicación

No se puede cambiar constantemente el objetivo del mensaje pasando de las personas nuevas a los creyentes en las mismas reuniones. Por ejemplo, a continuación de una serie sobre "Cómo controlar el estrés", no siga con "Joyas expositivas del libro de Levítico", ni con una serie sobre "Lo que Dios piensa acerca del sexo" con "Desenmascare a la bestia en el Apocalipsis". Creará miembros esquizofrénicos, y nadie sabrá cuándo es seguro traer a sus amigos inconversos.

No estoy diciendo que no se pueda predicar acerca de temas sobre el crecimiento cristiano en las reuniones generales. Creo que se puede, y yo lo hago. Como mencioné en un capítulo previo, me encanta predicar teología y doctrina a los inconversos sin decirles de qué se trata y sin usar terminología religiosa. Pero cuando predique una serie sobre algún aspecto de la madurez espiritual, debe comunicarlo de manera tal que se encuentre conectado con las necesidades de los inconversos.

Elija con cuidado a los oradores invitados

Ya no solemos tener muchos oradores invitados porque he armado un equipo de predicadores con pastores asociados para que compartan la carga conmigo. La ventaja de tener este equipo es que ellos conocen a la gente, la aman y lo que es más importante, utilizarán el estilo de predicación que se complementa con su filosofía de ministerio.

Un solo predicador excéntrico invitado es suficiente para hacerle perder a personas que usted ha estado cultivando durante meses. Cuando los inconversos tienen una mala experiencia, es muy difícil traerlos de vuelta. Si justo cuando se están acomodando y están bajando sus defensas algún predicador invitado viene y les echa un balde de agua fría, se les confirmarán sus peores sospechas acerca de la iglesia.

Hemos suspendido a invitados, después del primer servicio, porque sus creencias o estilo no concordaban con las nuestras. Una vez, mientras estaba de vacaciones, vino un renombrado orador cristiano a reemplazarme. Lamentablemente, en su mensaje dijo que Dios quería que todos los cristianos fueran ricos. Luego del primer culto, mis pastores asociados lo confrontaron y le dijeron: "Gracias, pero vamos a prescindir de usted en nuestros próximos tres cultos". El pastor de los jóvenes desempolvó un viejo mensaje y reemplazó a este orador. Los pastores deben proteger a su rebaño de la herejía.

Predique para instar al compromiso

En nuestras reuniones generales, siempre debemos ofrecerles a los inconversos la oportunidad de responder a Cristo. Tal vez prefieran no dar una respuesta, y siempre se debe respetar esta elección sin presionarlos, pero se les debe ofrecer la oportunidad. Muchos pastores salen a pescar sin jamás enrollar la línea o levantar la red.

Existen muchas maneras de levantar la red. Al planificar la primera reunión de Saddleback, yo tenía la intención de extender el tradicional llamado al altar al final del culto pidiéndole a la gente que pasara adelante. Como evangelista Bautista del Sur, esta era la única forma en que siempre lo había hecho.

Pero mientras concluía mi primer mensaje en el teatro de la escuela secundaria Laguna Hills, de repente me di cuenta de que tenía dos problemas. El primero era que no había un pasillo central en el edificio. Las sillas estaban soldadas unas con otras y el edificio estaba diseñado para ser evacuado por las puertas de los costados. El segundo problema era que aunque pudieran llegar al frente, todo lo que había allí era el foso de la orquesta que se encontraba justo frente a la plataforma. Casi sufro un colapso nervioso al pensar en decirle a la gente: "Les voy a pedir que pasen al frente y salten dentro del foso para Jesús". Honestamente no sabía qué hacer. ¿Cómo las personas iban a indicar su entrega a Jesús si no podían pasar al frente?

> Muchos pastores salen a pescar sin jamás enrollar la línea o levantar la red.

Durante las semanas siguientes experimentamos diversas maneras para hacer que la gente expresara su entrega a Cristo. Intentamos disponer de una habitación de aconsejamiento adonde la gente pudiera ir luego de l culto, pero descubrimos que una vez que las personas salían seguían de largo rumbo a sus automóviles. Si decide usar una habitación separada, no la llame habitación de "aconsejamiento". A los inconversos esto les suena a consultorio siquiátrico. En cambio, use un título que no resulte amenazador como "Centro para visitantes" o "Área de recepción".

Luego de varios experimentos llegamos a la idea de la tarjeta de inscripción y de compromiso. Transformamos la parte trasera de nuestra Tarjeta de Bienvenida en una tarjeta de decisión. Al comienzo del servicio, pedimos a los presentes que llenen la parte del frente. Al final, les pido que inclinen sus cabezas y los guío en una oración de clausura, durante la cual les doy la oportunidad a los inconversos para que tomen un compromiso con Cristo. Luego, pronuncio una oración modelo como ejemplo y les pido que me hagan saber su decisión en la tarjeta de compromiso. Al final de la reunión tenemos un número de música especial mientras recogemos las tarjetas y las ofrendas al mismo tiempo. Después las tarjetas se procesan de inmediato para hacer un seguimiento. Mientras se celebra el servicio siguiente, ya se ha ingresado la información de las tarjetas que se recogieron en el servicio previo.

Este recurso nos ha dado tan buenos resultados que lo hemos seguido usando aun luego de trasladarnos a edificios que hubieran permitido un llamado al altar. Hemos tenido reuniones en las cuales 100, 200, 300 y hasta casi 400 personas han entregado sus vidas a Cristo y lo han indicado en la tarjeta.

Algunos preguntarán: "¿Adónde hacen las personas su profesión *pública* de fe?" Eso sucede en el bautismo que es una declaración pública de fe en Cristo. En algunas iglesias hemos hecho tanto énfasis en el llamado al altar que el bautismo casi carece de emoción.

En un culto general es importante ofrecer un tiempo para el compromiso. Aquí le doy algunas sugerencias para guiar a las personas a que tomen una decisión.

Explique con claridad cómo responder a Cristo. Hay muchas invitaciones a la salvación que no se entienden. Muchas veces los inconversos no tienen idea de lo que está sucediendo.

Planee deliberadamente el tiempo de entrega. Piense deliberada y cuidadosamente qué desea que suceda. Extender una oportunidad para que alguien venga a Cristo es algo demasiado importante como para improvisar al final del mensaje sin haberlo planeado. El destino eterno de las personas está en juego.

Sea creativo al invitar a las personas a recibir a Cristo. Si repite lo mismo todas las semanas la audiencia se desconectará como resultado del aburrimiento. La mejor manera de evitar el caer en la rutina es obligarse a uno mismo a escribir el llamado junto con cada mensaje.

Guíe a los inconversos en una oración modelo. Los inconversos no saben qué decirle a Dios, por lo tanto déles un ejemplo: "Puede decir lo siguiente en oración..." Pídales que repitan luego de usted una oración sencilla que brote del corazón. Esto les ayuda a verbalizar su fe.

Nunca presione a una persona inconversa para que se decida. Confíe en que el Espíritu Santo hará su obra. Como dije en el capítulo 10, si el fruto está maduro, no hay necesidad de tironearlo. Una invitación que se prolonga demasiado es contraproducente. Endurece los corazones en lugar de ablandarlos. Les decimos a las personas que se tomen su tiempo para pensar en la decisión que van a tomar. Creo que si son honestos consigo mismos tomarán la decisión correcta.

Tenga presente que le está pidiendo a las personas que tomen la decisión más importante de sus vidas. El evangelismo es un proceso en el cual se expone a la persona a las Buenas Nuevas repetidamente. Es bastante ingenuo esperar que un hombre de cuarenta años cambie completamente el curso de su vida en base a un mensaje de treinta minutos. ¿Seguiría frecuentando un negocio de alimentos si cada vez que va a comprar leche el vendedor lo presionara para que compre carne? Imagínese que el vendedor le diga: "¡Hoy es el día de la carne! ¡Ahora es el tiempo para la carne! ¡Debe comprar carne hoy porque tal vez mañana no pueda hacerlo!" Las personas generalmente no están tan cerca como pensamos. Lo único que necesitan es tiempo para pensar en la decisión que les están pidiendo que tomen.

Ofrezca múltiples maneras de indicar un compromiso con Cristo. Si habitualmente usa el tradicional llamado al altar, en lugar de reemplazarlo, trate de añadir el recurso de la tarjeta. Ponga otro anzuelo en el agua. La tarjeta puede ser una alternativa para los que son tímidos y no quieren pasar adelante. Recuerde, Jesús nunca dijo que alguien debía caminar desde el punto A hasta el punto B en una iglesia para confesar su fe.

El llamado al altar es, en realidad, una invención moderna. Asahael Nettleton comenzó a usarlo en 1817, y Charles Finney lo hizo popular. En las iglesias del Nuevo Testamento no había llamados al altar porque durante los primeros 300 años las iglesias no tuvieron edificios, lo que significa que no había pasillos para transitar, ni altares a los cuales acudir.

Uno de los métodos de invitación más efectivos que he utilizado es el de realizar una "encuesta espiritual" al final de un culto. Luego de presentar el plan de salvación y de guiar a las personas en una oración de entrega, digo algo así como: "Saben, nada me gustaría más que tener una conversación personal con cada uno de ustedes acerca de nuestra travesía espiritual. Me gustaría invitarlos a comer un pedazo de pastel con una taza de café para que me contaran qué está sucediendo en sus vidas. Lamentablemente, debido al tamaño de nuestra iglesia, eso no sería posible, por lo tanto le pido que me haga el favor de participar en una encuesta personal. Me gustaría que tome la tarjeta de bienvenida que llenó al comienzo del servicio y que en la parte de atrás escriba la letra A, B, C o D de acuerdo a lo que voy a explicar.

"Si ya le han entregado su vida a Cristo antes de este servicio, escriban la letra A. Si hoy es el día en el que por primera vez creen en Cristo, escriban la letra B. Si me dicen: Rick, todavía no he tomado esta decisión pero estoy considerando la posibilidad, escriba la letra C. Si le parece que ni siquiera tiene intenciones de entregarle su vida a Cristo, apreciaría que sea honesto y escriba la letra D en su tarjeta."

Los resultados siempre me resultan asombrosos. Un domingo tuvimos casi 400 "B", es decir, profesiones de fe en Cristo. Hemos tenido 800 "C", lo cual nos proporciona una gran lista de oración. Nunca hemos tenido más de diecisiete "D".

Espere una respuesta de la gente. No sé exactamente de qué manera mi fe afecta la batalla espiritual que se libra por las almas de las personas, pero lo que sí sé es que cuando espero que los inconversos respondan a Cristo se ven más resultados que cuando no estoy con expectativa de que la gente se salve.

Una vez, un joven estudiante del seminario se quejó ante Charles Spurgeon diciendo: "No lo entiendo; cada vez que predico nadie viene a Cristo, pero cada vez que usted predica, la gente siempre responde al llamado." Spurgeon le contestó: "¿Esperas que la gente venga a Cristo *cada vez* que predicas?" El joven le dijo: "Por supuesto que no." "Ese es tu problema," le dijo Spurgeon.

Muchas veces oro: "Padre, tú dijiste que de acuerdo a mi fe me sería hecho. Sé que sería una pérdida de tiempo predicar sin esperar que tú uses esta predicación, por lo tanto, gracias de antemano porque hoy vas a transformar vidas."

La primacía de la predicación

La intención de este capítulo no ha sido dar una completa

explicación de mi filosofía de predicación. Con eso solo podría escribir un libro entero. Mi propósito ha sido simplemente resaltar algunas sugerencias prácticas que pueden significar una gran diferencia al predicarle a los inconversos, sea cual sea su estilo de predicación.

En muchas denominaciones, parecería que la predicación está de moda y deja de estarlo alternadamente. En nuestro mundo de alta tecnología, muchas veces se critica como un modo de comunicación pasado de moda y que no es interesante. Estoy de acuerdo en que muchos estilos de predicación, que en su tiempo dieron resultado, ya no son una manera efectiva de comunicarse con los inconversos. Sin embargo, para ver las vidas de los individuos radicalmente transformadas, no existe nada que pueda tomar el lugar de la predicación ungida por el Espíritu. El mensaje sigue siendo el elemento más importante de un culto general. Los quince años de crecimiento de Saddleback, a pesar de los gimnasios calurosos, de las tiendas con filtraciones de agua y los atestados estacionamientos, han demostrado que las personas están dispuestas a cargar con gran cantidad de inconvenientes y limitaciones si los mensajes satisfacen genuinamente sus necesidades.

Edifique la iglesia

17

Convierta a los asistentes en miembros

Así que ya no sois extranjeros ni advenedizos,
sino conciudadanos de los santos,
y miembros de la familia de Dios.

Efesios 2:19

Así nosotros, siendo muchos, somos un cuerpo
en Cristo, y todos miembros los unos de los otros.

Romanos 12:5

U na vez que haya reunido a una multitud de asistentes, debe comenzar la importante tarea de transformarlos en una congregación de miembros. La multitud debe convertirse en una iglesia.
En el diagrama del Proceso de desarrollo de la vida, lo llamamos "llevar
a la gente a la primera base", y lo hacemos a través del proceso de incorporación o asimilación. La asimilación es la tarea de trasladar a la

persona desde el punto en el que descubre la existencia de la iglesia hasta el punto en que se transforman en asistente, y de allí a ser miembros activos de la iglesia. La comunidad habla de "*aquella* iglesia", la multitud habla de "*esta* iglesia", pero la congregación habla de "*nuestra* iglesia". Los miembros tienen un sentido de pertenencia. Son contribuyentes, no tan solo consumidores.

Muchos cristianos norteamericanos son lo que yo llamo "creyentes flotadores". En cualquier otra parte del mundo, ser creyente es sinónimo a estar conectado con un cuerpo local de creyentes; en otros países difícilmente se encuentran cristianos que sean llaneros solitarios. Sin embargo, muchos cristianos en este país van saltando de iglesia en iglesia sin tener ninguna identidad, pertenencia o compromiso. Esto es una expresión directa del desenfrenado individualismo norteamericano. No se les ha enseñado que la vida cristiana es algo más que simplemente *creer*, también se debe *pertenecer*. Crecemos en Cristo al estar en relación con otros cristianos. Romanos 12:10 dice: *Amaos los unos a los otros con amor fraternal.*

C.S. Lewis una vez escribió un ensayo sobre ser miembros de la iglesia, recordándonos que la palabra membresía es de origen cristiano, pero que el mundo la ha tomado y la ha vaciado de todo su significado original. Actualmente, la mayoría de la gente asocia el término *membresía* con rituales carentes de significado, con el pago de cuotas, con reglas tontas y apretones de manos y con tener el nombre anotado en alguna lista polvorienta. Sin embargo, Pablo tenía una imagen muy distinta de la membresía. Para él, ser un miembro de la iglesia no se refería a algún frío ritual para entrar a formar parte de una institución, sino que significaba convertirse en un órgano vital de un cuerpo viviente (Romanos 12:4–5; 1 Corintios 6:15; 1 Corintios 12:12–27). Debemos recuperar esta imagen. *Cualquier* órgano que esté separado del cuerpo no solo perderá el propósito para el cual fue creado, sino que también se secará y morirá rápidamente. Lo mismo sucede con los cristianos que no están comprometidos con ninguna congregación en especial.

La incorporación de nuevos miembros a la comunión de su iglesia no se realiza automáticamente. Si no se tiene un sistema y una estructura para asimilar y *conservar* a la gente que se gana, ellos no se quedarán en su iglesia. La misma cantidad de gente que entra por la puerta de entrada saldrá por la de atrás.

Muchas iglesias suponen equivocadamente que una vez que una persona ha recibido a Cristo, la operación se ha consumado y ahora es responsabilidad del nuevo creyente seguir adelante con su compromiso y unirse a la iglesia. Esto no tiene sentido. ¡Los creyentes recién nacidos no saben lo que necesitan! Es responsabilidad de la *iglesia* tomar la iniciativa para asimilar a las personas nuevas en la congregación.

Creo que cuando Dios desea enviar un grupo de bebés cristianos, busca la incubadora más cálida que pueda encontrar. Las iglesias que tienen como una prioridad la asimilación de nuevos miembros y que además tienen un plan para hacerlo, normalmente son bendecidas con el crecimiento. En contraste, las iglesias que no se preocupan por los nuevos miembros, o que dejan librada su asimilación a la buena de Dios *no crecen*. En este capítulo me gustaría explicar la estrategia que utilizamos en Saddleback para incorporar y retener a los miembros de nuestra congregación.

Desarrolle un plan para asimilar a los nuevos miembros

Como su congregación tiene una historia, una cultura y una tasa de crecimiento única, usted debe hacerse algunas preguntas importantes. Las respuestas determinarán el plan de asimilación que mejor se adapte a su situación. Proverbios 20:18 dice: "Los pensamientos con el consejo se ordenan." Estas son las doce preguntas que hacemos en Saddleback:

1. ¿Qué espera Dios de los miembros de su iglesia?
2. ¿Qué esperamos de ellos en este mismo momento?
3. ¿Qué clase de personas son las que ya componen su congregación?
4. ¿Qué cambios habrá en este sentido durante los próximos cinco a diez años?
5. ¿Qué valoran nuestros miembros?

6. ¿Cuáles son las necesidades más grandes de los nuevos?
7. ¿Cuáles son las necesidades más grandes de nuestros miembros a largo plazo?
8. ¿Qué podemos hacer para que ser miembros sea algo más significativo?
9. ¿Cómo podemos asegurarnos de que se sienten amados y cuidados?
10. ¿Qué le debemos a ellos?
11. ¿Qué recursos o servicios pudiéramos ofrecerles?
12. ¿Cómo podemos añadirle valor a lo que ya estamos ofreciendo?

Después, debe entender que los posibles miembros tienen su propio conjunto de preguntas. Estas preguntas también influirán en el diseño de su plan de asimilación. Antes de comprometerse a unirse a la iglesia, las personas quieren saber la respuesta a cinco preguntas tácitas.

¿Hay aquí un lugar para mí? Esta es la pregunta de la *aceptación*. La mejor manera de responderla es establecer grupos de afinidad dentro de la iglesia para que la gente que tiene edades, intereses, problemas o antecedentes similares se encuentren y se relacionen unas con otras. Todos necesitan una ubicación conveniente, y los grupos pequeños juegan un papel crucial en satisfacer esta necesidad. Se le debe mostrar a la gente que hay un lugar para ellos.

¿A alguien le interesa conocerme? Esta es la pregunta de la *amistad*. Se puede responder a esta pregunta creando oportunidades para que la gente desarrolle relaciones dentro de la congregación. Existen ilimitadas maneras de hacerlo, pero se deben planificar. Recuerde, las personas no buscan tanto una *iglesia* amigable como buscan *amigos*. Ellos merecen una atención individual.

¿Me necesitan? Esta es la pregunta del *valor*. La gente desea hacer contribuciones con sus vidas. Desean sentir que tienen valor. Cuando usted le muestra a la gente que al unirse a su iglesia ellos pueden marcar una diferencia con sus dones y talentos, desearán involucrarse. Ubique a su iglesia como un lugar creativo que necesita de las

expresiones de toda clase de talentos y habilidades, no solamente de músicos, ujieres y maestros de Escuela Dominical.

¿Cuál es la ventaja de unirme a la iglesia? Esta es la pregunta del *beneficio*. Debe estar en condiciones de explicar clara y concisamente las razones y los beneficios que tiene el ser miembro de su iglesia. Explique las razones bíblicas, prácticas y personales de la membresía.

¿Qué se les pide a los miembros? Esta es la pregunta de la *expectativa*. Debe estar en condiciones de explicar las responsabilidades que tiene un miembro con tanta claridad como al explicar los beneficios. Las personas tienen el derecho a saber qué se espera de ellas *antes* de unirse a la iglesia.

Comunique el valor de ser un miembro

En nuestra sociedad, unirse a una iglesia solía ser un acto de conformidad. Uno se unía a una iglesia porque todos los demás lo hacían. Ahora las reglas han cambiado y la conformidad ya nos es más un factor de motivación. Es más, George Gallup ha descubierto que la vasta mayoría de norteamericanos creen que es posible ser "buenos cristianos" sin pertenecer (o ni siquiera asistir) a una iglesia local.

En cambio, hacerse miembro de una iglesia ahora es un acto de compromiso. La forma de motivar a la gente a unirse a la iglesia hoy en día es mostrándoles los beneficios que recibirán a cambio de su compromiso. En Saddleback, hemos visto que cuando la gente comprende el significado y el valor que tiene ser miembros, se sienten muy entusiasmados al respecto.

Existen numerosos beneficios en ser miembros:

1. Identifica a una persona como un genuino creyente (Efesios 2:19; Romanos 12:5).
2. Proporciona una familia espiritual que lo apoya y lo alienta en su caminar con Cristo (Gálatas 6:1–2; Hebreos 10:24–25).
3. Les da un lugar para que descubran y usen sus dones en el ministerio (1 Corintios 12:4–27).

4. Los coloca bajo la protección espiritual de líderes consagrados (Hebreos 13:17; Hechos 20:28–29).

5. Les da la responsabilidad que necesitan para crecer (Efesios 5:21).

En el capítulo seis, le sugerí que personalizara los propósitos de la iglesia. Esto es especialmente importante al tratar de convencer a los asistentes de la multitud para que se unan a la congregación. Debe hacer énfasis en que la iglesia les proporciona beneficios que no podrán encontrar en ninguna otra parte del mundo:

- La adoración lo ayuda a centrarse en Dios. Lo prepara espiritual y emocionalmente para la semana que tiene por delante.

- El compañerismo lo ayuda a enfrentar los problemas de la vida proporcionándole el apoyo y aliento de otros cristianos.

- El discipulado lo ayuda a fortificar su fe al aprender la verdad de la Palabra de Dios y al aplicar principios bíblicos a su estilo de vida.

- El ministerio lo ayuda a descubrir y desarrollar sus talentos y a usarlos para servir a los demás.

- El evangelismo lo ayuda a cumplir su misión de alcanzar a sus amigos y familiares para Cristo.

Existen muchas analogías para referirse a un cristiano desconectado de la iglesia: un jugador de fútbol sin equipo, un soldado sin pelotón, un músico que toca la tuba sin orquesta, una oveja sin rebaño. Pero el cuadro más claro (y bíblico) es el de un niño sin familia.

1 Timoteo 3:15 se refiere a la iglesia como a "...la casa de Dios, que es la iglesia del Dios viviente, columna y baluarte de la verdad." Dios no quiere que sus hijos crezcan aislados, así que creó para nosotros una familia espiritual en la tierra. Pablo nos recuerda en Efesios 2:19: "Así que ya no sois extranjeros ni advenedizos, sino conciudadanos de los santos, y miembros de la familia de Dios." Un cristiano sin la familia de la iglesia es un huérfano.

Es importante situar a la iglesia como una familia, en lugar de una institución. Desde los años 60, la gente se siente cada vez peor en cuanto a las instituciones. La frase "religión organizada" se utiliza despectivamente. Pero lo que la gente sí anhela es el sentido de familia y de comunidad.

Existen una cantidad de factores que han fragmentado al núcleo de la familia en la cultura actual. Tenemos entre otros: la alta tasa de divorcio, la convivencia sin estar casados, el énfasis en el individualismo, los estilos de vida "alternativos" y las mujeres que trabajan fuera del hogar. La elevada tasa de movilidad es otro factor. En nuestra sociedad, las personas tienen muy pocas raíces; ya no se encuentran rodeados de la familia más amplia compuesta por tías, tíos, abuelos, hermanos y hermanas que proporcionaban una red segura formada por las generaciones previas.

Actualmente tenemos un número récord de adultos que viven solos en Estados Unidos. Vance Packard llama a Norteamérica "una nación de extraños". Como resultado, en la sociedad estamos experimentando una epidemia de soledad. Una encuesta de Gallup reveló que cuatro de cada diez norteamericanos admiten tener frecuentes sentimientos de "intensa soledad". Los norteamericanos son, por cierto, las personas más solitarias del mundo.

A dondequiera que uno mire encuentra señales de personas hambrientas de compañerismo, de una comunidad y de un sentido de familia. Los comerciales de cerveza, por ejemplo, no venden cerveza, venden compañerismo. Nunca se muestra a nadie bebiendo solo, siempre lo hace en el contexto de personas que están disfrutando de la compañía mutua. Las frases que acompañan a los comerciales dicen: "¡No existe un grado de bienestar mejor que este!" Los publicistas han descubierto que la generación de la postguerra, con sus mentes independientes, repentinamente están anhelando *conectarse* a medida que entran en la edad madura.

Este "anhelo de pertenencia" le ofrece a la iglesia una oportunidad única. Al ubicar a la iglesia en el lugar de una familia más grande, como "un sitio en el cual hay personas que se interesan por usted", estaremos tocando una cuerda sensible en muchos corazones solitarios.

Establezca una clase para miembros

Diversos estudios han demostrado que la manera en la cual la gente se une a una organización tiene una gran influencia en cómo funcionará luego dentro de ella. Esto también es cierto con respecto a la iglesia. La *manera* en que la gente se una a la iglesia determinará su efectividad como miembros en los años futuros.

Creo que la clase más importante en una iglesia es la de los miembros porque establece el tono y el nivel de expectativa para todo lo que sigue. El mejor momento para conseguir un fuerte compromiso de parte de sus miembros es cuando se unen a la iglesia. Si es muy poco lo que se requiere en este momento, muy poco se podrá esperar en el tiempo por venir.

Así como una clase para miembros débil construirá una iglesia débil, una clase fuerte para miembros construirá una congregación fuerte. Tenga en cuenta que una clase *fuerte* no necesariamente quiere decir una clase *larga*. La clase para miembros de Saddleback (la clase 101) solo tiene cuatro horas de duración y se da en un día, sin embargo, produce un alto nivel de compromiso en nuestros miembros porque los concurrentes descubren exactamente lo que se espera de ellos. La fuerza de una clase para miembros lo determina su contenido y llamado al compromiso, no su duración.

Por diversas razones, creo que el pastor principal debe hacerse cargo de la enseñanza de esta clase, o al menos de una parte. Es muy importante para los miembros tener la oportunidad de percibir la visión que el pastor tiene para la iglesia, sentir su amor por los miembros y escuchar el compromiso personal que tiene para cuidarlos, alimentarlos y guiarlos. La siguiente nota escrita por un miembro nuevo expresa lo que muchos han escrito acerca de la clase para miembros de Saddleback:

Estimado pastor Rick:
Gracias por enseñar la clase 101. Fue muy conmovedor escucharle expresar su amor y compromiso por su rebaño y la visión para nuestro futuro. Me hubiera gustado tomar esta clase antes. Los comentarios y sugerencias que hicimos cuando vinimos por primera vez a

Saddleback parecen triviales ahora que comprendemos la filosofía, estrategia y visión para su iglesia. Será un privilegio seguir su liderazgo y estar bajo su cuidado. Estamos muy satisfechos de haber encontrado un lugar de adoración en Saddleback.

Algunas clases para miembros de las iglesias no utilizan el material apropiado. Su contenido se basa en el crecimiento espiritual o en la doctrina básica. Estos temas son de vital importancia, pero es más apropiado tratarlos en una clase para creyentes nuevos o en una clase de doctrina cristiana, ambas esenciales y que deben estar separadas de la clase para miembros. Su clase para miembros debe responder a las siguientes preguntas:

- ¿Qué es una iglesia?
- ¿Cuáles son los propósitos de la iglesia?
- ¿Cuáles son los beneficios de ser un miembro?
- ¿Cuáles son los requisitos?
- ¿Cuáles son las responsabilidades?
- ¿Cuál es la visión y estrategia de la iglesia?
- ¿Cómo está organizada la iglesia?
- ¿Cómo puedo involucrarme en el ministerio?
- ¿Qué debo hacer ahora que soy un miembro?

Si el objetivo de la iglesia es alcanzar a las personas que no asisten a ninguna iglesia, en su clase de miembros necesita incluir una clara explicación acerca de la salvación porque allí tendrá a muchas personas que no son creyentes. Siempre explicamos que confiar en Cristo es el primer requisito para ser miembro, y en cada clase para miembros tenemos personas que entregan sus vidas a Cristo.

Hay muchos elementos que puede utilizar en la clase para miembros que mantienen el interés y la interacción: video clips, un cuaderno con ejercicios para completar, debates de grupos pequeños y compartir una buena comida. Asegúrese de incluir muchas narraciones que personalicen la historia, los valores y el rumbo de su iglesia. En Saddleback, también incluimos un examen al finalizar la clase, así probamos a los futuros miembros viendo cuánto han aprendido acerca de los propósitos de la iglesia y de otros conceptos importantes.

Bosquejo de la Clase 101:
Descubra la membresía de Saddleback

I. Nuestra salvación
- A. Cómo estar seguro de ser un cristiano
- B. Los símbolos de la salvación
  1. Bautizo
  2. Cena del Señor

II. Nuestras definiciones
- A. Definición de propósito: *Por qué existimos*
- B. Definición de nuestra visión:
  Lo que pretendemos hacer
- C. Definición de fe: *Lo que creemos*
- D. Definición de valores: *Lo que practicamos*

III. Nuestra estrategia
- A. Breve historia de Saddleback
- B. A quiénes tratamos de alcanzar (nuestro blanco)
- C. Proceso de desarrollo de la vida para ayudarle a crecer
- D. La estrategia S.A.D.D.L.E.B.A.C.K.

IV. Nuestra estructura
- A. Cómo está organizada la iglesia para crecer
- B. Nuestra afiliación
- C. ¿Qué significa ser un miembro?
- D. ¿Cuál es el próximo paso que debo tomar?

V. El examen de Saddleback.

Para ser miembro de la iglesia se debe completar la clase para miembros. Las personas que no están interesadas o que no están dispuestas a conocer los propósitos y la estrategia de su iglesia y lo que significa ser un miembro, no están demostrando tener la clase de compromiso que se necesita para serlo. Si no tienen suficiente interés en comprender las responsabilidades de la membresía, no se puede esperar que cumplan con esas responsabilidades y no se les debe permitir unirse a la iglesia. Existen muchas otras congregaciones que ofrecen una participación sin compromiso a las cuales se pueden unir.

También es importante pensar en los distintos grupos de edades al dar una clase para miembros. En Saddleback ofrecemos tres versiones de esta clase: una versión para niños de edad escolar (dada por nuestro pastor de los niños), una versión para jóvenes que están en la escuela secundaria (dada por nuestro pastor de jóvenes) y una clase para adultos.

Establezca un pacto para los miembros

¿Por qué hay tantos miembros en las listas de algunas iglesias que dan poca o ninguna evidencia de tener un compromiso cristiano o siquiera de estar convertidos? ¿Por qué a algunas iglesias les resulta difícil motivar a los miembros a que den, sirvan, oren y hablen de su fe? La respuesta es que a estas personas se les permitió unirse a la iglesia sin ninguna exigencia. Uno tiene lo que pide.

Pablo menciona dos tipos diferentes de compromiso en 2 Corintios 8:5: "Y no como lo esperábamos, sino que a sí mismos se dieron primeramente al Señor, y luego a nosotros por la voluntad de Dios." En Saddleback, a estos los llamamos los compromisos de la *primera base*. Uno se entrega a Cristo para la salvación y luego se entrega a los otros cristianos para ser miembros de la iglesia. En nuestra iglesia definimos el término *koinonia* (comunión) como "estar tan comprometidos los unos con los otros como lo estamos con Jesucristo."

La frase "unos a otros" se utiliza unas cincuenta veces en el Nuevo Testamento. Se nos ordena que nos amemos unos a otros, que oremos los unos por los otros, que nos animemos unos a otros, que nos amonestemos, que nos saludemos, que nos sirvamos, que nos enseñemos, que nos aceptemos, que nos honremos, que nos sobrellevemos los unos las cargas de los otros, que nos perdonemos, que nos cantemos, que nos sometamos los unos a los otros y que seamos devotos los unos de los otros. Todos estos mandamientos conforman la esencia de la membresía en un cuerpo local de creyentes. Son las responsabilidades de un miembro. En Saddleback, esperamos de nuestros miembros solo lo que la Biblia claramente espera de todos los creyentes. Resumimos estas expectativas en nuestro pacto de membresía.

El momento más importante de la ceremonia de matrimonio es cuando el hombre y la mujer intercambian los votos, prometiéndose ciertas cosas delante de los testigos y de Dios. Este pacto entre ambos es la esencia de ese matrimonio. De la misma manera, la esencia de ser miembro de una iglesia consiste en la disposición a comprometerse con un pacto de membresía. Es el elemento más importante en nuestra clase para miembros.

A lo largo de la historia bíblica y de la iglesia, los pactos espirituales entre personas han tenido como objeto la mutua edificación y la responsabilidad. En Saddleback, tenemos cuatro requisitos para los miembros: (1) una profesión personal reconociendo a Cristo como Señor y Salvador, (2) el bautismo por inmersión como un símbolo público de la fe, (3) asistencia completa a la clase para miembros, y (4) un compromiso firmado de acatar el pacto de membresía de Saddleback.

Lo insto para que en oración prepare y adopte un pacto de membresía en su congregación, si es que no tiene uno. Puede revolucionar a la iglesia. Tal vez su preocupación sea que si lo adopta algunos podrán irse de la iglesia. Eso es cierto. Habrá algunos que lo harán, pero estas personas se van a ir de la iglesia *haga lo que haga*. No sienta el temor de que la gente se vaya. Hubo personas que abandonaron a Jesús. Cuando la congregación adopta un pacto de membresía, por lo menos usted puede elegir con quién se queda.

Haga que sus miembros se sientan especiales

Completar una clase para miembros no hace que la gente sienta que automáticamente pertenece a la iglesia. Necesitan sentirse bienvenidos y deseados una vez que se han unido a la congregación. Necesitan que ella los reconozca, los confirme y celebre su llegada.

Pacto de membresía de Saddleback

Habiendo recibido a Cristo como mi Señor y Salvador, habiendo sido bautizado y estando de acuerdo con los estatutos, la estrategia y la estructura de Saddleback, siento que ahora el Espíritu Santo me está guiando a unirme a la familia de la iglesia de Saddleback. Al hacerlo, me comprometo con Dios y con los demás miembros a:

1. Proteger la unidad de mi iglesia...
   actuando en amor hacia los demás miembros
   negándome al chisme
   siguiendo a los líderes

"Así que, sigamos lo que contribuye a la paz y a la mutua edificación" (Romanos 14:19).

"Habiendo purificado vuestras almas por la obediencia a la verdad, mediante el Espíritu, para el amor fraternal no fingido, amaos unos a otros entrañablemente, de corazón puro" (1 Pedro 1:22).

"Ninguna palabra corrompida salga de vuestra boca, sino la que sea buena para la necesaria edificación, a fin de dar gracia a los oyentes" (Efesios 4:29).

"Obedeced a vuestros pastores, y sujetaos a ellos; porque ellos velan por vuestras almas, como quienes han de dar cuenta; para que lo hagan con alegría, y no quejándose, porque esto no os es provechoso" (Hebreos 13:17).

2. Compartiré la responsabilidad de mi iglesia...
   orando por su crecimiento
   invitando a los inconversos para que asistan
   dándoles una cálida bienvenida a los que nos visitan

"...a la iglesia... Damos siempre gracias a Dios por todos vosotros, haciendo memoria de vosotros en nuestras oraciones" (1 Tesalonicenses 1:1–2).

"Dijo el Señor al siervo: Vé por los caminos y por los vallados, y fuérzalos a entrar, para que se llene mi casa" (Lucas 14:23).

"Por tanto, recibíos los unos a los otros, como también Cristo nos recibió, para gloria de Dios" (Romanos 15:7).

3. Serviré al ministerio de mi iglesia...
   descubriendo mis dones y talentos
   preparándome para servir con mis pastores
   desarrollando un corazón de siervo

"Cada uno según el don que ha recibido, minístrelo a los otros" (1 Pedro 4:10)

"[Dios] ...constituyó a unos apóstoles; a otros, pastores y maestros, a fin de perfeccionar a los santos para la obra del ministerio, para la edificación del cuerpo de Cristo (Efesios 4:11-12)

"Ninguno busque únicamente su propio bien, sino también el bien de los otros. Tengan... la manera de pensar propia de quien está unido a Cristo Jesús, el cual ...tomó naturaleza de siervo" (Filipenses 2.4-5, 7. Versión: Dios habla hoy).

4. Apoyaré el testimonio de mi iglesia...
   asistiendo fielmente
   viviendo una vida piadosa
   ofrendando regularmente

"No dejando de congregarnos... sino exhortándonos" (Hebreos 10:25).

"Solamente que os comportéis como es digno del evangelio de Cristo" (Filipenses 1:27).

"Cada primer día de la semana cada uno de vosotros ponga aparte algo, según haya prosperado, guardándolo, para que cuando yo llegue no se recojan entonces ofrendas (1 Corintios 16:2).

"Y el diezmo de la tierra... de Jehová es; es cosa dedicada a Jehová" (Levítico 27:30).

Necesitan sentirse *especiales*. Cuando la iglesia es pequeña, esto se puede hacer de manera informal, pero a medida que la iglesia crece se deben crear algunos rituales de iniciación que digan públicamente: "¡Ahora eres uno de nosotros!"

Por supuesto, para el nuevo creyente el bautismo es un acontecimiento que evidentemente encaja en esta categoría. Nuestros bautismos mensuales son siempre grandes celebraciones, con muchas risas, aplausos y gritos de júbilo. Tenemos un fotógrafo profesional que le toma una fotografía a cada persona justo antes de que se bautice. Luego, a los que se bautizaron, les regalamos una fotografía y un certificado de su bautismo en una encuadernación de cuero que pueden mostrar con orgullo.

Cuando Saddleback era mucho más pequeña, solíamos alquilar el *Mission Viejo Country Club* cada tres meses y celebrábamos un nuevo banquete para miembros. Los miembros más antiguos les pagaban la comida a los más nuevos. Cada nuevo miembro era reconocido y daba un testimonio de dos minutos frente a toda la concurrencia. Nunca pude escuchar las conmovedoras historias de vidas transformadas sin llorar.

Durante años, Kay y yo ofrecíamos una reunión informal en nuestra casa el cuarto domingo por la noche de cada mes. Se llamaba la "conversación del pastor" y se trataba simplemente de una oportunidad para que los nuevos miembros y las visitas del mes anterior nos conocieran personalmente y pudieran hacernos las preguntas que tuvieran. Poníamos una hoja de papel en el patio antes de la reunión del domingo y los primeros treinta en firmarla eran los que venían. Estas reuniones duraban desde las 19:00 hasta las 22:00 horas. Este sencillo acto de hospitalidad atrajo a cientos de nuevos miembros y estableció muchas relaciones que Kay y yo

> La iglesia siempre debe crecer para hacerse más grande y a la vez más pequeña.

apreciamos hasta el día de hoy. La hospitalidad hace que una iglesia crezca saludablemente.

Existen muchas otras maneras para hacer que los miembros se sientan especiales, como enviarles tarjetas en sus cumpleaños, reconocer su primer aniversario como miembros, tomar en cuenta otros días especiales (como nacimientos, bodas, aniversarios, graduaciones, logros especiales) en su boletín informativo, dando lugar a un testimonio en cada reunión, ocupándose de que el personal reciba a las personas y devolviendo una nota que diga: "Hemos orado por usted" en respuesta a un pedido de oración. Lo que quiero decir es lo siguiente: para sentir que realmente pertenecen a la iglesia, las personas necesitan algo más que un cálido apretón de manos al final de cada reunión.

Cree oportunidades para fortalecer las relaciones

Nunca se hará suficiente énfasis en cuanto a la importancia de ayudar a los miembros a desarrollar amistades dentro de la iglesia. Estas relaciones son el pegamento que mantiene unida a la iglesia. La amistad es la clave para retener a los miembros.

Un amigo me contó los resultados de una encuesta que realizó en su iglesia. Cuando preguntó: "¿Por qué se unió a esta iglesia?", el 93% de los miembros le dijeron: "Vine aquí por el pastor." Luego preguntó: "¿Qué sucedería si el pastor se va, usted se iría?" El noventa y tres por ciento dijo "No". Cuando les preguntó por qué no se irían, la respuesta fue: "¡Porque aquí tenemos amigos!" Considere el cambio que se produjo, trasladándose el factor de dependencia del pastor a los otros miembros. Esto es normal y saludable.

Lyle Schaller realizó una investigación intensiva que muestra que mientras más amigos tiene una persona en una congregación, menos probabilidades hay de que se torne inactivo o que se marche. En contraposición, una vez leí acerca de una encuesta en la cual se le preguntó a 400 personas que se habían apartado de sus iglesias por qué lo habían hecho. Cerca del 75% de las respuestas dijeron: "Sentí que ya a nadie le importaba si estaba allí o no."

Hay un mito que dice que uno debe conocer a todas las personas en la iglesia para sentirse parte de ella. El miembro promedio conoce a sesenta y siete personas en la congregación, ya sea que esté compuesta por 200 miembros o por 2.000. Un miembro no necesita conocer a todos en la iglesia para sentirse parte de ella, pero sí debe conocer a *algunas* personas.

Aunque algunas relaciones se desarrollarán espontáneamente, el factor de la amistad para asimilar a las personas es demasiado crucial como para dejarlo al azar. No se puede *esperar* que sencillamente los miembros se hagan de amigos en la iglesia. Esto se debe animar, se debe planear, se debe estructurar y facilitar.

Piense en términos de integración. Cree la mayor cantidad posible de oportunidades para que la gente se encuentre y se conozca. Como hay tantas iglesias con reuniones que consisten exclusivamente de conferencias, es muy probable que los miembros entren y salgan de la iglesia durante un año sin desarrollar ninguna clase de relación. Busque alguna actividad integradora en cada culto de la iglesia. Puede ser tan simple como decir: "Dése vuelta, preséntese a una persona y descubra algo interesante acerca de ella."

Aunque hemos usado toda clase de actividades para construir relaciones dentro de la familia de nuestra iglesia (cenas, deportes, noches de juegos, picnics y demás), los retiros de fin de semana han sido la herramienta más efectiva para cultivar nuevas amistades. Considere que el tiempo que una persona pasa con los otros miembros en un retiro de cuarenta y ocho horas es superior a todo el tiempo que estarán juntos durante los domingos de todo un año. Si usted es un fundador de iglesias y desea que las relaciones se desarrollen rápidamente en ella, organice un retiro para todos.

Como a la mayoría de las personas les cuesta recordar los nombres, especialmente en las iglesias grandes, use distintivos con los nombres todas las veces que sea posible. No hay nada que sea más embarazoso que no conocer el nombre de una persona a la que uno ha visto por años en la iglesia.

Anime a todos sus miembros
a unirse a un grupo pequeño

Uno de los mayores temores de los miembros con respecto al creci-miento es cómo hacer para mantener esa sensación de compañerismo de una iglesia pequeña a medida que la misma crece. El antídoto para este temor es desarrollar pequeños grupos dentro de la iglesia. Los grupos de afinidad pueden brindar el cuidado personal y la atención que cada miembro merece no importa cuán grande sea la iglesia.

Desarrolle una red de pequeños grupos construidos alrededor de diferentes propósitos, intereses, edades, o cualquier otra cosa. Para ser honesto, en realidad no importa qué criterio utilice para comenzar nue-vos grupos, lo que importa es que los comience. Es poco probable que muchos miembros nuevos se unan a grupos pequeños *ya existentes*. Los miembros nuevos se adaptan mejor a los grupos nuevos. Inclusive se pueden comenzar grupos nuevos a partir de la clase para miembros. Los miembros nuevos tienen en común su calidad de nuevos.

Una de las cosas que siempre le digo al personal y a nuestros líderes laicos es la siguiente: "La iglesia siempre debe crecer para hacerse más grande y a la vez más pequeña." Con esto quiero decir que debe existir un equilibrio entre las celebraciones del grupo grande y las células de los grupos pequeños. Ambas son importantes para la salud de la iglesia.

Las celebraciones del grupo grande le dan a la gente la sensación de ser parte de algo importante. Impresionan a los inconversos y animan a nuestros miembros. Pero en la multitud no se pueden hacer pedidos personales de oración. Los grupos pequeños de afinidad, por otra par-te, son perfectos para crear un sentido de intimidad y de estrecho compañerismo. Es allí donde todos conocen su nombre. Si usted se ausenta, todos se dan cuenta.

Como Saddleback existió tantos años sin tener un edificio propio, hemos tenido que verdaderamente confiar en los grupos pequeños para la educación de los adultos y el compañerismo. A pesar de que ahora poseemos un predio de 30 hectáreas seguiremos usando los ho-gares para nuestras reuniones de grupos pequeños.

Existen cuatro beneficios al usar los hogares:

- Se pueden expandir infinitamente (los hogares se encuentran en todas partes).

- No tienen límites geográficos (se puede ministrar a un área mayor).

- Son una demostración de buena mayordomía (se utilizan edificios sostenidos económicamente por otras personas dejando más dinero libre para el ministerio).

- Facilitan las relaciones personales más estrechas (las personas se sienten más relajadas en un ambiente hogareño).

Cuanto más crezca su iglesia, más importantes serán los grupos pequeños para manejar las funciones pastorales del cuidado de la gente. Proporcionan el toque personal que toda persona necesita, especialmente en medio de una crisis. En Saddleback nos gusta decir que toda la iglesia es como un gran barco, y los grupos pequeños son los botes salvavidas.

No tengo el espacio necesario para explicar con detalles nuestra estrategia y estructura de los grupos pequeños, por lo tanto, permítame decirle solo esto: *Los grupos pequeños son la manera más efectiva de cerrar la puerta de atrás de su iglesia*. Nunca nos preocupamos por perder gente que esté conectada con un grupo pequeño. Sabemos que esas personas han sido efectivamente asimiladas.

Mantenga las líneas de comunicación abiertas

Es de vital importancia establecer líneas claras de comunicación dentro de la iglesia. Los miembros informados son miembros efectivos, mientras que los miembros que no están informados, por más que tengan talento, no pueden hacer gran cosa. Sea redundante en su sistema de comunicaciones desarrollando varios canales para diseminar la información congregacional.

En Saddleback, utilizamos todo lo que podemos para comunicar los mensajes importantes a la congregación: las máquinas de fax, videos, boletines informativos, cintas de casetes, cadenas de oración, artículos en los periódicos, tarjetas postales, ¡e inclusive Internet! (Para aquellos que estén en línea, pueden consultar nuestra página en Internet a través de http://www.saddleback.com.)

Tan importante como la comunicación del personal hacia la congregación es la comunicación de la congregación hacia el personal. En ambos sentidos debe existir fluidez. Proverbios 27:23 dice: "Sé diligente en conocer el estado de tus ovejas, y mira con cuidado por tus rebaños." El rebaño más importante es el rebaño de Dios, por lo tanto, prestamos especial atención a lo que le sucede. Usamos las tarjetas de bienvenida, a los encargados de los llamados CARE [1], y los informes de los pastores laicos para monitorear el latido del corazón de la familia de nuestra iglesia:

La Tarjeta de Bienvenida. Ya he dicho cómo utilizamos esta tarjeta en nuestras reuniones generales. Es una herramienta de comunicación increíble, teniendo en cuenta su simplicidad. Cualquier persona me puede escribir una nota en cualquier momento. Como nuestros miembros saben que leemos estas tarjetas y que las tomamos con seriedad, tenemos un continuo flujo de información. Necesitamos dos secretarias a tiempo completo y un equipo de doce voluntarios para procesar todas las tarjetas que llegan, pero esto les permite a nuestros pastores y a nuestro personal permanecer "cerca del cliente".

Encargados de los llamados CARE. Este ministerio laico se encarga de llamar sistemáticamente por teléfono a los miembros de la iglesia para saber qué está sucediendo en sus vidas. Realizan sus llamados por las noches y hacen tres preguntas: (1)¿Cómo le va? (2) ¿Tiene algún pedido de oración? (3) ¿Hay algo que desearía que le informemos al pastor Rick o a los miembros del personal? Luego toman nota en un formulario para asegurarse de que se ha registrado la información correcta. Entonces le informan a las personas acerca de cualquier programa o noticia de la iglesia. Es simplemente otra manera de estar en contacto con nuestros miembros y de decirles "nos preocupamos".

Los informes de los pastores laicos. Estos son informes escritos que recibimos de los pastores laicos que guían los grupos pequeños. Estos

---

[1] La palabra CARE, que en inglés quiere decir "cuidado", se utiliza como una sigla cuyas letras responden a las palabras: Contact, Assist, Relate y Encourage [Contacto, asistencia, relación y aliento].

informes nos proporcionan datos acerca de la salud del grupo y de lo que está sucediendo en las vidas individualmente.

Estamos juntos en esto

Al concluir este capítulo referido a la membresía, deseo resaltar la importancia de destacarle *continuamente* a nuestros miembros la naturaleza corporativa de la vida cristiana. Predíquelo, enséñelo y hable acerca de esto en forma individual. Nos pertenecemos los unos a los otros. Nos necesitamos los unos a los otros. Estamos conectados, unidos como las partes de un cuerpo. ¡Somos una familia!

Casi a diario, recibo cartas de personas que se han unido a nuestra iglesia y que están experimentando el poder sanador de la *koinonia*. Terminaré con un ejemplo reciente:

Estimado pastor Rick:

Durante muchos años sobrellevé en silencio el dolor del abuso físico. Hace un año, luego de una pérdida devastadora, me trasladé al sur de California. Al estar desconectada de todo, me sentía muy sola. Lloré continuamente durante tres semanas.

Finalmente decidí que tal vez debía hacer la prueba de ir a una iglesia. Desde el momento que pisé la primera reunión de Saddleback, sentí que *pertenecía* a este lugar.

Abreviando la historia, Cristo se hizo una realidad para mí, me uní a la iglesia y ahora me encuentro sirviendo en un ministerio que me produce *mucha* satisfacción. ¡Estoy encantada de ser parte de este lugar!

Sé que el dolor de cada persona es diferente, pero todos necesitamos a Dios. Mi dolor era casi insoportable sin tener a la familia de la iglesia. Cuando asistí a la clase para miembros tuve que retener las lágrimas de gozo cuando usted habló de Saddleback como de una familia. ¡Así es en verdad! Estoy muy agradecida por mis hermanos y hermanas y por una iglesia a la cual puedo llamar *hogar*.

18

Forme miembros maduros

Porque quiere que su pueblo esté perfectamente capacitado para realizar mejor la tarea de llevar a la iglesia, cuerpo de Cristo, a un estado de vigor y madurez.

Efesios 4:12 (La Biblia al Día).

Nuestro mayor deseo y oración es que alcancen perfección como cristianos.

2 Corintios 13:9 (La Biblia al Día).

El Nuevo Testamento declara con mucha claridad que la voluntad de Dios para todos los creyentes es la madurez espiritual. Él desea que crezcamos. Pablo dijo en Efesios 4:14–15: "para que ya no seamos niños fluctuantes, llevados por doquiera de todo viento de doctrina... sino que siguiendo la verdad en amor, crezcamos en todo en aquel que es la cabeza, esto es, Cristo."

La meta suprema del crecimiento espiritual es que seamos parecidos a Cristo. Desde el principio, el plan de Dios para nuestras vidas ha sido que nos parezcamos a su Hijo. "Porque a los que antes conoció, también los predestinó para que fuesen hechos conformes a la imagen de su Hijo, para que él sea el primogénito entre muchos hermanos" (Romanos 8:29). Dios desea que cada creyente desarrolle el carácter de Cristo.

Entonces, la gran pregunta es la siguiente: ¿Cómo se crece espiritualmente? ¿Cómo llegamos a ser maduros en Cristo?

Mitos acerca de la madurez espiritual

Antes de explicar la estrategia de Saddleback para formar creyentes maduros, deseo disipar algunos conceptos erróneos, pero populares, acerca del crecimiento espiritual y de la madurez. Es importante que cualquier estrategia esté basada sobre información precisa.

Mito de madurez Nº 1: El crecimiento espiritual es automático una vez que se ha nacido de nuevo.

Muchas iglesias no tienen un plan organizado para los creyentes nuevos y tampoco tienen una estrategia comprensible para llevarlos a la madurez. Lo dejan al azar, confiando en que los cristianos automáticamente van madurando si asisten a las reuniones de la iglesia. Piensan que todo lo que tienen que hacer es animar a las personas a estar presentes en las reuniones y que así la tarea se llevará a cabo.

Evidentemente esto no es verdad. El crecimiento espiritual no se produce porque hemos sido salvos, aunque asistamos regularmente a las reuniones. Las iglesias están llenas de personas que han asistido a las reuniones durante toda su vida y sin embargo siguen siendo bebés espirituales. Un miembro estable no es lo mismo que un miembro maduro. En el diagrama del Proceso de desarrollo de la vida, la tarea de equipar a las personas con los hábitos necesarios para la madurez espiritual se llama "llevar a la persona a la segunda base".

> ¡Llegamos a ser aquello con lo cual estamos comprometidos!

El crecimiento espiritual tampoco se produce automáticamente a través del tiempo. El autor del libro de Hebreos nos hace notar con tristeza: "Porque debiendo ser ya maestros, después de tanto tiempo, tenéis necesidad de que se os vuelva a enseñar cuáles son los primeros rudimentos de las palabras de Dios" (Hebreos 5:12). Millones de cristianos han envejecido sin haber crecido jamás.

La verdad es la siguiente: EL crecimiento espiritual es intencional. Se necesitan compromiso y esfuerzo para crecer. Una persona puede tener el deseo de crecer, puede estar decidida a crecer y puede esforzarse por hacerlo. El discipulado comienza con una decisión, que no tiene por qué ser compleja pero sí tiene que ser sincera. Tal vez los discípulos no comprendían cabalmente todo lo que implicaba la decisión de seguir a Cristo al momento de tomarla, sencillamente expresaron el deseo de seguirle. Jesús tomó esta decisión simple, pero sincera, y edificó sobre ella.

Filipenses 2:12–13 dice: "Por tanto, amados míos, como siempre habéis obedecido, no como en mi presencia solamente, sino muchos más ahora en mi ausencia, ocupaos en vuestra salvación con temor y temblor, porque Dios es el que en vosotros produce así el querer como el hacer, por su buena voluntad." Nótese que dice "ocupaos" en vuestra salvación, pero no nos dice que debamos mejorarla. No hay nada que podamos añadir a lo que Cristo hizo. En estos versículos Pablo les está hablando, acerca del crecimiento espiritual, a personas que ya habían sido salvas. Lo importante es que Dios tiene una participación en nuestro crecimiento, pero nosotros también tenemos la nuestra.

Llegar a ser parecidos a Cristo es el resultado del compromiso que tomemos. ¡Llegamos a ser aquello con lo cual estamos comprometidos! Una vida cristiana crece igual que lo hace una iglesia, comprometiéndose con el Gran Mandamiento y con la Gran Comisión. Si no existe el compromiso de crecer, cualquier crecimiento será circunstancial en lugar de ser intencional. El crecimiento espiritual es demasiado importante como para dejarlo a la deriva de las circunstancias.

El crecimiento espiritual que lleva a la madurez comienza con la clase de compromiso descrito en Romanos 6:13 (La Biblia al Día): "Entréguense por completo a Dios, enteramente, porque ustedes han escapado de la muerte y desean ser instrumentos en las manos de Dios que él use para sus buenos propósitos." Más adelante explicaré cómo guiar a las personas a tomar esta clase de compromiso.

Mito de madurez Nº 2: El crecimiento espiritual es místico y solo unos pocos elegidos alcanzan la madurez.

Cuando hoy uno menciona la palabra "espiritualidad", muchas personas se imaginan a alguien con una túnica blanca, sentado en una posición de yoga, quemando incienso y emitiendo el sonido *"ommmmm" con los ojos cerrados. Otros piensan en los cristianos místicos y en los monjes que se aíslan del mundo real, sometiéndose a los rigores de la pobreza, de la castidad y de la soledad.*

Es triste que algunos cristianos piensen que la madurez espiritual es algo que está tan lejos de su alcance, que ni siquiera tratan de lograrla. Tienen esta imagen mística, idealista, de lo que es un cristiano maduro. Creen que la madurez es solo para los "super santos". Algunas biografías cristianas son en parte responsables de la creación de este mito impartiendo un brillo especial a la humanidad de personas santas, implicando que si no se ora diez horas por día, o se va a la selva, o se planea morir como mártir, uno se debe olvidar de aspirar a la madurez. Esto desalienta bastante al creyente promedio, que siente que debe contentarse con ser un cristiano de "segunda clase".

La verdad es la siguiente: el crecimiento espiritual es muy práctico. Cualquier creyente puede llegar a la madurez si desarrolla los hábitos necesarios para el crecimiento espiritual. Debemos romper el misterio que existe alrededor del crecimiento espiritual presentando sus componentes como hábitos prácticos de todos los días.

Pablo muchas veces comparaba el entrenamiento de la vida cristiana con la manera en que los atletas se mantienen en forma. Me encanta la paráfrasis que hace la Biblia al Día en 1 Timoteo 4:7: "Emplea el tiempo y las energías en la tarea de ejercitarte espiritualmente." El camino para estar en forma espiritualmente es tan práctico como el camino para estar en forma físicamente.

Cualquier persona puede estar en forma físicamente si regularmente practica ciertos ejercicios y tiene buenos hábitos de salud. De la misma manera, para estar en forma espiritualmente, debemos aprender ciertos ejercicios *espirituales* y debemos ser disciplinados en practicarlos hasta que se conviertan en un hábito. El carácter se forma en base a los hábitos que desarrollamos.

> **El carácter se forma en base a los hábitos que desarrollamos.**

En Saddleback, ponemos mucho énfasis en desarrollar hábitos espirituales. Hemos visto que la gente experimenta un increíble crecimiento cuando bajamos la idea de crecimiento espiritual a pasos de acción prácticos y a hábitos diarios.

Mito de madurez Nº 3: La madurez espiritual puede tener lugar instantáneamente, si se encuentra la "llave" correcta.

Esta es una idea popular errónea. A juzgar por los títulos de algunos de los libros cristianos más vendidos resulta evidente que muchos cristianos al menos *esperan* que esto sea verdad. Los libros que prometen "cuatro pasos sencillos para alcanzar la madurez" o "la llave para la santidad instantánea" refuerzan el mito de que el carácter cristiano se adquiere de la noche a la mañana.

Muchos cristianos sinceros pasan toda su vida buscando francamente una experiencia, una conferencia, un avivamiento, un libro, un casete o una sencilla verdad que *instantáneamente* los transforme y los convierta en cristianos maduros. Esta búsqueda es inútil. Aunque tenemos café instantáneo y hasta métodos de pérdida de peso instantáneos, no existe tal cosa como madurez espiritual instantánea.

La verdad es la siguiente: La madurez espiritual es un proceso que lleva tiempo. En la misma manera en que Dios les permitió a Josué y a los israelitas que poseyeran la tierra "poco a poco" (Deuteronomio 7:22), utiliza un proceso gradual de cambio para transformarnos a la imagen de Cristo. No existen los atajos para llegar a la madurez. Es un proceso lento. Efesios 4:13 dice: "hasta que todos *lleguemos* a la unidad de la fe y del conocimiento del Hijo de Dios, a un varón perfecto, a la medida de la estatura de la plenitud de Cristo" (cursiva añadida). Al decir que debemos *llegar* a la plenitud de Cristo, es decir, a la madurez, está

> Los creyentes crecen más rápidamente cuando se les provee una vía de crecimiento.

dando por sentado que esto es un proceso. Aunque queramos acelerarlo, el crecimiento espiritual es un proceso que durará toda la vida.

He pasado mucho tiempo tratando de comprender los elementos que componen este proceso y buscando cómo comunicarlos de una manera sencilla para que nuestros miembros puedan comprenderlos y recordarlos. Estoy convencido de que los creyentes crecen más rápidamente cuando se les provee una vía de crecimiento. El resultado es la filosofía de edificación de Saddleback, a la cual llamamos el Proceso de desarrollo de la vida.

Este proceso utiliza al campo de béisbol como una analogía del crecimiento porque en Estados Unidos todos lo entienden. A las personas les resulta fácil comprender cómo deseamos que maduren cuando ven que se le asigna a cada base un hito de crecimiento espiritual. Les explicamos a nuestros miembros que nuestra meta es ayudarlos a que vayan pasando de una base a otra. ¡Deseamos que Sam Saddleback marque un tanto!

Como dije en el capítulo ocho, ¡los corredores que se quedan en la base al finalizar la entrada no reciben crédito! Por esta razón, hemos asignado un pastor a cada una de las bases: la de la membresía, la de la madurez, la del ministerio y la de las misiones. Cada pastor sirve como un "entrenador de base", alguien que ayuda a los corredores a llegar sanos y salvos a la siguiente base.

Si se convence a la gente de la importancia de anotar un tanto y se les proporciona un entrenador en cada base, es mucho más sencillo lograr que la gente llegue a la base del bateador. De la misma manera, si se guía a la gente a comprometerse con el crecimiento espiritual, si se les enseñan algunos hábitos básicos y se guían mientras van avanzando alrededor de las bases, se puede esperar que crezcan.

Mito de madurez Nº 4: La madurez espiritual se mide por lo que uno sabe.

Muchas iglesias evalúan la madurez espiritual basándose únicamente en la capacidad de la persona para identificar a los personajes bíblicos, para interpretar pasajes de la Biblia, citar versículos y explicar la teología bíblica. Algunos consideran que la habilidad de debatir acerca de la doctrina es la prueba suprema de espiritualidad. Sin embargo, a pesar de que el conocimiento de la Biblia es un fundamento para la madurez espiritual, no es lo que nos da la medida absoluta.

> La madurez espiritual se demuestra mejor a través del *comportamiento* que a través de las creencias.

La verdad es la siguiente: La madurez espiritual se demuestra mejor a través del comportamiento que a través de las creencias. La vida cristiana no es solo cuestión de credos y convicciones, incluye la conducta y el carácter. Las creencias deben estar respaldadas con el comportamiento. Nuestras obras deben concordar con nuestras creencias.

El Nuevo Testamento nos enseña repetidas veces que nuestras acciones y actitudes revelan nuestra madurez más que lo que afirmamos. Santiago 2:18 lo dice abiertamente: "Muéstrame tu fe sin tus obras, y yo te mostraré mi fe *por mis obras*" (cursiva añadida). Santiago también dice: "¿Quién es sabio y entendido entre vosotros? Muestre por la buena conducta sus obras en sabia mansedumbre" (Santiago 3:13). Si su fe no ha cambiado su estilo de vida, no tiene mucho valor.

Pablo creía en la conexión que debe existir entre la creencia y el comportamiento. En cada una de sus cartas, habla de la importancia de practicar lo que creemos. Efesios 5:8 (La Biblia al Día) dice: "porque aunque antes vivían ustedes en tinieblas, ahora la luz del Señor brilla en sus vidas y *debe notarse en su conducta*" (cursiva añadida).

Jesús fue quien lo dijo de la manera mas sucinta: "Por sus frutos los conoceréis" (Mateo 7:16). Es el fruto, no el conocimiento lo que demuestra la madurez de una persona. Si no ponemos en práctica lo que sabemos, tontamente estamos "construyendo una casa sobre la arena" (véase Mateo 7:24–27).

Como lo mencioné anteriormente, el conocimiento bíblico es solo una manera de medir la madurez espiritual. Además, podemos medirla teniendo en cuenta la perspectiva, la convicción, las habilidades y el carácter. Estos "Cinco niveles de aprendizaje" son los ladrillos para edificar la madurez espiritual que utilizamos en Saddleback. En la siguiente sección explicaré cómo procuramos formar discípulos que sean fuertes en estas cinco áreas.

Un verdadero peligro que tiene el conocimiento sin los otros cuatro componentes es que produce orgullo. 1Corintios 8:1 dice: "El conocimiento envanece, pero el amor edifica." Es necesario templar el conocimiento con el carácter. Algunos de los cristianos más carnales que he conocido eran un verdadero depósito de conocimientos bíblicos. Podían explicar cualquier pasaje y defender cualquier doctrina, sin embargo carecían de amor, eran farisaicos y criticones. Es imposible ser maduros espiritualmente y orgullosos al mismo tiempo.

Cinco niveles de aprendizaje
(Medidas de la madurez)

Conocimiento
Perspectiva
Convicción
Habilidades
Carácter

Otro peligro que existe en tener conocimiento es que aumenta la responsabilidad, "y al que sabe hacer lo bueno, y no lo hace, le es pecado" (Santiago 4:17). Con un conocimiento más profundo de la Palabra viene un juicio mayor, si no lo aplicamos. Por eso debemos tener la convicción y el carácter para practicar lo que sabemos. Cualquier estrategia que desarrolle la iglesia para edificar a los creyentes será de ayuda no solo para aprender la Palabra, sino también para amarla y vivirla.

Mito de madurez Nº 5: El crecimiento espiritual es un asunto personal y privado.

La idolatría por el individualismo en la cultura norteamericana ha influido hasta nuestra manera de pensar con respecto a la madurez espiritual. La mayor parte de la enseñanza de formación espiritual tiende a ser egoísta y a estar centrada en uno mismo sin hacer referencia a nuestra relación con los otros cristianos. Esto es completamente antibíblico e ignora gran parte del Nuevo Testamento.

La verdad es la siguiente: Los cristianos necesitan relacionarse para crecer. No crecemos aislados de los demás; nos desarrollamos en el contexto del compañerismo de unos con otros. Esto se encuentra una y otra vez en el Nuevo Testamento. Hebreos 10:24–25 dice: "Y considerémonos unos a otros para estimularnos al amor y a las buenas obras; no dejando de congregarnos, como algunos tienen por costumbre, sino exhortándonos; y tanto más, cuanto veis que aquel día se acerca." La intención de Dios es que crezcamos como una familia.

En el último capítulo señalé que las relaciones son el "pegamento" que mantiene conectada a la gente de su iglesia, pero las relaciones juegan un papel aún más importante al llevar a las personas hacia la madurez; son absolutamente esenciales para el crecimiento espiritual. La Biblia nos enseña que la comunión no es algo optativo para los cristianos, es un mandato. Los cristianos que no están conectados en una relación de amor con otros creyentes están desobedeciendo

> Los cristianos necesitan relacionarse para crecer. No crecemos aislados de los demás; nos desarrollamos en el contexto del compañerismo de unos con otros.

los mandamientos dados en la Palabra de Dios que implica "unos a otros".

Juan nos dice que la prueba de que estamos caminando en la luz es que tengamos "comunión unos con otros" (1 Juan 1:7). Si usted no tiene comunión con otros creyentes de manera regular debe preguntarse seriamente si está caminando en luz o no.

Juan va más allá y nos sugiere que si no amamos a los otros creyentes, debiéramos preguntarnos si realmente hemos sido salvos. "Nosotros sabemos que hemos pasado de muerte a vida, en que amamos a los hermanos. El que no ama a su hermano, permanece en muerte" (1 Juan 3:14). Si las relaciones con los otros creyentes son tan importantes, ¿por qué las iglesias no ponen más énfasis en este aspecto?

La calidad de mi relación con Cristo se puede ver en la calidad de mis relaciones con los demás creyentes. "Pues el que no ama a su hermano a quien ha visto, ¿cómo puede amar a Dios a quien no ha visto?" (1 Juan 4:20). Considere que Juan dice que es imposible amar a Dios si no amamos a sus hijos.

Jesús también nos enseñó que si la comunión con un hermano se encuentra interrumpida, nuestra adoración no tiene valor (véase Mateo 5:23–24). Un cristiano no puede estar en comunión con Dios y enemistado con los creyentes al mismo tiempo.

Una de las razones por las cuales muchos cristianos nunca testifican es porque no saben relacionarse con la gente. Como nunca han estado en un grupo pequeño y no han desarrollado amistades, poseen muy pocas habilidades relacionales. No pueden relacionarse con los inconversos porque ni siquiera pueden relacionarse con los *creyentes*. A la gente se le debe enseñar a desarrollar relaciones. Aunque esto parece demasiado evidente, muy pocas iglesias se toman el tiempo para enseñarle a sus miembros a relacionarse entre sí.

Mito Nº 6: Todo lo que se necesita para crecer es estudiar la Biblia.

Muchas iglesias evangélicas se han construido sobre este mito. Yo las llamo "iglesias-escuelas". Estas iglesias tienden a estar regidas por el lóbulo izquierdo del cerebro y tienen un enfoque cognitivo.

Recalcan la enseñanza del contenido y la doctrina de la Biblia, pero le prestan poco o ninguna atención al desarrollo de las emociones, de las experiencias y de las relaciones de sus miembros. Dice una bien conocida iglesia-escuela que para ser espiritualmente maduro todo lo que se necesita es tener "la doctrina grabada en la cabeza."

La verdad es la siguiente: Se necesitan diversas experiencias espirituales con Dios para que se produzca la madurez espiritual. La genuina madurez espiritual incluye tener un corazón que adore y alabe a Dios, construyendo relaciones de amor y disfrutando de ellas, usando nuestros talentos y dones en el servicio a los demás, y compartiendo nuestra fe con los perdidos. Cualquier estrategia de la iglesia para llevar a la gente a la madurez debe incluir *todas* las experiencias: adoración, comunión, estudio de la Biblia, evangelismo y ministerio. En otras palabras, el crecimiento espiritual sucede al participar en los cinco propósitos de la iglesia. Los cristianos maduros hacen algo más que estudiar la vida cristiana, la *experimentan*.

Como algunos cristianos han cometido el error de hacer un énfasis exagerado en las experiencias emocionales, al punto de descuidar la sólida doctrina bíblica, muchas iglesias evangélicas han minimizado el rol de la experiencia en el crecimiento espiritual. Han reaccionado exageradamente ante la glorificación de la experiencia de otros grupos quitando *toda clase* de énfasis y mirándola con sospecha, especialmente si mueve las emociones.

> El crecimiento espiritual sucede al participar en los cinco propósitos de la iglesia.

Tristemente, esto niega que Dios creó al ser humano con emociones, además de mente. Dios nos ha dado los sentimientos con un propósito. Al quitar toda clase de experiencias del proceso de crecimiento cristiano, se nos deja solamente con un credo intelectual y estéril que se puede estudiar, pero no se puede disfrutar ni practicar.

Deuteronomio 11:2 (Dios Habla Hoy) dice: "Reconozcan su grandeza y su gran despliegue de poder, y las señales y grandes hechos que realizó en Egipto contra el faraón y todo su país". La experiencia es una gran maestra. Por cierto, existen algunas lecciones que *solo* podemos aprenderlas a través de la experiencia. Me gusta la paráfrasis de La Biblia al Día de Proverbios 20:30: "El castigo que duele echa el mal del corazón."

Una vez escuché al conocido maestro de la Biblia Gene Getz decir: "El estudio de la Biblia *en sí mismo* no producirá espiritualidad. De hecho, producirá carnalidad si no se aplica y se practica." He descubierto que esto es verdad. El estudio *sin servicio* produce cristianos con actitudes críticas y orgullo espiritual.

Si el cristianismo fuera una filosofía, entonces nuestra actividad principal sería estudiar. Pero el cristianismo es una relación y una vida. Las palabras más utilizadas para describir la vida cristiana son *amor, dar, creer y servir.* Jesús no nos dijo: "He venido para que *estudien.*" En realidad, la palabra "estudiar" aparece solo un par de veces en el Nuevo Testamento, pero si uno mira el programa semanal de muchas iglesias se quedará con la impresión de que asistir a los estudios bíblicos es la única actividad de los cristianos.

La *última* cosa que muchos creyentes necesitan hacer es asistir a otro estudio bíblico. A esta altura ya conocen mucho más de lo que ponen en práctica. Lo que necesitan son experiencias en el ministerio y en el evangelismo en las cuales puedan *aplicar* lo que saben, experiencias de relación con los demás (como las de los grupos pequeños) donde puedan *hacerse responsables* de lo que saben, y experiencias significativas de adoración en las cuales puedan *expresar* su agradecimiento a Dios por lo que saben.

Santiago tuvo que advertirles a los primitivos cristianos: "Pero sed hacedores de la palabra, y no tan solamente oidores, engañándoos a vosotros mismos" (Santiago 1:22). Tenemos el viejo ejemplo de la charca cuyas aguas quedan estancadas porque recibe agua, pero no tiene ninguna salida. Cuando el programa de cualquier cristiano consiste exclusivamente en recibir información bíblica sin ninguna salida hacia el ministerio o el evangelismo, su crecimiento espiritual se estanca. La impresión sin expresión conduce a la depresión.

Las iglesias les hacen un gran mal a sus miembros manteniéndolos tan ocupados con estudios bíblicos que no les dejan tiempo para aplicar lo que aprendieron en el último que estuvieron. Las personas archivan y olvidan las lecciones antes de haberlas internalizado y puesto en práctica, pensando mientras tanto que están creciendo porque sus cuadernos cada vez están más gordos. Esto es necedad.

Por favor, no piense que yo no valoro el estudio de la Biblia. Todo lo contrario. He escrito un libro sobre métodos para estudiar la Biblia, *Dynamic Bible Study Methods* [Métodos dinámicos para el estudio de la Biblia]. Debemos "permanecer en la Palabra" si queremos ser discípulos de Cristo. Todo lo que estoy diciendo es que es un error suponer que *solo* el estudio produce madurez. Es solamente un componente del proceso de madurez. Para crecer las personas necesitan experiencias además de estudio. Las iglesias deben tener una estrategia *equilibrada* para desarrollar discípulos.

Elabore la estrategia

En Saddleback, la estrategia para formar discípulos está basada en las seis verdades que identifiqué en contraste con cada mito. Creemos que el crecimiento espiritual comienza con el compromiso, es un proceso gradual que implica el desarrollo de ciertos hábitos, se puede medir a través de cinco factores, se estimula mediante las relaciones y requiere la participación en los cinco propósitos de la iglesia.

Eleve el nivel de compromiso.

Siempre me ha encantado el nombre que Elton Trueblood le puso a la iglesia: "Compañía de los comprometidos". Sería maravilloso si cada iglesia fuera conocida por el compromiso de sus miembros. Es una pena que muchas veces las iglesias se encuentran unidas por los comités y no por el compromiso.

Una forma para determinar si su iglesia está madurando espiritualmente es ver si con el paso del tiempo las normas para el liderazgo son cada vez más elevadas, requiriendo un nivel más profundo de compromiso con Cristo y de crecimiento espiritual. Por ejemplo, cuando Saddleback comenzó, el único requerimiento que teníamos para los que servían en la Escuela Dominical era que fueran cariñosos. Con el paso de los años, hemos aumentado los requerimientos considerablemente. Lo mismo hemos hecho con los pastores laicos, con los músicos y con otros puestos dentro del ministerio.

Cada vez que se elevan las normas para el liderazgo, todos en la iglesia suben un poquito más. Como dice el refrán: "cuando sube la marea, suben todos los botes que están en la bahía." Concentre su atención en elevar el grado de compromiso del liderazgo, no de aquellos que están menos comprometidos en la multitud ni de los que están semicomprometidos en la congregación. Verá que cada vez que eleva las normas de compromiso para los que están en la posición más visible de liderazgo, las expectativas de todos los demás también se elevan.

¿Qué se hace para que la gente se comprometa con un proceso de crecimiento espiritual?

Usted debe pedirle a la gente que se comprometa. Si no pide compromiso, no lo obtendrá. Y si no le pide a los miembros que se comprometan, puede estar seguro de que otros grupos lo harán: grupos cívicos, clubes, partidos políticos o ministerios paraeclesiásticos. No nos preguntamos si la gente se va a comprometer o no, lo que nos preguntamos es con *quién* se van a comprometer. Si su iglesia no pide y espera compromiso de parte de la gente, las personas llegarán a la conclusión de que lo que la iglesia hace no es tan importante como lo son las otras actividades.

> La pregunta no es si la gente se va a comprometer o no, lo que nos preguntamos es con *quién* se van a comprometer.

Me asombra ver que muchas organizaciones comunitarias requieren más participación de sus miembros que las iglesias locales.

Una de las maneras en que una iglesia puede ayudar más a sus miembros es ayudándolos a aclarar cuáles son los compromisos que deben asumir y cuáles no. La razón por la cual tenemos tantos cristianos débiles es porque están mezclados con muchas causas en lugar de comprometerse con lo que realmente importa. Una barrera que impide el crecimiento espiritual de muchas personas no es la falta de compromiso, sino el excesivo compromiso con las cosas equivocadas. Se le debe enseñar a la gente a tomar compromisos sabios.

Pida un gran compromiso con confianza. Jesús siempre pidió el compromiso con claridad y confianza. No tenía ningún problema en pedirle a los hombres y mujeres que dejaran todo para seguirle. Un fenómeno interesante es que cuanto mayor es el compromiso que se demanda, mayor es la respuesta que se obtiene.

La gente *desea* comprometerse con algo que realmente le dé significado a sus vidas. Responden a las responsabilidades que le dan sentido a la vida y se sienten atraídos por una visión desafiante. Por otra parte, las personas no se sienten conmovidas por pedidos débiles y lastimosos de ayuda. Jesús lo sabía cuando dijo en Lucas 14:33: "Así, pues, cualquiera de vosotros que no renuncia a todo lo que posee, no puede ser mi discípulo." Estaba demandando un compromiso total.

Un domingo, luego del mensaje, repartí una especie de tarjeta de Compromiso de vida, en la que le pedía a la gente que comprometieran *toda* su vida a Jesucristo: su tiempo, su dinero, sus ambiciones, sus hábitos, sus relaciones, su carrera, su hogar y su energía. Lo que me asombró no fue que recibimos miles de tarjetas de vuelta, sino que 177 de esas tarjetas estaban firmadas por personas que nunca habían llenado una tarjeta de inscripción aunque indicaban que habían estado asistiendo por años. Sencillamente les había parecido que no valía la pena llenar la tarjeta de inscripción semanal. Algunas veces es más fácil obtener un gran compromiso que uno pequeño.

> A las personas no les importa que se les pida un gran compromiso si detrás hay un gran propósito.

Algunos pastores no quieren pedir un gran compromiso por temor a que la gente se vaya, pero a las personas no les importa que se les pida un gran compromiso si detrás hay un gran propósito. Es importante recordar que la gente no responde a la necesidad sino a una visión apasionada. Es por eso que muchas campañas de mayordomía no funcionan; se concentran en las necesidades de la iglesia en lugar de hacerlo en la visión.

Sea específico al pedir un compromiso. Otra clave para desarrollar el compromiso es ser específico. Dígale a la gente exactamente qué espera de ella. En Saddleback, en lugar de decir: "Comprométanse con Cristo", explicamos específicamente qué es lo que eso involucra. Les pedimos que se comprometan con Cristo, luego con el bautismo, luego con la membresía, luego con los hábitos de madurez, luego con el ministerio y finalmente les pedimos que se comprometan a cumplir la misión de sus vidas. Como ya expliqué anteriormente, hemos creado cuatro pactos que aclaran exactamente qué es lo que incluyen cada uno de estos compromisos.

Explique los beneficios del compromiso. Otra clave para desarrollar el compromiso en la gente es identificar sus beneficios. Dios lo hace una y otra vez en la Biblia. Muchos de los mandamientos que se encuentran en las Escrituras van acompañados de maravillosas promesas. Cada vez que obedecemos terminamos siendo bendecidos.

Asegúrese de explicar los beneficios personales, para la familia, para el cuerpo de Cristo y para la sociedad en general y los beneficios *eternos* que vienen como consecuencia de comprometernos con el crecimiento espiritual. Las personas tienen un deseo innato de aprender, crecer y mejorar, pero a veces uno debe despertar ese deseo enunciando las metas de aprendizaje y los objetivos de crecimiento que tiene la iglesia en términos de su valor y de los beneficios que reportan.

Algunas veces me siento fascinado por la manera en la que los avisos publicitarios hacen que cosas tan comunes como el jabón, el desodorante y el detergente suenen como si fueran elementos que le darán un nuevo significado, una nueva energía y un nuevo gozo a la vida. Los publicistas dominan el arte de presentar las cosas en un envoltorio especial. Es irónico que la iglesia que tiene el *verdadero* secreto del significado, del valor y de la satisfacción de la vida muchas veces presente estas verdades de una manera tan poco atractiva. Compare la calidad de un aviso publicitario de una iglesia con el de cualquier otra cosa y verá la diferencia inmediatamente.

Al comienzo de las clases 101, 201, 301 y 401, expresamos claramente los valores y beneficios de participar diciendo: "Esto es lo que esta clase hará por usted." También explicamos claramente los beneficios que tiene comprometerse con cada uno de los cuatro pactos.

Edifique sobre el compromiso en lugar de hacerlo con miras hacia el compromiso. Aunque le diga a la gente a dónde los está llevando (desafiándolos con un gran compromiso), es importante comenzar con lo que ellos estén en condiciones de dar, aunque parezca algo muy débil.

Nosotros desafiamos a la gente para que se comprometan y luego los hacemos crecer en base a eso. Es como decidir ser padre. Muy pocas parejas se sienten capacitadas para ser padres antes de tener su primer hijo, pero de alguna manera, cuando se toma la decisión y nace el bebé, la pareja crece en el rol paterno.

También es correcto desmembrar los grandes compromisos en pasos más pequeños y guiar a las personas gradualmente. Como ya se ha visto, esta es la idea que se encuentra detrás de nuestro Proceso de desarrollo de la vida (el campo de béisbol). No esperamos que de la noche a la mañana las personas pasen de ser creyentes nuevos al nivel de compromiso de Billy Graham o de la Madre Teresa, les permitimos dar pasos de bebé. Al utilizar el campo de béisbol como una ilustración visual del progreso espiritual, las personas pueden ver hasta dónde han llegado y cuánto les falta recorrer.

Es importante celebrar cada vez que alguien se compromete a proseguir hacia la siguiente base. La capacidad de asumir y guardar compromisos es una señal de madurez que se debe reconocer y recompensar. Prepare reuniones de celebración en las cuales pueda reconocer públicamente ese crecimiento. Al finalizar cada año, celebramos una fiesta en la cual felicitamos a todos los que han firmado el pacto de madurez y han renovado su compromiso para el año entrante.

Las reuniones de celebración dan a la gente la sensación de haber cumplido y se motivan a seguir progresando. Una vez un hombre me comentó: "He asistido a la Escuela Dominical durante treinta años. ¿Alguna vez me graduaré?" En las reuniones de celebración permita que las personas den testimonios acerca de cómo sus vidas han sido bendecidas al aumentar el compromiso.

He leído muchos artículos y libros que afirman que las generaciones de postguerra y la de los años 70 no se comprometen con nada. ¡Eso no es verdad! Lo que ellos esperan es recibir un valor que sea igual a su compromiso. Son más particulares en sus compromisos porque actualmente existen tantas opciones. Estas generaciones están buscando desesperadamente algo con lo cual comprometerse.

Ayude a que la gente desarrolle hábitos espirituales de crecimiento.

La manera más práctica y poderosa de encaminar a los creyentes en dirección a la madurez espiritual es ayudarlos a establecer hábitos que promuevan el crecimiento espiritual. A lo que habitualmente se llama *disciplinas espirituales*, nosotros lo llamamos *hábitos*, porque suena menos amenazante para los nuevos creyentes. Aunque enseñamos que para ser un discípulo se requiere disciplina, creemos que estos hábitos se deben *disfrutar* en lugar de tener que soportarlos. No deseamos que las personas teman los ejercicios espirituales que los fortalecerán y los desarrollarán.

Dostoyevski dijo una vez: "La segunda mitad de la vida de un hombre está basada en los hábitos que adquirió durante la primera mitad." Y Pascal dijo: "La fuerza de la virtud de un hombre... se mide por sus actos habituales." Los seres humanos son criaturas de hábitos. Si no desarrollamos buenos hábitos, desarrollaremos malos hábitos. Existen decenas de buenos hábitos que necesitamos desarrollar mientras crecemos hacia la madurez espiritual. Al dar la clase 201, pasé mucho tiempo pensando en los hábitos que primero se deben aprender como un fundamento para crecer. ¿Cuáles son los requisitos mínimos? ¿Cuáles son los hábitos esenciales que dan a luz a los demás? Mientras

> No es posible hablar del carácter sin hablar acerca de los hábitos.

estudiaba, una y otra vez me volvía a los hábitos que influyen en nuestro tiempo, nuestro dinero y nuestras relaciones. Si reconocemos el señorío de Cristo sobre estas tres áreas de la vida, entonces él tendrá verdaderamente el control.

La clase 201, "Descubra la madurez espiritual", enfoca cómo establecer cuatro hábitos básicos para un discípulo: el hábito de dedicar un tiempo a la Palabra de Dios, el hábito de la oración, el hábito del diezmo y el hábito del compañerismo. Están basados en declaraciones que hizo Jesús definiendo el discipulado: un discípulo sigue la Palabra de Dios (véase Juan 8:31–32); un discípulo ora y lleva fruto (véase Juan 15:7–8); un discípulo no se deja poseer por sus posesiones (véase Lucas 14:33); y un discípulo expresa su amor hacia los otros creyentes (véase Juan 13:34–35).

Luego de enseñar el qué, el porqué, el cuándo y el cómo de estos cuatro hábitos, la clase cubre los pasos prácticos para comenzar y mantener otros hábitos. En Nehemías 9:38, toda la nación hizo un pacto espiritual, lo escribieron y luego le pidieron a sus líderes que lo firmaran como testigos. Finalizamos la clase 201 haciendo que todos firmen un pacto de madurez. Se recogen las tarjetas firmadas, yo las firmo como un testigo, las plastificamos y luego se las devolvemos a la gente para que la lleven en sus billeteras. Todos los años renovamos los compromisos y emitimos nuevas tarjetas. Hemos descubierto que el énfasis anual para volver a comprometerse ayuda a la gente, que se ha desalentado o que ha abandonado los hábitos, a comenzar de nuevo.

¿La gente sale de la clase 201 siendo cristianos maduros? Claro que no. Por eso se llama *"Descubra la madurez espiritual."* El propósito es que la gente comience la travesía. Salen de esta clase comprometidos con el proceso y con los hábitos básicos que se necesitan para crecer. Aunque tendrán luchas en el camino, al dejar la clase han experimentado un cambio permanente. El momento en que las personas entregan su tiempo, su dinero y sus relaciones a Cristo, siempre es muy conmovedor. Sus rostros están llenos de esperanza y de expectativa por crecer, ¡y crecen!

Habiéndome comprometido con la membresía y con los hábitos esenciales para alcanzar la madurez espiritual, y estando de acuerdo con la Declaración del ministerio de Saddleback, me comprometo a ...

Descubrir mi perfil único para el ministerio y servir en el área que mejor exprese las características que Dios me dio.

Prepararme para el ministerio participando en S.A.L.T

Demostrar un corazón de siervo participando en ministerios secundarios a medida que el Cuerpo lo necesite.

Cooperar con los otros ministros y desear el bien de todo el Cuerpo por encima de las necesidades de mi ministerio.

Firma   Fecha

Se certifica que

_____

ha sido nombrado ministro de Jesucristo a través de

la Iglesia de la Comunidad del Valle de Saddleback

y que se le confían las responsabilidades y privilegios concernientes.

_____

Rick Warren, Pastor

Prepare un programa equilibrado de educación cristiana.

Anteriormente mencioné que a mi entender existen cinco medidas de crecimiento espiritual: el conocimiento, la perspectiva, la convicción, las habilidades y el carácter. Estos cinco niveles de aprendizaje son los bloques que construirán la madurez espiritual.

En Saddleback, nuestro programa de educación cristiana se encuentra construido alrededor de estos niveles de aprendizaje. No tendría el espacio necesario para hablar de todos los distintos cursos de capacitación que se ofrecen a través del Instituto para el desarrollo de la vida, pero sí deseo explicar cómo hemos desarrollado un programa clave para facilitar cada nivel de aprendizaje.

Conocimientos generales. Para comenzar a preparar un programa de crecimiento espiritual es necesario hacerse dos preguntas: "¿Qué es lo que la gente ya sabe?" y "¿Qué necesitan saber?" Una iglesia que ha crecido principalmente por el crecimiento biológico (es decir, la conversión de los hijos de los miembros), o por el crecimiento transferido, es probable que tenga muchos miembros que ya tienen conocimiento de la Biblia. Pero no es igual con una iglesia creada para alcanzar a los inconversos. No debe dar por sentado que los miembros nuevos saben *algo* acerca de la Biblia. Se debe comenzar de cero.

En un bautismo reciente, bautizamos sesenta y tres creyentes nuevos entre los que se encontraban una ex budista, un ex mormón, un hombre de origen judío y una ex monja católica. Si uno añade a los ex seguidores de la Nueva Era y a los simples paganos de toda la vida, se obtiene una mezcla interesante con la cual tratar. El desconocimiento bíblico es casi universal entre los inconversos. Ni siquiera reconocen las historias o los personajes más conocidos de la Biblia.

Tom Holladay, el pastor que guía a nuestro equipo de Madurez, me contó recientemente una conversación que tuvo con un creyente recién convertido que se encontraba luchando con algunas pruebas en la vida. Tom abrió la Biblia en Santiago 1 y le explicó el propósito de las pruebas. El hombre pareció quedar satisfecho. Cuando estaba saliendo de la oficina de Tom dijo: "Pensé que mis luchas eran resultado de algunos pecados cometidos en alguna vida anterior." Tom entendió que necesitaba algo más que una explicación acerca de las pruebas; necesitaba comprender el punto de vista bíblico acerca de la vida.

En el nivel del conocimiento, su iglesia regularmente debe ofrecerle a los nuevos creyentes estudios bíblicos del Antiguo y el Nuevo

Testamento. Una vez dedicamos veintisiete miércoles para hablar sobre cada uno de los veintisiete libros del Nuevo Testamento. Existen muchos estudios excelentes de la Biblia, incluyendo los conocidos seminarios *Walk Thru the Bible* [Camine a través de la Biblia].

El programa más grande de Saddleback para desarrollar el conocimiento general es un curso de estudio bíblico inductivo que dura nueve meses, escrito y dado por nuestros maestros laicos. Se llama el estudio WORD [1]. El término WORD es una sigla que encierra las cuatro actividades de este estudio bíblico: *Wonder about it* [Maravíllese], *Observe it* [Observe], *Reflect on it* [Reflexione], y *¡Do it!* [¡Hágalo!]

> La perspectiva responde los "porqués" de la vida.

Está basado en los métodos que se encuentran descritos en mi libro *Dynamic Bible Study Methods*. Cada sesión incluye tareas para hacer descubrimientos personales, lecturas y discusión de las tareas en grupos pequeños. El curso comienza en septiembre y finaliza en junio. El curso WORD para mujeres se ofrece dos veces a la semana, y el curso WORD para hombres se ofrece una vez a la semana.

A pesar de que todos los libros de la Biblia son importantes, en Saddleback queremos que nuestros miembros estudien cinco libros "fundamentales" antes de lanzarse a otros nuevos estudios. Estos libros son: Génesis, Juan, Romanos, Efesios y Santiago.

Perspectiva. Perspectiva es comprender algo que se está mirando desde un marco de referencia mayor. Es la capacidad de percibir cómo están relacionadas las cosas y luego juzgar su importancia comparativa. En el sentido espiritual, significa ver la vida desde el punto de vista de Dios. En la Biblia, las palabras *comprensión, sabiduría y discernimiento* están todas relacionadas con la perspectiva. Lo opuesto a perspectiva es *dureza de corazón, ceguera y torpeza*.

El Salmo 103:7 dice: "Sus *caminos* notificó a Moisés, y a los hijos

---

[1] Equivale al término PALABRA en castellano.

Perspectivas de la vida I

Doctrina	Perspectiva primaria
Dios	Dios es más grande y mejor de lo que puedo imaginar
Jesús	Jesús es Dios revelado a nosotros
Espíritu Santo	Ahora Dios vive en mí y a través de mí.
Revelación	La Biblia es la guía inequívoca para la vida.
Creación	Nada vino "de la nada". Dios es el creador de todas las cosas.
Salvación	La gracia es la única manera de tener una relación con Dios.
Santificación	La voluntad de Dios es que crezcamos a la semejanza de Cristo.
Bien y Mal	Dios ha permitido que exista el mal para darnos la posibilidad de elegir. Dios saca cosas buenas aun de las malas experiencias.
Vida después de la muerte	La muerte no es el fin sino el principio. El cielo y el infierno son lugares reales.
Iglesia	La iglesia es el único "superpoder" verdadero en el mundo. No se acabará jamás.
Oración	La oración puede hacer cualquier cosa que Dios pueda hacer.
Segunda Venida	Jesús vendrá otra vez para juzgar al mundo y para llevarse a sus hijos.

de Israel sus *obras*" (cursiva añadida). El pueblo de Israel tenía que ver lo que Dios había hecho, pero Moisés tenía que entender por qué lo había hecho. Esta es la diferencia entre conocimiento y perspectiva.

El conocimiento es saber lo que Dios ha dicho y ha hecho. La perspectiva es comprender por qué lo ha dicho o lo ha hecho. Esto responde los "porqués" de la vida.

La Biblia nos enseña que los inconversos no tienen perspectiva espiritual, y que la falta de perspectiva es evidencia de inmadurez espiritual. La queja reiterada que Dios tenía acerca del pueblo de Israel era que no tenían perspectiva, y muchos de los profetas reprendían al pueblo por esta debilidad. En contraste, la perspectiva es una característica de la madurez espiritual. Hebreos 5:14 dice: "pero el alimento sólido es para los que han alcanzado madurez, para los que por el uso

> Saber *qué* hacer (conocimiento), *por qué* hacerlo (perspectiva), y *cómo* hacerlo (capacidad) no tiene valor sin la convicción que nos motiva a hacerlo.

tienen los *sentidos ejercitados en el discernimiento del bien y del mal*" (cursiva añadida). Aprender a verlo todo desde la perspectiva de Dios tiene muchos beneficios, pero solo mencionaré cuatro de ellos.

Primero, *la perspectiva hace que amemos más a Dios.* Cuanto mejor comprendemos la naturaleza y los caminos de Dios, más le amamos. Pablo oraba: "que... puedan sentir y entender como hijos de Dios, lo ancho, largo, alto y profundo que es su amor" (Efesios 3:18, La Biblia al Día).

Segundo, *la perspectiva nos ayuda a resistir la tentación.* Cuando miramos una situación desde el punto de vista de Dios, reconocemos que a largo plazo las consecuencias del pecado son mayores que cualquier placer que puedan proporcionar a corto plazo. Si no tenemos perspectiva seguimos nuestras propias inclinaciones naturales. "Hay camino que al hombre le *parece* derecho; pero su fin es camino de muerte" (Proverbios 14:12, cursiva añadida).

Tercero, *la perspectiva nos ayuda a sobrellevar las pruebas.* Cuando tenemos la perspectiva de Dios con respecto a la vida, nos damos cuenta de que: "...a los que aman a Dios, todas las cosas les ayudan a bien" (Romanos 8:28) y de que "... la prueba de vuestra fe produce paciencia" (Santiago 1:3). La perspectiva fue una de las razones por las cuales Jesús pudo soportar la cruz (véase Hebreos 12:2). Pasó por alto el dolor, por el gozo que estaba puesto delante de él.

Cuarto, *la perspectiva nos protege del error.* Si en algún momento los cristianos necesitaron estar cimentados en la verdad, ese momento es ahora. Vivimos en una sociedad que rechaza la verdad absoluta y acepta todas las opiniones como igualmente válidas. El pluralismo ha creado una cultura muy confusa. El problema no es que nuestra cultura no cree en nada, sino que cree en *todo.* Nuestro mayor enemigo es el sincretismo, no el escepticismo.

En la actualidad se necesitan desesperadamente pastores y maestros que enseñen con claridad la perspectiva de Dios con respecto al trabajo, al dinero, al placer, al sufrimiento, al bien, al mal, a las relaciones y a todos los otros temas fundamentales de la vida. Cuando adquirimos perspectiva: "...dejaremos de ser niños fluctuantes que varían de creencia cada vez que alguien les dice algo diferente o logra que sus palabras mentirosas adquieran matices de veracidad" (Efesios 4:14, La Biblia al Día). La perspectiva es lo que produce estabilidad en las vidas de las personas.

El programa que tiene Saddleback para enseñar este punto se llama: "Las perspectivas de la vida". En esencia, es un curso teológico sistemático escrito por mi esposa, Kay, y por nuestro pastor de Madurez espiritual, Tom Holladay. Este curso cubre doce doctrinas cristianas esenciales y Kay y otros maestros laicos lo enseñan dos veces a la semana durante veintisiete semanas. Es una combinación de conferencias y de grupos de discusión.

La convicción. Los diccionarios generalmente definen la convicción como "una creencia fuerte o fija", pero en realidad es mucho más que eso. Las convicciones que usted tiene incluyen sus valores, compromisos y motivaciones. Me gusta la definición que una vez le escuché dar a Howard Hendricks: "Una creencia es algo sobre lo cual estará dispuesto a discutir. Una *convicción* es algo por lo cual estará dispuesto a morir." Saber *qué* hacer (conocimiento), *por qué* hacerlo (perspectiva), y *cómo* hacerlo (capacidad) no tiene valor sin la convicción que nos motiva a hacerlo.

Cuando usted recién llega a Cristo, hace las cosas porque los otros cristianos que están a su alrededor se lo sugieren o porque se lo muestran mediante el ejemplo. Se puede orar, leer la Biblia y asistir a las reuniones solo porque se está siguiendo el ejemplo de los demás. Esto está bien para un cristiano nuevo (los niños pequeños aprenden de la misma manera). Sin embargo, a medida que se crece, se deben desarrollar las razones por las cuales hacemos lo que hacemos. Estas razones son las *convicciones*. Las convicciones bíblicas son esenciales para el crecimiento y la madurez espiritual.

> Si no estamos convencidos acerca del crecimiento, nos desalentaremos y nos daremos por vencidos.

Uno de los grandes hits de las canciones de los años 80 fue "Karma Chameleon" [Karma Camaleón] de Boy George. Uno de los estribillos lo dice todo: "Soy un hombre sin convicciones." Lamentablemente, existen muchas personas cuyos valores están desdibujados, sus prioridades confundidas y sus compromisos son difusos. James Gordon dijo una vez: "Un hombre sin convicción es tan débil como una puerta que cuelga de la bisagra."

Una persona sin convicciones se encuentra a merced de las circunstancias. Si no determina qué es lo importante y cómo debe vivir, otras personas lo determinarán por usted. Las personas sin convicciones generalmente siguen a la multitud sin pensar en lo que están haciendo. Creo que Pablo estaba hablando acerca de la convicción cuando en Romanos 12:2 dijo: "No os conforméis a este siglo, sino transformaos por medio de la renovación de vuestro entendimiento."

La iglesia *debe* enseñar las convicciones bíblicas para contrarrestar los valores seculares a los cuales los creyentes están constantemente expuestos. Lo que resulta irónico es que muchas personas tienen fuertes convicciones con respecto a temas poco importantes (fútbol, modas, etc.) mientras que tienen convicciones débiles con respecto a temas importantes (lo que está bien y lo que está mal).

La convicción nos ayuda a ser diligentes para continuar creciendo espiritualmente. El crecimiento requiere tiempo y esfuerzo. Si no estamos convencidos acerca del crecimiento, nos desalentaremos y nos daremos por vencidos. Nadie sigue adelante con una tarea difícil a menos que esté convencido de que existe alguna buena razón para hacerlo. Una iglesia puede enseñarle a la gente a orar, a estudiar la Biblia, a testificar, pero si no imparte las convicciones correspondientes, las personas no incorporarán estos hábitos.

Quienes han causado los mayores impactos en este mundo, para bien o para mal, no han sido necesariamente los más listos, los más ricos o los mejor educados, sino que han sido las personas con las convicciones más fuertes y profundas. Marx, Ghandi, Buda, Colón y Lutero son algunos ejemplos de personas que le cambiaron la fachada al mundo a causa de sus convicciones.

En 1943, 100.000 jóvenes con camisas marrones llenaron el estadio olímpico de Munich, Alemania, el estadio más grande del mundo en aquel entonces. Con sus cuerpos formaron una serie de letras frente a un hombre fanático que se encontraba de pie en el podio. El mensaje que escribían estas letras decía: "Hitler, te pertenecemos". Su compromiso les permitió conquistar Europa. Años más tarde, un grupo de jóvenes estudiantes chinos se comprometieron a memorizar y a vivir la filosofía del "Libro rojo", del presidente Mao. El resultado fue la Revolución Cultural que hasta el día de hoy mantiene a un billón de personas en el país más grande del mundo bajo la esclavitud del comunismo. ¡Esto es poder de convicción!

La vida de Jesús estaba dominada por la convicción de que había sido enviado para hacer la voluntad del Padre. Esta convicción produjo una conciencia profunda del propósito que tenía su vida que no permitió que los planes de los demás lo distrajeran. Para tener una mejor comprensión de las convicciones que él tenía, estudie todas las veces en que Jesús dijo "debo". Cuando las personas incorporan las convicciones de Cristo desarrollan un sentido de propósito en la vida.

La convicción posee una cualidad atractiva, lo que explica la popularidad de muchos cultos. La creencia de un culto puede ser errónea y a menudo ilógica, pero quienes se adhieren a ella lo hacen con intensa convicción. Las iglesias que no poseen convicciones fuertes y claras nunca atraerán el nivel de compromiso que Cristo merece. Debemos arder con la convicción de que el Reino de Dios es la mayor causa del mundo. Vance Havner solía decir: "Jesús demanda mucha más fidelidad que cualquier otro dictador que jamás haya vivido. La diferencia es ¡que él tiene el *derecho* de hacerlo!"

En Saddleback enseñamos las convicciones bíblicas en todos los programas, clases, seminarios y mensajes, pero no basta solo con enseñar las convicciones, estas se deben abrazar. La convicción es contagiosa, la gente la adquiere por el simple hecho de estar cerca de personas que la tienen. Esta es una de las razones principales por las cuales hacemos énfasis en los grupos pequeños como parte de nuestro Proceso de desarrollo de la vida. La relación cercana con personas que tienen convicción siempre será de mayor influencia que escuchar meramente un mensaje dado con convicción.

Las habilidades. La habilidad es la capacidad para hacer algo con facilidad y exactitud. Una habilidad no se desarrolla escuchando una conferencia sino practicando y experimentando. En la vida cristiana existen ciertas habilidades que se deben desarrollar para madurar: las habilidades para estudiar la Biblia, para desarrollar

> Las habilidades son el "cómo" del crecimiento espiritual.

el ministerio, para testificar, para relacionarse con los demás, para aprovechar el tiempo y muchas otras.

Las habilidades son el "cómo" del crecimiento espiritual. El conocimiento y la perspectiva tienen que ver con *saber*. La convicción y el carácter tienen que ver con *ser*. Las habilidades tienen que ver con *hacer*. Debemos ser "hacedores de la palabra, y no tan solamente oidores" (Santiago 1:22). Nuestras acciones demuestran que pertenecemos a la familia de Dios. Jesús dijo: "Mi madre y mis hermanos son los que oyen la palabra de Dios, y *la hacen*" (Lucas 8:21, cursiva añadida).

En la actualidad, muchos creyentes se sienten frustrados porque saben *qué* hacer pero nunca les han enseñado *cómo* lo deben hacer. Han escuchado un montón de mensajes sobre la importancia de estudiar sus Biblias, pero nadie les ha mostrado cómo hacerlo. Los hacen sentir culpables porque tienen una vida de oración débil, pero nadie se toma el tiempo para explicarles cómo hacer una lista de oración, cómo alabar el carácter de Dios utilizando sus nombres, o cómo interceder por otros. La exhortación sin explicación conduce a la frustración. Cada vez que exhortamos a la gente a hacer algo, tenemos la responsabilidad de explicarles exactamente cómo hacerlo.

Si desea que su iglesia produzca cristianos efectivos, *debe* enseñarles las habilidades necesarias para la vida cristiana y el ministerio. La habilidad es el secreto de la efectividad. Recuerde el versículo que mencioné en el capítulo dos: "Si se embotare el hierro, y su filo no fuere amolado, hay que añadir entonces más fuerza; *pero la sabiduría es provechosa para dirigir*" (Eclesiastés 10:10, cursiva añadida).

El programa que tiene Saddleback para desarrollar las habilidades se llama Seminario para las habilidades de la vida. Estos seminarios tienen una duración de cuatro a ocho horas y normalmente se dan en un solo día. Hemos descubierto que a las personas les resulta más fácil concentrar todas las horas en un solo día que asistir una hora por semana durante seis semanas. Sin embargo, algunas veces extendemos este seminario durante algunas semanas porque el contenido es demasiado largo para desarrollarlo en un solo día.

Cada Seminario para las habilidades de la vida se concentra en una habilidad específica, como por ejemplo cómo estudiar la Biblia, cómo orar más efectivamente, cómo hacer frente a la tentación, cómo hacerse tiempo para el ministerio, y cómo relacionarse con la gente. Hemos identificado nueve habilidades básicas que creemos que todo cristiano debe tener, pero también ofrecemos seminarios sobre otras habilidades si percibimos una necesidad particular en nuestra iglesia.

El carácter. La meta suprema de toda la educación cristiana es tener el carácter de Cristo. Perseguir cualquier otro objetivo es perder la esencia del crecimiento espiritual. Debemos llegar "...a la medida de la estatura de la plenitud de Cristo" (Efesios 4:13).

> El carácter *nunca* se forma en un salón de clases; se forma en las circunstancias de la vida.

Desarrollar el carácter de Cristo es la tarea más importante de la vida porque es lo único que nos llevaremos a la eternidad. Jesús dejó bien claro en el Sermón del Monte que las recompensas eternas en el cielo estarán basadas en el carácter que hemos desarrollado y mostrado aquí en la tierra.

Esto quiere decir que el objetivo de toda nuestra enseñanza debe ser transformar vidas, no meramente proveerles información. Pablo le dijo a Timoteo que el propósito de su enseñanza era desarrollar el carácter en aquellos a quienes les enseñaba: "Pues el propósito de este mandamiento es el amor nacido de corazón limpio, y de buena conciencia, y de fe no fingida" (1 Timoteo 1:5). Pablo le dijo a Tito que hiciera lo mismo: "Pero tú conviértete en paladín de la pureza de vida que concuerda con el verdadero cristianismo" (Tito 2:1, La Biblia al Día).

El carácter nunca se forma en un salón de clases; se forma en las circunstancias de la vida. El salón de clases del estudio bíblico es el lugar donde se *identifican* las cualidades del carácter y se aprende cómo desarrollarlo. Cuando comprendemos cómo Dios usa las circunstancias para formar nuestro carácter, respondemos correctamente cuando él nos pone en situaciones que están destinadas a formarnos. La formación del carácter siempre involucra una elección. Cuando elegimos lo correcto, nuestro carácter crece pareciéndose más al de Cristo.

Cada vez que elegimos responder a una situación a la manera de Dios y no siguiendo nuestras inclinaciones naturales, desarrollamos nuestro carácter. Una vez escribí un libro acerca del fruto del Espíritu llamado *The Power to Change Your Life* [El poder para cambiar su vida] que explica este concepto más a fondo.

Si desea saber a qué se parece el carácter de Cristo, un buen lugar para comenzar a indagar es la lista de nueve cualidades que Pablo enumera en Gálatas 5:22–23: "Mas el fruto del Espíritu es amor, gozo, paz, paciencia, benignidad, bondad, fe, mansedumbre, templanza." El fruto del Espíritu es un cuadro perfecto del carácter de Cristo; él personifica las nueve cualidades. Si desea desarrollar el carácter de Cristo, también debe tener estas cualidades en su vida.

¿Cómo Dios produce el fruto del Espíritu en nuestras vidas? ¡Poniéndonos en circunstancias exactamente opuestas para que tengamos que elegir! Dios nos enseña a amar de verdad poniendo a nuestro alrededor a personas difíciles de amar. (No se necesita ninguna cualidad especial de carácter para amar a una persona que tiene todas las virtudes.) Nos enseña a gozarnos en tiempos de aflicción. (El gozo es algo interno. La alegría depende de lo que sucede, pero el gozo no depende de las circunstancias.) Él desarrolla la paz dentro de nosotros ubicándonos en medio del caos para que aprendamos a confiar en él. (No se necesita ninguna cualidad especial de carácter para tener paz cuando todo sale a pedir de boca.)

A Dios le preocupa mucho más nuestro carácter que nuestra comodidad. Su plan es perfeccionarnos, no mimarnos. Es por esta razón que permite toda clase de circunstancias formadoras de nuestro carácter: conflictos, desilusiones, dificultades, tentaciones, tiempos de sequía y tiempos de espera. Una de las responsabilidades principales del programa de educación cristiana de la iglesia es preparar a las personas con el conocimiento, la perspectiva, las convicciones y las habilidades que necesitan para hacer frente a estas situaciones. Si lo hace, se desarrollará el carácter de la gente.

Hace un siglo atrás, Samuel Smiles hizo esta observación:

Siembra un pensamiento y cosecharás una acción;
Siembra una acción y cosecharás un hábito;
Siembra un hábito y cosecharás un carácter;
Siembra un carácter y cosecharás un destino.

Existe un orden lógico para edificar el conocimiento, la perspectiva, la convicción, las habilidades y el carácter. Debe comenzar con un cimiento de conocimiento. Como el crecimiento espiritual está basado en la Palabra de Dios, el primer nivel de aprendizaje es obtener un conocimiento activo de la Biblia. La perspectiva y las convicciones deben estar basadas en la Biblia.

Una vez puesto el fundamento de la Palabra, se añade la perspectiva. Cuanto mejor se conozca la Palabra de Dios, más se comenzará a ver la vida desde el punto de vista de Dios. La convicción nace naturalmente de la perspectiva. Luego de comenzar a ver las cosas desde la perspectiva de Dios, se empiezan a desarrollar las convicciones bíblicas. La comprensión del propósito y del plan de Dios cambia las motivaciones.

Entonces la convicción da la motivación para mantener los hábitos espirituales. Con el tiempo, a través de la repetición, estos hábitos se convierten en habilidades. Ya no es necesario concentrarse conscientemente en hacerlos.

Cuando se mezclan el conocimiento de la Palabra, con la perspectiva, la convicción y las correspondientes habilidades, el producto resultante es el carácter. Primero lo *sabe*, luego lo *comprende*, luego lo *cree* con todo el corazón, luego lo *hace*. El resultado de estas cuatro cosas es el carácter.

Aquí hay cinco preguntas que debe hacerse con respecto a su programa de educación cristiana:

- ¿Las personas están aprendiendo el contenido y el significado de la Biblia?
- ¿Se están viendo a sí mismos, a la vida y a las otras personas más claramente desde la perspectiva de Dios?
- ¿Sus valores se están pareciendo más a los valores de Dios?
- ¿Están adquiriendo más habilidades en el servicio a Dios?
- ¿Se están pareciendo más a Cristo?

En Saddleback, estos son los objetivos por los cuales trabajamos continuamente. Como Pablo dijo en Colosenses 1:28: "a quien anunciamos, amonestando a todo hombre, y enseñando a todo hombre en toda sabiduría, a fin de presentar perfecto en Cristo Jesús a todo hombre."

Nuestra visión con respecto a la madurez espiritual es glorificar a Dios presentándole a Cristo Jesús, antes de que regrese, tantos discípulos parecidos a él como nos sea posible.

La visión de Saddleback
de una iglesia madura en el 2020

Soñamos con tener 15.000 miembros comprometidos con el Pacto de madurez: Dedicar diariamente un tiempo a Dios, ofrendar semanalmente el diezmo y participar en un equipo semanal (grupo pequeño) para Dios.

Soñamos con tener una red de 1.000 grupos pequeños dentro de la iglesia que proporcione apoyo, aliento y respaldo a nuestros miembros mientras buscan crecer a la semejanza de Cristo. Estos grupos seguirán dirigidos por pastores laicos capacitados y por líderes que guíen, alimenten y cuiden con amor a quienes formen parte de ellos.

Soñamos con el Instituto para el desarrollo de la vida, que ofrece a nuestros miembros un programa equilibrado de estudios bíblicos, clases, seminarios y conferencias anuales para edificar el conocimiento, la perspectiva, convicción, habilidades y carácter. Esperamos que 7.500 miembros reciban el diploma básico de este Instituto para el año 2020.

Soñamos con que nuestra reunión de mediados de semana para creyentes involucre a 5.000 adultos, niños y jóvenes que no estén participando en un grupo pequeño.

Soñamos con una facultad que tenga 250 profesores laicos, equipados con la visión, el carácter, el conocimiento y la experiencia necesaria para alimentar a nuestro rebaño. Soñamos con un programa de capacitación para maestros que produzca expertos en libros individuales de la Biblia, en doctrina, en apologética y en crecimiento cristiano. Soñamos con el día en que se diga: "En el país, los mejores maestros de la Biblia son los maestros laicos de Saddleback."

Soñamos con un Proceso de desarrollo de la vida adecuado a las distintas edades, que guíe a los niños y jóvenes a amar a Jesús y a su iglesia, a crecer espiritualmente, a descubrir su perfil para el ministerio y a comprender la misión que tienen en este mundo.

Soñamos con que Saddleback sea un modelo de educación cristiana que se concentre en el cambio de vidas, no sólo en la información. Tenemos la intención de propagar nuestros recursos, herramientas y capacitación para miles de otras iglesias con propósito.

Soñamos trabajar con los seminarios para establecer un programa de preparación para pastores que esté basado en la iglesia. Tenemos la intención de preparar líderes para el siglo veintiuno que sepan comenzar, desarrollar y dirigir iglesias con propósito.

La meta de esta visión es glorificar a Dios presentándole a Jesucristo a tantos discípulos semejantes a él como nos sea posible antes de que él regrese (véase Colosenses 1:28).

19

Convierta a los miembros en ministros

Porque somos hechura suya, creados en Cristo Jesús para buenas obras, las cuales Dios preparó de antemano para que anduviésemos en ellas.

Efesios 2:10

...a fin de perfeccionar a los santos para la obra del ministerio, para la edificación del cuerpo de Cristo.

Efesios 4:12

Una vez Napoleón señaló un mapa de China y dijo: "Aquí yace un gigante dormido. Si alguna vez se despierta, nadie podrá detenerlo." Yo creo que la iglesia es un gigante dormido. Todos los domingos, los bancos de las iglesias están llenos de miembros que no hacen otra cosa con su fe más que "mantenerla".

En la mayoría de las iglesias la designación de miembro "activo" se refiere a los que asisten con regularidad y apoyan financieramente a la iglesia. No se espera mucho más. Pero Dios tiene expectativas muy superiores para cada cristiano. Él espera que cada cristiano use sus dones y talentos en el ministerio. Si alguna vez pudiéramos desatar todos los talentos, los recursos, la creatividad y la energía que yacen adormecidos en la típica iglesia local, el cristianismo experimentaría una explosión de crecimiento sin precedentes.

La necesidad más grande que tienen las iglesias evangélicas es la de liberar a sus miembros para el ministerio. Una encuesta de Gallup descubrió que solo el 10% de los miembros de las iglesias norteamericanas se encuentran activos en alguna clase de ministerio personal y que el 50% de todas los miembros de las iglesias no tienen interés en servir en ningún ministerio. ¡Piénselo! Por más que una iglesia inste a los laicos a involucrarse en el ministerio, la mitad de sus miembros quedarán como espectadores. Estas son las personas que dicen: "No me siento apegado al ministerio." (En realidad, se trata de otra clase de "pegamento", ¡el que tienen en las posaderas que los mantiene pegados al banco!)

La noticia alentadora que descubrió Gallup es la siguiente: el 40% de todos los miembros expresaron estar interesados en tener un ministerio, pero nunca se los han pedido o no saben cómo hacerlo. ¡Este grupo representa una mina de oro sin explotar! Si movilizamos a este 40% y lo sumamos al 10% que ya se encuentra activo, la iglesia podría tener el 50% de sus miembros activos en el ministerio. ¿No se sentiría feliz si la mitad de la iglesia estuviera funcionando en el ministerio laico? Si esto ocurriera, la mayoría de los pastores pensarían que ya han muerto y están en el cielo.

Las iglesias grandes tienen muchas ventajas sobre las pequeñas, pero hay algo que no me gusta en lo absoluto y es que fácilmente el talento se queda escondido en la multitud. A menos que la persona tome la iniciativa de revelar su don o experiencia, los miembros talentosos permanecen sentados entre la multitud durante mucho tiempo sin que se sepa lo que son capaces de hacer. Esto me preocupa y me perturba profundamente, porque el talento que queda olvidado en un estante se echa a perder a causa del desuso. Al igual que un músculo, si no se usa, se atrofia.

Una vez, luego de un culto estaba en el patio hablando con algunas personas y mencioné que necesitábamos a alguien que creara una cinta de video de multimedia para un programa. La persona con la que estaba hablando me dijo: "¿Por qué no habla con ella?" y me señaló a una mujer que se encontraba a pocos pasos de distancia. Me dirigí hacia la mujer, le pregunté su nombre y a qué se dedicaba. Ella me contestó: "Soy la directora principal de producción de videos para Walt Disney." Hacía un año que asistía a la congregación.

En otra ocasión, mencioné que para el Día de la Madre necesitaba a alguien que se ocupara de la decoración floral de nuestra carpa. Alguien me señaló a una persona en la multitud y me dijo: "Él diseña muchas de las carrozas ganadoras de premios del Desfile de las Rosas." Me asusta la idea de que semejantes talentos puedan permanecer ocultos a causa de mi ignorancia.

Su iglesia nunca será más fuerte que el núcleo de ministros laicos que lleva adelante los diversos ministerios de la iglesia. Todas las iglesias necesitan un sistema intencional, bien planificado para descubrir, movilizar y apoyar los dones de sus miembros. Debe poner en marcha un proceso que lleve a la gente a un compromiso más profundo y a un servicio mayor a Cristo, de tal manera que sus miembros se movilicen desde el círculo de los comprometidos al círculo de los ministros laicos. En nuestro diagrama del Programa de desarrollo de la vida lo llamamos "llevar a la gente a la tercera base."

La mayoría de iglesias evangélicas creen en el concepto de que cada miembro es un ministro. Inclusive muchas de ellas destacan este concepto en sus predicaciones y enseñanzas. Sin embargo, la mayoría de los miembros no hacen otra cosa sino asistir y ofrendar. ¿Qué se necesita para convertir a una audiencia en un ejército? ¿Cómo se puede transformar a los espectadores en actores? En este capítulo deseo explicar el sistema que hemos puesto en marcha para equipar, capacitar y lanzar a nuestros miembros al ministerio.

Enseñe las bases bíblicas
para el ministerio de cada miembro

En este libro he tratado de hacer énfasis en la importancia de establecer un cimiento bíblico para todo lo que hacemos. Las personas siempre necesitan saber "por qué" antes de que se les enseñe el "cómo". Invierta tiempo en enseñarle a sus miembros las bases bíblicas del ministerio laico. Luego enséñelo en clases, sermones, seminarios, estudios bíblicos hogareños, y de cualquier otra forma en que pueda recalcar esta enseñanza. En realidad, nunca se debe dejar de enseñar la importancia de que cada cristiano tenga un ministerio.

Hemos resumido lo que creemos en cuanto al ministerio en una Declaración de la misión del ministerio. Basándonos en Romanos 12:1–8, creemos que la iglesia se encuentra construida sobre cuatro pilares del ministerio laico. Enseñamos estas cuatro verdades una y otra vez para que se encarnen profundamente en los corazones de nuestros miembros.

Pilar Nº 1: Todo creyente es un ministro.

Todos los creyentes no son pastores, pero todo creyente *está* llamado al ministerio. Dios llama a todos los creyentes a ministrar al mundo y a la iglesia. Servir dentro del cuerpo no es una cuestión opcional para los cristianos. En el ejército de Dios no existen voluntarios, pertenecemos al servicio militar obligatorio de Dios.

Ser cristiano es ser parecido a Jesús. Él dijo: "Porque el Hijo del Hombre no vino para ser servido, sino *para servir*, y *para dar* su vida en rescate por muchos" (Marcos 10:45, cursiva añadida). Servir y dar son las características del modo de vivir de Cristo que se espera de cada creyente.

En Saddleback, enseñamos que cada cristiano ha sido *creado* para el ministerio (véase Efesios 2:10), *salvado* para el ministerio (véase 2 Timoteo 1:9), *llamado* al ministerio (véase 1 Pedro 2:9–10), *dotado* para el ministerio (véase 1 Pedro 4:10), *autorizado* para ejercer el ministerio (véase Mateo 28:18–20), se le ha *ordenado* que ministre (véase Mateo 20:26–28), ha sido *preparado* para el ministerio (véase Efesios 4:11–12), *necesario* en el ministerio (véase 1 Corintios 12:27), *responsable* en el ministerio y será *recompensado* de acuerdo a su ministerio (véase Colosenses 3:23–24).

Pilar Nº 2: Todos los ministerios son importantes.

En el cuerpo de Cristo no hay tal cosa como "personas insignificantes" ni "ministerios insignificantes". *Todos* los ministerios son importantes.

> Mas ahora Dios ha colocado los miembros cada uno de ellos en el cuerpo, como él quiso... Ni el ojo puede decir a la mano: No te necesito, ni tampoco la cabeza a los pies: No tengo necesidad de vosotros. Antes bien los miembros del cuerpo que parecen más débiles, son los más necesarios.
>
> (1 Corintios 12:18–22).

Algunos ministerios son visibles y otros están detrás de la escena, pero todos son igualmente valiosos. En SALT, nuestra reunión de capacitación mensual para el ministerio, destacamos y reconocemos cada uno de nuestros ministerios por igual.

Muchas veces, los ministerios pequeños son los que marcan las mayores diferencias. La luz más importante de mi casa no es el gran candelabro de nuestro comedor, sino la pequeña lucecita que queda prendida por las noches y que impide que tropiece cuando voy al baño. Es pequeña, pero para mí es más útil que la que es deslumbrante. (¡Mi esposa dice que mi luz *favorita* es la que se enciende cuando abro el refrigerador!)

Pilar Nº 3: Dependemos los unos de los otros.

No solo cada ministerio es importante sino que cada uno está entrelazado con los demás. Ningún ministerio es independiente de los otros. Como no hay ningún ministerio que pueda realizar todo lo que debe hacer la iglesia, debemos depender los unos de los otros y cooperar los unos con los otros. Como en un rompecabezas, cada pieza es necesaria para completar el cuadro. Lo primero que se nota es la pieza que falta.

Cuando una parte del cuerpo funciona mal, las otras tampoco funcionan bien. Uno de los elementos que falta en la iglesia contemporánea es esta comprensión de la interdependencia. *Debemos* trabajar juntos. La preocupación existente en nuestra cultura con respecto al individualismo y a la independencia se debe reemplazar por los conceptos bíblicos de interdependencia y cooperación.

Pilar Nº 4: El ministerio es la expresión de mi SHAPE [1]

Este es un distintivo de la enseñanza de Saddleback acerca del ministerio. SHAPE es un acrónimo que creé años atrás para explicar los cinco elementos (dones espirituales, corazón, habilidades, personalidad y experiencia) que determinan lo que debe ser el ministerio de una persona.

Cuando Dios creó a los animales, asignó a cada uno de ellos un área en la cual son expertos. Algunos animales corren, otros saltan, otros nadan, algunos hacen madrigueras y otros vuelan. Cada animal juega un papel particular de acuerdo a la forma que Dios le dio. Lo mismo sucede con los seres humanos. Cada uno ha sido creado o formado por Dios de manera única para realizar ciertas cosas. La buena mayordomía de su vida comienza cuando comprende cuál es su forma. Usted es único, maravillosamente complejo y compuesto por muchos factores diferentes. La forma que Dios le ha dado determina lo que él espera que usted haga. Su ministerio está determinado por su forma de ser.

Si no comprende cuál es su forma, terminará haciendo cosas que Dios nunca pensó que hiciera o para las cuales no lo creó. Cuando sus dones no hacen juego con el rol que está desempeñando en la vida, usted se siente como si fuera una clavija cuadrada dentro de un orificio redondo. Esto es frustrante, tanto para usted como para los demás. No solo produce resultados limitados sino que también es un tremendo desperdicio de talentos, tiempo y energía.

---

[1] De nuevo el autor usa una palabra del idioma inglés que quiere decir "forma" y la transforma en un acrónimo o sigla que responde a los siguientes conceptos: Spiritual gifts [dones espirituales], Heart [corazón], Abilities [habilidades], Personality [personalidad] y Experience [experiencia].

Dios es consecuente con respecto a su plan para nuestras vidas. No nos daría habilidades innatas, temperamentos, talentos, dones espirituales y experiencias para luego no utilizarlos. Al identificar y comprender los cinco factores de SHAPE, podemos descubrir la voluntad de Dios para nuestras vidas, la manera única en la que él espera que cada uno de nosotros le sirvamos. Cuando se trata del ministerio, la función que usted ejerza fluirá en la forma que Dios le dio.

Dios lo ha estado moldeando y formando para el ministerio desde el momento en el que nació. Por cierto, Dios comenzó a formarlo *antes* de que naciera:

Tú hiciste todas las delicadas partes internas de mi cuerpo y las uniste en el vientre de mi madre. ¡Gracias por haberme hecho tan admirablemente complicado! Es admirable pensar en ello. Maravillosa es la obra de tus manos, ¡y que bien la conozco! Tú estabas presente cuando yo estaba siendo formado en el más completo secreto. Tú me viste antes de que yo naciera y fijaste cada día de mi vida antes que comenzara a respirar.

Salmos 139:13–16, (La Biblia al Día).

Los dones espirituales. La Biblia enseña claramente que Dios le ha dado a cada creyente ciertos dones espirituales para que los use en el ministerio (véase 1 Corintios 12; Romanos 8; Efesios 4). Sin embargo, los dones espirituales son solo una parte del cuadro. Por lo general, se destacan exageradamente en desmedro de otros factores de igual importancia. Las habilidades naturales, con las cuales hemos nacido, también provienen de Dios. Lo mismo sucede con las experiencias que ha vivido y con los rasgos de personalidad innatos. Los dones espirituales revelan una *parte* de la voluntad de Dios para su ministerio, no toda.

La mayoría de las iglesias dicen: "Descubra sus dones espirituales y entonces sabrá cuál es el ministerio que se espera de usted". Eso es empezar al revés. Yo creo exactamente en lo opuesto: Comience a experimentar con distintos ministerios y *entonces* descubrirá sus dones. Hasta que no se involucre en el servicio, no sabrá para qué es bueno.

Puede leer todos los libros que se encuentran impresos y aún así seguir confundido con respecto a cuáles son sus dones.

No le presto mucha atención a las muchas "pruebas de dones espirituales" que se consiguen hoy en día. En primer lugar, las pruebas requieren una estandarización, lo cual niega la manera exclusiva en la que Dios trabaja en cada vida. Quienes tienen el don del evangelismo en nuestra iglesia pueden expresarlo de maneras muy distintas a la que Billy Graham expresa su don de evangelismo. En segundo lugar, no existen definiciones para la mayoría de los dones espirituales enumerados en el Nuevo Testamento, por lo tanto, las definiciones actuales son arbitrarias, altamente especulativas y generalmente representan la tendencia denominacional.

Un tercer problema es que cuanto más maduro es un creyente, más posibilidades tiene de manifestar las características de diversos dones. Quizás demuestre tener un corazón de siervo, o ser una persona que da con liberalidad como producto de la madurez y no de un don en especial.

Cuando era adolescente, tomé una lista de dones espirituales y descubrí que el único don que tenía ¡era el del martirio! Pensé: "Grandioso, ese es el don que se usa una sola vez." Podría haberme hecho cientos de pruebas sin descubrir que mi don era el de la predicación y la enseñanza. A mí nunca se me hubiera ocurrido porque nunca lo había hecho. Solamente *después* que comencé a aceptar oportunidades para hablar pude ver los resultados, recibir la confirmación de otras personas y darme cuenta de que Dios me había dotado para esto.

EL corazón. La Biblia usa la palabra *corazón* para representar el centro de la motivación, del deseo, los intereses y las inclinaciones. Su corazón es quien determina lo que usted dice y hace (véase Mateo 12:34), por qué se siente de determinada manera (véase Salmos 37:4), y por qué actúa en la forma en que lo hace (véase Proverbios 4:23).

Desde el punto de vista fisiológico, el corazón de cada uno tiene un latido único. El corazón de cada persona late de una manera ligeramente diferente al de las demás. En la misma manera, Dios nos ha dado a cada uno un "latido" emocional que se acelera cuando encontramos actividades, temas o circunstancias que nos interesan.

Instintivamente nos sentimos atraídos hacia ciertas cosas y hacia otras no. Otra palabra para corazón es *pasión*. Hay ciertos temas que despiertan la pasión en usted y otros que no le interesan en lo más mínimo. Esa es una expresión de su corazón.

Esa inclinación que Dios le ha dado sirve como un sistema interno de guía para su vida. Determina qué le interesa y qué le traerá mayor satisfacción. También es lo que lo motiva a perseguir ciertas actividades, temas y a buscar ciertos entornos. No ignore sus intereses naturales. Es muy difícil que una persona sea excelente realizando una tarea de la cual no disfruta. Generalmente, las personas que alcanzan los logros más altos son aquellas que disfrutan de lo que hacen.

Dios tenía un propósito cuando le dio sus intereses innatos. El latido emocional de su corazón revela una clave muy importante para comprender las intenciones que Dios tiene para su vida. Dios le dio el corazón, pero usted es quien debe elegir utilizarlo para bien o para mal, para razones egoístas o para servir a Dios y a los demás. 1 Samuel 12:20 dice: "...servidle con todo vuestro corazón."

Las habilidades. Las habilidades son los talentos naturales con los cuales ha nacido. Algunas personas tienen una facilidad natural con las palabras: ¡Nacen hablando! Otras personas tienen habilidades atléticas naturales: Tienen una coordinación física excelente. (Todo el entrenamiento del mundo nunca le permitirá igualar el talento de Michael Jordan en una cancha de básketbol.) Algunas personas son naturalmente buenas para los números: Piensan matemáticamente y no pueden entender por qué usted no comprende los cálculos.

Éxodo 31:3 nos da un ejemplo de cómo Dios le da a la gente "sabiduría, inteligencia y ciencia en todo arte" para que sus propósitos se cumplan. En este caso, se trataba de habilidad artística para construir el tabernáculo. Me resulta interesante que el talento musical no esté enumerado como un "don espiritual", pero con toda seguridad es una habilidad natural que Dios usa en la adoración. También es interesante que Dios le da a las personas la habilidad de ganar dinero: "Sino acuérdate de Jehová tu Dios, porque él te da el poder para hacer las riquezas" (Deuteronomio 8:18).

Una de las excusas más comunes que da la gente para no involucrarse en el ministerio es que tiene ninguna habilidad que ofrecer. Nada está más lejos de la verdad. Muchos estudios a nivel nacional han demostrado que la persona promedio posee ¡entre quinientas y setecientas habilidades! El verdadero problema tiene dos aspectos. En primer lugar, las personas necesitan alguna clase de proceso para identificar sus habilidades. La mayoría de la gente utiliza habilidades de las cuales no están conscientes. En segundo lugar, necesitan un proceso de ayuda para combinar sus habilidades con el ministerio correcto.

En la iglesia hay muchas personas que tienen toda clase de habilidades que no están usando como por ejemplo la capacidad para reclutar, investigar, escribir, arreglar un jardín, entrevistar, promover, decorar, planificar, entretener, reparar, dibujar e inclusive cocinar. No se deben desperdiciar estas habilidades. "Y hay diversidad de ministerios, pero el Señor es el mismo" (1 Corintios 12:5).

La personalidad. Es evidente que Dios no nos hizo a todos con el mismo molde. Él ama la variedad. Hizo a los extrovertidos y a los introvertidos. Hizo a las personas que aman la rutina y a los que aman la variedad. Él hizo a los "pensadores" y a los "sentimentales". Hizo a algunas personas que trabajan mejor individualmente e hizo a aquellos que son más eficientes cuando trabajan en equipo.

La Biblia nos da muchas pruebas de que Dios usa a todas las clases de personalidades. Pedro tenía un temperamento sanguíneo. Pablo era colérico y Jeremías definitivamente tenía un temperamento melancólico. Cuando uno observa las diferentes personalidades que tenían los doce discípulos que Jesús seleccionó, ¡es fácil comprender por qué a veces tenían problemas entre ellos!

No existe un temperamento "adecuado" ni "inadecuado" para el ministerio. Necesitamos toda clase de personalidades para que la iglesia tenga equilibrio y sabor. El mundo sería un lugar muy aburrido si todo tuviera sabor a vainilla. Afortunadamente, la gente viene en muy diversos sabores.

Su personalidad afectará la manera y el lugar en el que use sus dones espirituales y sus habilidades. Por ejemplo, dos personas pueden tener el mismo don de evangelismo, pero uno es introvertido y el otro es extrovertido; el mismo don se expresará de distintas maneras.

Las personas que trabajan la madera saben que es más fácil aserrar a hebra que en el otro sentido. De la misma manera, cuando se lo obliga a ministrar en una forma que es contraria a su carácter o a su temperamento, esto genera tensión y disconformidad, requiere de esfuerzo y de energía extra y no produce buenos resultados. Es por eso que nunca da resultado copiar el ministerio de otra persona, usted no tiene esa personalidad. ¡Dios lo creó para que sea usted mismo! Puede aprender de los ejemplos de los demás, pero debe filtrar las lecciones que aprende pasándolas por el tamiz de sus propias características.

Cuando ministra de una manera que es coherente con la personalidad que Dios le ha dado, se sentirá satisfecho, completo y podrá dar fruto. Uno se siente bien cuando hace exactamente aquello para lo cual Dios lo creó.

Las experiencias. Dios nunca desperdicia una experiencia. Romanos 8:28 nos recuerda: "Y sabemos que a los que aman a Dios, todas las cosas les ayudan a bien, esto es, a los que conforme a su propósito son llamados."

En Saddleback, ayudamos a las personas a considerar cinco áreas de experiencia que influirán en la clase de ministerio para el cual estén mejor capacitados: (1) Experiencias educativas: ¿Cuáles eran sus materias favoritas en la escuela? (2) Experiencias vocacionales: ¿Cuáles son los trabajos que ha disfrutado y en cuáles ha logrado resultados? (3) Experiencias espirituales: ¿Cuáles han sido los momentos más importantes o decisivos con Dios en su vida? (4) Experiencias en el ministerio: ¿Cómo ha servido a Dios en el pasado? y (5) Experiencias dolorosas: ¿Cuáles son los problemas, las heridas y las pruebas de las cuales ha sacado una lección?

Si soberanamente Dios ha determinado la forma que le dio para cumplir su propósito, usted no debe resentirse ni debe rechazarla. "Mas antes, oh hombre, ¿quién eres tú, para que alterques con Dios? ¿Dirá el vaso de barro al que lo formó: ¿Por qué me has hecho así? ¿O no tiene potestad el alfarero sobre el barro, para hacer de la misma masa un vaso para honra y otro para deshonra?" (Romanos 9:20–21).

En lugar de tratar de cambiar para parecerse a alguna otra persona, celebre la forma que Dios le ha dado.

Su ministerio será más efectivo y completo cuando use los dones espirituales y habilidades en el área que desee su corazón, en la manera que mejor exprese su personalidad y sus experiencias. La productividad es el resultado de estar en el ministerio apropiado. (Si tiene interés en una explicación más detallada acerca de SHAPE, puede pedir la serie de casetes titulados *You Are Shaped for Significance*.)

Haga que su estructura organizativa sea más dinámica

El siguiente paso para edificar a su ministerio laico, luego de haberles enseñado las bases bíblicas que lo sostienen, es hacer que su estructura organizativa sea más dinámica. Una de las principales razones por las que muchos de los miembros de las iglesias no participan activamente en el ministerio es porque están demasiado ocupados asistiendo a reuniones y no les queda tiempo para el verdadero ministerio. Muchas veces me he preguntado qué quedaría en el cristianismo si suspendiéramos todas las reuniones. Después de todo, Jesús no dijo: "Yo he venido para que tengan reuniones." Pero si uno le pregunta a un inconverso qué es lo que más nota en el estilo de vida de sus vecinos cristianos, probablemente contestará: "Van a muchas reuniones." ¿Queremos que nos conozcan por esto?

Pienso que la iglesia promedio sería más saludable si eliminara la mitad de sus reuniones para dejar más tiempo libre al ministerio y al evangelismo personal. Una de las razones por las cuales los miembros de las iglesias no le testifican a sus vecinos ¡es porque no los conocen! Siempre están en la iglesia, asistiendo a reuniones.

Hace algunos años, la *Roper Organization* realizó una encuesta de tiempo libre en Estados Unidos. Descubrieron que los norteamericanos tienen menos tiempo libre en los años 90 que lo que tenían en los 70. En 1973 el norteamericano promedio tenía 26,2 horas libres por semana. En 1987, esa cifra había caído a 16,6 horas por semana, perdiendo 10 horas de tiempo libre. En la actualidad es todavía más baja.

La posesión más valiosa que una persona puede darle a la iglesia es su tiempo. Como la gente tiene menos tiempo libre, será mejor que nos aseguremos de aprovecharlo tan bien como sea posible cuando nos lo ofrezcan. Si un laico viene y me dice: "Pastor, tengo cuatro horas por semana para dedicarme al ministerio en la iglesia," lo *último* que haría sería ponerlo en un comité. Deseo que se involucre en el ministerio, no en el mantenimiento.

Enséñele a la gente la diferencia entre mantenimiento y ministerio. El mantenimiento es el "trabajo en la iglesia": presupuestos, edificios, cuestiones organizativas y demás. El ministerio es "el trabajo de la iglesia". Mientras más gente involucre en las decisiones de mantenimiento, más desperdiciará su tiempo, más los mantendrá alejados del ministerio, y creará más oportunidades para el conflicto. El trabajo de mantenimiento también condiciona a las personas a pensar que han cumplido con su responsabilidad con el solo hecho de votar con respecto a los negocios de la iglesia.

Un error común que cometen muchas iglesias es tomar a las personas más brillantes y capaces y convertirlos en burócratas dándoles más reuniones a las cuales asistir. Al programar una continua serie de reuniones de comité, uno consume la vida de las personas. En Saddleback no tenemos comités. Sin embargo, tenemos setenta y nueve ministerios laicos diferentes.

¿Cuál es la diferencia entre un comité y un ministerio laico? Los comités hacen planes, los ministerios los ejecutan. Los comités discuten, los ministerio actúan. Los comités mantienen, los ministerios ministran. Los comités hablan y consideran, los ministerios sirven y se preocupan por los demás. Los comités discuten las necesidades, los ministerios las satisfacen.

Los comités también toman decisiones esperando que otras personas las implementen. En Saddleback, los que implementan las decisiones son los mismos que las toman. Las personas que realizan un ministerio son quienes deben tomar sus propias decisiones con respecto a ese ministerio. No separamos la autoridad de la responsabilidad, sino que les encomendamos las dos a las mismas personas. Esto hace que los comités no sean oportunos. No les damos poder de decisión a quienes no ministran.

Entonces, ¿quién se encarga del mantenimiento en Saddleback? El personal a sueldo es quien lo hace. De esta manera no desperdiciamos el valioso tiempo de ninguno de nuestros miembros. La gente realmente valora que el tiempo que están ofreciendo esté dedicado al verdadero ministerio.

Estoy seguro de que se dará cuenta de cuán radical es este enfoque. Saddleback está estructurada *exactamente de manera opuesta* a la mayoría de las iglesias. En la iglesia típica, los miembros se ocupan del mantenimiento (administración) de la iglesia y se piensa que el pastor es quien debe realizar todo el ministerio. ¡No es de extrañar que esta iglesia no crezca! El pastor se convierte en un cuello de botella. No hay forma en que un hombre pueda ministrar a todas las necesidades de una iglesia. Con el tiempo quedará exhausto o tendrá que trasladarse a otra iglesia para buscar un poco de alivio.

Dentro del ámbito de este libro no me resulta posible explicar *todas* mis convicciones acerca de la estructura bíblica de la iglesia. (Los detalles se incluyen en un casete llamado *Simple Structure*.) Pero permítame pedirle que considere esta pregunta: "¿Qué tienen en común las palabras *comités, elecciones, regla mayoritaria, juntas, miembros de las juntas, procedimientos parlamentarios, elecciones, y voto*? ¡Ninguna de estas palabras se encuentra en el Nuevo Testamento! Le hemos impuesto a la iglesia la forma de gobierno norteamericano y como resultado la mayoría de las iglesias están tan sumergidas en la burocracia como lo está el gobierno. Para hacer algo se necesita una eternidad. Las estructuras organizativas creadas por los hombres han impedido que más iglesias de las que nos imaginamos crezcan saludablemente.

Aunque la clase de estructura que tiene una iglesia no es lo que *produce* el crecimiento, sí controla la *tasa* y la *medida* del crecimiento, y en algún momento toda iglesia tendrá que decidir si está estructurada para *controlar* o para *crecer*. Esta es una de las decisiones más cruciales a las que tendrá que enfrentarse la iglesia. Para que la iglesia crezca, tanto el pastor como la gente deben renunciar a tener el control: Las personas deben renunciar a tener el control del *liderazgo*, y el pastor debe renunciar a tener el control del *ministerio*. De otra manera, cada parte se convertirá en un cuello de botella para el crecimiento.

Una vez que una iglesia llega a tener una 500 personas, no hay nadie que pueda saber todo lo que sucede en ella. Hace años que yo no sé todo lo que sucede en Saddleback. ¡No necesito saberlo en absoluto! Tal vez su pregunta sea: "Entonces, ¿cómo controla?" Mi respuesta es: "No lo hago. Mi tarea no es controlar a la iglesia. Mi tarea es *guiarla*." Existe una diferencia muy grande entre guiar y controlar. Nuestros pastores y personal tienen la responsabilidad de mantener la sana doctrina en la iglesia y de encaminarla en la dirección correcta, pero las decisiones diarias las toman las personas que realmente están llevando a cabo los ministerios de la iglesia.

Si tiene intenciones serias de movilizar a sus miembros hacia el ministerio, debe hacer que la estructura sea más dinámica para maximizar el ministerio y minimizar el mantenimiento. Cuanto mayor sea la maquinaria organizativa que su iglesia ponga en marcha, mayor será la cantidad de tiempo, energía y dinero que se necesite para mantenerla, un tiempo, una energía y un dinero preciosos que en cambio se pueden invertir en ministrarle a la gente.

Si la gente queda libre para el ministerio y los releva del mantenimiento, creará una iglesia más feliz y armoniosa con un estado de ánimo mucho más elevado. La realización personal proviene del ministerio, no del mantenimiento. Toda su actitud cambiará cuando vea que Dios lo utiliza para transformar vidas.

En una guerra, siempre se encuentra el estado de ánimo más elevado y el mayor sentido de camaradería en las líneas de combate. Allí no hay tiempo para discutir ni para quejarse mientras uno tiene que andar esquivando balas. Sin embargo, a cinco kilómetros de allí, los soldados que están en la retaguardia protestan por la comida, por las duchas y por la falta de diversión. Las condiciones no son ni la mitad de malas de lo que son en la línea de batalla, pero la gente comienza a criticar porque no están ocupados en la batalla. Cuando me encuentro con cristianos malhumorados y criticones, generalmente descubro que no están involucrados en el ministerio. Las personas que más se quejan en todas las iglesias por lo general son los miembros de los comités que no tienen ninguna otra cosa que hacer.

En las pocas ocasiones en que realmente necesité un comité de personas para estudiar algo en particular, creé un comité ad hoc de estudio al cual le asigné una tarea específica con un comienzo y un fin. Establezca un tiempo límite luego del cual el comité se desintegre. La mayoría de los comités desperdician una gran cantidad de poder cerebral en reuniones organizadas pero innecesarias.

> En algún momento toda iglesia tendrá que decidir si está estructurada para *controlar* o para *crecer.*

No vote con respecto a las posiciones en el ministerio.

Existen varias razones por las cuales en Saddleback nunca se vota para aprobar la presencia de una persona en un ministerio laico.

Se evita una contienda de personalidades. Si se vota para aprobar a cualquiera que sirve en un ministerio, está excluyendo a todas las demás personas que temen al rechazo. Los que son tímidos o que carecen de confianza en sí mismos nunca se ofrecerán como voluntarios para el servicio por temor a que la congregación o la junta los rechace.

Los nuevos ministerios generalmente necesitan desarrollarse lentamente. Si al comenzar un ministerio nuevo se le pone un reflector, es probable que muera. Para arrancar de raíz la idea de un ministerio, antes de tener la oportunidad de brotar, solo necesita una voz negativa que sea influyente.

Los miembros nuevos se pueden involucrar más rápidamente. Las votaciones ponen a los miembros nuevos en desventaja. Un miembro nuevo puede ser la persona mejor calificada para servir, pero es probable que el comité que controla el proceso de elección no lo conozca. He visto a personas dotadas excluidas del ministerio durante años porque no formaban parte del círculo interno de los más antiguos.

Se evita atraer a personas que solamente están interesadas en una posición por el poder o el prestigio. Al eliminar el voto, se atrae a la gente genuinamente interesada en servir, en lugar de atraer a aquellos que lo único que quieren es un título. Una vez un hombre vino a quejarse: "Me voy de la iglesia porque quiero ser el presidente de la junta, y Saddleback no tiene una junta." Por lo menos fue honesto. Encontró una iglesia pequeña en la cual pudo tener un título impactante, un pez grande en un pequeño estanque. No tenía el más mínimo interés en el ministerio, pero estaba interesado en el poder.

> Haga que la estructura sea más dinámica para maximizar el ministerio y minimizar el mantenimiento.

Si la gente fracasa, es más fácil quitarlas de su lugar. Si se elige a una persona públicamente, también se debe destituir públicamente en caso de ser incompetente o tener alguna falta moral. En el mundo actual, esta clase de situaciones puede ser una papa caliente en el sentido político, relacional y legal. Algunas personas carnales prefieren dividir a una iglesia antes que ceder un puesto. Es probable que busquen apoyo para ir a una confrontación. Si no se vota para los puestos en el ministerio, el fracaso se puede tratar en forma privada.

Se puede responder más rápidamente a la guía del Espíritu Santo. Cuando algún miembro se acerca para dar una gran idea que ha tenido con respecto al ministerio, la iglesia no debe esperar hasta la próxima reunión de comité para ponerla en práctica. En nuestra iglesia, a veces se ha creado un ministerio inmediatamente después de un culto debido a algo que dije en el mensaje. Las personas interesadas se reunieron en el patio y la obra comenzó en ese mismo momento.

En una oportunidad una mujer se me acercó y me dijo: "Necesitamos un ministerio de oración." Yo le dije: "¡Estoy de acuerdo! Puedes comenzarlo." Ella preguntó: "¿No tengo que ser elegida o pasar por algún proceso de aprobación?" Se había imaginado que primero tenía que saltar toda clase de obstáculos políticos. Yo le contesté: "¡Claro que no! Solo tiene que anunciar en el boletín una reunión para crearlo y comiéncelo." Así lo hizo.

En otra oportunidad una persona vino y me dijo: "Necesitamos un grupo de apoyo para enfermos terminales de cáncer." Yo le contesté: "¡Es una gran idea! Comiénzalo tú mismo." Así lo hizo. Otro hombre me dijo una vez: "Puedo enseñar y cantar, pero también hago reparaciones domésticas y pequeños trabajos de carpintería. Me gustaría comenzar un ministerio llamado "Ayuda para el hogar" y hacer el mantenimiento de los hogares de las viudas en la iglesia." Lo que quiero decir es que no es necesario votar para decidir si una persona puede usar o no los dones que Dios le ha dado en el cuerpo de Cristo. Cada vez que alguien expresa el deseo de ministrar, inmediatamente los ponemos en marcha mediante el proceso de ubicación de ministerios.

Establezca un proceso de ubicación de ministerios

Movilizar a los miembros debe ser un proceso permanente, no un énfasis especial. Existen tres partes esenciales en el Centro de Desarrollo del Ministerio de Saddleback.

Una clase mensual. Cada mes, ofrecemos la clase 301: "Descubra mi ministerio", de cuatro horas de duración, que le expone a las personas las bases bíblicas para el ministerio, el concepto de SHAPE, y las diversas oportunidades ministeriales en Saddleback. Se da el segundo domingo de cada mes por la tarde, desde las 16:00 hasta las 20:30, e incluye una cena de treinta minutos que se le ofrece gratuitamente a los que asisten a la clase. Se enseña simultáneamente con las clases 101 (de membresía) y 201 (de madurez). Promovemos mucho estas clases y procuramos que sean lo más visibles posibles.

Un proceso de ubicación. Nuestro proceso de ubicación incluye seis pasos: (1) asistir a la clase 301, (2) comprometerse a servir en el ministerio y firmar el Pacto de Ministerio de Saddleback, (3) completar un perfil personal de SHAPE, (4) tener una entrevista personal con un consultor ministerial para identificar tres o cuatro posibles áreas de ministerio, (5) conocer al personal o al líder laico que supervisa el ministerio en el cual la persona está interesada y (6) ser reconocido públicamente en una reunión de SALT.

El proceso de ubicación debe concentrarse en darle autoridad a las personas en lugar de llenar puestos. Tendrá una tasa de éxito mucho mayor con los que pone en el ministerio si presta atención a las características del individuo y no a las necesidades de la institución. Recuerde, el ministerio está formado por personas, no por programas.

Personal que administre el proceso. Las personas necesitan atención y guía personal, mientras intentan descubrir el ministerio para el cual están capacitados. El solo hecho de darles una clase no va a suplir esta necesidad. Cada miembro merece tener acceso a consultas personales.

El Centro de Desarrollo del Ministerio de Saddleback está dirigido por nuestro Pastor de Ministerios y por voluntarios que sirven en este equipo. Ellos entrevistan a los miembros que han completado el perfil personal, ayudándoles a encontrar el mejor lugar para servir. También ayudan a los miembros que desean comenzar nuevos ministerios. Si hoy comenzara una nueva iglesia, una de las primeras cosas que haría sería encontrar un voluntario capacitado para entrevistar a la gente y lo prepararía para ayudar en esta tarea vital. No tiene que ser un puesto pago, pero sí se debe encontrar a alguien que tenga la personalidad y las habilidades adecuadas para la tarea.

Proporcione adiestramiento sobre la marcha

Una vez que la gente comienza a servir en un ministerio, necesitan adiestramiento sobre la marcha. Esta clase de adiestramiento es mucho más importante y efectivo que el que se ha dado antes de entrar al ministerio. En Saddleback requerimos el adiestramiento previo mínimo porque nos parece que antes de estar involucradas en el ministerio, las personas ni siquiera saben qué preguntas hacer.

Otra de las razones por las cuales no usamos el adiestramiento previo es porque deseamos involucrar a la gente lo antes posible en el ministerio. Los cursos largos y cansones hacen que la mayoría de la gente pierda su entusiasmo inicial: ¡Los cansa antes de empezar! He descubierto que por lo general la clase de personas que están dispuestas a tener un adiestramiento de cincuenta y dos semanas *antes* de comenzar a servir, no son muy efectivas cuando finalmente empiezan a hacerlo. Tienden a ser estudiantes profesionales que disfrutan aprendiendo acerca del ministerio más de lo que disfrutan ejerciéndolo. Queremos que la gente se zambulla inmediatamente y se moje, porque solo entonces estarán altamente motivados para aprender a nadar. La mejor manera de comenzar es comenzar.

El centro de nuestro programa de adiestramiento para el ministerio laico es SALT. Se trata de una reunión de dos horas de duración que se celebra el primer domingo de cada mes por la noche, y está dirigida al núcleo de nuestra iglesia. El programa de SALT incluye un

Mi pacto de crecimiento

❑ **Un tiempo diario con Dios** Marcos 1:35	Oración y lectura individual de la Biblia
❑ **Un diezmo semanal para Dios** 1 Corintios 16:2	Dar el 10% de mis ingresos
❑ **Un equipo comprometido con Dios** Hebreos 10:25	Tener compañerismo con otros creyentes en un grupo pequeño

Firma   Pastor

"... Ejercítate para la piedad; porque el ejercicio corporal para poco es provechoso, pero la piedad para todo aprovecha, pues tiene promesa de esta vida presente, y de la venidera"
(1 Timoteo 4:7).

Nombre (impreso) _____

Dirección _____
_____
_____

extenso período de culto, la identificación de todos los ministerios, testimonios provenientes del campo de acción, el nombramiento de nuevos ministros laicos, oración por grupos, noticias internas de la iglesia, adiestramiento ministerial y un mensaje "visionario" a mi cargo acerca de los valores, la visión, las cualidades de carácter y las habilidades que se necesitan para el ministerio. Estos mensajes mensuales dirigidos a nuestros líderes laicos se llaman "Elevadores del liderazgo" y se encuentran grabados, así que cualquiera que no puede asistir a SALT, puede escucharlos luego. También ponemos estos mensajes al alcance de otras iglesias a través del ministerio de grabaciones *The Encouraging Word* [Palabra de aliento]. En SALT también presentamos un premio mensual llamado "Matador de gigantes" al ministro laico que haya vencido el mayor problema durante el mes pasado.

Además de SALT, también ofrecemos diversas clases de adiestramientos para ministerios específicos a través del Instituto para el desarrollo de la vida. La clase 300 enseña diferentes habilidades del ministerio y equipa a la gente para servir en los diversos ministerios de nuestra iglesia. Por ejemplo, la clase 302 se llama "Así que desea ser el líder de un grupo pequeño". Existen otros cursos de adiestramiento para el ministerio con los jóvenes, los niños, para el ministerio de la música, del aconsejamiento y para los pastores laicos, por nombrar algunos.

Nunca comience un ministerio sin tener un ministro

Nunca creamos un puesto ministerial para luego llenarlo. Esto no funciona. El factor más crítico en un nuevo ministerio no es la *idea*, sino el *liderazgo*. Todos los ministerios surgen y caen en base al liderazgo. Si un ministerio no tiene el líder adecuado, funcionará dando tumbos, posiblemente perjudicando más que beneficiando.

Confíe en el tiempo de Dios. El personal de Saddleback nunca comienza nuevos ministerios. Podemos sugerir una idea, pero dejamos que la idea se filtre hasta que Dios provea a la persona adecuada para dirigirlo. Anteriormente expliqué que no organizamos un ministerio para los jóvenes hasta que la iglesia llegó a tener unos 500 asistentes, y no tuvimos un ministerio organizado para solteros o divorciados hasta que no llegamos a unas 1000 personas. ¿Por qué? Porque Dios no había provisto el líder hasta ese momento.

Es importante no empujar jamás a la gente al ministerio. Si lo hace, se encontrará con un problema de motivación por el tiempo que dure el ministerio. La mayoría de las iglesias pequeñas se apuran y tratan de hacer demasiadas cosas en poco tiempo. Mejor será orar y esperar en Dios hasta que él traiga a la persona mejor formada para guiar un ministerio en particular. Entonces, comiéncelo. No se preocupe si no existe interés en un ministerio en particular. Es importante que los líderes de las iglesias tengan una perspectiva a largo plazo en lo concerniente al desarrollo de sus iglesias. El crecimiento sólido lleva tiempo.

Estudie el libro de los Hechos y descubrirá que todas las organizaciones siempre seguían lo que el Espíritu Santo estaba haciendo. En ninguna ocasión en Hechos se encuentra que la gente organizara un ministerio y luego orara: "Ahora, Dios, por favor bendice nuestra idea." En cambio, Dios movía los corazones de la gente, entonces comenzaba a surgir espontáneamente un ministerio y en la medida que crecía, le añadían alguna clase de estructura.

Así hemos desarrollado cada uno de los ministerios que tenemos en Saddleback. Por ejemplo, el ministerio de mujeres comenzó como un estudio bíblico que Kay enseñaba en nuestra casa. Comenzó a crecer y a expandirse hasta que se le añadió alguna estructura y con el tiempo algo de personal. Este modelo se ha repetido una y otra vez.

Establezca normas y pautas mínimas

Es importante decidir ciertas normas mínimas para el ministerio porque las buenas intenciones no son suficientes cuando se trabaja con seres humanos. En Saddleback tenemos una descripción del trabajo, para todos los puestos de cada ministerio, que especifica el tiempo de dedicación que se requiere, qué recursos se proporcionan, cuáles son las restricciones, las líneas de autoridad y comunicación y cuáles son los resultados que se esperan.

Procure que estas normas sean claras y breves; no entierre a la gente abarrotándolos de procedimientos y comités. Permita la mayor libertad posible. En nuestra iglesia, cualquier miembro que haya completado la clase 301 y que haya tenido una entrevista de SHAPE puede comenzar un nuevo ministerio siempre y cuando estén de acuerdo en seguir las tres pautas básicas.

Pauta Nº 1: No espere que el personal se haga cargo de su ministerio. Muchas veces las personas dicen: "Se me ha ocurrido una gran idea para nuestra iglesia", o *"Debiéramos* hacer algo con respecto a..." Siempre les pido que expliquen a qué se refieren con "debiéramos". Cuando la gente dice "La iglesia debiera..." generalmente quieren decir "El pastor o el personal debiera..."

Alguien me dijo una vez: "He sentido tanta carga por las personas que se encuentran en prisión que he estado visitando las cárceles para dar un estudio bíblico. Pienso que *la iglesia* debiera hacer algo por esa gente." Le respondí: "A mí me parece que la iglesia *ha estado* haciendo algo. ¡Usted es la iglesia!" A la semana siguiente le dije a toda la congregación: "Les doy permiso para que visiten a los que están presos, para que alimenten a los hambrientos, para que vistan a los pobres y le den refugio a los que no tienen hogar, y ni siquiera tienen que decírmelo. ¡Simplemente háganlo! Representen a la iglesia en el nombre de Jesús." Este ministerio no necesitaba de ninguna clase de supervisión. Ayude a la gente a reconocer que ellos son la iglesia.

Pauta Nº 2: El ministerio debe ser compatible con las creencias, los valores y la filosofía de ministerio de nuestra iglesia. Si permite que se comiencen ministerios que no se dirigen en la misma dirección que la iglesia, se está buscando conflictos. En lugar de ayudar a la iglesia, estos ministerios serán verdaderamente un obstáculo para lo que usted está tratando de hacer e inclusive pueden dañar el testimonio de su iglesia.

En Saddleback, tenemos especial cautela con aquellos ministerios que están patrocinados a medias por la iglesia y otras organizaciones fuera de la iglesia. Estas organizaciones generalmente tienen programas muy diferentes a los nuestros, lo cual tiende a producir una lealtad dividida.

Pauta Nº 3: No se permite ninguna recolección de fondos. Si permite que cada ministerio tenga sus propios fondos, el patio de la iglesia se convertirá en una feria. Habrá gente lavando autos y otros vendiendo galletas por todas partes. La competencia por el dinero se tornará intensa, y los miembros se resentirán por las cartas pidiendo colaboración y por los trucos de ventas. Un presupuesto unificado es esencial para tener una iglesia unificada. Los líderes de cada ministerio deben someter sus necesidades financieras a la consideración del presupuesto total de la iglesia.

Permita que la gente abandone o cambie de ministerio de manera natural

En algunas iglesias, para renunciar a un ministerio uno tiene que morir, irse de la iglesia o estar dispuesto a vivir con una intensa culpa. Debemos permitirle a la gente que se tome unas vacaciones o que cambie de ministerio sin sentir culpa. Algunas veces las personas se vuelven rancias en un ministerio, o tal vez necesitan un cambio de ritmo; o sencillamente necesitan tiempo libre. Cualquiera sea la razón, se deben tener reemplazos para ocupar los puestos.

Nunca esposamos a una persona a un ministerio. La decisión de servir en un ministerio en particular no se encuentra escrita en piedra. Si alguien no disfruta de un ministerio o siente que ese ministerio no es para él, lo animamos para que cambie sin sentir vergüenza ni incomodidad alguna.

Bríndele a la gente la libertad de experimentar. Permítales probar diversas alternativas de puestos de servicio. Como dije anteriormente, creemos que probar con diferentes ministerios es la mejor manera de descubrir los dones personales. Aunque pedimos un compromiso de al menos un año con el ministerio que se ha escogido, nunca hacemos que esto sea obligatorio. Si la persona entiende que no se ajusta a determinado ministerio, no la hacemos sentir culpable por renunciar. Al llamarlo "experimento" podemos animarlos a intentar con alguna otra cosa. Todos los años, durante nuestro Mes del ministerio laico,

animamos a todos a probar nuevos ministerios si no se sienten satisfechos con lo que están haciendo.

Confíe en la gente:
delegue autoridad con responsabilidad

El secreto para motivar a la gente a servir durante un período extenso es darles la sensación de pertenencia. Deseo repetir que en cuanto sea posible, permita que las personas que dirigen cada ministerio
tomen sus decisiones sin la interferencia de alguna junta o comité de
gobierno. Por ejemplo, permita que quienes están en el ministerio del
cuidado de niños pequeños decidan qué aspecto deben tener las habitaciones, qué clase de cunas se deben usar, cuántas se deben comprar,
y el sistema para controlar la entrada y salida de niños. Las personas
que están verdaderamente involucradas en el ministerio tomarán mejores decisiones que alguna junta general que trata de controlar todo
desde la distancia.

La gente responde a la responsabilidad. Florecen y crecen cuando
usted confía en ellos. Pero si trata a la gente como a bebés incompe-
tentes, tendrá que cambiarles los pañales y darles de comer por el resto
de su vida. Cuando delegue autoridad con responsabilidad se asom-
brará de la creatividad de su gente. Siempre las personas son tan creativas como se lo permite la estructura. En Saddleback, a cada ministro
laico se le asigna un personal superior, pero tratamos de mantenernos
fuera de su camino lo más posible.

Espere lo mejor de su gente y confíeles el ministerio. Muchas iglesias tienen tanto temor a los *incendios*, que se pasan la vida apagando
todos las pequeñas fogatas que podrían brindar calor a la iglesia. Si usted es un pastor, ¡permita que otras personas cometan algunos de los
errores! No insista en cometerlos todos usted mismo. Se saca lo mejor
de la gente cuando se les da un *desafío* y cuando se les da el *control* y el
crédito.

En los comienzos de Saddleback, Kay y yo literalmente ayudába-
mos en todas las tareas de la iglesia: acomodando los edificios, impri-
miendo los boletines, limpiando los baños, haciendo café, fabricando

etiquetas con los nombres, y etc., etc. Guardaba todos nuestros equipos (cunas, sistema de sonido, etc.) en nuestro garaje. Todos los domingos por la mañana pedía prestado un camión para trasladar el equipo hasta la escuela que alquilábamos. Durante el primer año, muchas veces trabajaba quince horas al día, y amaba cada uno de esos minutos.

Pero cuando Saddleback tenía algunos años más de vida descubrí que me estaba quedando sin energía. La iglesia había crecido hasta llegar a varios cientos de personas y yo seguía tratando de estar involucrado en cada aspecto y detalle del ministerio. Me estaba agotando física y emocionalmente.

En un culto de mediados de semana, le confesé a la congregación que me sentía exhausto y que no podía continuar conduciendo a la iglesia e involucrándome en todos los ministerios al mismo tiempo. Proseguí diciendo que Dios no esperaba que yo me ocupara de todo. La Biblia dice claramente que la tarea del pastor es equipar a los miembros para *su* ministerio. Les dije: "Les propongo un trato. Si ustedes están de acuerdo en ocuparse del ministerio de esta iglesia, yo les aseguro que estarán bien alimentados." A la gente le gustó el trato, y aquella noche firmamos un pacto que decía que a partir de aquella fecha ellos se encargarían del ministerio y yo los alimentaría y los guiaría. Luego de tomar esta decisión, Saddleback experimentó una explosión de crecimiento.

Desde el primer día de Saddleback, mi plan había sido desentenderme de los diversos ministerios. Cada vez que se comienza una iglesia, el pastor se hace cargo de todo durante los primeros tiempos. Pero la meta debe ser no acostumbrar a la iglesia a que dependa en todo del pastor. En la medida en que nuestra iglesia creció, fui delegando una responsabilidad detrás de otra a los ministros laicos y a los miembros del personal. Actualmente, tengo dos responsabilidades primarias: *guiar* y *alimentar*, y ahora inclusive divido estas responsabilidades con otros seis pastores. El equipo administrativo del pastor me ayuda a dirigir la iglesia y el equipo de predicación participa conmigo en las responsabilidades de los mensajes. ¿Por qué? ¡Porque siempre he creído que la iglesia no debe ser el show de un hombre super estrella!

Todos hemos visto lo que sucede cuando se construye un ministerio prominente alrededor de un solo individuo. Si esa persona muere, se va o tiene una falta moral, el ministerio se viene abajo. Si yo me muriera hoy, Saddleback continuaría creciendo porque está *movida* por el propósito, no por una personalidad. Probablemente perderíamos mil personas de las que yo llamo "los fanáticos de la predicación", personas de la multitud que asisten porque les gusta escucharme hablar. Pero aun así quedarían miles de miembros dedicados de la congregación, del grupo de los comprometidos y del núcleo.

Proporcione el apoyo necesario

No espere que la gente tenga éxito sin apoyo. Cada ministro laico requiere una inversión de alguna clase.

Provea material de apoyo. Los ministros laicos necesitan tener acceso a las fotocopiadoras, al papel, a los diversos materiales y recursos, al teléfono y tal vez a un lugar adonde puedan recibir personas. En uno de nuestros futuros edificios, estamos planeando tener una gran habitación donde podamos instalar

> El principio de Nehemías: Debemos renovar la visión cada veintiséis días.

nuestras "incubadoras ministeriales", pequeñas áreas privadas para los coordinadores de ministros laicos que estén equipadas con una mesa, un teléfono, una computadora y un fax para sus ministerios. Arquímedes decía: "Dénme un lugar donde pararme y moveré al mundo." Consideramos que los ministros laicos son tan importantes como el personal pago.

Al proveerles espacio les estamos diciendo: "Lo que ustedes hacen es importante."

Provea apoyo en la comunicación. Desarrolle maneras para estar en contacto con sus ministros laicos. Las mismas herramientas que utilizamos para estar en contacto con nuestros miembros (las Tarjetas de

Bienvenida, las personas que llaman por teléfono, los informes de los pastores laicos) también son útiles en este caso.

Provea el apoyo de la promoción. Es importante que los ministerios sean visibles a la congregación. Existen incontables maneras de promover los ministerios de su iglesia. He aquí algunas pocas sugerencias:

- Provéale a cada ministerio una mesa para que la coloque en la parte de afuera del auditorio y que la gente tenga la oportunidad de ver qué se puede conseguir. Si el espacio es el problema, haga que los ministerios vayan rotando.

- Déle a cada ministro laico una tarjeta con su nombre para que los miembros puedan ver quién está involucrado en cada ministerio.

- Prepare una "feria" de ministerios. Dos veces al año, por lo menos, tenemos una feria de ministerios en la que cada ministerio hace publicidad respecto a su centro de acción, sus programas y actividades.

- Imprima un folleto para cada ministerio y publique artículos pertinentes.

- Refiérase a los diversos ministerios en los mensajes. Utilice testimonios para contar cómo determinado ministerio ha producido un cambio en la congregación.

Proporcione apoyo moral. Continuamente exprese su agradecimiento, tanto en público como personalmente, a los que sirven en la iglesia. Planee actividades especiales tales como banquetes de agradecimiento o retiros para líderes para recompensar al núcleo de ministros. Entregue un premio mensual "Matador de gigantes" a algún servicio sobresaliente.

A lo largo de todo este capítulo he utilizado repetidamente el término "ministro laico" para que los lectores no piensen que me estoy refiriendo a personas que reciben un sueldo. En realidad no me gusta la frase "ministro laico" porque pudiera tener una connotación de ciudadano de segunda clase. ¿Le gustaría que lo operara un "médico laico" o que lo defendiera un "abogado laico"?

No existen laicos en la iglesia bíblica; solamente existen ministros.

La idea de dos clases de cristianos, los clérigos y los laicos, es creación de la tradición católica romana. A los ojos de Dios, no existe diferencia entre ministros voluntarios y ministros pagos. Debemos tratar a los que sirven sin recibir salario con el mismo respeto con el que tratamos a los que reciben un salario por su servicio.

Renueve la visión periódicamente

Mantenga siempre la visión del ministerio delante de la gente. Comunique la importancia de sus ministerios. Cuando haga un llamado al ministerio, recalque siempre el eterno significado que tiene ministrar en el nombre de Jesús. Nunca utilice la culpa o la presión para motivar a las personas para el ministerio. La *visión* es lo que motiva; la culpa y la presión solo desaniman. Ayude a la gente a ver que no existe causa mayor que la del Reino de Dios.

¿Recuerda el principio de Nehemías del cual hablé en el capítulo seis? Este principio afirma que debemos renovar la visión cada veintiséis días, lo cual sería una vez al mes. Es por eso que nuestra reunión mensual de SALT es tan importante. Es el lugar en que los ministros laicos necesitan que continuamente se les reafirmen la visión y los valores. Si me siento enfermo, no dudo en dejar de predicar frente a las 10.000 personas de la multitud, pero tengo que estar muriéndome para perderme la reunión de SALT con el núcleo. Es mi oportunidad para volver a destacar el privilegio de servir a Cristo.

Muchas veces les he dicho a los miembros de nuestra congregación: "Imagínese que se muere, y dentro de cincuenta años alguien se le acerca en el cielo y le dice: Quiero darle las gracias. Entonces usted responde: Lo siento, pero me parece que no lo conozco. Entonces la persona le explica: Usted era un ministro laico en Saddleback. Sirvió, se sacrificó y edificó la iglesia que me alcanzó para Cristo después de su muerte. Estoy en el cielo gracias a usted. ¿Le parece que su esfuerzo valdría la pena?"

Si conociera una manera mejor de invertir mi vida que en el servicio a Jesucristo, lo estaría haciendo. No hay nada que sea más importante. Por lo tanto no pido disculpas por decirle a la gente que lo más importante que pueden hacer con sus vidas es unirse a la iglesia de Saddleback, involucrarse en el ministerio y servir a Cristo sirviendo a otros. El efecto que produzca su ministerio para Cristo sobrepasará lejos el alcance de su carrera, de sus pasatiempos, o de cualquier otra cosa que haga.

El secreto mejor guardado de la iglesia es que la gente muere para hacer una contribución con sus vidas. ¡Hemos sido creados para el ministerio! La iglesia que comprende esta verdad y que hace posible que cada miembro exprese sus cualidades para el ministerio experimentará una asombrosa vitalidad, salud y un asombroso crecimiento. El gigante dormido se despertará y nadie podrá detenerlo.

20

El propósito de Dios para la iglesia

...a él sea gloria en la iglesia en Cristo Jesús por todas las edades, por los siglos de los siglos. Amén.

Efesios 3:21

Porque a la verdad David, habiendo servido a su propia generación según la voluntad de Dios, durmió, y fue reunido con sus padres, y vio corrupción.

Hechos 13:36

Uno de mis pasatiempos es la jardinería. Creo que una de las razones por las cuales disfruto tanto de esta actividad es por la manera en que Dios ha formado mi personalidad: me encanta ver cómo crecen las cosas. Siempre me ha fascinado ver las diferentes cómo las plantas se desarrollan. No existen dos plantas que crezcan igual, a la misma velocidad o que lleguen a la misma altura de crecimiento. El modelo de crecimiento de cada planta es único. Lo mismo sucede con las iglesias. Nunca dos iglesias crecerán de la misma manera. Dios tiene la intención de que nuestra iglesia sea única.

De todos los patrones de crecimiento que he observado como jardinero, el que me resulta más asombroso es el del árbol de bambú de la China. Plante un brote de bambú en la tierra y por cuatro o cinco años (algunas veces más tiempo) no sucede nada. Uno lo riega y lo fertiliza, lo riega y lo fertiliza, lo riega y lo fertiliza, pero no se tiene evidencia visible alguna de que algo esté sucediendo. ¡Nada! Pero alrededor del quinto año, las cosas cambian de una manera casi radical. En un período de seis semanas el bambú chino crece ¡hasta llegar a ser un tambaleante árbol de treinta metros de altura! La *World Book Encyclopedia* dice que una planta de bambú puede crecer un metro en el período de veinticuatro horas. Parece increíble que una planta que permanece adormecida durante años de repente pueda tener semejante explosión de crecimiento, pero esto es exactamente lo que sucede con los árboles de bambú.

Al terminar este libro deseo ofrecerle un último consejo: No se preocupe por el crecimiento de la iglesia. Concéntrese en cumplir los propósitos de la iglesia. Siga regando, fertilizando, cultivando, desmalezando y podando. Dios hará crecer la iglesia hasta llegar a la medida que él quiera, y al ritmo que sea mejor para cada situación.

> No se preocupe por el crecimiento de la iglesia. Concéntrese en los propósitos de la iglesia.

Es probable que Dios lo deje trabajar durante años obteniendo muy pocos resultados visibles. ¡No se desaliente! Debajo de la superficie suceden cosas que usted no puede ver. Las raíces están creciendo hacia abajo, preparándose para lo que va a venir. Aunque no pueda ver la sabiduría de lo que Dios está haciendo, debe confiar en él. Aprenda a vivir confiando en que él sabe qué está haciendo. Recuerde Proverbios 19:21: "Muchos pensamientos hay en el corazón del hombre; mas el consejo de Jehová permanecerá." Si está construyendo un ministerio basado en el propósito eterno de Dios, no puede fracasar. Este prevalecerá. Siga haciendo lo que sabe que es correcto, aunque se sienta desanimado. "No nos cansemos, pues, de hacer bien; porque a su a tiempo segaremos, si no desmayamos" (Gálatas 6:9). Al igual que con el árbol de bambú, cuando llega el tiempo apropiado, Dios puede cambiar las cosas de la noche a la mañana. Lo más importante es que permanezca fiel a sus propósitos.

Sea una persona con propósito

Las iglesias con propósito están dirigidas por líderes con propósito. Hechos 13:36, uno de los versículos de mi vida, nos dice que David tenía un propósito: "Porque a la verdad David, habiendo servido a su propia generación según la voluntad de Dios, durmió, y fue reunido con sus padres, y vio corrupción." No puedo pensar en un epitafio más grandioso. Imagínese lo que sería tener esta declaración escrita en su lápida: "Sirvió a Dios en su propia generación." Mi oración es que Dios pueda decir eso de mí cuando muera. Y lo que me ha motivado a escribir este libro es que Dios pueda decir eso de *usted* cuando muera. El secreto de un ministerio efectivo es cumplir con las dos partes de esta declaración.

Sirvió según la voluntad de Dios.

La idea principal de este libro ha sido definir los propósitos de Dios para la iglesia e identificar las consecuencias prácticas de esos propósitos. Los propósitos de Dios para la iglesia también son los propósitos para cada cristiano. Como seguidores individuales de Cristo debemos utilizar nuestras vidas en adoración, ministración, evangelismo, discipulado y comunión. Tener la iglesia nos permite hacer esto juntos, no estamos solos.

Espero que al leer estas páginas, haya sentido la pasión que siento por la iglesia. Amo a la iglesia con todo mi corazón. Es el concepto más brillante que jamás se haya creado. Si deseamos parecernos a Jesús, debemos amar a la iglesia como él lo hace, y también debemos enseñarles a los demás a amarla. "...Cristo amó a la iglesia, y se entregó a sí mismo por ella, ...Porque nadie aborreció jamás a su propia carne, sino que la sustenta y la cuida, como también Cristo a la iglesia, porque somos miembros de su cuerpo" (Efesios 5:25, 29–30). Hay demasiados cristianos que usan la iglesia, pero no la aman.

De acuerdo a lo mejor que puedo discernir la voluntad de Dios, tengo solo dos aspiraciones para mi ministerio: ser pastor de una iglesia local durante toda mi vida, y animar a otros pastores. Pastorear una congregación de seguidores de Cristo es la responsabilidad más grande, el privilegio más grandioso, y el más alto honor que pueda imaginar. Ya he dicho que si conociera una forma mejor de invertir mi vida, lo haría, pero no tengo intenciones de desperdiciarla. La tarea de traer personas a Cristo, incorporarlos para que sean miembros de su familia, transformarlos en discípulos maduros, equiparlos para el ministerio personal y enviarlos para que cumplan con la misión de sus vidas, es el propósito más grande de la tierra. No tengo dudas de que vale la pena vivir y morir por él.

En su propia generación.

La segunda parte del epitafio de David es tan crucial como la primera. Cumplió los propósitos de Dios "en su propia generación." El hecho es que no podemos servir a Dios en ninguna otra generación que no sea la nuestra. El ministerio siempre se debe llevar a cabo en el contexto de la cultura y la generación del momento. Debemos ministrar a la gente en medio de la cultura, tal cual es, no es alguna forma del pasado que hemos idealizado en nuestras mentes. Podemos beneficiarnos de la sabiduría y de las experiencias de grandes líderes cristianos que vivieron antes que nosotros, pero no podemos predicar y ministrar igual que ellos porque no tenemos la misma cultura.

El ministerio de David fue a la vez pertinente y oportuno. Sirvió al propósito de Dios (el cual es eterno e inmutable) en su generación (que pertenecía al momento y era cambiante). A tiempo sirvió a lo eterno. Fue ortodoxo y contemporáneo, bíblico y pertinente a la vez.

Desde que comenzamos en Saddleback, nuestro objetivo ha sido ser contemporáneos sin comprometer la verdad. Con cada nueva generación, las reglas cambian un poquito. Si siempre hacemos lo que siempre hemos hecho, siempre estaremos adonde siempre hemos estado. El pasado queda atrás. solo podemos vivir en el presente y prepararnos para el mañana. Debemos vivir las palabras del poema de Lowell Mason al que Charles Wesley le puso música hace unos doscientos años atrás:

Una carga debo llevar, a Dios debo glorificar
Un alma inmortal que salvar, para que pueda al cielo llegar
Servir en mi generación, cumplir con mi misión
¡Con todo lo que tengo, llevar a cabo del Maestro la visión!

Cómo medir el éxito

¿Cómo se mide el éxito en el ministerio? Una bien conocida definición del evangelismo exitoso dice así: "Comunicar el evangelio en el poder del Espíritu Santo y dejarle los resultados a Dios." Me gustaría adaptar esta definición para ofrecer una del ministerio exitoso: El ministerio exitoso es "edificar la iglesia sobre los propósitos de Dios, en el poder del Espíritu Santo, *esperando* los resultados de Dios."

> El ministerio exitoso es "edificar la iglesia sobre los propósitos de Dios, en el poder del Espíritu Santo, *esperando* los resultados de Dios."

No sé cómo se escribirán los últimos capítulos de la historia de Saddleback, pero estoy persuadido de esto: "que el que comenzó en vosotros la buena obra, la perfeccionará hasta el día de Jesucristo" (Filipenses 1:6). Dios termina todo lo que comienza. Él es el Alfa y la Omega, el principio y el fin. Él seguirá cumpliendo sus propósitos en Saddleback y en cualquier otra iglesia que se deje impulsar por el propósito.

Jesús dijo: "Conforme a vuestra fe os sea hecho" (Mateo 9:29). A esto le llamo el "factor de la fe". Hay muchos factores que influyen en su ministerio sobre los cuales no puede tener control: el origen, la nacionalidad, la edad, los dones que tenga. Todo esto ha sido determinado por la soberanía de Dios. Pero existe un factor importante sobre el cual sí tiene control: ¡la medida en que decida creer a Dios!

Al estudiar las iglesias en crecimiento a través de los años, no importa a qué denominación pertenezcan o en qué lugar estén situadas, he descubierto un gran común denominador en todas ellas: *un liderazgo que no tiene temor de creer a Dios*. Las iglesias que crecen son aquellas que están dirigidas por líderes que esperan que su congregación crezca. Son personas de fe que creen en las promesas de Dios, aun en tiempos de desaliento. Este es el secreto que existe detrás de todo lo que ha sucedido en la iglesia de Saddleback. Hemos creído que Dios puede hacer grandes milagros, y hemos esperado que él nos use, por gracia a través de la fe. Esta es nuestra elección. Esta elección es suya también.

Algunas veces la situación de una iglesia puede parecer no tener esperanza desde el punto de vista humano, pero estoy firmemente convencido, tal como lo demostró la experiencia de Ezequiel (Ezequiel 37), que no importa cuán secos estén los huesos, Dios puede soplar aliento de vida sobre ellos. Cualquier iglesia puede resucitar, si le permitimos al Espíritu que nos infunda un nuevo sentido de su propósito. Este es el meollo de la iglesia con propósito.

Espero que este libro haya fortalecido su fe, ensanchado su visión y profundizado su amor por Cristo y por su iglesia. Espero que se lo diga a los que se preocupan por su congregación. ¡Acepte el desafío de convertirse en una iglesia con propósito! Las iglesias más grandes del mundo aún no han sido construidas. ¿Está dispuesto a realizar esta tarea? Mi oración a Dios es que pueda usarlo para cumplir sus propósitos en su generación. No existe una mejor manera de invertir su vida.

RECURSOS

Para más información sobre:
Currículum de CLASE 101, 201, 301 y 401
Otros libros de Rick Warren
Un catálogo de sermones y bosquejos de Saddleback

Comuníquese con:

Pastors.com
Web: www.pastors.com
E-mail: info@pastors.com
Fax: (949) 829-0400 (EE.UU.)

Para información sobre:
The Purpose-Driven Church Seminars
[Seminarios sobre una Iglesia con Propósito]

Comuníquese con:

Purpose-Driven Ministyries
#1 Saddleback Parkway
Lake Forest, CA 92630

Web: www.purposedriven.com
Fax: (949) 609-8702 (EE.UU.)
Dirigido a: International Director

Nos agradaría recibir noticias suyas.
Por favor, envíe sus comentarios sobre este libro
a la dirección que aparece a continuación.
Muchas gracias.

Vida@zondervan.com
www.editorialvida.com